LES ANCIENS ET LES MODERNES –
ÉTUDES DE PHILOSOPHIE
sous la direction de Chantal Jaquet et Pierre-Marie Morel
51

La Rhétorique des passions

Ouvrage publié avec le soutien de l'Institut universitaire de France

institut
universitaire
de France

Olivier Renaut

La Rhétorique des passions

Aristote, *Rhétorique* II.1-11

PARIS
CLASSIQUES GARNIER
2022

Olivier Renaut est professeur d'histoire de la philosophie ancienne au département de philosophie de l'université Paris – Nanterre. Ses recherches portent sur la psychologie, l'éthique et la politique chez Platon et Aristote, ainsi que sur la réappropriation de l'Antiquité en philosophie morale contemporaine.

ISBN 978-2-406-12400-9 (livre broché)
ISBN 978-2-406-12401-6 (livre relié)
ISSN 2109-8042

ABRÉVIATIONS ET SYSTÈME BIBLIOGRAPHIQUE

Nous utilisons pour Aristote les abréviations suivantes :

DA *De l'Âme*
EE *Éthique à Eudème*
EN *Éthique à Nicomaque*
PN *Petits traités d'histoire naturelle*
HA *Histoire des animaux*
PA *Parties des animaux*

Pour les autres traités, ainsi que les textes anciens, j'emploie le système d'abréviation de l'Oxford Classical Dictionnary. Pour les orateurs, je donne le titre du discours en français plutôt que de recourir à la numérotation.

Pour les principales éditions, traductions et commentaires d'Aristote utilisés, je cite pour plus de clarté le nom de l'éditeur, traducteur ou commentateur.

Aristoteles. Ars rhetorica, edidit Rudolfus Kassel, Berolini, De Gruyter, 1976 devient Kassel, 1976.

Aristote, *Rhétorique*, intro. trad. et notes par P. Chiron, Paris, Flammarion 2007 devient Chiron, 2007.

Aristoteles, *Rhetorik*, übersetzt und erläutert von Christof Rapp. vol. 1. Berlin, Akademie Verlag, 2002, devient Rapp, 2002a.

Aristoteles, *Rhetorik*, übersetzt und erläutert von Christof Rapp. vol. 2. Berlin, Akademie Verlag, 2002, devient Rapp, 2002b.

Toutes les traductions citées sont les nôtres, en l'absence de mention du traducteur ou de la traductrice.

INTRODUCTION

L'OBJET DE *RH.* II.1-11 : UNE PRAGMATIQUE DES PASSIONS

Si l'on doit faire une histoire des passions et des émotions dans l'Antiquité grecque, c'est souvent vers *Rhétorique* II.2-11 que l'on se tourne au premier chef. Point de départ pour examiner un ensemble lexical de ce que nous reconnaissons comme nos émotions, ou point de repère pour analyser le réseau de représentations archaïques et classiques qui définissent l'émotion elle-même, ces quelques pages de la *Rhétorique* constituent l'un des premiers inventaires détaillés, sinon le premier, de πάθη. Les chapitres 2 à 11 du livre II sont précédés d'un chapitre introductif qui explique, dans l'économie générale de la *Rhétorique*, quelle place les passions et les caractères doivent tenir dans l'établissement de cette technique oratoire.

Quelles sont les caractéristiques de cet inventaire ?

1) Il contient les πάθη suivants : colère et calme, sentiment d'amitié et d'inimitié, peur et assurance, honte, gratitude, pitié, indignation, jalousie, envie, soit une douzaine de passions dont l'importance dans la littérature archaïque et classique n'est pas à démontrer. Il faut ajouter à ces passions quelques remarques sur le fait de se réjouir des malheurs d'autrui, et certains états qui sont davantage des dispositions ou des sentiments durables : impudence, ingratitude, optimisme et pessimisme, aigreur, impassibilité, estime et mépris. Le nombre de passions énumérées dans cette liste est suffisamment grand pour se distinguer d'autres listes que l'on peut trouver çà et là chez les prédécesseurs d'Aristote. En cela, le nombre semble *faire théorie*.

2) Aristote présente une énumération ordonnée par certains critères. Il ne s'agit pas de produire, comme on le verra, un « système » général

des passions, mais les critères retenus par Aristote présentent suffisamment de cohérence pour qu'on puisse y reconnaître un examen régional, c'est-à-dire limité au domaine de la rhétorique. On part en effet d'une émotion clef, la colère, sans doute la plus caractéristique des Grecs pour notre tradition occidentale, puis on navigue, selon les « contraires », les affinités et les croisements, jusqu'à des passions complexes comme la jalousie et l'envie.

3) L'élément capital de cette liste est que chacune des passions présentées reçoit une définition qui manque parfois dans d'autres traités du Stagirite. Quand bien même ces définitions ne reflèteraient que des opinions courantes, et non l'opinion d'Aristote, elles saisissent avec une précision et concision remarquables les caractéristiques de ces émotions, au point que la psychologie contemporaine en reprend parfois les termes.

4) Chaque définition est suivie d'une description minutieuse de « situations » affectives. De par l'importance de l'analyse des contextes, des lieux, des phénomènes liés à l'expérience des passions, les descriptions aristotéliciennes constituent une psychologie, une topique, et une technique de manipulation des passions.

Il n'en faut pas moins pour faire de *Rhétorique* II.2-11, une source précieuse pour qui veut dresser une anthropologie des émotions en Grèce ancienne. *Rh.* II.2-11 a en effet été considéré comme une sorte de « traité des passions[1] » permettant au chercheur en histoire de la philosophie, en histoire, en études classiques et en anthropologie de baliser un champ de représentations d'un concept, l'émotion, dont on sait combien l'intérêt contemporain pour ce sujet surdétermine notre approche des textes anciens. Pourtant, en toute rigueur, *Rh.* II.2-11 *n'est pas un traité des passions*, mais bien un examen de *certaines* passions choisies en vue de l'établissement d'une topique et d'une technique rhétorique, dont une partie est fondée sur un moyen de persuasion particulier qui a été défini au livre I : la persuasion par les passions. En un mot, il s'agit d'une pragmatique des passions.

Il faut tirer toutes les conséquences d'une telle restriction. En dépit de son intérêt pour d'autres domaines de la philosophie aristotélicienne, ces chapitres n'ont pas vocation à former un système des passions directement applicable au domaine éthique et politique. Cette restriction n'empêche

1 « *It is not usually remarked, however, that with the* Rhetoric *we come to the first theoretical and formal analysis known to us of* πάθος *and its importance in discourse* » (Grimaldi, 1988, p. 12).

nullement, en revanche, de considérer toute la richesse de ces chapitres à partir du traitement « rhétorique » des passions, à la lumière du corpus aristotélicien. Par ailleurs, une telle pragmatique des passions, qui les envisage dans des contextes rhétoriques particuliers, ne peut émerger qu'à partir d'un terreau composite fait de discours rhétoriques existants, de littérature, de psychologie – parfois populaire, de science naturelle, d'éthique et de politique. Il faut donc tenter de mesurer la spécificité du traitement aristotélicien des passions en dépit du caractère « endoxique », c'est-à-dire fondées sur des « opinions », de ses descriptions. Ces chapitres sur les passions dans la *Rhétorique* permettent non seulement d'avoir une idée de la manière dont Aristote envisage les passions dans l'ensemble du corpus, mais aussi de mesurer l'écart entre ce traitement régional, limité à la rhétorique, et une possible – rêvée – *théorie* complète des passions chez Aristote.

LIRE ET INTERPRÉTER *RH.* II.1-11

Le présent ouvrage est une traduction suivie d'un commentaire des chapitres 1 à 11 du livre II. Le texte grec de ces chapitres de la *Rhétorique* est bien établi[2], et les traductions de qualité ne manquent pas[3]. En outre, on dispose en anglais, en allemand, et en italien de commentaires linéaires d'envergure[4]. Le lecteur n'est donc certainement pas dépourvu d'outils pour s'orienter dans la lecture de cet ouvrage particulier. Pourquoi donc une traduction et un commentaire supplémentaires ?

Une traduction d'abord. La traduction proposée ici ne concerne qu'une petite partie de la *Rhétorique.* Il est inévitable qu'existent des désaccords ponctuels d'édition et de traduction sur certains termes ou phrases, et qui témoignent de nuances interprétatives. Le choix que j'ai

2 J'ai traduit le texte édité par R. Kassel (1976). Pour une présentation générale des éditions disponibles, voir Rapp (2002a, p. 277-294).

3 Chiron (2007) ; Gastaldi (2014) ; Kennedy (2007) ; Rapp (2002a) ; Reeve (2018) et récemment Waterfield et Yunis (2018) et enfin Viano (2021). Gastaldi et Reeve choisissent de traduire le texte établi par Ross (1959) ; Rapp, Chiron, Kennedy, Waterfield et Viano suivent le texte établi par Kassel (1976). Il convient d'ajouter l'édition et traduction de Dufour ([1973] 1991).

4 Cope (1877) ; Gastaldi (2014) ; Grimaldi (1980a ; 1988) ; Rapp, (2002b).

fait ci-après consiste à rendre manifeste dans la traduction des problèmes interprétatifs sur des termes clefs. J'ai sacrifié l'élégance, supprimé les petites variations de traductions pour des termes ou des familles de termes identiques lorsque cela était possible, et suivi au plus près la syntaxe grecque.

Un commentaire ensuite. Il existe des éléments communs à toutes les passions présentées dans ces chapitres 2 à 11, dont II.1 présente les caractéristiques générales. La première partie de l'ouvrage entend aborder les « passions » rhétoriques dans leur généralité et à expliquer quels en sont les fonctionnements et leur usage dans la *Rhétorique*. On verra que l'établissement d'une psychologie des passions (leur rapport au corps, au désir, à la douleur et au plaisir, à des processus cognitifs comme la représentation et l'opinion) est contemporaine d'une topique des passions (une détermination des lieux rhétoriques qui permettent de les convoquer comme motifs) et de l'élaboration d'une technique de leur production ou de leur usage dans l'auditoire.

Mais on n'épuiserait pas la spécificité de *Rh.* II.2-11 si on se contentait de produire une théorie des passions rhétoriques *en général*. Il faut en outre s'intéresser aux spécificités de chacune des passions et des valeurs qui leur sont associées : le sens de la justice pour la colère, le rôle de la honte comme ciment social, l'usage ambivalent de la pitié sur la scène rhétorique par rapport aux critiques platoniciennes, etc. *Rh.* II.2-11 est l'illustration du fait que la technique rhétorique *déborde* les frontières d'une analyse psychologique et croise les domaines éthique et politique. Une deuxième partie de l'ouvrage envisage donc chaque passion en particulier pour rendre compte de ces débords. David Konstan, dans *The Emotions of Ancient Greeks* (2006), présentait le premier une analyse des passions dans l'Antiquité, en prenant appui sur le livre II de la *Rhétorique*, en analysant leurs définitions et en les replaçant systématiquement dans le contexte littéraire, poétique et historique et philosophique. À sa suite, je propose un commentaire de *Rh.* II.1-11, en privilégiant cette fois une analyse interne au corpus aristotélicien avec une question en vue : qu'est-ce qui, dans l'examen des passions, excède philosophiquement le cadre de la technique rhétorique ?

L'HYPOTHÈSE DE LECTURE : UN USAGE RAISONNÉ DES PASSIONS

Aristote annonce dès la première ligne de la *Rhétorique*, en référence et en réaction au *Gorgias* de Platon, que la rhétorique est le « pendant » de la dialectique (*Rh.* I.1, 1354a1). Aristote relève le défi platonicien d'une rhétorique philosophique en cherchant les principes de sa technicité. L'élément central de cette rhétorique technique est l'« enthymème », un raisonnement qui repose sur des opinions vraisemblables, dont Aristote décrit les lieux spécifiques à chaque genre de discours, puis les lieux communs. Le début du livre II qui concerne les passions (ch. 2-11) puis les caractères (ch. 12-17), a semblé à certains commentateurs constituer une rupture dans le programme général d'exposition des lieux. Je fais l'hypothèse que ce moment est au contraire tout à fait cohérent et continue le programme de technicisation de la rhétorique. Si « psychagogie » il y a, pour reprendre une définition du *Phèdre* de Platon (*Phdr.* 261a8, 271c10), elle doit se faire de manière rationnelle et raisonnée. Dans ces chapitres sur les passions, Aristote montre comment la persuasion par les passions peut être *rationnellement* conduite, grâce à une connaissance de la nature et du fonctionnement des passions, et, parfois, conduite *raisonnablement*.

Il est tout d'abord possible de montrer qu'Aristote promeut une persuasion par les passions qui doit être menée de manière à ce que le jugement (κρίσις) prononcé réponde exactement aux motifs inclus dans la définition des passions. C'est à la faveur d'une psychologie rigoureuse qu'Aristote peut répondre à ce réquisit. Ensuite, et sans déroger à une interprétation qui affirme que la rhétorique est une technique axiologiquement neutre, Aristote donne parfois des pistes pour un usage de certaines passions qui n'occulte pas, ou ne menace pas le fonctionnement de la raison, de la délibération, et de la justice. Loin de n'énoncer que des « lieux » permettant à l'orateur d'établir des enthymèmes *à propos* des passions, Aristote explique comment manipuler les passions de son auditoire, mais aussi comment les manipuler *bien*. Un tel usage renvoie en dehors de la sphère rhétorique à proprement parler, mais nous retrouvons bien ici, dans cette décision philosophique de promouvoir une technique rhétorique, une proximité et une réponse à Platon. J'ai donc privilégié, dans certains chapitres où cela s'imposait, l'exposition de certains éléments de dialogues entre Aristote et Platon d'une part, et une analyse comparée du traitement de ces passions avec les *Éthiques* et les *Politiques*. L'hypothèse n'est bien entendu pas nouvelle, mais n'a pas nécessairement été explorée dans le détail de chacune des passions[5]. Corrélativement à cette entreprise de rationalisation des passions, au sens où on en donne des définitions et parfois des recommandations d'usage, Aristote explicite ce que les orateurs ne disent pas : en rendant manifeste les motifs pour lesquels l'orateur fait appel à telle ou telle passion, Aristote n'est pas seulement l'héritier d'opinions relatives aux passions comme elles sont employées dans le corpus oratoire classique, il prend parfois position sur leur nature et leur signification ; c'est ce geste philosophique que je souhaite expliciter.

« PASSIONS » OU « ÉMOTIONS » ?

Le terme grec πάθος est polysémique. Pris dans sa plus grande extension, un πάθος désigne ce qui est subi par quelqu'un ou quelque chose, en l'opposant à la dimension active de l'agir (πραττεῖν) ou du faire (ποιεῖν). Pris en en sens restreint, celui de *Rh.* II, πάθος renvoie à ce qu'on reconnaît comme un certain ensemble d'affections de l'agent qui ont pour effet de modifier le jugement (κρίσις) de l'auditoire. Pour ce dernier sens Aristote donne des exemples sous forme de liste, dont les éléments les plus fréquemment cités sont la colère, la peur, la pitié, la haine, l'envie – la liste n'est pas close ; ce sont ces passions que nous appelons, fréquemment, « émotions ». L'usage du terme contemporain « émotion » pour décrire les πάθη constitue une difficulté bien connue, qui n'est pas seulement un problème de traduction, mais aussi un enjeu méthodologique et conceptuel. Il suffit d'en rappeler les enjeux principaux.

Qu'on traduise πάθος par passion ou par émotion véhicule nécessairement un ensemble de représentations de « psychologie commune[6] »

5 C'est cette hypothèse qui guide l'ouvrage de Fortenbaugh ([1975] 2002).

6 J'entends par là ce qui est plus couramment nommé « psychologie populaire » (*folk psychology*), dont la prise en compte dans la définition même des émotions est, comme on

dont il faut être conscient : la « passion » peut davantage évoquer la dimension passive de l'agent, sa soumission à une forme d'accès incontrôlé et irresponsable, et renvoyer à une dichotomie entre « raison » et « passion » qui est caractéristique d'une certaine interprétation de la psychologie morale ancienne ; le terme « émotion » a quant à lui été utilisé fréquemment en réaction au terme « passion » pour décrire des états psycho-physiologiques complexes, dont la dimension cognitive permet de dépasser la dichotomie raison/passion. Le terme « émotion » amène aussi avec lui des présupposés : on pense à une espèce naturelle d'états, saisis sous une unité nominale, alors que son existence même est problématique ; on pense à une typologie entre émotions de base et émotions complexes (Ekman, 1982), alors qu'une telle classification n'a rien d'évident chez les anciens ; on projette davantage sur les « émotions » plutôt que sur les « passions » une dimension cognitive forte, voire évaluative et judicative (Solomon, 1993 ; Nussbaum, 2001a), au risque de minorer l'aspect physique de ces états ; en outre, à la lecture de *Rh.* II.2-11, ce qui nous apparaît davantage aujourd'hui comme des sentiments ou des dispositions (calme, amitié) nous semble mal entrer dans une typologie des « émotions », bien qu'Aristote appréhende certains états dans leur versant « affectif » et épisodique. Une plus grande difficulté apparaît encore si l'on entend par « émotion » une *catégorie* naturelle, véritablement universelle et transculturelle, dont les Grecs n'auraient pas nécessairement le concept tout en en ayant la notion. Le geste philosophique qui consiste à « regrouper » certaines passions, comme le font Platon et Aristote, pour en faire un quasi-genre est évidemment capital, et il faut en tenir compte. *Rh.* II.2-11 a souvent été considéré comme un petit traité des « émotions ». Qu'on ait affaire à des « émotions » avec la colère, la peur, la pitié, etc. n'est pas douteux, mais *Rh.* II.2-11 ne constitue pas un tel traité systématique, il ne concerne que certaines émotions et non une « classe » d'état psychologiques, cela dans un contexte épistémologique précis qui est un traité de technique rhétorique, et – c'est le point le plus important – en fonction d'un système de valeurs qu'il nous faut encore décoder, nous interdisant une comparaison immédiate entre *nos* émotions et celle des Grecs. Le terme

le sait, cruciale, et constitue même probablement un élément qui ne permet pas de faire des émotions une « espèce naturelle » (*natural kind*) conceptuellement bien définie dans notre langage. (Griffiths, 1997, en particulier ch. 7, p. 169-200).

« passion » conserve cette dimension d'écart au moins linguistique qu'il est nécessaire de maintenir avec une pensée dont on a tendance parfois à trop considérer comme actuelle.

Je remercie Annick Jaulin et Christian Keime pour leurs relectures patientes, et Pierre-Marie Morel pour ses conseils et son soutien. Je remercie également Pierre Chiron, Cristina Viano, Anne Merker, Marie-Pierre Noël, Christof Rapp de leurs précieuses remarques.

RHÉTORIQUE II.1-11, TRADUCTION

NOTE SUR LE TEXTE TRADUIT

La traduction proposée ici suit le texte grec tel qu'il est édité par R. Kassel (1976), en reprenant la numérotation des lignes, et les sigles de manuscrits. Certains désaccords mineurs, et les leçons discutées, sont listés ci-après et le cas échéant mentionnés en note infrapaginale lorsque l'interprétation en dépend.

SIGLES UTILISÉS

A	cod. Parisinus graecus 1741 (saec. X)
A^{rec}	cod. Parisinus graecus 1741 corr. ex Δ et schol. (saec. XIV)
F	cod. Cantabrigiensis 1298 (saec. XII/XIII)
H	cod. Marcianus 214 (saec. XIII/XIV)
C	cod. Parisinus 1818 (saec. XV)
Q	cod. Marcianus 200 (saec. XV)
anon	Anonymi in artem rhetoricam commentarius
Vet	Vetus tranlatio latina ad Γ confecta
ω	consensus A + β
β	consensus F + ε (vel Δ)
Γ	Exemplar graecum depertitum tranlationum latinorum
Δ	Consensus ε + translatio latina Guilelmi de Moerbeka
ε	Consensus cod. Laurentianus *conv. soppr.* 47 (saec. XV), cod. Laurentianus 60.10 (saec XV/XVI) et cod. Tubingensis Mb 15 (saec. XV).

ÉDITEURS, TRADUCTEURS OU NOTES D'ÉDITION MENTIONNÉS DANS LES LEÇONS

Bas.[3]	Basilae, *Aristotelis opera omnia graece*, 1550, vol. II, p. 184-228.
Bekker	I. Bekker, *Aristotelis opera*, vol. II, 1831, (1969), Berlin, De Gruyter, p. 1354-1420.
Chiron	P. Chiron, *Aristote, Rhétorique*, Paris, Flammarion, 2007.
Dufour	M. Dufour, *Aristote, Rhétorique* II, vol. 2, Paris, Les Belles Lettres, 1932.
Kayser[2]	L. Kayser, « Anz. v. Aristotelis ars rhetorica ed. L. Spengel, 2 bde » *Neue Jahrbücher für Philologie une Paedagogik*, 101, 1870, 1-17.
Madvig	J. N. Madvig, *Adversaria critica ad scriptores graecos et latinos*, vol. 1, Hauniae, Gyldendalianae, 1871.
Roemer	A. Roemer, *Aristotelis ars rhetorica*, Leipzig, Teubner, 1885.
Ross	D. Ross, *Aristotelis Ars rhetorica*, Oxford, Clarendon Press, 1959.
Spengel	L. von Spengel, *Aristotelis Ars rhetorica cum adnotatione. Accedit vetusta translatio latina*, 2 vol. Leipzig, Teubner, 1867.
Vahlen[1]	J. Vahlen, *Gesammelte philologische Schriften.* Leipzig, Teubner, 1911.

RÉCAPITULATIF DES DIVERGENCES AVEC KASSEL

II.1

1377b29-31 : τὸ μὲν οὖν…εἰς τὰς δίκας ω : additamentum ipsius Aristotelis susp. Kassel.

II.2

1378a33 : τοῦ ὀλιγωρεῖν μὴ προσήκοντος A : τοῦ ὀλιγωρεῖν μὴ προσηκόντως βVet : τοῦ ὀλιγωρεῖν μὴ προσηκόντων corr. Kassel.
1378b5 : ὁ δὲ ὀργιζόμενος…αὐτῷ ω : del. Kassel.
1378b17 : φαίνεται καταφρονεῖν ω : del. Kassel.
1378b19 : αὐτῷ AΔVet anon : αὐτῶν F : αὑτῷ corr. Kassel.
1379a12 : ὁτιοῦν : <πρὸς> ὁτιοῦν add. Kassel. (Kassel, 1971, p. 132-133).
1379a13 : ὁμοίως ταὐτὸ φαίνεται ποιεῖν ω : del. Kassel.
1379a15-18 : διὸ κάμνοντες… ὀλιγωροῦντας ω : del. Kassel.

II.3

1380a30-31 : ὅλως δ' ἐκ τῶν ἐναντίων δεῖ σκοπεῖν τὰ πραΰνοντα ω : additamentum ipsius Aristotelis susp. Kassel.
1380a31 : πραΰνοντα A : πραϋντικα β.
1380b7 : ὀργὴν μείζω ἢ ω : ὀργὴ μείζων ἢ Madvig prob. Kassel.
1380b8-10 : διὸ εὖ Φιλοκράτης ... διαβεβλημένον· ω : additamentum ipsius Aristotelis susp. Kassel.
1380b14 : ἐλεῶσιν corr. Bekker ex A : ἐλεοῦσιν A : ἕλωσιν βA^{rec}Vet anon Kassel.
1380b17 : οὐ γίγνεται ἡ ὀργὴ πρὸς τὸ δίκαιον ω : additamentum ipsius Aristotelis susp. Vahlen[1] prob. Kassel.
1380b21-22 : ἡ γὰρ ὀργὴ... ἕκαστόν ἐστιν ω : del. Kassel.

II.4

1381a1-2 : φίλος δ' ἐστιν ὁ φιλῶν καὶ ἀντιφιλούμενος ω : additamentum ipsius Aristotelis susp. Kassel.
1381a9 : καὶ οἱ τοῖς αὐτοῖς φίλοι καὶ οἱ τοῖς αὐτοῖς ἐχθροί ω : additamentum ipsius Aristotelis susp. Kassel.
1381a10 : ὥστε ω : ὅ τε corr. Kassel.
1381a34 : καὶ τῶι παῖσαι καὶ τῶι ὑπομεῖναι corr. Dufour : καὶ τῶι παῖσαι καὶ τῶ ὑπομεῖναι A : τωθάσαι καὶ ὑπομεῖναι C Q Kassel. (Kassel, 1971, p. 133-134).
1381a35 : ἀμφότεροι ω anon : ἀμφοτέρως corr. Roemer prob. Kassel. (Grimaldi, 1988, p. 74).

II.5

1382a21 : ἢ ω : καὶ corr. Bas[3] prob. Kassel.
1383b2 : ἰσχὺς ω : del. Kassel.
1383b4-5 : παρ' ὧν φοβοῦνται. καὶ ὅλως ω : καὶ ὅταν ἀδικῶνται suppl. Kassel post φοβοῦνται.
1383b5-6 : ὅλως ἂν τὰ πρὸς τοὺς θεοὺς αὐτοῖς καλῶς ἔχῃ, τά τε ἄλλα καὶ τὰ ἀπὸ σημείων καὶ λογίων A^{rec} def. Ross : τὰ πρὸς θεοὺς βVet anon, def. et additamentum ipsius Aristotelis susp. Kassel.
1383b10 : μηδὲ πείσεσθαι ω : del. Kassel.

II.6

1383b14 : λύπη τις ἢ ταραχὴ A : λύπη τις καὶ ταραχὴ βVet anon def. Kassel.

1383b32 : τὸ δ' ἐπαινεῖν παρόντας κολακείας ω : additamentum ipsius Aristotelis susp. Kassel.
1384a9 : ἀναίσχυντα A def. Ross : αἰσχυντικά βVet def. Kassel.
1384a18-19 : ταῦτα … αἰσχρῶν ω : del. Kassel.
1384b3 : καὶ τοὺς μὴ συγγνωμονικοὺς τοῖς φαινομένοις ἁμαρτάνειν ω : additamentum ipsius Aristotelis susp. Spengel prob. Kassel.
1384b31 : τινα χρείαν ω : <κατά> add. Kassel.

II.7
1385a20 : ᾗ A : ᾗ F Kassel.

II.8
1385b32-34 : ἀλλ'οἱ μεταξὺ τούτων post. πείσεσθαί τι b32 ω anon : post. 34 πάθει transp. Kayser[2] et alii prob. Kassel.
1386a5 : φθαρτικά ω : del. Kassel.
1386a23 : ἔτι ἐλεοῦσιν ω : <οὐ γάρ> ante ἔτι add. Vahlen[1] prob. Kassel.

II.10
1388a7-8 : ὅθεν εἴρηται "τὸ συγγενὲς γὰρ καὶ φθονεῖν ἐπίσταται" ω : additamentum ipsius Aristotelis susp. Kassel
1388a9 : πρὸς τοὺς ἐσομένους ἢ τεθνεῶτας ω : del. πρὸς τοὺς et ἢ τεθνεῶτας Kassel.
1388a12-13 : ὡσαύτως καὶ πρὸς τοὺς περὶ τὰ τοιαῦτα A : ὡσαύτως καὶ πρὸς τούτους καὶ περὶ τὰ ταιαῦτα β anon Kassel.

II.11
1388b1-2 : οὐδεὶς γὰρ ἀξιοῖ τὰ φαινόμενα ἀδύνατα ω : additamentum ipsius Aristotelis susp. Kassel.
1388b5-6 : ὡς γὰρ προσῆκον αὐτοῖς ἀγαθοῖς εἶναι, ὅτι προσῆκε τοῖς ἀγαθῶς ἔχουσι ω : οἷα προσήκει corr. Ross : add. <ἃ> post. ὅτι, et ἀγαθοῖς Vahlen[1] prob. Kassel : ὅ τι προσήκει Chiron.
1388b29 : ἐξ ὧν ΑFΓ : καὶ ἐξ ὧν Δ Kassel.

II.1 [INTRODUCTION]

[1377b16] Voilà d'où il faut partir pour conseiller et dissuader, louer et blâmer, accuser et défendre, et voilà quelles sont les opinions et prémisses utiles aux moyens de persuasion correspondants. Car les enthymèmes **[1377b20]** portent sur ces matières et en proviennent, pour autant qu'on envisage chaque genre de discours dans sa particularité. Et puisque la rhétorique vise le jugement (car on juge les débats et le procès est un jugement), il est nécessaire non pas seulement d'être attentif à la manière dont le discours sera démonstratif et crédible, mais aussi de produire en soi-même et chez celui qui juge une certaine qualité. **[1377b25]** Car cela fait une grande différence pour la crédibilité, surtout dans les débats, et puis aussi dans les procès, que celui qui parle apparaisse avec une certaine qualité et que ses auditeurs supposent qu'il est dans une certaine disposition à leur égard, si en outre ces derniers se trouvent aussi disposés d'une certaine manière. En fait, que l'orateur apparaisse avec une certaine qualité est **[1377b30]** plus utile pour les débats, alors que l'auditoire soit disposé d'une certaine manière est plus utile pour les procès. Car les choses n'apparaissent pas identiques à ceux qui aiment et à ceux qui haïssent, ni à ceux qui sont en colère et à ceux qui sont calmes, **[1378a1]**, mais elles apparaissent ou bien complètement différentes, ou bien d'une importance différente. En effet, celui qui aime la personne pour laquelle on rend un jugement est d'avis qu'elle n'a pas commis d'injustice, ou alors une petite ; alors que celui qui la hait, c'est le contraire. Pour celui qui convoite quelque chose et est plein d'espoir de l'obtenir, si ce qui doit arriver est plaisant **[1378a5]**, il lui apparaît que cela arrivera vraiment et que cela sera bon ; pour celui qui est impassible et de mauvaise humeur, c'est le contraire.

Les causes qui rendent les orateurs crédibles sont au nombre de trois ; car il y a trois raisons pour lesquelles nous accordons de la crédibilité en dehors des démonstrations. Ce sont la prudence, la vertu, et la bienveillance. En effet, les orateurs nous induisent en erreur[1] sur ce qu'ils disent

1 Je comprends διαψεύδονται au moyen qui peut signifier « tromper », « mentir », en suivant ici Dufour. L'accusation de tromperie par le discours persuasif est une thématique connue : voir par exemple Iso. *Sur l'échange* 28 où Isocrate prévient son auditoire que certains ont

ou [1378a10] conseillent, soit pour toutes les raisons qui suivent, soit pour l'une d'entre elles : ou bien ils ne se font pas d'opinion correcte par manque de prudence ; ou bien ils se font des opinions correctes, mais par méchanceté ils ne formulent pas leur avis ; ou bien encore ils sont prudents et honnêtes, mais ne sont pas bienveillants, et il est alors possible qu'ils ne conseillent pas ce qu'il y a de mieux, alors qu'ils le connaissent. Il n'y a pas d'autre cas [1378a15] en dehors de ceux-là ; par conséquent, celui qui semble posséder ces qualités est nécessairement crédible auprès de ses auditeurs. Par quoi l'on peut paraître prudent et sérieux, on doit le tirer des distinctions que nous avons opérées à propos des vertus ; car ce sont à partir des mêmes moyens que l'on peut produire en soi-même ou chez quelqu'un d'autre une telle qualité. Quant à la bienveillance et à l'amitié, il faut en parler [1378a20] dans la discussion sur les passions.

Toutes les passions à cause desquelles, en subissant un changement[2], on varie dans ses jugements, sont celles que douleur et plaisir accompagnent, par exemple la colère, la pitié, la peur, et d'autres semblables, ainsi que leurs contraires. Il faut diviser l'examen de chacune d'entre elles en trois ; par exemple à propos de la colère on dira comment sont disposés [1378a25] les colériques, puis quelles sont les personnes contre lesquelles on se met habituellement en colère, et enfin sur quels sujets. Si en effet nous n'avions qu'un ou deux de ces éléments, mais pas tous, il serait impossible de susciter la colère. Il en va de même aussi pour toutes les autres passions. Donc, de même que nous avons énuméré les prémisses pour les points précédents, procédons de même ici à propos des passions et divisons l'examen de la manière que nous avons indiquée.

été trompés (διεψευσμένους) par des calomnies d'autres orateurs (πεπεισμένους ὑπὸ τῶν βουλομένων βλασμημεῖν), raison pour laquelle Isocrate demande à ses « juges » de la bienveillance (μετ'εὐνοίας).

2 Je comprends ici μεταβάλλοντες en un sens intransitif, qui signifie « subir un changement ». Sur la construction de cette phrase, voir *infra* p. 90.

II.2 [LA COLÈRE]

[1378a31] Disons donc que la colère est le désir, accompagné de douleur, de ce qui apparaît comme une vengeance, à cause de ce qui apparaît comme une dépréciation venant de quelqu'un à qui il ne convient pas qu'il déprécie ce qui a trait à la personne elle-même ou à ses proches[3].

Si c'est bien cela la colère, alors il est nécessaire que celui qui est en colère le soit toujours contre des individus en particulier, **[1378a35]** contre Cléon par exemple et non contre le genre humain ; et aussi qu'on lui ait fait ou qu'on soit sur le point de lui faire quelque chose **[1378b1]** à lui ou à ses proches ; et enfin que toute colère soit accompagnée d'un certain plaisir qui provient de l'espoir de se venger. Car il est plaisant de croire qu'on obtiendra ce à quoi on aspire, or personne n'aspire à des choses qui lui apparaissent impossibles, et celui qui est en colère aspire à **[1378b5]** ce qui lui est possible. C'est pourquoi on dit à bon droit à propos de l'emportement[4] :

> « Lui, beaucoup plus doux que le miel qui s'écoule
> quand il enfle dans la poitrine des hommes[5] ».

En effet, s'ensuit un certain plaisir pour cette raison, et aussi parce qu'on s'emploie à se venger en pensée. C'est donc la représentation qui survient à ce moment-là qui produit du plaisir, comme celle des rêves.

[1378b10] Étant donné que la dépréciation est la réalisation de l'opinion qu'une chose apparaît sans aucune valeur (nous croyons en effet que les maux et les biens méritent toute notre attention, ainsi que tout ce qui y concourt, alors que tout ce que qui a une importance nulle ou faible, nous n'y attachons aucune valeur), il y a trois espèces de dépréciation : le mépris, la brimade[6], et **[1378b15]** l'outrage. Celui qui

---

3 Je retiens ici le texte de A : διὰ φαινομένην ὀλιγωρίαν τῶν εἰς αὐτὸν ἢ τῶν αὐτοῦ, τοῦ ὀλιγωρεῖν μὴ προσήκοντος. *Cf.* Grimaldi (1988, p. 22-23).

4 Il faut distinguer dans la traduction θυμός que traduit « emportement » et ὀργή, « colère ». L'emploi de θυμός, avec sa résonance archaïque s'explique par la citation homérique *Il.* 18.109. Pour mémoire, chez Homère, θυμός signifie rarement la colère, même s'il en est le siège ; dans la citation homérique, le sujet est χόλος et non θυμός.

5 *Il.* 18.109-110. C'est Achille qui se lamente sur les effets de la querelle (ἔρις) et de la colère qui chez lui a été suscitée par Agamemnon, l'ayant empêché de protéger Patrocle de la mort.

6 Je reprends à P. Chiron la traduction par « brimade ». Sur le terme ἐπηρεασμός, qui signifie littéralement faire obstacle, voir Cope (1877, p. 15-17) qui donne plusieurs exemples

méprise déprécie puisque toutes les choses dont on considère qu'elles n'ont aucune valeur, on les méprise, et on déprécie les choses qui n'ont aucune valeur. Celui qui brime paraît également mépriser, car la brimade est un obstacle aux souhaits d'autrui non pour son intérêt propre, mais contre l'intérêt d'autrui ; et comme ce n'est pas pour son intérêt propre, il y a dépréciation. [1378b20] Il est clair en effet qu'il ne considère ni qu'autrui puisse lui nuire, car alors il le craindrait et il ne le déprécierait pas, ni qu'il puisse être utile de quelque façon, car il penserait alors à s'en faire un ami. De même, celui qui outrage déprécie. L'outrage consiste en effet à faire ou à dire des choses qui font honte à celui qui le subit, non dans le but d'obtenir [1378b25] autre chose que ce qu'il a obtenu[7], mais parce que çà lui plait. En effet, ceux qui ripostent ne commettent pas d'outrage, ils se vengent. La cause du plaisir de ceux qui outragent est la croyance qu'en maltraitant quelqu'un ils accroissent leur supériorité. C'est pourquoi les jeunes et les riches sont enclins à l'outrage, puisqu'en outrageant, ils croient être supérieurs. Le déshonneur est une forme d'outrage, [1378b30] et celui qui déshonore déprécie. Car à ce qui n'a aucune valeur, ni en bien ni en mal, ne revient aucune marque d'honneur. C'est pourquoi Achille en colère déclare :

> « Il m'a déshonoré. Car lui-même a pris et retient ma récompense[8] »

et aussi :

> « comme un vagabond privé d'honneur[9] »

dans l'idée que c'est à cause de cela qu'il est en colère.

On croit qu'il convient d'être tenu en haute estime par ceux qui sont [1378b35] inférieurs en naissance, en pouvoir, en vertu, et d'une

---

d'usages. Sur le lien entre ἐπηρεασμός et colère ou indignation, voir Dem. *Contre Midias* 15.4-10.

7 La clause μὴ ἵνα τι γίγνηται αὐτῷ ἄλλο ἢ ὅτι ἐγένετο est généralement comprise dans le sens suivant : « non pas en vue d'en tirer un bénéfice personnel, ou parce qu'il s'est passé quelque chose… ». Ces deux cas, comme cela est expliqué ensuite, reviennent à supposer qu'il s'agit alors d'ἀντιποίησις, et non d'outrage gratuit. Une autre solution, plus idiomatique, est proposée par Cope (1877, p. 17) qui reconnaît la locution μὴ ἄλλο τι ἤ, et traduit de cette manière : « *for no benefit that is expected to accrue to the aggressor except the mere fact of its having been done* ». Je le suis dans la traduction.

8 *Il.* 1.356 ; Aristote tronque le vers, où αὐτὸς est suivi de ἀπούρας.

9 *Il.* 9.648.

manière générale [1379a1] par ce en quoi on est soi-même largement supérieur, par exemple le riche doit être tenu en haute estime par le pauvre quand il s'agit des biens, l'orateur par celui qui est incapable de prendre la parole quand il s'agit de parler, ou encore celui qui gouverne par celui qui est gouverné, et celui qui croit mériter de gouverner par celui qui mérite d'être gouverné. C'est pourquoi on dit :

> « Redoutable est l'emportement des rois issus de Zeus[10] »

[1379a5] Et encore :

> « Mais il n'en conserve pas moins sa rancœur pour après[11] »

On s'irrite en effet à cause de sa supériorité. Il convient en outre d'être tenu en haute estime par ceux dont on croit qu'ils doivent bien nous traiter ; ce sont ceux qu'on a bien traités ou qu'on traite bien (soi-même ou quelqu'un d'autre par notre entremise, ou l'un de nos proches) ou ceux que l'on souhaite ou qu'on a souhaité bien traiter.

À partir de ces éléments, on voit donc déjà bien quelles sont les dispositions dans lesquelles se trouvent ceux qui se mettent en colère, [1379a10] contre qui, et pour quels motifs. On est en colère lorsqu'on souffre ; celui qui souffre aspire en effet à quelque chose ; si donc quelqu'un s'interpose directement de quelque façon, par exemple en empêchant celui qui a soif de boire, ou si sans s'interposer il apparaît faire exactement la même chose, ou s'il œuvre contre, ou s'il n'assiste pas ou gêne de quelque manière cet homme [1379a15] dans cette disposition, ce dernier se met en colère contre tous. C'est pourquoi les malades, les pauvres, les amoureux, les assoiffés, et d'une manière générale ceux qui convoitent quelque chose sans parvenir à l'obtenir sont portés à la colère et impulsifs, surtout contre ceux qui déprécient leur état ; par exemple le malade contre ceux qui déprécient sa maladie[12],

---

10 *Il.* 2.196.

11 *Il.* 1.82. Dans les deux citations, il s'agit d'Agamemnon. Dans la première citation Agamemnon affirme sa supériorité ; dans la seconde c'est le devin Calchas s'adressant à Achille qui désigne la rancœur (κότος) que pourrait avoir Agamemnon contre lui s'il parle, après un accès de colère (χόλος). *Cf. Il.* 1.81-83.

12 Le sens de la préposition πρός suivie de l'accusatif est discuté. 1) Cope (1877, p. 22) suppose la construction syntaxique suivante : (ὀγρίλοι εἰσὶ) τοῖς (αὐτοῦ ὀλιγωροῦσι) πρὸς τὴν νόσον, qu'on devrait traduire en toute rigueur par « contre ceux qui le déprécient

ou le pauvre contre ceux qui déprécient sa pauvreté, le guerrier contre ceux **[1379a20]** qui déprécient cette guerre, l'amoureux contre ceux qui déprécient son amour, et de même dans tous les autres cas. Car en chacun la voie de sa colère est frayée par le malheur qu'il subit. En outre on se met en colère lorsqu'il arrive le contraire de ce que l'on attendait, car ce qui arrive contre toute attente fait souffrir davantage, de même que ce qui arrive contre toute attente réjouit davantage si **[1379a25]** cela s'avère ce que l'on souhaite. Ainsi donc sont rendus manifestes à partir de cela les périodes, les époques, les dispositions et les âges qui inclinent à la colère, sous quelles conditions, où et quand, ainsi que la raison pour laquelle on y est davantage enclin quand on est davantage dans ces conditions.

Voilà donc comment on est disposé quand on est enclin à la colère.

On se met en colère contre ceux qui nous ridiculisent, nous raillent ou se moquent de nous, **[1379a30]** car ces derniers commettent un outrage. Contre ceux qui nous causent un tort de telle nature que c'est un signe d'outrage ; il est nécessaire que ces torts ne soient ni une riposte à une offense, ni au bénéfice de ceux qui les commettent, car il nous semble d'emblée que ces torts sont causés par l'outrage. Contre ceux qui dénigrent et méprisent ce qu'on prend vraiment au sérieux : par exemple celui qui met un point d'honneur[13] à faire de la philosophie s'irrite si on s'en prend à **[1379a35]** la philosophie, celui qui met un point d'honneur à soigner son apparence si on s'en prend à son apparence, et de même pour tout le reste. Et cela d'autant plus

---

relativement à sa maladie » ; 2) Kassel (1971, p. 132) semble accepter cette interprétation mais renvoie le τοῖς au πᾶσιν ὀγρίζεται 1379a15 (qui se trouve bien loin, sauf à athétiser la phrase a15-18 διὸ κάμνοντες…ὀλιγωροῦντας, ce que Kassel fait). 3) Grimaldi (1988, p. 38) objecte que cette interprétation se concentre sur les cibles de la colère et non sur les motifs et suppose donc une construction de ce type : οἷον κάμνων μέν (ἐστι ὀγρίλος) τοῖς πρὸς τὴν νόσον : « par exemple le malade est en colère dans les situations relatives à la maladie ». L'interprétation de Grimaldi me semble projeter sur le texte une attente trop forte relativement à la distinction entre motifs et cibles de la colère. Car l'argument ici ne concerne assurément pas les cibles, même si c'est par les cibles qu'on parvient à isoler l'objet manquant du désir du malade (la santé), du pauvre (la richesse), etc. Je me range donc à l'interprétation générale, et celle de Cope en particulier, qui me semble présenter une traduction fluide, étant donné qu'il n'y a pas de raison particulière d'athétiser le passage διὸ κάμνοντες…ὀλιγωροῦντας.

13 Je traduis ici le verbe φιλοτιμέομαι par « mettre un point d'honneur » plutôt que le traditionnel « rivaliser ». Il faut en effet continuer d'entendre dans ce verbe l'idée d'honneur (qu'on trouve par exemple en 1379a34 avec ἐπί + dat.). Le rival est celui avec lequel je mets en jeu mon honneur – il ne s'agit donc pas d'une relation de simple concurrence.

si on craint soit de ne pas posséder ces qualités complètement, soit de ne pas les posséder fermement, soit encore **[1379b1]** de ne pas sembler les posséder ; car quand on croit vraiment qu'on est supérieur dans les domaines où l'on se moque de nous, on ne s'en soucie pas. Et on s'irrite davantage contre les amis que contre ceux qui ne sont pas nos amis, car on croit qu'il convient d'être bien traité par eux plutôt que de ne pas l'être. Contre ceux qui d'habitude nous honorent ou **[1379b5]** se soucient de nous, quand ils adoptent un comportement contraire avec nous : en effet on croit qu'on est méprisé par eux, sinon ils auraient le même comportement à notre égard. Contre ceux qui ne nous traitent pas bien en retour ni ne nous rendent nos bienfaits à part égale ; et contre ceux qui s'opposent à nos intérêts, s'ils nous sont inférieurs ; car tous ces gens-là paraissent nous mépriser, ces derniers nous considérant comme inférieurs, les **[1379b10]** premiers considérant qu'ils ont reçu de la part d'inférieurs. Et encore plus contre ceux qui ne méritent pas notre considération, s'ils nous déprécient, car on suppose que la colère suscitée par la dépréciation est dirigée contre ceux à qui il ne convient pas de déprécier, or il convient aux inférieurs de ne pas déprécier. En outre contre les amis, s'ils ne parlent pas ou n'agissent pas à notre avantage, et encore plus s'ils parlent et agissent contre nous, et s'ils ne prêtent nulle attention à nos **[1379b15]** besoins, comme le personnage de Plexippe d'Antiphon contre Méléagre. Son manque d'attention est un signe de sa dépréciation ; car ce dont nous nous soucions n'échappe pas à notre attention. Contre ceux qui se réjouissent de nos infortunes et d'une manière générale contre ceux qui s'accommodent de nos infortunes, car c'est le signe que ce sont des ennemis ou des gens qui nous déprécient. Contre ceux qui n'ont cure **[1379b20]** de nous voir souffrir ; c'est pourquoi on se met en colère aussi contre les porteurs de mauvaises nouvelles. Contre ceux qui prêtent l'oreille à ce qu'on dit de nous et scrutent nos faiblesses ; ils sont en effet semblables à ceux qui nous déprécient ou à nos ennemis, puisque les amis partagent notre souffrance, et tous souffrent au spectacle de nos propres faiblesses[14]. En

14 Selon Cope (1877, p. 29) Grimaldi (1988, p. 45) et Viano (2021, p. 155), τὰ οἰκεῖα φαῦλα désigne les défauts qui nous sont *propres* ; selon Chiron (2007, p. 272), Kennedy (2007, p. 120) et Rapp (2002a, p. 77 ; 2002b, p. 593), il s'agit des défauts des autres qui nous sont *proches*. L'usage le plus répandu de οἰκεῖος en adjectif signifie « en propre » (voir par exemple *Phys.* 246b9 : τὰ οἰκεία πάθη, répété en 247a4, ou *EN*, 1168a2 pour désigner les propres productions des poètes : τὰ οἰκεῖα ποιήματα), et non « des proches ».

outre, on s'irrite contre ceux qui nous déprécient devant cinq types de personnes : celles avec lesquelles **[1379b25]** nous rivalisons, celles que nous admirons, celles par qui nous souhaitons être admirés, celles que respectons[15] ou celles qui en notre compagnie[16] ressentent du respect. Si l'on nous déprécie en leur compagnie, on se met d'autant plus en colère. On s'irrite encore contre ceux qui déprécient les valeurs au nom desquelles il serait honteux pour nous de ne pas porter assistance par exemple aux parents, aux enfants, aux épouses et aux gouvernés. Contre ceux **[1379b30]** qui ne nous rendent pas nos faveurs, car la dépréciation ici s'oppose à ce qui convient. Contre ceux qui sont ironiques quand on est sérieux, car l'ironie est méprisante. Contre ceux qui traitent bien les autres, mais pas nous, car cela aussi est méprisant de ne pas nous juger dignes de ce que l'on juge digne de tous. Ce qui provoque aussi la colère, c'est l'oubli, comme **[1379b35]** l'oubli des noms propres, aussi anodin que cela puisse être ; on est d'avis en effet que l'oubli est un signe de dépréciation, car l'oubli advient du fait de la négligence, or la négligence est une dépréciation.

Nous avons donc dit tout à la fois contre qui **[1380a1]** on se met en colère, dans quelle disposition on se trouve et pour quels motifs. Il est clair qu'on devra, au moyen du discours, rendre les auditeurs tels que sont les gens qui se mettent en colère, rendre leurs opposants responsables de ce qui suscite la colère, et rendre ces derniers semblables à ceux contre qui on se met en colère.

---

15 Je traduis ici αἰσχύνομαι par « respecter », comme en 1380a32 1380b1, qui est le sens de αἰσχύνομαι avec un complément de personne à l'accusatif – pour signifier la honte à l'égard d'autrui, on utilise un πρός + acc. Cet usage réapparait en 1380a32, 1380b1, 1380b32. Il faut néanmoins entendre que le respect est le pendant de la honte ressentie, lorsqu'elle s'attache au statut d'autrui et non d'abord au mien. *Infra* p. 241.

16 Il y a une rupture de la construction dans ce dernier membre de phrase ; suivant les suggestions de Cope (1877, p. 30) et sa reconstruction de la phrase, je comprends le ἐν τοῖς αἰσχυνομένοις comme annonçant la suivante, d'où « en compagnie de ».

II.3 [LE CALME]

[1380a5] Puisque se calmer est le contraire de se mettre en colère, et que la colère est le contraire du calme, on doit comprendre dans quelles dispositions se trouvent ceux qui sont calmes, envers quelles personnes on garde son calme, et pour quelles raisons on se calme.

Disons que le fait de se calmer est le rétablissement[17], c'est-à-dire l'apaisement, de la colère. Si donc on se met en colère contre ceux qui déprécient, et si la dépréciation est commise de plein gré, il est manifeste qu'on est calme **[1380a10]** envers ceux qui ne font rien de tel, ou qui le font contre leur gré, ou apparaissent tels. Envers ceux qui souhaitaient le contraire de ce qu'ils ont fait. Envers tous ceux qui se comportent de la même manière envers eux-mêmes, car personne, semble-t-il, ne se déprécie soi-même. Envers ceux qui reconnaissent ce qu'ils ont fait et s'en repentent, car en obtenant réparation par leur souffrance, on apaise sa colère **[1380a15]** contre ceux qui l'ont suscitée. Un signe en est la punition des serviteurs : ceux qui nous contredisent ou qui nient leurs actes, nous les punissons davantage, alors qu'envers ceux qui reconnaissent qu'ils sont punis justement, nous cessons d'être en colère. La raison en est que nier ce qui est manifeste, c'est de l'impudence, et l'impudence **[1380a20]** est une dépréciation et du mépris ; de fait, ceux qu'on méprise profondément, on ne les respecte pas. Nous sommes calmes envers ceux qui se font humbles devant nous et ne nous contredisent pas ; ils apparaissent en effet reconnaître qu'ils sont inférieurs, or ceux qui sont inférieurs ont peur, et personne ne déprécie si on a peur. Que la colère cesse devant ceux qui se font humbles, même les chiens **[1380a25]** le montrent : ils ne mordent pas ceux qui sont assis[18]. Envers ceux qui prennent au sérieux notre propre sérieux, il semble en effet que nous sommes pris au sérieux et non que nous sommes méprisés. Envers ceux qui nous ont

17 Le terme κατάστασις est utilisé en I.11, 1369b34 pour définir le plaisir comme un « rétablissement » de l'âme vers son état naturel (εἰς τὴν ὑπάρχουσαν φύσιν). Je choisis de conserver la même traduction en I.11 et en II.3 – ce qui peut rendre la phrase quelque peu obscure. Ici, il s'agit manifestement de l'arrêt du mouvement propre à la colère avant la restauration d'un état normal.

18 Les commentateurs renvoient à *Od.* 14.29-34 lorsqu'Ulysse, déguisé en mendiant, est attaqué par les chiens d'Eumée, et s'assoit pour échapper à leur assaut.

accordé davantage de faveurs. Envers ceux qui nous sollicitent et nous implorent, car ils se font plus humbles. Envers ceux qui ne se livrent ni à l'outrage, ni à la moquerie ni au mépris contre [1380a30] quiconque, ou contre des gens de bien ou qui leur sont semblables.

D'une manière générale, il faut examiner ce qui calme à partir des contraires. On est calme envers ceux que l'on craint ou qu'on respecte ; en effet, tant que l'on est dans cette disposition, on ne se met pas en colère, car il est impossible en même temps d'avoir peur et d'être en colère. Face à ceux qui ont agi sous le coup de la colère, on ne se met pas en colère, ou on se met moins [1380a35] en colère, car ce n'est pas par dépréciation qu'ils apparaissent avoir agi ; en effet nul ne déprécie quiconque, lorsqu'il est en colère, car la dépréciation n'est pas douloureuse, [1380b1] alors que la colère s'accompagne de douleur. Envers ceux qui nous respectent.

Lorsqu'on est dans une disposition contraire à celui qui est en colère, il est clair qu'on est calme, comme lorsqu'on plaisante, quand on rit, quand on célèbre un événement, quand on se porte bien, quand on réussit, quand on est comblé, d'une manière générale quand on est exempt de souffrance et qu'on éprouve un plaisir qui ne porte pas à l'outrage, et quand on a d'honnêtes espoirs. En outre, on est calme quand le temps a passé, et lorsqu'on ne se trouve plus dans l'urgence de la colère, car le temps fait cesser la colère. De même, ce qui fait cesser une grande colère contre untel est la vengeance infligée auparavant à tel autre. C'est pourquoi Philocrate, alors que le peuple était en colère contre lui, à qui lui demandait : « Pourquoi ne te défends-tu pas ? », répond à juste titre : « Pas encore », « Quand alors ? », [1380b10] « Quand je verrais quelqu'un d'autre être victime de calomnie[19] ». Car on se calme lorsqu'on laisse sa colère se déverser sur quelqu'un d'autre ; et c'est ce qui arriva à Ergophile : alors qu'on lui en voulait davantage qu'à Callisthène, on l'acquitta, car la veille on avait condamné Callisthène à mort. On se calme aussi si on

---

19 Cette anecdote est considérée comme Kassel comme un ajout ultérieur et redondant par rapport à la seconde anecdote. Néanmoins, cette considération repose sur le choix dans la précédente phrase de corriger ὀργὴν μείζω ἢ en ὀργὴ μείζων ἢ (ce qui signifierait : « ce qui fait cesser *une plus grande* colère contre untel est la vengeance infligée auparavant à tel autre »), comme le soulignent Rapp (2002b, p. 606), qui accepte pourtant cette correction, et Chiron (2007, p. 277 n. 9), qui la refuse. Or on peut considérer qu'il y a une gradation entre les deux anecdotes : celle de Philocrate dit comment il est vain de s'adresser à un auditoire en colère, en attendant que l'auditoire se calme ou la déverse sur un autre objet, celle d'Ergophile introduit le problème de la mesure de la colère à l'endroit des accusés (Grimaldi, 1988, p. 59).

éprouve de la pitié[20], et si des personnes subissent un mal [1380b15] plus grand que celui que des gens en colère leur auraient infligé ; on croit en effet que c'est comme si on avait obtenu vengeance. Quand on pense avoir commis une injustice et qu'on en souffre de manière justifiée : la colère ne naît pas contre ce qui est juste, car alors on ne pense plus que souffrir ne convient pas, alors que lorsqu'on était en colère, c'était le cas. C'est pourquoi il faut une punition préalable au moyen d'un discours, on s'irrite alors moins lorsqu'on [1380b20] est châtié, et même les esclaves. Quand on croit que ceux qu'on punit ne se rendront pas compte que c'est à cause de nous et en retour de maux que nous avons subis ; la colère en effet vise un individu en particulier. C'est manifeste à partir de la définition. C'est donc à juste titre que le poète fait dire à Ulysse :

> « Dis-lui que c'est Ulysse, le destructeur des villes[21] »

dans l'idée qu'il n'aurait pas été puni si l'on n'avait pas su par qui ou pour quelle raison. Si bien qu'on ne se met pas en colère contre tous ceux [1380b25] qui ne sentent plus rien, et moins encore contre les morts, dans l'idée qu'ils ont subi le dernier châtiment et qu'ils ne souffriront ni ne sentiront plus le mal qu'on vise à infliger quand on est en colère. C'est pourquoi le poète, aux côtés d'Hector, alors que ce dernier est mort, voulant faire cesser la colère d'Achille, dit très justement :

> « car sourde est la terre que dans sa rage il violente[22] »

Il est donc [1380b30] manifeste que ceux qui souhaitent calmer leur auditoire doivent parler en partant de ces lieux, d'une part en le mettant dans ces conditions, et d'autre part en présentant les cibles de sa colère comme des personnes effrayantes, ou dignes de respect, ou qui lui ont accordé des faveurs, ou qui ont agi contre leur gré, ou qui souffrent démesurément des actes qu'ils ont commis.

---

20 Je retiens la leçon de A : ἐλεοῦσιν corrigé par Bekker en ἐλεῶσιν au lieu de ἕλωσιν que retient Kassel d'après une suggestion de Roemer, qu'il faudrait traduire : « On se calme aussi une fois la condamnation obtenue ». Aristote pointe ici les possibles relations d'exclusion entre des passions. Voir par exemple Lys. *Contre Alcibiade 2* 9.4-5 qui oppose explicitement la pitié qu'on pourrait ressentir à l'égard d'Alcibiade, et la colère qu'on lui doit pour ses actes.

21 *Od.* 9.504.

22 *Il.* 24.54.

II.4 [L'AMITIÉ ET LA HAINE]

Qui on aime et qui on hait, pour quelle raison, disons-le après avoir défini [1380b35] l'amitié et le fait d'aimer. Disons qu'aimer c'est souhaiter à quelqu'un ce que l'on croit être des biens, pour lui et non pour soi-même, [1381a1] et œuvrer pour ces biens dans la mesure du possible. L'ami est celui qui aime et celui qui est aimé en retour. Se croient amis ceux qui croient qu'ils sont ainsi disposés l'un à l'égard de l'autre. Ceci étant posé, est nécessairement un ami celui qui partage le plaisir pris à ces biens et la souffrance [1381a5] prise à ces peines, pour aucune autre raison que pour son ami. En effet tous se réjouissent quand arrive ce qu'ils souhaitent, et éprouvent de la douleur dans le cas contraire, de sorte que les douleurs et les plaisirs sont des signes de ce qu'ils souhaitent. Sont amis ceux pour qui les biens et les maux sont les mêmes, et ceux qui ont les mêmes amis et les mêmes ennemis, [1381a10] car ce sont nécessairement les mêmes choses qu'ils souhaitent ; de sorte que celui qui souhaite aussi pour autrui ce qu'il souhaite pour lui-même parait être un ami. Nous aimons aussi ceux qui nous traitent bien, nous-mêmes ou ceux qui nous sont chers ; si ce sont de grands bienfaits, ou encore s'ils sont faits avec empressement, ou dans telles ou telles occasions opportunes, et pour notre bien à nous. Ou encore ceux dont nous croyons qu'ils veulent nous faire du bien. Les amis de nos [1381a15] amis, c'est-à-dire qui aiment ceux que nous aimons nous-mêmes, et aussi ceux qui sont aimés de ceux qui sont aimés par nous ; les ennemis de nos propres ennemis, c'est-à-dire qui haïssent ceux que nous haïssons nous-mêmes, et aussi ceux qui sont haïs par ceux qui sont haïs de nous. Car ce sont les mêmes choses qui apparaissent être des biens pour nous et pour tous ceux-là, si bien qu'ils nous souhaitent des biens, [1381a20] ce qui est le propre de l'ami. Et aussi ceux qui nous sont bénéfiques relativement à nos richesses et à notre sécurité ; c'est la raison pour laquelle nous avons de l'estime pour les gens généreux et courageux. Les gens justes ; sont considérés comme justes ceux qui ne vivent pas aux crochets d'autrui, comme ceux qui vivent de leur travail, et parmi eux ceux qui vivent de l'agriculture et pour le reste surtout ceux qui travaillent pour leur propre compte. [1381a25] Ceux qui sont modérés, car ils ne sont pas injustes. Ceux qui se tiennent à l'écart des affaires, pour la même raison. Ceux dont nous souhaitons être les amis, s'ils paraissent le souhaiter ; ce sont ceux dont la vertu en font des hommes de bien et qui jouissent d'une bonne réputation, soit auprès de tous, soit auprès des meilleurs d'entre nous, soit auprès de ceux que nous admirons, ou auprès de ceux qui nous admirent. En outre **[1381a30]** nous aimons ceux avec lesquels il est agréable d'être en compagnie et de passer du temps, tels ceux qui ont un caractère facile, qui ne critiquent pas nos erreurs, ne cherchent pas la victoire et ne sont pas querelleurs : tous ces derniers sont agressifs, et ceux qui nous agressent paraissent souhaiter le contraire de ce que nous souhaitons. Ceux qui ont le don de plaisanter et être l'objet de plaisanteries, car **[1381a35]** les uns comme les autres ont le même égard pour leur prochain, eux qui, avec une certaine finesse, peuvent être l'objet de plaisanteries autant que ceux qui peuvent en faire. Ceux qui font l'éloge des qualités que nous possédons, et parmi ces qualités surtout celles que nous craignons **[1381b1]** de ne pas posséder. Ceux qui soignent leur apparence, leur tenue et généralement leur manière de vivre. Ceux qui ne reprochent ni les erreurs ni les bienfaits, car l'un et l'autre sont portés à la critique. Ceux qui ne gardent pas rancune et ne maintiennent pas **[1381b5]** leurs griefs, mais se réconcilient facilement : si on les tient pour tels avec les autres, on croit qu'ils le seront aussi à notre égard. Ceux qui ne sont pas médisants et ne regardent ni les défauts de leur voisin ni les leurs, mais les qualités ; c'est en effet ainsi qu'agit l'homme de bien. Ceux qui ne tiennent pas tête aux gens en colère ou sérieux **[1381b10]** ; car ces gens-là sont agressifs. Ceux qui à notre égard se comportent avec un certain sérieux, comme ceux qui nous admirent, nous considèrent comme des gens sérieux, se plaisent en notre compagnie, et surtout lorsqu'ils ressentent ces affections relativement aux qualités pour lesquelles nous souhaitons surtout être admirés, sembler sérieux ou agréables. Nos **[1381b15]** semblables et ceux qui ont les mêmes occupations, à condition qu'ils ne soient pas gênants et qu'ils ne vivent pas de la même chose, car si c'est le cas, c'est « potier contre potier ». Ceux qui convoitent les mêmes choses, du moment qu'il est possible d'y prendre part en même temps, sinon, il arrive exactement la même chose. Ceux devant qui on se comporte de telle manière qu'on n'a pas honte de ses actions au regard de l'opinion **[1381b20]**, du moment qu'on ne les méprise pas, et ceux devant qui on a honte de ses actions au regard de la vérité[23]. Ceux avec qui nous rivalisons, et ceux de qui nous souhaitons susciter l'envie et non la jalousie ; ceux-là ou bien nous les aimons, ou nous souhaitons être leurs amis. Ceux que nous aidons à obtenir des biens, si toutefois il ne s'ensuit pas pour nous une moins bonne situation. Ceux qui aiment **[1381b25]** autant les absents que les présents, raison pour laquelle tout le monde aime ceux qui se comportent ainsi envers les morts. D'une manière générale ceux qui tiennent fortement à leurs amis et ne les abandonnent pas, car parmi les hommes de bien, on aime surtout ceux qui sont bons en amitié. Ceux qui ne font pas semblant devant nous : et notamment ceux qui avouent aussi leurs faiblesses. **[1381b30]** On a dit en effet que devant les amis, on n'avait pas honte de ses actions au regard de l'opinion ; si donc celui qui éprouve de la honte n'aime pas, il est vraisemblable que celui qui n'en éprouve pas aime. Ceux dont nous n'avons pas peur, et qui nous inspirent de l'assurance. Personne en effet n'aime celui dont il a peur.

Les espèces d'amitié sont la camaraderie, la familiarité[24], la parenté, tout ce qui s'en rapproche. **[1381b35]** Est productrice d'amitié la faveur[25], et le fait qu'une personne agisse sans que nous l'ayons demandé, et ne montre pas le bien qu'elle nous a fait ; en agissant ainsi, elle apparaît en effet le faire en vue de l'ami, et non pour une autre raison.

Concernant la haine et **[1382a1]** le fait de haïr, il est clair qu'on peut l'envisager à partir des contraires. La haine est produite par la colère, la brimade, et la diffamation. En effet, la colère provient d'actions intentées contre nous, alors que la haine peut survenir même sans qu'on ne nous ait rien fait. Supposons-nous qu'une personne a tel ou tel caractère, et nous la haïssons. La colère vise **[1382a5]** toujours les individus, comme Callias ou Socrate, alors que la haine vise aussi des genres ; en effet, tout le monde haït le voleur et le sycophante. L'une se guérit avec le temps,

23 Selon Cope (1877, p. 53) et Grimaldi (1988, p. 76-77), l'opposition τὰ πρὸς δόξαν et τὰ πρὸς ἀληθείαν signifierait « en apparence / en réalité » concernant les fautes commises. Or il est important de ne pas gommer le concept d'« opinion » publique ici (Chiron, 2007, p. 284 ; Rapp, 2002a, p. 81 ; 2002b, p. 615).

24 Je traduis οἰκειότης par « familiarité », dans la mesure où on peut considérer a) qu'il y a un effet de gradation entre les trois espèces ; b) que οἰκειότης peut désigner la relation entre époux. Il ne me semble pas qu'il faille faire de cette catégorie une catégorie vague, le και ὅσα τοιαῦτα se charge d'y renvoyer.

25 Je traduis χάρις par « faveur » ici, dans l'hypothèse où il s'agit de la faveur *donnée*, c'est-à-dire de bienfaisance ou de « grâce », et non de « gratitude » qui sera l'objet de II.7.

l'autre est incurable. L'une cherche à infliger de la douleur, l'autre du mal. L'homme en colère souhaite qu'on le sente, alors que pour celui qui hait, cela ne fait aucune différence. **[1382a10]** Tout ce qui est douloureux se sent, alors que les plus grands maux, comme l'injustice ou la stupidité, sont à peine sensibles ; la présence du mal n'est en rien douloureuse. L'une est accompagnée de douleur, l'autre est sans douleur ; en effet, l'homme en colère éprouve de la douleur, mais pas celui qui haït. L'un aurait pitié s'il arrivait de nombreux maux, l'autre n'aurait pitié de personne ; l'un souhaite en effet que celui contre qui il est en colère **[1382a15]** souffre en retour, l'autre souhaite qu'il n'existe pas.

Il est donc clair qu'on peut démontrer à partir de ce qu'on a dit si des personnes sont ennemies ou amies, les rendre telles si elles ne le sont pas, et confondre celles qui prétendent l'être[26], et quant à celles qui se querellent à cause de la colère ou de la haine, les amener du côté qu'on aura décidé[27].

II.5 [LA PEUR ET L'ASSURANCE]

De quelle sorte de choses on a peur, **[1382a20]** de qui on a peur, et dans quelles dispositions on est, ce qui suit le rendra clair.

Disons que la peur est une certaine douleur ou trouble[28] qui provient de la représentation d'un mal à venir, destructeur ou douloureux ; en

26 « Confondre » ou « réfuter » est le sens communément utilisé de διαλύειν (*cf. Rh.* I.15, 1377a2). Cependant διαλύειν est fréquemment employé par Aristote pour évoquer la dissolution d'une amitié (*EN*, 1156a19, a23, 1157a15, b10, 1162b25, b34, 1163a26, 1164a9, 1165a36, b3, 1165b21, b36). Le même verbe est utilisé en 1388b29-30 pour décrire la dissolution d'une passion. On pourrait alors traduire « et de défaire les liens qu'ils prétendent avoir ». L'avantage de cette solution serait que ce verbe répond directement à ποιεῖν au sens de « rendre tel » ; la difficulté est qu'on imagine moins « défaire » un lien haineux.

27 On pourrait traduire προαιρεῖσθαι par « préférer », justifié par le ὁποτέρον qui précède. Je conserve ici « décider » afin de souligner le caractère éthique de l'intention de l'orateur.

28 Je conserve le ἤ de tous les mss., contre Kassel qui lit καί, en renvoyant à 1386b18 à propos de la pitié : (λύπη μὲν γὰρ ταραχώδης), puis à 1386a25 où, à propos de la peur, Aristote dit que ἐὰν…ἡ λύπη ὑπάρχῃ καὶ ἡ ταραχή. Différentes leçons sont par ailleurs données pour la définition de la honte en 1383b14, où A donne ἔστω δὴ αἰσχύνη λύπη τις ἢ ταραχή, alors que βVet et anon. donnent καί.

effet, on n'a pas peur de tous les maux, par exemple on n'a pas peur de devenir injuste ou idiot, mais de tous les maux qui peuvent produire de grandes douleurs ou destructions, et cela s'ils paraissent non pas **[1382a25]** éloignés, mais d'une imminente proximité. Ceux qui sont vraiment éloignés, on n'en a pas peur. On sait tous en effet que l'on va mourir, mais parce que la mort n'est pas proche, on ne s'en soucie pas. Si c'est cela la peur, alors il est nécessaire que fait peur tout ce qui apparaît avoir un grand pouvoir de destruction et de nuisance, **[1382a30]** causant des dommages qui mènent à une grande douleur. C'est pourquoi les signes de telles choses aussi font peur, car ce qui fait peur apparaît proche, et en effet c'est cela le danger : la proximité de ce qui fait peur. Sont telles l'inimitié et la colère de ceux qui ont le pouvoir de passer à l'acte, car il est évident qu'ils le souhaitent, si bien qu'ils sont prêts à agir. Et aussi l'injustice, lorsqu'elle a du pouvoir **[1382a35]**, car c'est par décision que l'injuste est injuste. Et aussi la vertu **[1382b1]** outragée, lorsqu'elle a du pouvoir ; il est évident en effet que lorsqu'elle est outragée, elle forme toujours une décision, or maintenant elle en a le pouvoir. Il y a aussi la peur de ceux qui ont le pouvoir de passer à l'acte, car nécessairement une telle personne s'y prépare[29].

Puisque la plupart des gens sont mauvais, cèdent à l'appât du gain **[1382b5]** et sont lâches devant les dangers, on a peur la plupart du temps de dépendre d'autrui, de sorte que ceux qui savent qu'untel a commis un acte terrible font peur à l'idée qu'ils le dénoncent ou qu'ils l'abandonnent. Ceux qui ont le pouvoir de commettre une injustice font également peur à ceux qui peuvent en être les victimes, car la plupart du temps, les hommes commettent une injustice quand ils le peuvent. **[1382b10]** Ceux qui ont subi une injustice ou considèrent qu'ils ont subi une injustice, car ils guettent toujours une occasion. Ceux qui ont commis une injustice, s'ils ont du pouvoir, font peur, car ils ont peur d'être punis en retour ; c'est ce type de choses, a-t-on supposé, qui fait peur. Ceux qui se disputent à propos des mêmes choses dont il n'est pas possible pour les deux partis de les posséder en même temps, car on est toujours en guerre contre de telles personnes. **[1382b15]** Ceux qui

29 Le sujet τὸν τοιοῦτον me semble renvoyer non pas à celui qui expérimente la peur, et qui se tiendrait alors sur le qui-vive (Cope, 1877, p. 61 ; Grimaldi, 1988, p. 91), mais bien à une personne qui sait qu'elle a le pouvoir d'agir (Chiron, 2007, p. 89 ; Rapp, 2002a p. 83 ; Viano, 2021, p. 169).

inspirent la peur à plus forts que nous, car ils pourraient d'autant plus nous nuire qu'ils peuvent nuire à de plus forts. Ceux que craignent les plus forts que nous, pour la même raison. Ceux qui ont pris le dessus sur plus fort que nous. Ceux qui s'en prennent à moins fort que nous, lorsqu'ils nous font déjà peur ou lorsqu'ils s'en trouvent renforcés. Et parmi ceux qui ont subi une injustice, [1382b20] les ennemis ou les adversaires, ceux qui font peur ne sont pas ceux qui sont nerveux ou ceux qui parlent franchement, mais ceux qui sont calmes, dissimulateurs et retors ; en effet, comme il n'est pas évident de savoir s'ils sont prêts à agir, on ne voit jamais clairement s'ils sont loin de l'être. Tout ce qui fait peur fait d'autant plus peur lorsqu'on ne peut corriger ses erreurs, ou bien parce c'est totalement impossible, ou bien parce que cela ne dépend pas de nous [1382b25], mais de nos opposants. Et aussi dans les situations pour lesquelles il n'y a aucun secours, ou bien aucun secours facile. Pour le dire simplement, font peur toutes les situations qui arrivent ou sont sur le point d'arriver aux autres et qui éveillent la pitié. Voilà donc à peu près les choses les plus importantes qui font peur et dont on a peur.

Parlons maintenant de comment sont disposés ceux qui ont peur.

Si donc [1382b30] la peur s'accompagne d'une certaine anticipation qu'on va subir un mal destructeur, il est manifeste que personne n'a peur parmi ceux qui croient qu'ils ne subiront aucun mal, ou aucun des maux qu'ils croient ne pas pouvoir subir, ni des personnes dont ils croient qu'ils n'en subiront pas les coups, ni des moments auxquels ils croient qu'ils ne subiront rien. Il est dès lors nécessaire qu'aient peur ceux qui croient qu'ils subiront quelque chose, qu'ils aient peur des personnes dont ils subissent les coups, [1382b35] des maux qu'ils subissent et des moments où ils les subissent. Ne croient pas qu'ils subiront un mal ni ceux qui sont [1383a1] comblés par la fortune, ni ceux qui pensent l'être ; c'est pourquoi ils sont portés à l'outrage, à la dépréciation et à l'arrogance (ce sont la richesse, la force, l'abondance d'amis et le pouvoir qui les rendent ainsi) ; ni ceux qui considèrent qu'ils ont déjà subi des maux terribles et qui regardent froidement l'avenir, [1383a5] comme ceux qui sont déjà condamnés à mort ; il faut au contraire que demeure un certain espoir de salut à propos de ce qui les tourmente. En voici un signe : la peur les fait délibérer, or personne ne délibère sur des situations désespérées. De sorte qu'il faut mettre ses auditeurs dans ces dispositions, lorsqu'il vaut mieux qu'ils aient peur parce qu'ils sont susceptibles de subir un mal, [1383a10] car de meilleurs qu'eux en ont subi ; et il faut montrer que leurs semblables subissent ou ont subi, de la part de gens dont ils ne croyaient pas qu'ils en subiraient, des maux qu'ils ne croyaient pas pouvoir subir, et à des moments où ils ne croyaient pas pouvoir en subir.

Maintenant qu'on a clarifié ce qu'est la peur, ainsi que les choses qui suscitent la peur, et quelles sont chacune des dispositions de ceux qui ont peur, ce qu'est l'assurance devient clair à partir de ces éléments, ainsi que [1383a15] les choses qui suscitent l'assurance, et les dispositions de ceux qui ont de l'assurance. En effet, l'assurance est le contraire de la peur et ce qui suscite l'assurance le contraire de ce qui suscite la peur, de sorte que c'est l'espoir, accompagné de la représentation que des moyens de salut sont proches, et que les choses qui font peur soit n'existent pas soit sont éloignées. Ce qui suscite l'assurance, c'est l'éloignement des événements terribles et la proximité [1383a20] des choses rassurantes. Et aussi le fait de corriger ses erreurs, de trouver les moyens de s'en sortir, qu'ils soient nombreux, importants ou les deux, et le fait qu'on n'ait ni subi ni commis d'injustice, et qu'il n'y ait ou bien tout simplement pas d'adversaire, ou alors des adversaires sans pouvoir, ou bien qui ont du pouvoir, mais qui sont des amis, ou des gens qui nous ont bien traités ou qu'on a bien traités. Ou bien le fait que ceux qui ont les mêmes intérêts soient plus nombreux, [1383a25] ou plus forts, ou les deux.

On a de l'assurance lorsqu'on se trouve dans ces dispositions : quand on croit avoir obtenu de nombreux succès et n'avoir pas souffert, ou bien lorsqu'on s'est souvent trouvé dans des situations terribles et qu'on en a réchappé ; car les hommes deviennent impassibles pour deux raisons : soit par manque d'expérience, soit parce qu'ils possèdent des moyens de secours [1383a30] comme par exemple, au milieu des dangers en mer, sont pleins d'assurance pour l'avenir ceux qui n'ont aucune expérience des tempêtes, et ceux qui savent s'en tirer du fait de leur expérience. Lorsqu'une chose ne suscite pas la peur chez nos semblables, ni chez ceux qui nous sont inférieurs, ni chez ceux auxquels nous croyons être supérieurs ; et on le croit lorsqu'on les a vaincus, eux ou plus forts qu'eux, ou leurs semblables. [1383a35] Lorsque nous croyons posséder en plus grand nombre et en importance ce en quoi [1383b1] notre supériorité nous rend effrayants : ce sont l'abondance des richesses, la force des corps d'armée, des amis, des territoires, des équipements de guerre, tous ces moyens ou les plus importants. Lorsqu'on n'a commis aucune injustice envers personne, ou envers peu de gens, ou envers aucun de ceux qu'on craint. [1383b5] Et d'une manière générale[30], lorsque la situation est favorable en ce qui concerne les dieux, et tout particulièrement ce qui a trait aux signes et aux oracles. Car[31] la colère donne de l'assurance, or le fait de ne pas commettre d'injustice, mais le fait d'en subir, suscite la colère, et on suppose que le dieu apporte son secours à ceux qui sont victimes d'injustice. Et aussi lorsque, sur le point d'entreprendre quelque chose, on croit qu'on ne saurait subir des maux [1383b10] et qu'on n'en subira pas, ou qu'on réussira.

Sur les choses qui inspirent la peur et l'assurance, voilà qui est dit.

II.6 [LA HONTE ET L'IMPUDENCE]

[1383b12] Devant quel type de choses on éprouve de la honte ou on se montre impudent, devant qui et dans quelles dispositions, cela est manifeste d'après les éléments suivants. Disons que la honte est une certaine douleur ou trouble[32] causée par les maux qui paraissent mener à la perte de réputation, [1383b15] que ces maux soient présents, passés ou futurs ; l'impudence quant à elle est une forme de dépréciation et le fait de ne pas être affecté par ces mêmes maux.

Si la honte est bien telle que nous l'avons définie, il est nécessaire que nous ressentions de la honte relativement à tous les maux qui semblent honteux, à nous-mêmes ou à ceux dont nous nous faisons cas. Et sont tels tous les actes commis par vice, [1383b20] comme par

---

30 Kassel ajoute <καὶ ὅταν ἀδικῶνται> : « <et quand on est victime d'une injustice>, (on a de l'assurance) d'une manière générale lorsque… » *cf.* Rapp (2002b, p. 628). Cet ajout ne semble pas rendre la conclusion introduite par le γάρ plus satisfaisante ; je renvoie à Chiron (2007, p. 294, n. 19) sur ce passage.

31 Grimaldi (1988, p. 103) traduit le γὰρ en lui donnant un sens adverbial et interprète : « *Anger, in fact, inspires confidence…* ». L'explication de Grimaldi est plus économique que la supposition d'une lacune entre l'argument des dieux et celui-ci, ou que l'ajout par Kassel de <καὶ ὅταν ἀδικῶνται> en 1383a5. On a un exemple ici de la manière dont une affection (en l'occurrence l'assurance) se donne par dérivation de plusieurs autres affections selon la situation.

32 Je conserve le ἢ de A là où Kassel choisit un καὶ. *Cf. supra* p. 35, et *infra* p. 233.

exemple abandonner son bouclier ou prendre la fuite, car on le fait par lâcheté. Spolier ce qu'on nous a laissé en dépôt[33], car on le fait par injustice. Avoir des relations sexuelles avec qui il ne faut pas, ou dans un lieu où il ne faut pas, ou à un moment où il ne faudrait pas, car on le fait par intempérance. Faire profit de choses mesquines et honteuses, ou de personnes impuissantes, comme les pauvres ou [1383b25] les morts, d'où le proverbe « il dépouillerait même un cadavre », car on le fait par cupidité et avarice. Ne pas apporter son secours en argent quand on le peut, ou alors en apporter moins qu'on pourrait. Se faire secourir par des personnes moins aisées que soi. Se faire prêter de l'argent alors qu'on fait semblant d'en demander, demander de l'argent alors qu'on fait semblant de réclamer sa restitution, réclamer qu'on nous restitue de l'argent alors qu'on fait semblant [1383b30] d'en demander, et faire des éloges afin de sembler demander de l'argent, et si cela ne fonctionne pas, ne pas moins en demander[34] : toutes ces situations sont des signes d'avarice. Quant à louer les gens en leur présence, c'est signe de flatterie. Et louer à l'excès les qualités tout en minorant les défauts, s'affliger à l'excès des souffrances d'autrui en sa présence, et toutes les situations du même genre ; [1383b35] ce sont en effet des signes de flatterie. Ne pas supporter les peines que subissent [1384a1] les plus âgées, ou les personnes délicates, ou se trouvant dans une position plus confortable ou d'une manière générale les personnes qui sont plus démunies que nous ; toutes ces choses sont des signes de mollesse. Et aussi recevoir des bienfaits d'autrui, et cela souvent, et faire insulte à son bon traitement ; ce sont en effet tous des signes de petitesse et [1384a5] de mesquinerie. Et aussi parler de soi et en faire étalage, et se prévaloir des faits d'autrui ; c'est en effet de la vantardise. Il en va de même pour ce qui vient de chacun des autres vices du caractère, qu'il s'agisse des actes, de leurs signes et des choses semblables, ce sont en effet des actes honteux et indignes[35]. Et en

---

33 Kassel omet ἢ ἀδικῆσαι (qui se trouve dans AΓ mais pas dans la famille β) après παρακαταθήκην ; Ross se contente de le mettre entre crochets. Grimaldi propose de le conserver au motif que ce verbe donne l'ensemble général des forfaits commis par injustice, dont la spoliation d'un dépôt est une espèce. Je suis Kassel dans son choix.

34 Le sens de cette phrase est, comme le déplorent tous les traducteurs et commentateurs, relativement incertain. Grimaldi (1988, p. 110) insiste sur la dimension de dissimulation de l'intention afin de profiter dans tous les cas de gains espérés ; Rapp (2002a, p. 86 ; 2002b, p. 633-634) suppose dans ces exemples une gradation dans l'avarice.

35 En lisant ἀναίσχυντα (A) plutôt que αἰσχυντικά (F) ; je suis Grimaldi (1988, p. 112) dans son choix : 1) ἀναίσχυντα peut avoir le sens d'« indigne » se référant aux objets (LSJ

outre, il est honteux de ne pas prendre part aux belles choses auxquelles **[1384a10]** participe tout le monde, ou bien tous nos semblables, ou la plupart d'entre eux. Par « semblables », j'entends ceux qui sont du même groupe, de la même cité, du même âge, de la même famille et d'une manière générale ceux qui nous sont égaux. Car il est déjà honteux de ne pas avoir part, par exemple, à la même éducation au même degré et de façon semblable pour le reste ; et tout ceci plus encore s'il apparaît que c'est à cause de nous : en effet, cela paraît **[1384a15]** d'autant plus être le fait du vice si nous sommes responsables de ces situations passées, présentes ou futures. On a honte aussi de subir, d'avoir subi ou de subir prochainement tout ce qui apporte le déshonneur et le blâme ; ce sont tous les actes qui impliquent les services de son corps ou des pratiques honteuses, parmi lesquelles le fait d'être outragé[36] **[1384a20]** (certains actes ont trait à l'intempérance et sont commis de plein gré ou contre son gré, alors que les actes impliquant la violence sont commis contre son gré) ; en effet, le fait de pouvoir l'endurer et de ne pas s'en défendre vient du manque de courage ou de la lâcheté.

Voici donc les choses dont on a honte, et celles du même genre. Puisque la honte est une représentation qui porte sur la perte de réputation, cette perte elle-même et non ses conséquences **[1384a25]**, et puisque l'on ne se soucie jamais de sa réputation qu'à cause de ceux qui la font, il est nécessaire qu'on ait honte devant ceux pour qui on a de la considération. Nous avons de la considération pour ceux qui nous admirent, pour ceux que nous admirons, et pour ceux par lesquels nous souhaitons être admirés, pour ceux avec qui nous rivalisons et ceux dont nous ne méprisons pas l'opinion. Nous souhaitons être admirés **[1384a30]** par et nous admirons tous ceux qui possèdent un bien estimable, ou ceux qui possèdent éminemment un bien dont il se trouve que nous en avons un fort besoin, à l'image des amants. On rivalise avec ses semblables. On fait cas des gens sages dans la mesure où ils disent la vérité, ainsi que des plus âgés et des gens cultivés. Et on ressent davantage de honte pour les choses qui sont **[1384a35]** sous les yeux des gens, c'est-à-dire au grand jour ; d'où aussi le proverbe

---

ad. loc. II) ; 2) ces exemples peuvent relever d'une certaine « impudence », révélant une intention vicieuse, contrairement aux cas suivants.

36 Je comprends que le ὧν a pour antécédent ἔργων αἰσχρῶν (ce qui implique de conserver ταῦτα δ' ἐστὶ τὰ εἰς ὑπηρετήσεις ἢ σώματος ἢ ἔργων αἰσχρῶν que Kassel athétise).

« la honte est dans les yeux[37] ». C'est pour cette raison que nous ressentons plus de honte devant ceux qui seront toujours à nos côtés et ceux qui nous observent, **[1384b1]** du fait que dans les deux cas nous tombons sous leurs yeux. Et on a honte aussi devant ceux qui ne sont pas accusés des mêmes choses, car il est clair qu'ils ont une opinion opposée. Devant ceux qui ne pardonnent pas à qui apparait avoir commis une faute, car ce que l'on fait soi-même, on dit qu'on ne s'en indigne pas chez ses voisins, **[1384b5]** de sorte que ce qu'on ne fait pas, il est clair qu'on s'en indigne. Devant les dénonciateurs[38] ; il n'y a en effet aucune différence entre ne pas avoir d'opinion et ne pas dénoncer[39]. Ceux qui dénoncent sont ceux qui ont été victimes d'une injustice du fait qu'ils guettent la moindre occasion, et les médisants, car s'ils médisent sur ceux qui n'ont pas commis de faute, ils le feront d'autant plus sur ceux qui en ont commis. Devant ceux qui sont tout occupés **[1384b10]** aux fautes de leurs voisins, comme les satiristes et les auteurs de comédies, car ils sont en un sens des gens médisants et des dénonciateurs. Devant ceux qui considèrent qu'on n'a jamais connu d'échecs, car c'est comme on était en position d'être admiré ; c'est aussi la raison pour laquelle nous avons honte devant ceux qui nous demandent quelque chose pour la première fois, comme si pour eux il n'y avait aucun motif de mauvaise réputation. Tels sont ceux qui souhaitent depuis peu être **[1384b15]** nos amis (ils n'ont en effet vu que les plus beaux côtés, d'où la pertinence de la réponse d'Euripide aux Syracusains) et celles de nos anciennes connaissances qui ne savent rien de nous.

---

37 Sapphô fr. 137, déjà cité en *Rh.* I.9, 1367a14 (αἰδώς κέν σε οὐκ εἶχεν ὄμματ' : « la honte n'emplirait pas tes yeux »). La honte est l'affection qui est manifestée dans le regard du coupable (plutôt que dans les yeux). Selon une lecture moins métaphorique, l'œil pourrait être l'organe de l'affection elle-même (Cope, 1877, p. 80-81). Aristote donne un autre sens au proverbe, en faisant du regard d'autrui un élément aggravant l'affection de honte. L'expression ἐν ὀφθαλμοῖς peut signifier « devant les yeux », « sous les yeux ». *Cf.* Grimaldi (1988, p. 116-117) sur l'interprétation de ce proverbe et *infra* p. 243 *sq.*

38 Je traduis ἐξαγγέλλω par « dénoncer », et ἐξαγγελτικοί par « dénonciateurs ». *Cf. Pol.* V.11, où sont évoquées les ποταγωγίδες (1313b13), « délatrices » à Syracuse, et un peu plus loin les femmes qui « révèlent » (ἐξαγγέλλωσι) des choses à leur mari (1313b34) dans ce qu'Aristote appelle la γυναικοκρατία dans la sphère domestique.

39 Le caractère elliptique de la phrase grecque n'aide pas à en donner une traduction limpide. Je suis ici la proposition de Grimaldi (1988, p. 118) qui comprend μὴ δοκεῖν comme « ne pas avoir d'opinion » ; voir également Konstan (2006, p. 104) qui traduit : « *for not proclaiming it is the same as not believing it* ».

On a honte non seulement de ces choses honteuses dont on a parlé, mais aussi de leurs signes ; par exemple on a honte non seulement d'avoir un commerce sexuel, mais aussi des signes de ce commerce ; [1384b20] non seulement de commettre une action honteuse, mais aussi d'en parler. De même, nous avons honte non seulement devant ceux qu'on a évoqués, mais aussi devant ceux qui leur révéleront nos actes, par exemple leurs serviteurs ou leurs amis. D'une manière générale, on n'a honte ni devant ceux dont on méprise complètement la réputation qu'ils disent la vérité (personne n'a honte devant les enfants et les bêtes), ni des mêmes choses devant ceux [1384b25] qu'on connait et ceux qu'on ne connaît pas : devant ceux qu'on connaît, on a honte des choses qui semblent telles au regard de la vérité, alors que devant les inconnus, de celles qui semblent telles au regard de la convention.

On se trouvera disposé à la honte dans les conditions suivantes. D'abord si on se trouve en présence de personnes qui sont disposées à notre égard telles que celles dont on a dit qu'elles susciteraient en nous de la honte (il s'agissait des personnes que nous admirons, [1384b30] ou de qui nous sommes admirés ou de qui nous souhaitons être admirés, ou auprès desquelles nous demandons un service qu'elles ne rendraient pas si nous avions mauvaise réputation), que ces personnes voient ce qui se passe (comme Cydias qui s'adressa au peuple à propos de la clérouquie de Samos [1384b35] : il demanda aux Athéniens de supposer que les Grecs se tenaient là, en cercle autour d'eux, constatant de leurs yeux et pas seulement par ouï-dire, ce qu'ils allaient voter), ou que de telles personnes soient à proximité, ou sur le point de s'en apercevoir. C'est aussi pourquoi, lorsque nous arrive un malheur, nous ne souhaitons pas être vus de ceux qui nous ont un jour enviés, car ceux qui nous envient [1385a1] sont des admirateurs. Et aussi quand on est impliqué dans des actes et des affaires qui font honte, qu'il s'agisse des nôtres, ceux de nos ancêtres ou de quelque autre personne avec qui nous avons un lien de parenté. Et d'une manière générale, lorsqu'on ressent de la honte pour les autres ; par exemple ceux dont on vient de parler, ainsi que ceux [1385a5] qui s'en remettent à nous, comme ceux dont nous avons été l'instructeur ou le conseiller. Et toute autre personne semblable à nous, avec qui on rivalise. Car il y a de nombreuses choses que, par honte, à cause de telles personnes, nous faisons ou ne faisons pas. On est davantage disposé à la honte lorsqu'on risque d'être vu par et de se trouver en public avec ceux qui sont au courant de nos actes. D'où le mot d'Antiphon **[1385a10]** le poète, sur le point de recevoir le supplice de la planche infligé par Denys, et voyant ceux qui allaient mourir avec lui se couvrir le visage au moment où ils passaient les portes de la ville : « Pourquoi vous cacher le visage, dit-il ? Craindriez-vous que l'un de ceux-là ne vous voie demain ? ».

Voilà pour ce qui est de la honte ; quant à l'impudence, il est évident qu'on **[1385a15]** trouverait facilement ce qu'il en est en partant des contraires.

II. 7 [LA GRATITUDE ET L'INGRATITUDE]

[1385a16] Envers qui on éprouve de la gratitude[40], pour quels motifs, et comment on est disposé, cela sera clair quand on aura défini la faveur. Disons que la faveur, prise au sens où l'on dit que son possesseur éprouve de la gratitude[41], est un service donné à qui en a besoin, ni en échange de quelque chose, ni dans l'intérêt de celui qui accorde la faveur, mais dans l'intérêt de celui qui la reçoit. **[1385a20]** La faveur est importante[42] ou bien si on en a particulièrement besoin, ou bien si on a besoin de choses importantes et difficiles à obtenir, ou bien si elle est reçue aux moments opportuns, ou encore si on est le seul ou le premier à l'accorder, ou au plus haut degré. Les besoins sont les désirs, et parmi eux surtout ceux qui s'accompagnent de la douleur qui tient à l'absence de l'objet ; tels sont les appétits comme l'amour, les appétits qu'on ressent quand

40 Je traduis l'expression χάριν ἔχειν par « éprouver de la gratitude », et le verbe χαρίζεσθαι par « accorder une faveur » ; χάρις, le terme commun, est traduit par « faveur » sans préjuger si elle est donnée ou reçue. Sur l'objet de ce chapitre, *cf. infra* p. 258 *sq.*

41 Il s'agit de spécifier le sens de χάριν ἔχειν, en prenant le point de vue de celui qui possède, ἔχων, c'est-à-dire qui reçoit, la faveur, χάρις. *Cf.* Konstan (2007, p. 243).

42 Je comprends ici que l'adjectif μεγάλη ne qualifie pas ὑπουργία (« le service rendu est important si… ») mais χάρις. On aurait pu également comprendre que μεγάλη qualifie la « gratitude » elle-même ; on trouve de fait de nombreuses constructions de type : πολλὴν χάριν ἔχειν (Iso. *Sur la paix* 130.4 ; *Philippe* 75.7 ; *Panathénaïque* 259.8 ; Xen. *Hell.* 3.4.11 ; *Ag.* 13.8 ; Plat. *Hipp. Min.* 372c4), μεγάλην χάριν ἔχειν (Iso. *Panegyrique* 107.1., Dem. *Contre les symmories* 4.4., Xen. *Mem.* 1.2.8). Nous choisissons cependant de comprendre qu'il s'agit ici de la « faveur » reçue qui est évaluée en fonction des critères énoncés ensuite.

on souffre physiquement, ou quand on se trouve au milieu des dangers, **[1385a25]** car celui qui est en danger et celui qui souffre ont aussi des appétits. C'est pourquoi les personnes qui prêtent assistance à ceux qui se trouvent dans la pauvreté et en exil, aussi minimes soient les services qu'ils leur rendent, leur accordent une faveur[43] du fait de l'importance du besoin et de l'opportunité du moment où elle intervient, à l'instar de celui qui a donné un tapis au Lycée. Il est donc nécessaire que ce soit surtout à ces mêmes besoins que le service réponde, ou du moins **[1385a30]** à des besoins équivalents ou plus grands.

Ainsi, puisque nous savons manifestement envers qui, pour quelles raisons et dans quelles dispositions advient la faveur[44], il est clair qu'on peut à partir de ces éléments mettre l'auditoire en condition, en désignant d'une part ceux qui se trouvent ou se sont trouvés dans un tel état de douleur et de besoin, et d'autre part ceux qui ont porté ou portent une assistance de ce type en réponse à de telles situations de manque. Ce qui est également clair, c'est par quel moyen il est possible de supprimer la faveur et rendre les gens ingrats[45]. **[1385b1]** On peut dire ou bien que les gens nous rendent service, ou nous ont rendu service, en vue de leur propre intérêt (et cela nous avons dit que ce n'était pas une faveur), ou bien qu'ils ont agi sous l'effet du hasard ou de la contrainte, ou bien que c'est une faveur qu'ils ont rendue et non une faveur qu'ils ont donnée, sciemment ou non ; car dans les deux cas, c'est en échange de quelque chose, si bien que dans ces conditions, cela ne saurait être **[1385b5]** une faveur. Il faut aussi mener l'examen concernant toutes les catégories ;

---

43 Konstan (2007, p. 245) comprend le verbe χαρίσασθαι ici au sens de « faire plaisir » aux destinataires de la faveur, ce qui explique la gratitude de ces derniers. Si le sens de l'adjectif au parfait passif est effectivement souvent celui de « plaisant » ou « cher », il s'applique pourtant plus souvent aux objets (avec un datif de personne). De plus, il y a deux occurrences de ce parfait en *Rh.* II.3 : 1380a28 et 1380b34, où le sens semble devoir être rapporté à la forme moyenne : il s'agit de ceux qui accordent une faveur.

44 Le πῶς ἔχουσι est troublant, car la « faveur » en tant que telle n'est pas une disposition, mais le terme commun à deux dispositions affectives : la gratitude d'une part, et l'obligeance d'autre part. Konstan (2007, p. 245-246) souhaite y reconnaître ici la χάρις de χάριν ἔχειν de la définition ; je fais le choix de comprendre ici « faveur » en un sens neutre, comme le traduit Viano (2021, p. 183 et n.118 p. 413-414), dans la mesure où elle est l'objet rhétorique que l'orateur devra faire apparaître de telle ou telle manière, et par lequel on distingue les bienfaiteurs et les bénéficiaires, comme en atteste la suite de la phrase.

45 Je rends ἀχαρίστους par « ingrats », en comprenant qu'il s'agit de l'auditoire et non des bienfaiteurs (en suivant ici Konstan (2007, p. 247-248), contre la solution de Chiron (2007, p. 307) qui traduit par « désobligeants », renvoyant aux cibles).

en effet, on a affaire à une faveur parce que c'est cette chose-ci, ou de cette quantité, ou de cette qualité, ou accordée à tel moment, ou à tel endroit. En voici un signe : si on n'a pas rendu un service de moindre importance, ou si c'est à des ennemis qu'on a rendu le même service, un service égal ou plus important, car il est clair que ce n'est pas pour nous que ces services ont été rendus ; ou encore si c'est sciemment qu'on rend des services de médiocre importance, personne en effet [1385b10] n'accorde avoir de médiocres besoins. Sur le fait d'accorder une faveur et de se montrer ingrat, voilà qui est dit.

II.8 [LA PITIÉ]

Parlons désormais des choses qui font pitié, de qui on a pitié, et des dispositions dans lesquelles on ressent de la pitié. Disons que la pitié est une certaine douleur face à ce qui apparaît comme un mal qui détruit ou fait souffrir quelqu'un qui ne le mérite pas, un mal dont [1385b15] on pourrait s'attendre à le subir, soi-même ou l'un des siens, et cela quand il apparaît voisin. Car de toute évidence, celui qui va ressentir de la pitié se trouve nécessairement dans une situation telle qu'il croit pouvoir subir un mal, lui-même ou l'un des siens, et un mal tel qu'on l'a décrit dans notre définition, ou un mal semblable ou voisin. C'est pourquoi ne ressentent pas de pitié ceux qui sont complètement [1385b20] ruinés (car ils ne croient rien pouvoir subir de plus, puisqu'ils ont déjà tout subi) ni ceux qui se croient suprêmement heureux, ces derniers sont en revanche portés à l'outrage ; car s'ils croient posséder tous les biens, il est évident qu'ils croient également qu'il est impossible qu'ils subissent un mal, car cette impossibilité fait aussi partie des biens. Ceux qui sont susceptibles de penser qu'ils peuvent subir un mal sont [1385b25] ceux qui en ont déjà subi et y ont réchappé ; les personnes âgées du fait de leur sagesse et de leur expérience ; les faibles, ceux qui sont plutôt lâches, et ceux qui ont reçu une éducation, puisqu'ils sont en pleine possession de leur raison ; ceux qui possèdent parents, enfants et épouses, car ces derniers sont les leurs et sont susceptibles de subir ce qu'on a dit. Ceux qui [1385b30] ne ressentent pas une affection qui les porteraient au courage, par exemple l'état de colère ou d'assurance (car ces affections ne font pas usage de raison sur ce qui va arriver), ni ne sont dans une disposition qui les porte à l'outrage (car ceux-là non plus ne font pas usage de leur raison sur ce qui ce qui va leur arriver), mais ceux qui sont dans des dispositions intermédiaires à celles-là[46] ; et inversement ceux qui ne sont pas pris d'une grande peur (en effet, ceux qui sont sidérés par la peur n'éprouvent pas de pitié, du fait qu'ils sont tout à leur propre affection). Et aussi si l'on croit qu'il existe des [1385b35] gens honnêtes ; en effet, celui qui ne croit pas qu'il en existe croira que tous [1386a1] méritent le malheur. D'une manière générale, on ressent de la pitié lorsqu'on est en état de se souvenir que de tels maux sont arrivés, à soi ou à ses proches, ou de s'attendre à ce qu'ils arrivent, à soi-même ou à ses proches.

Sur les dispositions dans lesquelles on ressent de la pitié, voilà ce que nous disons ; quant aux objets de la pitié, ils sont clairs d'après la définition. Parmi les maux [1386a5] qui apportent douleurs et souffrances, tous ceux qui sont destructeurs suscitent la pitié, et aussi ceux qui apportent la ruine, ainsi que les maux qui ont une certaine gravité dont le hasard est la cause. Sont éprouvants et destructeurs : les morts, les tortures et les mauvais traitements du corps, la vieillesse, les maladies et le manque de nourriture ; les maux dont le hasard est la cause sont l'absence d'amis, [1386a10] la rareté des amis (c'est pourquoi il est pitoyable d'être séparé de ses amis et des gens que l'on a l'habitude de côtoyer), la laideur, la faiblesse physique, la difformité, et les choses qui auraient dû apporter un bien alors que c'est un mal qui arrive, et le fait que tout cela arrive plusieurs fois ; et également le fait qu'un bien n'arrive qu'après que le malheur soit tombé, à l'instar des dons que le Roi envoya à Diopithès après la mort de ce dernier ; [1386a15] et aussi le fait que jamais un bien ne nous soit arrivé, ou que s'ils arrivent nous ne puissions en jouir. Ce dont nous avons pitié, ce sont donc de ces choses, et autres semblables.

On éprouve de la pitié pour ceux qu'on connaît, à condition qu'en termes de familiarité[47], ils ne soient pas trop proches ; on ressent à l'égard

46 Sur une proposition de Kayser, Kassel déplace le membre de phrase ἀλλ'οἱ μεταξὺ τούτων après διὰ τὸ εἶναι πρὸς τῷ οἰκείῳ πάθει en 1385b34. La plupart des traducteurs le suivent dans ce choix (sauf Cope et Dufour). Contre ce déplacement, voir *infra* p. 282 *sq.*

47 On retrouve ici l'οἰκειότης de II.4, 1381b34, qui était une espèce d'amitié, intermédiaire entre la camaraderie et la parenté *stricto sensu*.

de ces derniers la même chose qu'on ressent pour soi-même face à ce qui va arriver. C'est pourquoi Amasis[48] ne pleura pas, [1386a20] dit-on, à la vue de son fils qu'on menait à la mort, alors qu'il pleura devant le spectacle de son ami qui mendiait : ce dernier cas était pitoyable, le premier terrifiant. Ce qui est terrifiant est différent du pitoyable, et est capable de chasser la pitié ; il est alors souvent utile à l'adversaire. En outre, on éprouve de la pitié lorsque ce qui est terrifiant est proche de nous[49]. On éprouve de la pitié pour qui nous est semblable relativement à l'âge, [1386a25] aux caractères, aux dispositions, au rang, et à la lignée ; dans tous ces cas en effet, il apparaît davantage que les maux peuvent aussi nous arriver à nous. Car d'une manière générale, et en particulier ici, il faut comprendre que toutes les choses dont nous avons peur pour nous-mêmes nous font pitié lorsqu'elles arrivent aux autres. Puisque c'est quand ils apparaissent proches que les malheurs suscitent de la pitié, et que nous n'avons pas généralement pitié, ou du moins pas de la même manière, lorsque nous attendons ou nous remémorons [1386a30] des événements qui se sont passés ou se produiront dans dix mille ans, alors, nécessairement, ceux qui convoquent en plus de leurs discours les gestes, les inflexions de voix et un effet de scène[50], en un mot en faisant l'acteur, inspirent davantage la pitié (ils font apparaître le malheur tout proche en le mettant sous nos yeux comme s'il allait arriver ou comme s'il venait d'arriver), et [1386b1] les événements qui viennent d'arriver ou qui sont tout prêts d'arriver inspirent davantage la pitié. C'est pourquoi les signes et les actions aussi inspirent la pitié, comme les vêtements de ceux qui ont subi des malheurs et autres choses du même genre, de même que les discours et tout ce qui se rapporte à ceux qui sont dans le malheur, par exemple ceux qui sont sur le point de mourir. [1386b5] Tous ces éléments en effet suscitent davantage la pitié du fait qu'ils apparaissent tout proches. Le plus pitoyable se produit lorsque ce sont des gens droits qui se trouvent dans de telles situations, parce que le malheur est immérité et apparaît sous nos yeux.

---

48 L'exemple est issu d'Herodote III.14 qui relate le supplice infligé à Psamménite, roi d'Égypte, fils d'Amasis, qu'Aristote confond donc avec son père.

49 Je ne retiens pas l'addition de Vahlen (1861, p. 117-118 ; 1911, p. 73-74) d'un <οὐ γὰρ> avant le ἔτι ἐλεοῦσιν. Voir *infra* p. 288.

50 Je traduis par « effet de scène » le datif singulier αἰσθήσει présent dans A (plutôt que καὶ ἐσθῆτι dans F, qu'il faudrait traduire par « et par le vêtement »). Sur ce point, voir Vahlen (1965, p. 270-272) qui suggère par ailleurs de déplacer le καὶ αἰσθήσει après ἐν ὑποκρίσει.

II.9 [L'INDIGNATION]

Ce qui s'oppose le plus au fait d'avoir pitié est ce qu'on appelle s'indigner. [1386b10] En effet, au fait de souffrir devant des échecs immérités s'oppose d'une certaine manière, et provient du même caractère, le fait de souffrir devant des succès immérités. Et ces deux affections sont le propre du caractère des gens de bien. Car on doit partager la souffrance et avoir pitié de ceux qui échouent, et s'indigner devant ceux qui réussissent sans le mériter. [1386b15] En effet, ce qui est contraire au mérite est injuste, et c'est pourquoi nous attribuons aussi le fait de s'indigner aux dieux.

Mais on pourrait aussi être d'avis que c'est la jalousie qui s'oppose de la même manière au fait d'avoir pitié, à l'idée qu'elle est proche voire identique au fait de s'indigner ; mais en fait c'est autre chose : la jalousie aussi est une souffrance qui nous perturbe face au succès d'autrui, sauf qu'il ne s'agit pas du succès de celui qui ne le [1386b20] mérite pas, mais celui de notre égal et de notre semblable. Et le fait que ce ne soit pas parce qu'il nous arrivera quelque chose d'autre, mais à cause de notre prochain lui-même, il faut que cela s'applique de la même manière à tous les cas. En effet, il ne s'agira encore ni de jalousie ni d'indignation, mais de peur, si la douleur et le trouble surgissent parce qu'il nous arrive à nous quelque chose de mauvais du fait [1386b25] du succès d'autrui. Il est donc clair que les affections contraires découleront de ces dernières : ainsi celui qui souffre pour les personnes qui échouent de manière imméritée se réjouira, du moins ne souffrira pas, pour les personnes qui échouent dans des conditions contraires ; par exemple pour les parricides ou les meurtriers, lorsqu'ils reçoivent un châtiment, aucun homme de bien ne ressentirait de la peine. On doit en effet [1386b30] se réjouir face à ces cas, tout comme on se réjouit aussi face à ceux qui réussissent de façon méritée. Les deux cas sont justes, et font se réjouir l'honnête homme, car nécessairement il espère que ce qui arrive à son semblable lui arrivera aussi à lui. Toutes ces passions sont le fait du même caractère, et les passions contraires du caractère contraire. C'est en effet le même [1387a1] qui se réjouit du malheur d'autrui et qui est jaloux : quelqu'un qui souffre qu'une chose arrive ou existe se réjouit nécessairement de sa privation et de sa destruction. C'est pourquoi toutes ces passions sont des obstacles à la pitié, et qu'elles en diffèrent pour les causes que nous avons évoquées, de sorte que [1387a5] pour rendre les choses non pitoyables, toutes sont pareillement utiles.

Commençons à propos du fait de s'indigner par dire contre qui on s'indigne, pour quels motifs, et dans quelles dispositions on s'indigne, nous aborderons ensuite les autres affections. Cela est clair d'après ce qu'on a dit : en effet si le fait de s'indigner c'est souffrir devant ce qui apparaît comme [1387a10] un succès immérité, d'abord il est manifestement impossible de s'indigner contre tous les biens, car si une personne est juste ou courageuse, ou si elle atteint la vertu, on ne s'indignera pas contre elle (et en effet les personnes aux défauts opposés ne sont pas non plus objets de pitié) ; en revanche on s'indignera contre la richesse, le pouvoir et le genre de biens, pour le dire simplement, dont sont dignes les gens de bien [1387a15] ainsi que ceux qui possèdent les biens qui sont par nature, comme la bonne naissance, la beauté, et autres biens semblables[51]. Puisque ce qui est ancien apparaît proche de ce qui est par nature, il est nécessaire qu'on s'indigne davantage contre ceux qui possèdent le même bien, s'ils s'avèrent le posséder depuis peu et réussissent du fait de ce bien. Ceux qui sont riches depuis peu nous font en effet davantage souffrir que ceux qui le sont [1387a20] depuis longtemps ou par leur lignée. Il en va de même pour ceux qui exercent un commandement, qui sont puissants, ont beaucoup d'amis et ont beaucoup d'enfants, ou un autre bien de ce genre. Et pareillement quand du fait de ces biens il leur en arrive encore un autre : en effet là encore les nouveaux riches qui exercent un commandement nous font davantage souffrir à cause de leur richesse que les héritiers de vieille fortune. Et il en va de même pour [1387a25] les autres cas. La cause en est que les uns semblent posséder leurs propres biens, les autres non : car semble vraie l'apparence qu'ils possèdent leurs propres biens depuis toujours, au point que les autres semblent ne pas posséder réellement leurs propres biens. Et puisque ce n'est pas par hasard que l'on est digne de chacun de ces biens, mais qu'il existe un certain rapport et accord, par exemple

---

51 Je suis l'édition de Kassel ici, contre Dufour qui, sur une proposition de Roemer remplace καὶ οἱ τὰ φύσει ἔχοντες ἀγαθά par οὐδ' εἰ τὰ φύσει ἔχουσιν ἀγαθά. Cette correction repose sur l'idée qu'Aristote ne saurait mettre au nombre des « biens par nature » la bonne naissance, *infra* p. 320 *sq.*

de belles armes ne s'accordent pas avec l'homme juste, mais **[1387a30]** avec l'homme courageux, les grands mariages ne s'accordent pas avec les nouveaux riches, mais avec les gens bien nés, si donc quelqu'un, même si c'est un homme de bien, obtient quelque chose qui ne s'accorde pas avec lui, on peut s'en indigner.

Il y a aussi le fait que l'inférieur conteste meilleur que lui, et cela surtout quand la contestation porte sur la même chose, d'où l'on a pu dire ce qui suit :

> « Il évitait le combat avec Ajax, fils de Télamon,
> [1387a35] Car Zeus s'indignait contre lui, lorsqu'il combattait meilleur que lui[52]. »

[1387b1] et si ce n'est pas sur la même chose, on s'indigne de toutes les manières que l'inférieur conteste le supérieur, par exemple quand le musicien conteste l'homme juste : car la justice est meilleure que la musique.

Contre qui on s'indigne, et pour quelle raison, c'est donc clair à partir ce qu'on a dit : il s'agit de ces cas et autres semblables. On est enclin à l'indignation lorsqu'il se trouve **[1387b5]** qu'on est digne des plus grands biens et qu'on les possède. En effet il n'est pas juste que ceux qui ne nous sont pas semblables soient jugés dignes de biens semblables. Deuxièmement, lorsqu'on se trouve être des hommes de bien et droits, car notre jugement est bon et on déteste les injustices. Et aussi lorsqu'on aime les honneurs[53] et qu'on désire certaines choses, surtout lorsque ces choses **[1387b10]** pour lesquelles on souhaite être honoré sont obtenues par des personnes qui n'en sont pas dignes. D'une manière générale, quand on s'estime soi-même digne des biens que d'autres ne méritent pas, on est enclin à l'indignation à leur égard et à propos de ces biens. C'est pourquoi aussi les personnes serviles, les faibles et ceux qui n'aiment pas les honneurs ne sont pas enclins à l'indignation : car ils ne se croient dignes de rien.

52 *Il.* 11.542 pour le premier vers. Le second vers Ζεὺς γάρ οἱ νεμέσασχ', ὅτ' ἀμείνονι φωτὶ μάχοιτο que cite Aristote ne se trouve pas chez Homère ; on le trouve chez Ps.-Plut. *Vit. Hom.* 132 (1528) où l'auteur ajoute qu'Aristote considère la pitié et l'indignation comme des passions « policées » (ἀστεία) ; voir également Plut. *Quomod. adul.* 24c3 et 36a6 pour la citation.

53 Je traduis ici littéralement φιλοτιμοί où l'on retrouve le sens traditionnel de goût de l'honneur.

À partir de cela on voit clairement quels sont les types de personnes **[1387b15]** dont les infortunes, les échecs et les impasses doivent nous réjouir, ou du moins ne pas nous faire souffrir. D'après ce qu'on a dit, les contraires sont manifestes. De la sorte, si le discours met les juges dans de telles dispositions, et qu'on montre que les personnes qui estiment être dignes de pitié avec les raisons pour lesquelles on les prend en pitié, n'en sont en fait pas dignes, mais plutôt dignes de ne pas l'obtenir, il est alors **[1387b20]** impossible d'avoir pitié.

II.10 [LA JALOUSIE]

Pour quelles raisons on éprouve de la jalousie, qui on jalouse et dans quelles dispositions, cela est manifeste si la jalousie est une certaine douleur face à ce qui apparaît comme la réussite de ses semblables dans l'obtention des biens que l'on a évoqués, non parce que son intérêt personnel est en jeu, mais à cause d'eux. Éprouveront de la jalousie les personnes suivantes. **[1387b25]** Ceux qui ont des semblables ou paraissent en avoir ; j'entends semblables selon la lignée, la parenté, l'âge, les états, la réputation, les biens qu'on possède. Et aussi ceux à qui il ne manque pas grand-chose pour qu'ils possèdent tout[54] ; c'est pourquoi ceux qui ont beaucoup de succès et qui sont comblés par la fortune sont jaloux : ils croient en effet que tout le monde leur prend leurs biens. **[1387b30]** Et sont particulièrement jaloux ceux qui sont tenus en très grande estime pour quelque chose, et surtout pour leur sagesse ou leur bonheur. Et ceux qui aiment les honneurs sont plus jaloux que ceux qui ne les aiment pas. Ceux qui se prétendent savants, car ils aiment être honorés pour leur sagesse. Et d'une manière générale ceux qui aiment être réputés pour quelque chose sont plus jaloux pour cette chose même. Mais aussi les esprits mesquins car pour eux, tout semble grand.

[1387b35] Ce qu'on jalouse, ce sont les biens que l'on a évoqués : ce pour quoi **[1388a1]** on aime être réputé et honoré, qu'il s'agisse d'actes

54 Je suis Kassel dans son choix d'éditer μικρὸν ἐλλείπει τοῦ (suivant Bas.[3]), comprenant le verbe ἐλλείπει à l'impersonnel, plutôt que μικροῦ ἐλλείπει τὸ, cette leçon obligeant en effet à faire de τὸ μὴ πάντα ὑπάρχειν le sujet de ἐλλείπει qui est la solution de Cope (1877, p. 124).

ou de possessions, c'est-à-dire ce pour quoi on désire une bonne réputation[55], et tous les succès de la fortune ; ils sont à peu près tous objets de jalousie, et surtout ceux qu'on désire ou qu'on croit devoir posséder, ou dont l'acquisition donne une légère supériorité ou nous laisse **[1388a5]** avec une légère infériorité.

Et les personnes qu'on jalouse, cela est également clair, car on l'a dit même temps. On jalouse ceux qui sont proches selon le temps, le lieu, l'âge ou la réputation ; d'où le dicton : « car ce qui est parent sait aussi jalouser ». Ceux avec qui on rivalise ; on rivalise en effet avec ceux qu'on a dit, alors que personne ne rivalise avec ceux qui ont vécu il y a dix mille ans, qui vivront **[1388a10]** dans dix mille ans, avec les morts ou avec ceux qui vivent aux colonnes d'Héraclès, ni avec ceux dont on croit qu'ils sont très inférieurs, ou très supérieurs à nos propres yeux ou aux yeux des autres. Et il en va de même pour ceux qui s'occupent du même genre de chose. Puisqu'on rivalise avec ses adversaires, avec ses concurrents en amour, et d'une manière générale avec ceux qui aspirent aux mêmes choses, **[1388a15]** nécessairement ce sont surtout eux qu'on jalouse, d'où le dicton : « c'est potier contre potier ». On jalouse aussi ceux dont les biens acquis ou les succès constituent pour nous une insulte ; eux aussi nous sont proches et semblables ; il est clair que c'est de notre fait que nous n'obtenons pas ce bien, de sorte que cette souffrance produit la jalousie. Ceux qui possèdent ou **[1388a20]** ont acquis les biens qui nous revenaient ou que nous avions acquis auparavant. C'est pourquoi les plus vieux jalousent les plus jeunes, ceux qui ont beaucoup dépensé jalousent ceux qui ont peu dépensé pour avoir la même chose, et ceux qui ont réussi péniblement ou qui n'ont pas réussi jalousent ceux qui ont réussi rapidement.

On voit aussi clairement pour quelles raisons de telles personnes se réjouissent, face à qui et dans quelles dispositions. En effet, la disposition **[1388a25]** dans laquelle elles se réjouissent face à des objets contraires sera la même que celle où elles souffrent. De sorte que si l'on est mis dans cette disposition, et que par ailleurs ceux qui estiment mériter la pitié ou obtenir un quelconque bien sont tels qu'on les a décrits, il est clair qu'ils n'obtiendront pas la pitié de ceux qui en sont les maîtres.

55 Il n'est pas facile de distinguer ici les verbes φιλοδοξοῦσι, φιλοτιμοῦνται, et l'expression ὀρέγονται δόξης. Cette dernière expression explicite le φιλοδοξοῦσι : Aristote souligne ici la dimension désirante de ces deux tendances.

II.11 [L'ENVIE]

Dans quelles dispositions, à propos de quels objets, et envers qui on éprouve de l'envie[56], **[1388a30]** ce qui suit le rendra clair. Si en effet l'envie est une certaine douleur devant la présence apparente de biens estimables et qu'il nous est possible d'obtenir, que l'on voit chez ceux qui nous sont semblables par nature, non pas parce qu'autrui les possède, mais parce qu'on ne les possède pas soi-même (c'est pourquoi l'envie est chose honnête et est le fait des hommes honnêtes, alors que la jalousie est vile et est le fait d'hommes vils : dans un cas on **[1388a35]** se met en condition d'obtenir ces biens du fait de l'envie, alors que dans l'autre, par jalousie, on fait en sorte que son voisin ne les possède pas), sont nécessairement envieux **[1388b1]** ceux qui s'estiment eux-mêmes dignes des biens qu'ils ne possèdent pas ; personne en effet ne s'estime digne de biens qui apparaissent impossibles à obtenir. C'est pourquoi les jeunes et les grandes âmes sont enclins à l'envie. De même ceux qui possèdent ce genre de biens que l'on estime dignes des gens honorables : il s'agit de la richesse, **[1388b5]** de l'abondance d'amis, l'autorité, et autres biens du même genre. Comme il convenait d'être des hommes de bien, on envie ce genre de biens parce que cela convenait à des hommes de bien[57]. Sont

56 Je traduis ζῆλος par « envie » et non par « émulation » qui est le choix de la plupart des traducteurs. Il s'agit en effet de rendre justice à la proximité apparente de ζῆλος et de φθόνος, que le terme « émulation » efface. Le terme « envie » en français, à condition de n'y projeter ni l'intention de nuire à autrui ni une convoitise chrétienne, peut tout à fait correspondre avec la description qu'Aristote en fait : a) une souffrance, b) à la vue de la possession de biens par autrui, c) qu'on ne possède pas soi-même. Aristote ajoute une dimension positive à l'envie, présente elle aussi en français, qui est un mouvement désirant pour acquérir ces biens dont on manque. *Cf. infra* p. 333 *sq.*

57 La phrase ὅτι προσῆκε τοῖς ἀγαθῶς ἔχουσι présente un problème textuel et d'interprétation. A) Kassel ajoute le relatif ἃ qui annonce τὰ τοιαῦτα, et en modifiant ἀγαθῶς en ἀγαθοῖς : « ὡς γὰρ προσῆκον αὐτοῖς ἀγαθοῖς εἶναι, ὅτι <ἃ> προσῆκε τοῖς ἀγαθοῖς ἔχουσι, ζηλοῦσι τὰ τοιαῦτα τῶν ἀγαθῶν » ; il s'agit alors d'expliciter causalement un fait : « puisqu'il leur convenait d'être des hommes de bien, et parce qu'il convenait à des hommes de bien de posséder ces choses, alors ils envient ce genre de bien ». B) Soit l'incise explique plus directement une vérité d'ordre psychologique : en vertu d'être reconnu bon, « ce qui convient à ceux qui sont bons », c'est de désirer ce genre de bien. C'est la proposition, tout aussi élégante de Chiron dans sa traduction qui lit ὅ τι προσήκει τοῖς ἀγαθῶς ἔχουσι. C) On peut enfin comprendre l'incise comme une explication psychologique particulière placée en prolepse, sans changer le texte des manuscrits : « comme il leur convenait d'être des hommes de bien, ils envient

enclins à l'envie également ceux que les autres estiment dignes de ces biens. Et les biens pour lesquels les ancêtres, les parents, les proches, la tribu ou la cité sont estimés, on est également envieux à leur propos ; ils croient en effet qu'ils leur sont appropriés, **[1388b10]** et qu'ils en sont dignes.

Si sont objets d'envie les biens que l'on estime, alors il est nécessaire que les vertus le soient aussi, ainsi que tout ce qui utile et bénéfique pour les autres, car on honore les bienfaiteurs et les hommes de bien ; et aussi tous les biens dont nos prochains pourraient tirer bénéfice, comme la richesse ou la beauté, plutôt que la santé.

Quelles sont les personnes que l'on envie **[1388b15]**, cela est aussi manifeste : ce sont celles qui possèdent ces biens ou ceux du même genre. Ces biens comme on l'a dit sont par exemple le courage, la sagesse, l'autorité ; en effet ceux qui ont de l'autorité ont le pouvoir d'être bienfaisants pour beaucoup de gens : stratèges, rhéteurs, tous ceux qui ont ce genre de pouvoir. Et aussi ceux auxquels beaucoup veulent être semblables, ou que beaucoup veulent connaître personnellement, ou **[1388b20]** dont beaucoup veulent être les amis, ou que beaucoup admirent ou qu'on admire soi-même. Et encore ceux dont on fait les éloges ou les louanges[58], qu'ils soient le fait de poètes ou de logographes. On méprise ceux qui leur sont contraires, car le mépris est le contraire de l'envie, et envier le contraire de mépriser. Il est nécessaire que ceux qui sont disposés à envier **[1388b25]** quelqu'un ou à être enviés soient enclins au mépris pour les choses et les personnes qui possèdent les défauts contraires aux biens qui sont objets d'envie. C'est pourquoi on méprise souvent ceux qui font bonne fortune, lorsque la fortune qu'ils ont ne s'accompagne pas des biens que l'on estime.

On a donc décrit les moyens par lesquels on fait naître ou on dissipe les passions, d'où sont tirés les moyens de persuasion **[1388b30]** à leur propos[59].

---

ce genre de biens parce que cela convenait à ceux qui sont bons ». En conservant l'imparfait προσῆκε, on insiste en effet sur une envie mue par la représentation de biens qui ne sont pas encore acquis. Le raisonnement serait le suivant : 1) il convient que je sois homme de bien ; 2) donc j'envie les biens que je n'ai pas encore ; 3) parce que ce genre de bien conviendrait à un homme de bien au moment où je l'envie. *Cf.* Grimaldi (1988, p. 175-176).

58 La distinction entre ἔπαινοι et ἐγκώμια est explicitée par Aristote en *Rh.* I.9, 1367b28-1368a9 : l'éloge (ἔπαινος) concerne la vertu et les dispositions, tandis que la louange (ἐγκώμιον) concerne les actes. Il n'y a ni parallélisme ni chiasme avec les poètes et les logographes : éloge et louange peuvent être en vers ou en prose.

59 Sur cette dernière phrase, voir *infra* p. 141.

PREMIÈRE PARTIE

PSYCHOLOGIE, TOPIQUE ET TECHNIQUE DES PASSIONS DANS LA *RHÉTORIQUE*

LE DOMAINE DES PASSIONS HUMAINES

Les passions au sens restreint d'émotions et de sentiments ne constituent pas chez Aristote un genre ou une catégorie précise, mais plutôt ce qu'on pourrait appeler un domaine, dont les frontières doivent s'appréhender en fonction de la nature de la recherche. *Rh.* II.2-11 ne constitue pas une « théorie » générale des passions, mais davantage un examen régional qui détermine une certaine approche des passions humaines.

UNE ANALYSE RÉGIONALE

Nous ne possédons sur les passions, outre les analyses de la *Rhétorique*, que de brèves indications dans le corpus aristotélicien. Peut-on reconstituer ce qu'on pourrait reconnaître comme une théorie générale des passions, où l'on trouverait à la fois des descriptions physiologiques, des scénarios psychologiques, des usages éthiques, politiques, rhétoriques et poétiques ?

Un premier argument en faveur de l'existence d'un tel système, ou d'un traitement plus exhaustif que celui que nous possédons dans les différents traités, dont la *Rhétorique* est le plus conséquent, consiste à vouloir unifier la pensée du Stagirite à la faveur d'un traité unique, perdu, un Περὶ παθῶν[1]. J. Fillion-Lahille (1970) argumente ainsi, à partir du témoignage croisé de Diogène Laërce et d'un commentateur anonyme concernant le titre, et pour le contenu du traité à partir des « échos » rétrospectifs de Philodème, de Cicéron et de Sénèque, qu'il devait exister un traité concernant les passions (où la colère jouerait un rôle prépondérant). L'analyse consiste en réalité à rassembler plusieurs éléments dans

1 L'hypothèse est notamment avancée par Moraux (1951, p. 74-80), et surtout reprise systématiquement par Fillion-Lahille (1970).

les *Éthiques*, le *De l'âme*, la *Rhétorique*, et les *Politiques*, pour construire un système de la colère arrimé à une théorie de la vertu (notamment avec la vertu de courage). Une telle analyse, qui souhaite aboutir à la conclusion forte qu'il *existe* un tel traité des passions, et qu'il faut rassembler plusieurs fragments des œuvres d'Aristote pour le reconstituer, ne peut pourtant au mieux parvenir qu'à une hypothèse infalsifiable.

Un second argument est avancé de manière plus prudente par W. Fortenbaugh ([1975] 2002, p. 12, 29 n. 1) qui souhaite donner une importance inédite au concept d'« émotion » dans le corpus aristotélicien. Selon Fortenbaugh, on pourrait supposer qu'une partie au moins des analyses que nous trouvons dans d'autres traités ait été d'abord consignée soit dans les *Thèses concernant l'âme* (DL 5.24), soit plus probablement dans les *Diaireseis*, comme un témoignage de l'acuité du problème des émotions dans l'Académie à partir du *Philèbe* de Platon. De l'aveu de l'auteur, il s'agit bien sûr d'une spéculation (« *no more than a guess* »), elle aussi impossible à prouver. Selon cette dernière hypothèse la dimension systématique du problème des passions viendrait moins d'Aristote que du débat dans l'Académie[2].

Une troisième approche consiste à éprouver la cohérence d'une théorie des émotions dans l'ensemble du corpus, de manière interne. Sans souscrire nécessairement à l'idée d'un « système » des émotions, C. Viano a montré pour sa part que pour des émotions singulières, comme la colère, nous disposons d'éléments comme autant de « pièces d'un puzzle » que nous pouvons tenter de reconstruire (2014, p. 13 *sq.* à propos de la colère). Mais une telle approche se heurte nécessairement à la même difficulté si l'on envisage les émotions comme un ensemble. Il faudrait en effet partir du présupposé qu'Aristote dispose d'une catégorie stable des « passions » au sens d'émotion, au sens où ces passions ne seraient pas « trop dissemblables par rapport à nos propres émotions » pour reprendre l'expression de J. Dow (2015, p. 135), et que la *Rhétorique* en donne en outre les principaux éléments, alors même qu'Aristote ne prétend pas en donner un traitement théorique[3].

En réalité, pour tout « système » des passions chez Aristote, et sans renoncer nécessairement à une théorisation implicite du rôle des émotions dans la *Rhétorique*, il faut se contenter d'un ensemble d'analyses

2 Qu'Aristote discute principalement les thèses de l'Académie sur les passions est une hypothèse qui a été poursuivie par Striker (1996) et Frede (1996).

3 C'est l'objection majeure de Cooper à toute tentative de théorisation (1993, p. 417-421 ; 1996).

qu'on pourra appeler « régionales » au sens où les définitions, principes et descriptions déployés dans chacun des traités ne concernent que la science ou la technique impliquée dans le traité en question[4]. Aussi le traitement des passions sera-t-il exécuté *en dialecticien, en physicien, en éducateur, en législateur,* et certainement *en rhéteur.* Une telle approche n'a rien de déceptif, et correspond à ce que P.-M. Morel (2016, p. 292) reconnaît comme une approche contextuelle des traités aristotéliciens, sans que cette régionalisation des approches empêche une vision transversale de la question[5]. C'est ce que l'approche par les « listes » permet de vérifier.

LES LISTES DES PASSIONS

Regrouper la colère, l'amour et la haine, la peur et l'assurance, la honte, la pitié, la joie, l'espoir, la gratitude, etc. n'est certes pas un geste philosophique anodin. Au sein des πάθη, qui peuvent désigner des opérations physiques et/ou psychiques aussi diverses qu'une blessure, un malheur, un souvenir, une pensée, ou une émotion, considérer qu'un certain nombre d'entre eux puisse constituer un ensemble relativement homogène pose nécessairement la question des critères de regroupement. Mais avant de discuter des critères, considérons d'abord les « listes ».

Ce n'est peut-être pas un hasard si une première « liste » de passions se trouve dans l'*Éloge d'Hélène*, où Gorgias déjà pointait la toute-puissance du λόγος sur l'auditeur, notamment à travers sa capacité à faire se lever des passions :

> Mais si un argument l'a persuadée et a trompé son âme, il n'est pas non plus difficile de la défendre contre cela et de mettre en pièces l'accusation de

4 C'est l'approche de Rapp (2008) qui après avoir distingué deux « composantes » essentielles de l'émotion chez Aristote (naturaliste et dialectique) s'attache à décrire des domaines d'application : rhétorique, théâtre, éducation.

5 C'est aussi à la faveur de cette approche que Sihvola (1996) aussi entend réfuter le caractère trop systématique d'une approche cognitiviste des émotions chez Aristote qui en fait des jugements (présentée par Fortenbaugh ([1975] 2002) et Nussbaum (1994)), en lui opposant certains passages de *HA* VIII qui prêtent aux animaux non-humains des émotions, même si sa conclusion est que seule la peur semble pouvoir être commune aux hommes et aux animaux. Voir également Garver (1994, p. 105-109).

> la manière suivante : l'argument est un tout-puissant souverain, qui par le biais d'un corps minuscule et invisible accomplit les exploits les plus divins. Car il a le pouvoir de faire cesser la peur (φόβον), d'ôter le chagrin (λύπην), de faire éclater la joie (χαρὰν) et naître la pitié (ἔλεον) (Gorg. *Hel.* 8, trad. Marchand et Ponchon (2016)).

Peur, douleur, joie, pitié sont ici évoquées comme d'autres exemples de passions, en plus de l'amour qui a ravi Hélène à travers un argument ; mais, ces mêmes passions s'entendent aussi pour dire l'effet du discours de Gorgias sur son auditoire[6]. Apitoiement (οἰκτίζειν), haine (μισεῖν) (§ 7), frisson de peur (φρίκη περίφοβος), pitié larmoyante (ἔλεος πολύδακρυς), regret qui se complait dans la tristesse (πόθος φιλοπενθής) (§ 9) sont autant d'affections (παθήματα) que le discours est capable de produire.

C'est chez Platon que nous trouvons, à de nombreuses reprises dans les dialogues, des regroupements de passions parmi lesquelles : colère, assurance, peur, amour, espoir, jalousie, envie, regret, deuil. Ces regroupements présentent les caractéristiques suivantes.

1. Les passions appartiennent à ce qui est « sensible » et changeant et relèvent d'une certaine manière du corps[7].
2. Il s'agit le plus souvent d'affections ou impressions sensibles (παθήματα) et forment avec la sensation (αἴσθησις) un genre commun[8].

---

6 Poulakos (1983, p. 15) note que la critique aristotélicienne du mauvais usage des passions en rhétorique pourrait bien porter contre Gorgias (voir également Dow (2015, p. 13-19)). Pourtant, comme l'a montré Noël (1989) à propos du rapprochement entre la persuasion (Peithô) et la magie, il faudrait davantage faire crédit à Gorgias de « rationaliser » l'emploi du discours, notamment à propos des passions comme moyens de persuasion, par différence avec la tradition tragique notamment.

7 *Symp.* 207e3-6, où désirs (ἐπιθυμίαι), plaisirs (ἡδοναί), peines (λῦπαι), peurs (φόβοι) appartiennent au même ensemble que les inclinations (τρόποι), les caractères (ἤθη) et les opinions (δόξαι) : toutes ces choses naissent et périssent et ne sont jamais semblables à elles-mêmes. Dans le *Phédon*, amour (ἔρως), désir (ἐπιθυμία), colère (ὀργή) et peur (φόβος) sont rattachées au corps : 66c3-6, 83b5-c3, 94d5.

8 *Tim.* 42a3-b2, où l'on trouve d'abord la sensation et ἔρως, puis le plaisir, la peine, et enfin la peur et la colère ; puis en 69c5-d6, Timée reprend la même liste des passions « terribles et nécessaires » (δεινὰ καὶ ἀναγκαῖα) : l'assurance et la peur, la colère, l'espoir. Sur ces deux listes dans le *Timée*, voir Johansen (2004, p. 145-149), et Renaut (2020). C'est à partir d'impressions sensibles (παθήματα) que naissent les « passions de l'âme » (πάθη τῆς ψυχῆς) ; sur ce point voir O'Brien (1984, p. 124) et Brisson (1997), ainsi que Macé (2006, p. 172-175). Voir également *Tht.* 156b2-6 où on trouve plaisirs, douleurs, désirs, peurs et « autres » (καὶ ἄλλαι) et forment avec les visions, auditions, olfactions, etc. des sensations (αἰσθήσεις).

3. Les passions précitées le sont systématiquement avec le désir d'une part (sous la forme d'ἔρως ou d'ἐπιθυμία), et le plaisir et la douleur (ἡδονή, λύπη) d'autre part, ces dernières apparaissant comme des piliers de la sensibilité, voire des éléments d'affections émotives complexes[9].
4. Elles sont reconnues comme des explications de l'action humaine, sous la forme de motivations non rationnelles[10].
5. La vertu désigne une forme de maîtrise de ces passions[11].

Il ne s'agit jamais chez Platon de listes systématiques et complètes : la plupart des énumérations s'achèvent souvent sur un « et cætera » (καὶ ἄλλαι (*Tht.* 156b6), πάντων τῶν τοιούτων (*Phlb.* 40e4), καὶ ὅσα τοιαῦτα (*Phlb.* 47e2)). Par ailleurs, on doit noter que dans le *Timée* et dans le *Philèbe*, certaines passions semblent regroupées en fonction de leur relation plus ou moins étroite avec d'autres facultés comme la mémoire, la représentation, ou encore avec une fonction qui relève de la partie intermédiaire de l'âme, à savoir le θυμός[12]. Ce qui distingue ainsi les passions ainsi regroupées est qu'elles sont informées par une opinion et caractérisées par une certaine relation à la rationalité, au sens où elles occultent ou au contraire promeuvent le règne de la raison.

Nous trouvons enfin chez les orateurs des listes de passions qui nous introduisent directement au sujet de *Rh.* II.2[13]. Démosthène, dans les *Forfaitures de l'Ambassade*, 228.1-3, prévient son auditoire de ne céder ni à la pitié, ni à la jalousie, ni à la colère, ni à la volonté de rendre service et à « mille autre choses » (μυρία), sous peine de rendre un jugement à la

9 Outre les textes cités plus haut, voir *Phlb.* 47e1-3 où « ὀργὴν καὶ φόβον καὶ πόθον καὶ θρῆνον καὶ ἔρωτα καὶ ζῆλον καὶ φθόνον καὶ ὅσα τοιαῦτα » sont tout d'abord conçues comme des formes de peine (λύπας τινάς). Voir également *Leg.* 631e3-632b1.

10 *Cf. Prot.* 352b3-c7. Alors que s'ouvre une ultime discussion sur la puissance du savoir, Socrate évoque la colère (θυμός), le plaisir (ἡδονή), la peine (λύπη), l'amour (ἔρως) et la peur (φόβος) comme autant de forces irrationnelles capables de tirer la raison en tous sens.

11 *Cf. Lach.* 191d6-8 et 191e6 sur le courage, ainsi que *Rep.* 429c7-d2 ; *Tim.* 42a3-b2 où Timée affirme que la maîtrise des passions précitées constitue vivre de manière juste (ὧν εἰ μὲν κρατήσοιεν, δίκῃ βιώσοιντο, κρατηθέντες δὲ ἀδικίᾳ). Voir également la pénologie des *Lois*, notamment 863e2-864a1 et 934a3-6 où sont mentionnés comme motifs de crime colère, peur et lâcheté, plaisirs et peines, désirs et jalousie.

12 Comme j'ai essayé de le montrer à propos du *Philèbe* et du *Timée* (Renaut, 2014, p. 142-147 et p. 211-214 respectivement).

13 Par exemple Iso. *Sur l'échange* 31 où on trouve φθόνος, ὀργή et μῖσος ; Dem. *Contre Midias* 196 à propos des mêmes passions, avec la pitié.

faveur de l'intérêt personnel[14]. Mais à l'inverse, les passions peuvent être convoquées pour accabler l'adversaire. Dans son *Contre Alcibiade*, Lysias rend son opposant odieux à l'auditoire, et en fait l'objet de toutes les passions :

> Et si quelqu'un pleure (ἐλεεῖ) les citoyens tombés dans le combat naval, rougit (αἰσχύνεται) pour ceux qui furent esclaves de l'ennemi, s'indigne (ἀγανακτεῖ) de la destruction de nos murs, éprouve de la haine (μισεῖ) contre les Lacédémoniens, de la colère (ὀργίζεται) contre les Trente, c'est le père de cet homme qu'il doit rendre responsable de tous vos malheurs [...] (Lys. *Contre Alcibiade 1*. 39.1-6, trad. L. Gernet et M. Bizos)

Venons-en maintenant à Aristote. On peut, au sein du corpus, isoler et comparer trois listes principales[15].

En *EN* II.4, 1105b21-23 Aristote entreprend de définir la vertu et distingue les passions, les puissances ou capacités et les états ou dispositions. C'est à cette occasion qu'Aristote dresse une liste de πάθη.

> Puisqu'il y a trois choses qui naissent dans l'âme, les passions, les capacités et les états, la vertu sera l'une d'elles. Par passions, je veux dire l'appétit, la colère, la peur, l'assurance, la jalousie, la joie, l'amitié, la haine, le regret, l'envie, la pitié, en général ce que plaisir et souffrance accompagnent[16].

Dans le *DA* I.1, 403a16-19 une liste de πάθη est donnée comme exemple de choses qui, tout en étant *de l'âme* s'accompagnent d'une affection du corps :

> Il semble que les passions de l'âme aussi soient toutes liées au corps : emportement, calme, peur, pitié, assurance, et encore la joie et le fait d'aimer et de haïr ; en effet, en même temps que ces passions, le corps subit quelque chose.

Enfin, et de manière lapidaire, *Rh* II.1, 1378a20-23 circonscrit le domaine d'investigation des chapitres 2 à 11 en énumérant quelques passions :

---

14 Dem. *Sur les forfaitures de l'ambassade* 228.1-3 : « Chacun a quelque chose qui l'intéresse plus, et souvent vous égare, pitié, jalousie, colère, faveur accordée aux demandes, mille autres choses. »

15 Je laisse de côté pour le moment d'autres listes : *Rh.* I.1, 1354a16, et *Rh.* I.2, 1356a15-16, et *MM* I.7.2.1-3. Sur l'ensemble de ces listes *cf.* Rapp (2002b, p. 546-547).

16 En *EE* II.2 1220b12-14, la liste est moins complète : « J'entends par passions les choses suivantes : l'irritation, la peur, la réserve, le désir, d'une manière générale ce que, la plupart du temps, le plaisir et la souffrance sensibles accompagnent par elles-mêmes. » (trad. C. Dalimier).

> Toutes les passions à cause desquelles, en subissant un changement, on varie dans ses jugements, sont celles que douleur et plaisir accompagnent, par exemple la colère, la pitié, la peur, et d'autres semblables, ainsi que leurs contraires[17].

Ces listes, on le voit, ne sont pas complètes. À ces trois listes il faudrait ajouter les passions qui sont analysées en *Rh.* II.2-11 : la honte (αἰσχύνη), la gratitude (χάριν ἔχειν), l'indignation (τὸ νεμεσᾶν), ainsi que se réjouir du malheur d'autrui (ἐπιχαιρεκακία) qui est évoqué en II.9, et une passion anonyme qui en est le juste corrélat : se réjouir justement des malheurs d'autrui lorsqu'ils sont mérités[18]. Inversement, par rapport à *EN* et *DA* où elles sont mentionnées, ne sont pas analysées en *Rh.* II la joie (χαρά) et le regret (πόθος), ainsi que l'ἐπιθυμία[19]. Aucune de ces listes ne peut être dite exhaustive ; elles n'ont pas cette fonction.

Dans ces listes, il ne s'agit pas de définition à proprement parler d'un genre ou d'une certaine classe[20]. Il y a bien des regroupements dont Aristote donne des critères et des exemples, mais ces critères varient en fonction du but recherché. Dans l'*EN*, les passions forment un groupe dans la mesure où elles désignent des affections par rapport auxquelles les vertus consistent ou bien à ne pas les ressentir, ou bien à les maîtriser, ou bien encore, comme l'indique Aristote pour la colère ou le fait de donner de l'argent, à en ressentir ou le faire « envers qui, dans la mesure, au moment, dans le but et de la manière qu'il faut (τὸ δ' ᾧ καὶ ὅσον καὶ ὅτε καὶ οὗ ἕνεκα καὶ ὥς) » (*EN* II.9 1109a28). Dans le *DA*, les passions de l'âme évoquées le sont à la faveur d'une enquête sur ce qui dans l'âme pourrait être séparable et séparé, si c'est possible, du corps – et les émotions sont un bon exemple d'événements qui, comme on le montrera, engagent intimement l'âme et le corps de l'agent. Dans la

---

17 Le ὅσα permet selon moi de montrer qu'Aristote entend déjà circonscrire l'examen à certains πάθη, ce qui ne fait donc pas de cette phrase une définition générale de cette classe. *Cf. infra* p. 90.

18 Dans la récapitulation de *Rh.* III.19, 1419b25-26 concernant l'épilogue, la liste est légèrement différente : « Il s'agit de la pitié, de l'exaspération, de la colère, de la haine, de la jalousie, de l'envie et de l'esprit de querelle (ἔρις) ». Sur la présence d'ἔρις dans cette liste au livre III, voir Viano (2017, p. 87-90).

19 Cooper (1996, p. 251) note par exemple qu'on attendrait aussi dans la *Rhétorique* d'autres émotions : fierté, ἔρως, joie, deuil, regret.

20 Comme le rappelle à juste titre C. Rapp (2002b, p. 546) : « *Aristoteles führt die Emotionen immer durch Aufzählung, nich durch Definition ein.* », et à propos de *Rh* II.1, 1378a20-23 précise que « *handelt es sich ebenfalls um keine wirkliche Definition, sondern um den Aspekt, der die Emotionen für die Rhetorik interessant macht* ».

Rhétorique enfin, Aristote circonscrit l'étude de toutes les passions qui peuvent être utiles pour modifier le jugement de l'auditeur.

On pourrait dire à partir de ces listes qu'Aristote rejoint des problèmes liées aux listes platoniciennes des passions. Elles témoignent en effet d'une réflexion d'Aristote sur a) le rapport des passions à l'âme et au corps (*DA*), b) leur relation au jugement (*Rh.*) et c) leur incidence sur la vertu (*EN*). Mais dans la mesure où Aristote ne dresse pas de définition de la catégorie générale de ces passions, il n'est pas aisé de décider du critère déterminant qui pourrait justifier de tels regroupements. Il existe en outre certains termes dont on hésite à en faire des passions – l'amitié et la haine, mais aussi le calme ou le mépris ; d'autres passions apparaissent potentiellement comme des dispositions vertueuses – l'indignation et la honte (αἰσχύνη) ou réserve (αἰδώς) ; ou encore certains πάθη comme l'ἐπιθυμία, le plaisir et la douleur, qu'on préférerait compter au nombre d'éléments ou de genre des émotions particulières, plutôt que de les considérer elles-mêmes comme des émotions. Reste enfin certains types de désirs particuliers comme l'amour des honneurs et de la victoire (φιλοτιμία et φιλονικία), l'amour de soi (φιλαυτία), ou certaines dispositions psychiques qui s'accompagnent de passions comme l'étonnement ou l'admiration (θαυμαζεῖν) ou encore l'estime (τιμᾶν), le mépris, qui apparaissent parfois dans les descriptions sans qu'elles soient explicitement comptées au nombre des πάθη.

Notre hypothèse d'ensemble sera que le rapport de certains états affectifs au jugement éthique et politique est bien ce qui dessine les contours de cette classe d'émotions en tant que telle, et que les enseignements de la *Rhétorique* constituent de ce point de vue un apport décisif pour la compréhension des passions dans les *Éthiques* et les *Politiques*, dans le *DA*, et aussi ponctuellement dans la *Poétique*.

LES PASSIONS COMME POINT DE VUE. *RH.* II.1

Mener une analyse des passions peut se faire de multiples manières. Une des spécificités de *Rh.* II.2-11 est de conduire l'examen à partir du point de vue d'un agent en proie à cette passion, point de vue que doit connaître l'orateur pour déployer son discours avec technique. Il ne s'agit donc ni exclusivement de connaître les prémisses implicites à chacune des passions[21], ni non plus d'élaborer une psychologie complète.

Il faut en tirer trois conséquences : a) l'analyse rhétorique des passions est ce qu'on pourrait appeler une sémiologie, qui mêle analyse psychologique et connaissance des signes et des opinions impliquées pour chaque passion, b) cette analyse privilégie un certain sens de la passion comme *épisode* affectif propre à modifier le jugement, et c) on suppose que cet épisode affectif constitue un point de vue global sur une situation donnée. Détaillons ces conséquences.

a) On ne trouvera pas dans la *Rhétorique* une analyse « intégrale » de ce qu'est un πάθος, mais une analyse située qui on le verra mêle psychologie, topique et technique. Il s'agit donc naturellement de se focaliser sur les passions de l'individu agissant. Sont donc exclues de l'analyse, c'est un truisme, certaines affections du corps physique comme le poids, la masse, la couleur qui sont ailleurs comptées au rang des πάθη (*Met.* Δ.21, 1022b15-21). Sont également minorées l'analyse des conditions physiologiques de l'apparition d'une passion, bien qu'elles ne soient pas complètement absentes des descriptions[22]. En d'autres termes, l'analyse des passions s'attache à ce qui fait *sens* dans le discours pour l'orateur et pour l'auditoire.

b) Le point de vue privilégié par Aristote dans les chapitres 2-11 est celui des passions comme « dispositions » (πῶς διακεῖσθαι) dont le propre est qu'elles sont des états épisodiques[23]. C'est à partir du point de vue de ces dispositions qu'entrent dans la description de ces πάθη des considérations sur l'état (ἕξις) par différence avec la disposition (διάθεσις, πῶς διακεῖσθαι), sur ce que *Cat.* 8 définit comme des qualités affectives (παθητικαὶ ποιότητες)[24], et enfin sur le caractère (ἦθος), et ce par quoi

21 Comme le souligne à raison Cooper (1993, p. 420) qui situe *Rh.* II.2-11 entre la dialectique d'une part, et l'éthique et la politique d'autre part. Sur l'hypothèse de lecture de *Rh.* II.2-11 comme une topique d'*endoxa*, voir *infra* p. 133 *sq.*

22 Sur ce point, voir Morel (2016, p. 294) et *infra* p. 91.

23 *Cat.* 8, 8b27-28. Voir sur ce point Castelli (2015, p. 227-229) qui s'appuie sur la différence entre les qualités affectives (παθητικαὶ ποιότητες) et les πάθη à proprement parler de *Cat.* 8, 9a28-10a10, pour montrer que dans la *Rhétorique*, l'orateur doit pouvoir compter sur la possibilité de susciter un *épisode* affectif sans nécessairement menacer de modifier profondément le caractère de son auditeur.

24 Sur les qualités affectives en *Cat.* 8, voir Viano (2012). Les qualités affectives sont des déterminations d'une substance dont Aristote donne des exemples physiques (le teint de la peau), psychiques (le caractère colérique) ou composites (la rougeur liée à la honte). Une

ce dernier est forgé (selon l'histoire et la situation de l'individu, mais aussi selon les lieux, les temps, les âges, l'éducation, etc.). Que certaines passions soient intrinsèquement passagères (typiquement la colère et l'apaisement, l'accès de honte, la peur) ou habituellement plus durables (douceur, haine, amitié) ne menace pas la cohérence de l'analyse aristotélicienne : même les passions qui pointent vers un état stable (ἕξις) peuvent être appréhendées à travers un certain point dans le temps et dans le discours qui correspond à leur naissance, ou à leur manifestation *hic et nunc* ; il s'agit simplement de ne pas confondre *passions* et *caractères* dont Aristote offre une typologie en *Rh.* II.12-14.

c) La troisième conséquence à tirer est que pour l'orateur et pour l'agent qui les ressent, la disposition dans laquelle ils se trouvent constitue un point de vue *global* sur la situation qui est jugée[25]. Global signifie ici qu'un certain nombre d'opérations, de processus et de facultés est convoqué, parfois incidemment, parfois de manière cruciale : la sensation (αἴσθησις), le désir (ὄρεξις) et ses variétés (ἐπιθυμία, βούλησις), la représentation (φαντασία), l'opinion (δόξα), le calcul (λογισμός), la délibération (βούλευσις), la décision (προαίρεσις).

Si la personne en proie à une passion voit le monde et son entourage d'une certaine manière, qu'est-ce qui donne à ce point de vue suffisamment d'intérêt et d'unité pour en faire l'examen ? *Rh.* II.1 apporte une première réponse :

> Car les choses n'apparaissent pas identiques à ceux qui aiment et à ceux qui haïssent, ni à ceux qui sont en colère et à ceux qui sont calmes, mais elles apparaissent ou bien complètement différentes, ou bien d'une importance différente. En effet, celui qui aime la personne pour laquelle on rend un jugement est d'avis qu'elle n'a pas commis d'injustice, ou alors une petite ; alors que celui qui la hait, c'est le contraire. Pour celui qui convoite quelque chose et est plein d'espoir de l'obtenir, si ce qui doit arriver est plaisant, il lui

des difficultés de cette notion est qu'elle oscille entre le πάθος proprement dit, considéré comme épisodique (l'accès de colère) alors que la qualité affective doit être permanente, et le caractère d'une personne (le colérique par exemple) : la qualité affective désignerait donc en un sens l'ensemble des déterminations d'un agent qui en fait une personne plus apte à ressentir une affection (celui qui rougit de honte souvent) que telle autre – ces déterminations étant physiques et psychiques (*ibid.*, p. 247). Viano y voit pour sa part un analogue de la « matière » du caractère dans une théorie hylémorphique des émotions, en étant pour ainsi dire leur « point de départ » (*Ibid.*, p. 256).

25 C'est l'une des thèses qui guide la présentation de Balmond (2017), avec laquelle je suis tout à fait en accord.

> apparaît que cela arrivera vraiment et que cela sera bon ; pour celui qui est impassible et de mauvaise humeur, c'est le contraire. (*Rh.* II.1, 1377b31-1378a6)

Ce court paragraphe, qui concerne surtout la nécessité pour l'orateur de composer l'apparence d'un caractère idoine, contient les trois principaux éléments autour desquels le débat sur une unité possible des émotions en tant que classe s'est cristallisé.

1) En premier lieu, Aristote prend des exemples variés de dispositions affectives, ici données à travers trois couples de contraires : amitié/haine, colère/calme, qui sont deux couples de passions qui seront analysées respectivement en II.4 et en II.2-3, et ce qu'on pourrait presque appeler des conditions plus durables : convoiter quelque chose et être plein d'espoir de l'atteindre / être impassible et contrarié. Dans l'exemple donné par Aristote, il n'y a de comparaison qu'entre les dispositions contraires, mais on sait que dans la suite des chapitres, l'entrelacement de différentes émotions est capital pour avoir une appréciation exacte des représentations des individus : par exemple la personne qui aime est *encore plus en colère* lorsqu'elle est trahie par ce qu'elle considérait comme son ami. Le même argument était présenté au livre I de manière plus succincte (*Rh.* I.2, 1356a15-16), mais ne comportait que l'exemple de l'amitié et de la haine. L'ajout au livre II de ces conditions affectives plus globales (optimisme et impassibilité) nous met sur une nouvelle piste : la condition affective détermine *en globalité* la perception et les opinions de l'agent[26].

2) Décrire le monde de la personne en colère, de celle qui a honte ou qui a peur suppose qu'on se demande quelle interprétation elle donne de cette situation qui éveille son émotion, et quels en sont les signes, c'est-à-dire quels sont les éléments que la personne sélectionne comme signifiants au moment où elle ressent cette émotion[27]. Dans ce passage, Aristote évoque plusieurs modes d'appréhension de la réalité, ou ce que les interprètes nomment « cognition » : le caractère apparent ou la représentation (φαίνεται) d'une situation du point de vue de l'agent ; son opinion ou son avis (δοκεῖ) sur la situation ; son « jugement » (κρίσις)

---

26 Rapp (2002b, p. 533) comprend pour sa part que ce couple de dispositions affectives renvoie plutôt au genre délibératif qui concerne, comme l'a exposé *Rh.* I.3 1358b4-5 et 1358b13-20, le futur.

27 Pour l'usage de ce terme de « sémiologie » ou de « sémiotique », voir Aubenque (1957) et Ricœur (2002).

qui est étayé par une forme de délibération ou de raisonnement[28]. À la suite de certains commentateurs, et sur la base de *DA* III.3 428a19-24 qui distingue ces termes, je fais le pari que dans la *Rhétorique* aussi il s'agit sinon de facultés distinctes, du moins de niveaux d'appréhension de la réalité différents. Selon l'émotion ressentie par l'agent qui juge, Aristote indique que la situation ne paraît pas identique (οὐ γὰρ ταὐτὰ), mais ou bien complètement différente (τὸ παράπαν ἕτερα) ou bien différente en importance (κατὰ τὸ μέγεθος ἕτερα). Cette divergence selon les émotions ressenties d'une part, et selon les contraires d'autre part, confirme que l'émotion constitue un point de vue totalisant[29], saturé de représentations et d'opinions.

Une forme d'unité se dégage donc pour les passions : elles forment, par le type de représentations et d'évaluations qu'elles véhiculent, un ensemble homogène, encore que ce soit par différence avec une évaluation objective dont la législation est le paradigme (*Rh.* I.1, 1354b4-6). Les passions empêchent « d'examiner suffisamment le vrai » (θεωρεῖν ἱκανῶς τὸ ἀληθές) et « plaisir et peine personnels obscurcissent le jugement » des jurés et des conseillers (ἀλλ'ἐπισκοτεῖν τῇ κρίσει τὸ ἴδιον ἡδὺ ἢ λυπηρόν) (*Rh.* I.1, 1354b6-11) ; il est dès lors d'autant plus nécessaire à l'orateur de connaître les représentations et opinions qui président dès lors aux jugements rendus.

3) Mais l'unité de ces passions ne repose pas uniquement sur leur statut cognitif. Le propre de ces passions rhétoriques est qu'elles sont des réactions à des valeurs, qu'il s'agisse de réactions spontanées et violentes comme la colère ou la peur, ou des dispositions affectives de second ordre, qui sont corrélées à des opinions ou même des raisonnements comme la pitié[30]. Dans ce court passage, Aristote donne deux exemples : l'injustice (ἀδικεῖν) dont l'auditeur doit juger la gravité lors d'un procès (*cf. Rh.* I.1, 1354a28-31), et le caractère bon (ἀγαθός) associé

---

28 Dans la traduction et le commentaire, je différencie ce qui relève du paraître ou de l'apparaître, de la représentation (φαίνεσθαι, φαντασία), ce qui relève de ce qui *semble* tel à quelqu'un, l'opinion ou l'avis (δοκεῖν, δόξα), et ce qui relève proprement du jugement (κρινεῖν, κρισίς) lequel est formulé dans le discours et constitue la cible de l'orateur. J'y reviens *infra* p. 110 *sq.*

29 En *Rh.* II.8, 1385b34, Aristote emploie une formule particulièrement éloquente « être tout à sa propre affection » (τὸ εἶναι πρὸς τῷ οἰκείῳ πάθει). L'émotion peut prendre en effet « toute la place » pour ainsi dire, jusqu'à rendre aveugle à la réalité environnante.

30 La dimension sociale et politique des passions étudiées dans la *Rhétorique* est soulignée à maintes reprises par Gastaldi (1990, p. 34-38).

au plaisir (ἡδύ) dans le cas d'une certaine représentation de l'avenir. Si l'interprétation dominante consiste à reconnaître une émotion comme un mode cognitif propre, en en faisant une réaction du point de vue psychologique et épistémologique qui tranche avec le calcul et le raisonnement, la notion de « valeur » me paraît tout aussi importante pour justifier les listes d'émotions qu'Aristote envisage en *Rh.* II.2-11, et cela pour deux raisons.

Premièrement, les émotions ne sont pas des formes vides auxquelles on pourrait attacher n'importe quelle valeur au nom desquelles ces émotions sont des réactions. C'est la raison pour laquelle Aristote part d'*opinions communes* (ἔνδοξα) sur les valeurs qui sont potentiellement partagées par l'auditoire[31]. Il est capital de comprendre comment telle émotion est reliée à tel jugement de valeur sous peine de ne pas saisir la spécificité de son fonctionnement.

Deuxièmement, et c'est un argument plus important pour notre enquête, il y a fort à parier qu'avant de disposer du concept d'émotion comme classe psychologiquement et épistémologiquement distincte d'autres opérations de l'esprit, on doive penser les différents regroupements d'affections comme dépendants de jugements de valeurs dont le propre est d'avoir une dimension ou fonction morale et politique forte. Ce ne peut être que vrai pour la *Rhétorique*, dans la mesure où le discours public s'appuie sur des valeurs communes qui mettent éminemment en jeu le sens de la communauté de semblables, au tribunal, à l'Assemblée, ou lors de discours épidictiques. Autrement dit, Aristote fait émerger une classe d'émotions particulières dans la *Rhétorique* parce qu'il a circonscrit un ensemble de réactions et de motivations à des valeurs communes[32].

---

31 Une difficulté bien connue consiste à mettre à l'épreuve notre propre compréhension de ces « valeurs » à partir de phénomènes affectifs d'un autre monde. Peut-on encore, à la faveur d'une hypothèse charitable de pan-culturalité, dire qu'il s'agit d'émotions identiques ? Les émotions peuvent être conçues comme des phénomènes naturels, mais elles demeurent, comme l'a montré D. Konstan, dépendantes d'un système de valeurs qui font que telle émotion des Grecs ne trouve pas de traduction satisfaisante dans notre langue, et inversement que la compréhension de nos émotions nous rend difficilement accessibles ou pensables le fonctionnement de telle émotion chez les Grecs (2006, chap. 1 ; 2015). D. Cairns (2003a ; 2008) privilégie pour résoudre cette difficulté une approche des émotions par les « scripts ».

32 Une objection à cet argument persiste néanmoins : les animaux non-humains aussi ressentent des émotions, alors qu'ils n'ont accès ni à la δόξα (*DA*, III.3, 428a19-24) ni *a fortiori* à la notion de valeur telle qu'elle est présentée au livre I des *Politiques* (1253a9-18). On peut avancer une position nuancée : souvent, les exemples pris par Aristote sont

Les passions constituent un domaine d'investigation dont les frontières peuvent varier selon le type d'enquête mené. Il n'existe pas de « théorie » des émotions au sens où il existerait un « objet » – les émotions – identifié comme un genre. S'il existe indubitablement des similitudes à travers les listes de « passions de l'âme », leur traitement obéit dans chacun des traités à un impératif propre. La *Rhétorique* apparaît, aux côtés des *Éthiques* et des *Politiques*, comme un point de vue pertinent pour l'analyse du domaine des passions humaines, *en tant qu'elles sont des véhicules de valeurs communes* : il s'agit de partir de leur nom, d'en donner une définition en accord avec une certaine opinion commune, et de décrire, sans nécessairement questionner la réalité des valeurs éthiques et politiques auxquelles ces émotions sont liées, les lieux et les moyens de leur manipulation.

---

de l'ordre de la comparaison ou de la métaphore (*HA* VIII.34, 619b26-31 sur les aigles qui « *semblent* agir par jalousie » (δοκεῖ ὁ ἀετὸς τοὺς νεοττοὺς διὰ φθόνον) ; *HA* VIII.48, 631a14-20 sur les dauphins qui agissent « *comme s'*ils avaient pitié » οἷον κατελεοῦντες). Sihvola (1996) qui commente ces exemples a bien montré que pris en un sens « large » (*ibid.* p. 119-120) c'est-à-dire un état psycho-physiologique déterminé par une représentation qui ne nécessite pas d'assentiment réflexif, le concept d'émotion peut être attribué aux animaux, et en particulier la peur. Voir également Rapp (2002b, p. 572-575). Cet argument me semble valable et étaye l'idée qu'Aristote s'intéresse éventuellement aux émotions de manière « régionale » et non systématique, le problème des « croyances » dans les émotions étant réservé à un traitement éthique, rhétorique et politique.

DÉFINIR LES PASSIONS

Aristote commence chacun des chapitres de *Rh.* II.2-11 par une définition qui commence la plupart du temps par un « ἔστω » : « posons que… ». Quelle valeur donner à ces définitions ? Un détour par *DA* I.1 qui livre les conditions d'une bonne définition de ces πάθη permet d'évaluer celles de la *Rhétorique*.

UNE SCIENCE DES PASSIONS ? *DA* I.1, 403A3-19

Au premier chapitre du *DA*, Aristote mentionne une série de passions dont on reconnaît la parenté avec celles qui sont étudiées dans la *Rhétorique* : colère et calme (ὀργή, θυμός et πραότης), crainte et assurance (φόβος et θάρσος), pitié (ἔλεος), les sentiments d'amitié et de haine (τὸ φιλεῖν τε καὶ μισεῖν), et encore la joie (χαρά). Il s'agit d'exemples de passions de l'âme (πάθη τῆς ψυχῆς, ou παθήματα), dont le désir et la sensation font partie, comparées également à d'autres πάθη pris en un sens plus général d'affections du corps, de l'âme ou de choses ; la liste n'est pas présentée comme exhaustive, mais se donne comme un ensemble homogène de passions dont une science en particulier pourrait s'occuper[1]. L'enjeu de ce premier chapitre du *DA* consiste à circonscrire un ensemble d'opérations et de passions de l'âme en vue d'établir la spécificité de la science de l'âme par rapport à d'autres sciences (physique, mathématiques, dialectique).

Les « passions de l'âme » sont des affections « communes à l'âme et au corps ».

> Il y a également une aporie concernant les passions de l'âme : est-ce que toutes sont communes à ce qui possède l'âme, ou existe-t-il aussi quelque chose

1 Voir sur ce point Morel (2007, p. 71-74) qui renvoie au *PN, Sens.* 1, 436a7-15.

> de propre à l'âme même ? Il est nécessaire de se saisir de ce problème, bien qu'il soit difficile. Il apparaît que dans la majorité des cas elle ne subit ni ne fait rien sans le corps, par exemple se mettre en colère, avoir de l'assurance, désirer, et d'une manière générale sentir, mais ce qui semble le plus propre à l'âme c'est de penser ; mais s'il s'agit là d'une représentation ou de ce qui ne va pas sans représentation, il ne sera pas possible non plus dans ce cas que cela existe sans le corps. (*DA* I.1, 403a3-11)

Un peu plus loin, Aristote précise :

> Il semble que les affections de l'âme aussi soient toutes liées au corps : emportement, calme, peur, pitié, assurance, et encore la joie et les sentiments d'amitié et de haine ; en effet, en même temps que ces passions, le corps subit quelque chose. (*DA* I.1, 403a16-19)

Il importe surtout pour le moment de souligner deux choses.

Ces πάθη de l'âme sont des *exemples* qui servent une fin prioritairement dialectique pour établir l'aporie. Ce qu'Aristote a en vue ici n'est pas une étude de ces πάθη pour eux-mêmes, mais une réponse à la question de savoir comment on définit l'essence de l'âme permettant d'avoir une idée de ses affections, et à propos de cette essence, comment on élabore une définition de ses opérations les plus éminentes (la sensation, la représentation, l'intellect).

Aristote ne s'engage pas de manière tranchée sur la manière dont une passion de l'âme ne saurait exister « sans le corps », ou, dit de manière positive, sur le lien entre ce qui arrive au corps en même temps (ἅμα) que ce qui arrive à l'âme. Il suffit en réalité à Aristote de montrer qu'une passion de l'âme comme la colère est suffisamment liée à un état du corps pour d'une part en exiger une définition complète en vertu des quatre causes (formelle, matérielle, motrice et finale, *DA* I.1, 403a25-28), et d'autre part mettre en scène l'opposition entre deux types de définition, toutes deux insuffisantes. En somme, il ne s'agit pas dans ce chapitre de donner d'emblée une définition complète de la colère, mais d'exposer une difficulté sur la manière de la définir[2].

---

2 Comme l'a très bien vu Aubenque (1957) à propos de ce chapitre, au point de faire de l'oubli (ou de l'impossibilité) de cette définition complète la raison même de l'existence d'une définition « formelle » ou « nominale » dans la *Rhétorique* – je n'irai pas jusqu'à ce point.

QUELLE DÉFINITION CORRECTE POUR LES PASSIONS ? LE PROBLÈME

Aristote distingue, à la faveur de cette aporie sur les passions de l'âme, plusieurs manières de les définir.

> Pourtant le naturaliste et le dialecticien donneraient une définition bien différente de chacune d'entre elles <*scil.* les passions>, en réponse par exemple à la question « qu'est-ce que la colère ? ». L'un dirait en effet : c'est une aspiration à la vengeance ou quelque chose du genre ; l'autre dirait : c'est une ébullition du sang autour du cœur et du chaud. L'un d'eux renvoie à la matière, l'autre à la forme et à l'énoncé[3]. Car l'énoncé est la forme de la chose, et il est nécessaire qu'elle soit dans une matière de cette sorte-ci, si elle doit en être l'énoncé. De même l'énoncé d'une maison est la suivante : elle est un abri préservant de la destruction causée par les vents, les chaleurs et les pluies ; mais l'un dit que ce sont des pierres, des briques et des poutres, alors que l'autre dit que c'est la forme qui se trouve en ces choses en vue de cette fin-là. Qui donc des deux est le naturaliste ? (*DA*, I.1, 403a29-b7)

Renvoyer seulement à la matière ou aux conditions matérielles, ou seulement à une définition nominale, est de toute évidence insuffisant pour Aristote qui cherche le (vrai) naturaliste. On a pu avancer qu'Aristote privilégiait celui qui serait capable de produire la cause formelle d'une passion parce qu'elle serait plus proche de la chose dont on sait qu'elle n'est pas indépendante d'une matière[4]. La conclusion est certainement correcte, mais elle ne semble pas appartenir à la démonstration donnée par Aristote. L'opposition entre le dialecticien et le naturaliste n'est peut-être pas si feinte.

> Est-ce celui qui renvoie à la matière, tout en ignorant l'énoncé, ou bien celui qui renvoie à l'énoncé seul ? ou alors plutôt celui qui parle à partir des deux points de vue ? Mais alors qui sont les deux autres ? ou bien il n'y a personne qui ne traite des affections de la matière qui ne sont pas séparables en tant qu'elles sont séparables (ἢ οὐκ ἔστιν τις ὁ περὶ τὰ πάθη τῆς ὕλης τὰ μὴ χωριστὰ μηδ' ᾗ χωριστά) ; mais on a le naturaliste qui traite de toutes les choses, opérations et affections, de ce corps-ci et de cette matière-ci ; et les choses qui ne sont pas de ce genre, c'est un autre qui s'en occupe : de celles-là c'est un artisan, s'il en est, comme le charpentier ou le médecin, et de celles-ci qui ne sont pas séparables, en tant qu'affections qui n'appartiennent pas à tel ou tel corps

---

3 Je traduis ainsi λόγος, plutôt que par « raison » dont l'extension en français me semble occulter la clarté de l'opposition entre le dialecticien et le naturaliste.

4 C'est l'opinion de Viano (2014, p. 3-4) qui renvoie pour cela à Aubenque (1957, p. 313).

et considérées par abstraction, c'est le mathématicien ; et de celles qui sont séparées, c'est le philosophe au sens premier.

Mais il faut revenir de là où l'exposé est parti. Nous avons dit que les passions de l'âme sont telles qu'elles sont inséparables de la matière naturelle des vivants, en tant que l'emportement et la peur relèvent de ce genre, et non comme la ligne ou la surface. (*DA*, I.1, 403b7-19)

À la question posée – qui est le vrai naturaliste ? – Aristote renvoie dos à dos le physicien ne sachant désigner que la matière et le dialecticien qui ne produit qu'un énoncé de définition. Aristote propose une alternative intéressante, mais probablement pas plus satisfaisante : quelqu'un qui parlerait à partir des deux points de vue[5]. On pourrait en effet être tenté de confier à celui qui pourrait conjoindre les deux points de vue précédents la capacité à donner des définitions correctes puisqu'il pourrait alors parvenir à juxtaposer les causes formelle, matérielle, et finale[6]. Aristote semble pourtant se méfier de cette solution avec cette phrase énigmatique : « mais alors qui sont les deux autres ? ». On peut entendre cette phrase en deux sens. a) On aurait en réalité du mal à envisager un physicien si matérialiste et un dialecticien si insensible à la matière qu'ils sont tous deux complètement aveugles au membre de définition laissé par son opposant. Autrement dit chacun est capable de donner des indications au moins nominales sur ce qu'est la colère ou sur le type de dispositions physiques propres à la colère. On verra que c'est bien le cas, par exemple, dans la *Rhétorique*. b) Conjoindre les deux points de vue n'est pas encore les articuler. Autrement dit, celui qui parle à partir des deux points de vue ne fait jamais que juxtaposer ces deux points de vue sans que l'exclusivité des deux définitions ne soit résolue. Il faut donc prendre la suite de l'alternative au sérieux, et on trouvera alors qu'il y a une réelle difficulté dans l'étude de ces πάθη singuliers, qui permet d'éclairer la nature de l'entreprise du naturaliste.

Les points sensibles d'interprétation sont les suivants :

---

5 Le *Commentaire* d'Alexandre *à la Phys.* (V, ii. 66. 16-17) reprend presque mot pour mot, en les articulant par un δία les deux définitions du naturaliste et du dialecticien : τί ἐστιν ὀργή ; ζέσις τοῦ περὶ καρδίαν αἵματος δι'ὄρεξιν ἀντιλυπήσεως : « Qu'est-ce que la colère ? Une ébullition du sang de la région du cœur, à cause du désir de rendre la douleur ». *Cf.* Renehan (1963, p. 63-65) pour d'autres exemples de cette définition dans la tradition aristotélicienne indirecte.

6 Hicks (1907, p. 8-9) traduit le μᾶλλον ainsi : « *I answer, it is rather he who in his definition takes account of both* ». Plus prudemment Ross (1961, p. 164-165) traduit : « *Is it not rather the man who takes account of both ?* ».

– a) Le sens de la phrase ἢ οὐκ ἔστιν τις ὁ περὶ τὰ πάθη τῆς ὕλης τὰ μὴ χωριστὰ μηδ᾽ ᾗ χωριστά, qui est diversement interprétée par les commentateurs.
– b) Le rôle de l'énumération des spécialistes d'un certain genre de choses en tant qu'elles sont inhérentes à une matière, séparables d'une matière, ou séparées d'une matière.
– c) La disparition de la dialectique à la fin du paragraphe comme l'une des sciences possibles pour examiner ces passions de l'âme.
– d) Le sens de l'avertissement d'Aristote concernant la différence entre la manière dont les passions de l'âme appartiennent aux êtres vivants et celle dont la ligne ou la courbe se rapportent à une matière.

INTERPRÉTATION 1 : LE VRAI NATURALISTE

L'interprétation qu'on peut juger dominante consiste à comprendre la fin du chapitre comme l'affirmation que l'enquête du naturaliste sur l'âme devra bien concerner des énoncés et des formes inhérents à une matière, tout en dépassant l'opposition stérile entre les deux types de définitions précédemment évoquées. Il faudra, en somme, réussir à articuler ces deux points de vue.

a1) Le τις ὁ de la phrase ἢ οὐκ ἔστιν τις ὁ περὶ τὰ πάθη τῆς ὕλης τὰ μὴ χωριστὰ μηδ᾽ ᾗ χωριστά annonce le ἀλλ᾽ ὁ φυσικός, le vrai naturaliste. Le sens général est le suivant : « il n'est personne <d'autre> qui traite les affections de la matière qui ne sont pas séparées en tant qu'elles ne sont pas séparées <que> le naturaliste[7]... ».

Ross comprend que le μηδέ est le redoublement du μὴ de τὰ μὴ χωριστὰ. Ce qui serait nié, dit-il, est le fait qu'il existe un scientifique qui s'occupe des non séparables en tant qu'ils sont non séparables[8]. Cette négation circonscrit un domaine d'études qui sont les choses non-séparables en tant qu'elles sont non-séparables, dont on sait qu'il s'agit de la physique, par contraste avec les mathématiques[9]. Selon Ross en effet, il faut lire dans cette phrase négative son équivalent positif : « Il existe certainement une personne qui étudie les affections non séparables de

7 C'est cette traduction qu'on trouve par exemple sous la plume de Theiler (1959).
8 Pour cette solution, *cf.* Bonitz *Ind. Ar.* 539a38, qui indique : τὰ πάθη τῆς ὕλης τὰ μὴ χωριστὰ μηδ᾽ᾗ χωριστά (i.e καὶ ᾗ μὴ ᾗ χωριστά).
9 *Met.* E.1 ; *Phys.* II.2, 193b20-194a10.

la matière, mais pas *en tant que* séparables ». Et ce scientifique existe : c'est le naturaliste[10].

b1) L'énumération subséquente des différents spécialistes vise à supplanter l'opposition stérile entre dialecticien et naturaliste en rappelant comment la science aristotélicienne est organisée selon un point de vue. L'opposition entre forme et matière doit ainsi être réarticulée à la faveur de ce qui est séparé et séparable de la matière. Ainsi, le naturaliste étudie les non-séparables en tant que tels, tandis que le mathématicien étudie les non-séparables en tant qu'ils sont séparables, où par abstraction on retire des propriétés communes de la matière de quantité et de mesure, comme on abstrait la droite et la courbe d'une poutre ou d'un tonneau. Enfin, le philosophe au sens de la philosophie première s'attache à ce qui est séparé de la matière.

Une relative incertitude demeure quant au τεχνίτης, l'artisan ou homme de métier (couvrant aussi bien la charpenterie que la médecine). Selon Ross, il n'existe pas seulement une seule personne qui s'occupe des non-séparables en tant que tels, mais plusieurs, puisqu'il comprend également que les artisans poursuivent le même type d'investigation[11]. Selon Polansky (2007, p. 59) et Johansen (2012, p. 156), les artisans se distinguent des naturalistes sur deux points : a) ces derniers, contrairement aux naturalistes, ne s'intéressent pas à *toutes les affections et opérations* qui sont non-séparables en tant que telles étant donné une certaine matière et un certain corps, mais seulement à certaines (καὶ περὶ τινῶν) et b) à un degré moins complet. La différence entre le naturaliste et l'artisan est que le premier délivre une définition, le second produit une réalité en fonction d'une définition plus ou moins articulée, dont on pourrait très bien soupçonner qu'elle est justement une juxtaposition des points de vue mentionnés du dialecticien et du naturaliste matérialiste.

c1) Revenons aux passions de l'âme. Pour dépasser l'opposition entre dialecticien et naturaliste matérialiste, Aristote a donc réordonné les types de définition possibles à travers une ontologie capable d'articuler la

10 Cette interprétation générale de la négation, et du sens qu'on doit donner à μηδ' ᾗ χωριστά est également suivie par Polansky (2007, p. 58-59), à un point près (voir b1).

11 C'est pourquoi il comprend que la phrase ἢ οὐκ ἔστιν τις ὁ περὶ τὰ πάθη τῆς ὕλης τὰ μὴ χωριστὰ μηδ' ᾗ χωριστά ne veut pas dire en réalité : « il n'existe pas *une* personne… » mais plutôt « il n'existe pas *une seule* personne… », proposant d'amender le texte en remplaçant le τις par εἷς (Ross, 1961, p. 170).

matière dans l'énoncé de définition de la chose, c'est-à-dire de sa forme. La science des passions de l'âme, en conclusion, revient clairement au « vrai » naturaliste qui tient compte de la nature inhérente des affections de l'âme dans un corps vivant. Que devient alors le dialecticien qui définissait la colère comme une « aspiration à la vengeance » ? Il disparaît de la liste des prétendants, car il échoue à tenir compte de la matière dans sa définition[12]. Il n'y a alors qu'un pas pour dire que la définition du dialecticien est « vide » (*DA* I.1, 402b25-403a2).

d1) La conclusion d'Aristote apparaît dès lors clairement : étudier les πάθη τῆς ψυχῆς (qu'il s'agisse des émotions précitées ou des affections et opérations qui feront l'objet du traité : nutrition, locomotion, représentation) ne peut en aucun cas se faire à la manière d'un mathématicien qui tient l'affection pour séparée (ou du moins séparable) d'une matière donnée ; la colère et la peur sont impossibles à abstraire des corps qui les ressentent, et ces exemples valent pour l'analyse des autres opérations de l'âme.

INTERPRÉTATION 2 : À LA RECHERCHE D'UNE SCIENCE

La première interprétation résout de nombreuses difficultés de lecture, et a l'incontestable avantage d'appeler à une définition des passions qui n'est pas seulement nominale ou matérielle, mais une définition complète, conforme au programme du *DA*, et congruente avec la *Physique* et la *Métaphysique.* Mais doit-on pour autant nier au dialecticien et à l'orateur une certaine expertise au sujet des passions ? Il ne s'agit pas certainement pas de nier la puissance unificatrice d'une approche physicienne des passions ; ni encore moins de nier l'intérêt d'une définition qui pourrait conjoindre les modifications organiques nécessaires à telle ou telle passion en les articulant à leur fin respective. Les *PN* constituent en ce sens un document précieux[13]. Le problème est plutôt : comment l'agent en proie à une passion comprend-t-il une éventuelle différence entre un trouble corporel et un trouble psychique ? Examinons une interprétation alternative à celle proposée ci-dessus.

12 Johansen (2012, p. 155) renvoie à *Phys.* II.9 et *Met.* Z.10-11 pour différencier ainsi les définitions formelle et matérielles, qui s'appellent certes l'une l'autre d'une part, et la définition du composé qui inclut la matière dans la forme.

13 *Cf.* Morel (2007, p. 71-89) qui montre que la sensation permet dans les *PN* d'unifier et d'articuler la dualité agent-patient.

a2) Une autre interprétation de la phrase ἢ οὐκ ἔστιν τις ὁ περὶ τὰ πάθη τῆς ὕλης τὰ μὴ χωριστὰ μηδ' ᾗ χωριστά est possible, en considérant que le μηδέ de μηδ' ᾗ χωριστά redouble la première négation de οὐκ ἔστιν τις. Il ne s'agirait donc pas de partir à la recherche de celui qui considère les affections non-séparables en tant que non-séparables, mais bien l'inverse : celui qui considère les affections non-séparables en tant que séparables[14] ; et il n'y aurait encore personne, selon Aristote, pour mener une telle enquête. Quel serait l'intérêt d'une telle interprétation ? a) Elle a l'avantage, en premier lieu, de ne pas (ou de moins) faire la différence entre le ὁ φυσικός trop matérialiste des pages précédentes, et celui dont on pense qu'il est l'authentique φυσικός. Elle laisse pour ainsi dire ouverte la question de savoir à quelle science exactement l'étude des passions revient, dans ce début du traité. En d'autres termes, et selon une formulation assez particulière, Aristote évoquerait par ce τις un spécialiste analogue au mathématicien concernant les passions, sans pour autant les confondre. b) Elle permet également de mieux rendre compte de la prééminence d'un certain type de définition recherchée, qui serait davantage que la juxtaposition de la matière et de l'énoncé, en donnant une importance particulière à la forme et à la fin sans négliger la cause matérielle.

Pour autant, cette interprétation se heurte aux objections suivantes : c) on attendrait, selon Ross, plutôt ἢ οὐδεὶς ἔστιν plutôt que ἢ οὐκ ἔστιν τις (1961, p. 170) ; et d) il existe bien une personne qui traite comme séparables des affections de la matière comme séparables : le mathématicien, ce qui rendrait alors cette première phrase incohérente avec ce qui suit. En dépit de ces deux objections, on peut néanmoins approfondir cette interprétation selon ce qui suit.

b2) Ce passage montrerait qu'il n'existe effectivement personne pour étudier les passions de l'âme en tant que séparables tout en sachant qu'elles sont inhérentes à la matière. Le naturaliste continue d'en donner la cause matérielle ; les artisans quant à eux ont affaire à ὅσα δὲ μὴ τοιαῦτα : « ces choses qui ne sont pas telles », c'est-à-dire à ces choses qui ne sont pas l'ensemble des affections et opérations de ce

---

14 C'est cette solution que retient et explique Hicks (1907, p. 204-205), et c'est en ce sens que traduit R. Bodeüs : « À moins qu'il n'y ait personne pour encore envisager comme séparables les affections de la matière qui en sont inséparables ». Cette solution est également retenue et expliquée par Charles (2009, p. 12, n. 22), bien qu'il en tire une conclusion similaire à b1.

corps-ci[15]. Les artisans se distinguent des naturalistes en limitant le nombre des essences ou leurs attributs à celles qui leur sont utiles, et en privilégiant la forme sur la matière (la table à partir ce bois, la santé à partir de ce corps). En un certain sens donc, les artisans sont plus proches de la personne recherchée que les naturalistes. Viennent ensuite les mathématiciens qui eux semblent répondre aux critères recherchés : il s'agit d'une science capable de définition (et non d'une technique de production), qui envisage à partir de non-séparables leur forme, qu'on abstrait de telle ou telle matière. Pourtant, ils ne répondent pas non plus au critère recherché dans la mesure où l'abstraction à laquelle ils se livrent (ἐξ ἀφαιρέσεως) a pour effet de gommer ou de nier la nécessité matérielle dans laquelle les formes sont prises – la critique des platoniciens est ici patente. Viennent enfin les philosophes, dont le mépris pour les passions de l'âme est connu depuis le *Phédon*. Nous avons donc bien un tableau enrichi, qui va du naturaliste matérialiste au philosophe qui ne considère pas même les passions de l'âme comme étant de son ressort, au sein duquel manque un intermédiaire : entre le médecin qui produit la santé en fonction d'une puissance rationnelle et le mathématicien qui pèche par abstraction, il y a, semble-t-il, une place pour une définition des passions qui, tout en tenant compte de la matière, n'en garde pas moins en vue l'énoncé de définition qui pourra expliquer le type de changement qui intervient dans l'agent qui les ressent.

c2) Cette interprétation ne rend il est vrai pas mieux compte de la disparition de la dialectique dans cette énumération. La définition dialectique apparaît ici potentiellement vide, dans la perspective qui est celle de la recherche d'une science de l'âme. En revanche, bien qu'il ne s'agisse ici encore que de pure spéculation, on pourrait compter au rang des techniques la rhétorique, rejeton de la dialectique, qui tout en privilégiant le λόγος dans sa définition et son usage des passions, est capable à tout le moins de les produire vraiment, ou de les modifier.

15 Aucun des commentateurs de l'interprétation 1 ne rend compte de cette expression qui pourtant est problématique. Τοιαῦτα pourrait aussi bien renvoyer grammaticalement à l'ensemble τὰ μὴ χωριστὰ, ᾗ χωριστά, ou encore à ὅσα…ἔργα καὶ πάθη comme le comprend Hicks (1907, p. 206). Le commentaire du pseudo-Simplicius va jusqu'à comprendre le μὴ ταιαῦτα ainsi (22.30) : τουτέστι μὴ ᾗ ἀχώριστα, ἀλλ' ὡς χωριστά ; « c'est-à-dire les choses qui ne sont pas en tant qu'elles sont inséparables mais prises comme séparables ».

d2) On comprend alors mieux que dans l'interprétation 1 pourquoi Aristote doit rappeler, encore une fois, en quoi la science recherchée doit différer des mathématiques. Si l'interprétation a2 est correcte, le risque d'aboutir à une science (dialectique ou rhétorique) donnant au λόγος une prééminence trop forte sur la matière est patent. Dans la mesure où il existe encore un espace entre une physique trop matérialiste et une mathématique des passions de l'âme, il est nécessaire de « revenir » au point de départ de cette discussion : il faut chercher une explication des πάθη qui, tout en affirmant qu'ils sont ἀχώριστα, est capable de les définir ᾗ χωριστά, mais d'une manière pourtant différente des mathématiques.

CONCLUSIONS

Le premier chapitre du *DA* établit une distinction entre l'analyse de la matière des activités ou passions de l'âme, et leur forme. Il renvoie dos à dos des définitions formelle et matérielle, insuffisantes pour rendre compte d'une passion de l'âme. Au minimum, (interprétation 2), Aristote indique qu'une science ou une technique devra être suffisamment attentive à cette matérialité des passions dans ses énoncés ; au mieux (interprétation 1), Aristote affirme que seul le traitement des passions par le (vrai) naturaliste, qui articule de manière nouvelle matière et forme en ne considérant jamais la seule forme indépendamment de sa matière, est correct.

Le rapprochement entre *DA* et *Rhétorique* concernant la définition des passions doit être fait dans les limites suivantes. Tout d'abord, à aucun moment de la *Rhétorique* nous ne trouvons des éléments vraiment comparables au *DA* sur ce que doit être une définition des passions. La distinction entre cause matérielle et cause formelle n'est en effet, dans la *Rhétorique*, jamais évoquée dans les mêmes termes. Réciproquement, à aucun moment le *DA* ne mentionne la rhétorique comme technique ou comme science qui pourrait s'occuper des passions de l'âme. Nous ne pouvons faire le rapprochement qu'à travers la présence de la dialectique, dont la rhétorique est un rejeton.

Ces limites posées, ce premier chapitre nous apprend néanmoins deux choses. 1) La rhétorique dans un cas devrait s'inspirer (interprétation 1) d'une connaissance naturaliste des passions de l'âme. Il reste à savoir ce qu'implique exactement cette présence de la cause matérielle dans l'énoncé de la forme, et en quoi cette attention particulière à la matière pourrait contribuer à une plus grande scientificité de la rhétorique. 2) Dans l'autre cas (interprétation 2), la rhétorique pourrait apparaître comme une technique à même, de par sa spécialisation et sa pratique, de produire des définitions qui ne nient pas la dimension matérielle des passions, mais ne trouve pas dans un modèle naturaliste une explication utile à sa technique de production ou de manipulation. Cette interprétation est d'autant plus importante, comme on le verra, lorsqu'il s'agit de définir exactement ce qu'est le « mouvement » impliqué dans une passion, qui semble suspendu à la modification du jugement escompté par le rhéteur.

En d'autres termes, puisque que le *DA* affirme que les passions de l'âme comme la colère et la peur sont, indiscutablement, des états psycho-physiologiques, et qu'on ne saurait les comprendre en amputant de leur analyse l'examen de leur matière ou de leur forme, il faut admettre qu'il existe une limite intrinsèque à l'étude des passions par le rhéteur. Une forme (par exemple un motif de colère, ou l'évocation d'un signe suscitant la colère) ne pourra jamais, en tant que telle, produire par elle-même l'émotion escomptée par le rhéteur ; elle doit nécessairement être relayée par des dispositions matérielles précises des corps des auditeurs. Mais cette précision de bon sens trouve également une réciproque : si l'interprétation 2 est juste, il faut également admettre plus fortement que dans l'interprétation 1 que l'analyse des passions de l'âme peut tenter de produire un énoncé de définition dans lequel, sans nier la matière, c'est la forme qui détermine plus adéquatement le mouvement subséquent des auditeurs, et non leurs dispositions physiques.

LA DÉFINITION DE LA COLÈRE EN *DA* I.1, 403A19-28

Venons-en maintenant à l'exemple de définition de la colère en *DA* I.1. Afin de prouver la communauté entre âme et corps à travers les passions, Aristote convoque une courte analyse de certains phénomènes, dont la colère, l'amenant à privilégier un certain type de définition pour ces passions.

> Ce qui nous le révèle <*scil.* que en même temps que ces passions, le corps subit quelque chose>, c'est le fait qu'à certains moments, 1) lorsque des impressions fortes et ostensibles se produisent, on ne ressent aucune tension ou crainte, alors qu'à d'autres moments, 2) on est mû par de petites impressions à peine perceptibles, lorsque le corps est irrité, c'est-à-dire dans une disposition comme celle où l'on est en colère. Mais voici ce qui est encore plus manifeste : 3) alors que rien d'effrayant n'arrive, on se trouve ressentir des passions qui sont celles de celui qui a peur. S'il en est ainsi, il est clair que les passions sont des énoncés qui impliquent la matière[16]. De sorte que les définitions doivent être de ce genre, par exemple : « Se mettre en colère est un certain mouvement de ce corps-ci, d'une de ses parties ou d'une de ses facultés, sous l'effet de ceci, en vue de ceci » ; et déjà pour ces raisons il revient au naturaliste d'étudier l'âme, toute âme ou ce genre d'âme. (*DA* I.1, 403a19-28, nous numérotons les exemples)

QU'INDIQUENT LES EXEMPLES ?

Que le corps subisse *en même temps* (ἅμα) une affection lorsque l'agent éprouve une passion relève de l'évidence. Reste à définir la valeur et la signification de ce ἅμα pour caractériser ce qu'il est convenu d'appeler l'hylémorphisme d'Aristote.

Aristote convoque trois exemples qui indiquent comment le corps est impliqué à chaque fois dans un état affectif donné, la colère ou la peur. La valeur argumentative de ces exemples repose sur leur caractère extrême, plus précisément sur la disjonction perçue entre l'état du corps d'une part et l'état général de l'agent considérant une réalité extérieure d'autre part[17]. L'argument n'a rien d'évident ; paraphrasons-le.

Exemple 1) Alors que l'agent fait l'expérience d'impressions fortes et ostensibles (par exemple des « malheurs » que l'on subit ou que l'on contemple simplement), il n'éprouve parfois aucune irritation ni aucune peur ou tension : il est pour ainsi dire insensible et ne ressent aucun des

16 Je traduis λόγοι ἔνυλοί, et non λόγοι ἐν ὕλῃ présent dans les mss. C et E ; le choix de « énoncé » est évidemment difficile, mais est justifié plus loin lorsqu'il revient au dialecticien de produire une définition en se focalisant sur la forme et l'énoncé. Sur ce point, voir Polansky (2007, p. 56) qui renvoie lui-même à Hicks (1907, p. 199).

17 Mon interprétation est ici proche de celle de Dow (2015, p. 221) qui en déduit plutôt qu'il s'agit d'un dysfonctionnement émotif à l'intérieur de l'agent.

πάθη évoqués[18]. L'intensité des affections (παθήματα[19]), qu'elles soient de simples impressions corporelles ou des perceptions plus élaborées, n'explique donc pas l'intensité d'une passion supposément corrélée ; autrement dit ce n'est pas parce qu'on essaie de nous faire peur par une expérience forte qu'on a nécessairement peur.

Exemple 2) Mais l'agent est parfois mu par de petites impressions imperceptibles, lorsque son corps est dans l'état où il est lorsqu'on est en colère. Cette phrase est comprise par certains interprètes comme voulant dire : si l'on est en condition physique d'être en colère, alors on est en colère (Charles, 2009). Aristote ne va pourtant pas si loin, et propose une formulation prudente qui l'engage peu sur l'homogénéité supposée entre un état du corps et un πάθος reconnu par son nom ou son intention. La formule « lorsque le corps est irrité, c'est-à-dire dans une disposition comme celle où l'on est en colère (ὅταν ὀργᾷ τὸ σῶμα καὶ οὕτως ἔχῃ ὥσπερ ὅταν ὀργίζηται) » est particulièrement révélatrice de la difficulté : le corps est dit être « irrité » lorsqu'on reconnaît en lui les symptômes de, ou les conditions nécessaires à, l'émotion globale de la colère. Il est donc plus prudent de déduire de cet exemple que dans la mesure où le corps de l'agent est dans un état de sensibilité extrême, l'agent sera, *à la moindre occasion*, porté à un accès de colère (Wedin, 1996, p. 8, p. 12). Autrement dit, ce n'est qu'à la faveur de l'intention de l'agent en colère, que l'on reconnaît un état physique correspondant à son πάθος.

Pris isolément, ces deux premiers exemples ne montrent pas que le corps subit une passion en même temps que l'âme. Le premier exemple pourrait très bien être avancé pour montrer au contraire qu'en dépit d'affections subies par le corps (la pauvreté ou la maladie par exemple) l'âme peut rester impassible ; et le second se contente d'affirmer que le corps est dans un état de colère par homonymie avec la passion expérimentée par l'agent. Pris ensemble en revanche (ποτὲ μὲν…ἐνίοτε

18 Une autre interprétation de cet exemple consiste à affirmer que c'est parce que la disposition physique de l'agent soit n'est pas présente, soit est insuffisante que l'émotion n'apparaît pas, en dépit d'un contexte qui est pourtant favorable à son émergence (Rapp, 2002b, p. 551). Cette interprétation postule une phrase du type ὅταν μὴ ὀργᾷ τὸ σῶμα, en anticipant le second exemple. Wedin (1996, p. 11) pense qu'il s'agit d'une situation où des passions physiques apparaissent (παθήματα est alors conçu comme un synonyme de πάθη) alors que nous ne sommes pas dans une condition psychique favorable à l'apparition d'une telle émotion.

19 La signification de πάθημα dans ce contexte semble être celle d'impressions ou d'affections *extérieures*, à distinguer des πάθη ressentis par l'agent (Polansky, 2007, p. 54, n. 40). Dans certains contextes, πάθημα peut être utilisé comme synonyme de πάθος.

δέ), ils montrent bien que le πάθος ressenti physiquement ne se limite pas à être une réaction à une impression extérieure (πάθημα), mais est intimement associé à l'état psychique de l'agent.

Exemple 3) Le troisième exemple est présenté comme donnant une preuve supplémentaire : alors que rien d'effrayant n'est présent, on ressent pourtant les passions de ceux qui ont peur. Il décrit une situation inverse au premier exemple (on ressent une passion alors qu'aucun πάθημα n'est présent) tout en radicalisant les termes du second exemple (on ressent un πάθος du corps que l'on nomme « peur », tout en reconnaissant l'absence d'objet intentionnel effrayant). Cet exemple est « plus clair » que le précédent parce qu'en supprimant complètement l'impression extérieure qui est jugée effrayante, on montre définitivement que la cause de cet état psycho-physiologique qu'est la peur relève d'une impression interne ou d'une opinion[20].

Ce qu'indiquent les exemples est dès lors clair : a) le corps de l'agent ne se réduit pas, comme chez Platon, à être le réceptacle d'impressions extérieures qui seraient ensuite transmises à l'âme, suscitant alors une « passion » ; b) le corps de l'agent est au contraire impliqué dans la constitution même d'une émotion comme la peur ou la colère, c'est-à-dire d'un πάθος interne, déterminant alors jusqu'à la manière d'être affecté par des παθήματα extérieurs ; c) au point qu'il est impossible de distinguer ce qui relève de la disposition du corps et celle de l'âme.

COMPOSER UNE DÉFINITION ADÉQUATE DE LA COLÈRE DANS LE *DA*

De ces trois exemples, Aristote déduit une certaine manière de définir correctement une passion, en tenant compte de cette solidarité entre le corps et l'âme. La définition est complète en ce qu'elle part d'un genre (le mouvement) pour en spécifier la forme (un mouvement d'un certain type), la matière (de ce corps-ci), la cause motrice (sous l'effet de ceci), et la cause finale (en vue de cela)[21].

---

20 Charles (2009, p. 6) comprend également qu'il s'agit dans ce troisième exemple de renvoyer vers une « impression interne » (« *because of the presence of some internal bodily state* »). J'ajoute « jugement » car rien dans le texte ne permet d'exclure non plus cette possibilité selon laquelle l'émotion en tant que telle a une forme de cognition comme cause du mouvement qui s'effectue dans l'agent. *Cf.* Polansky (2007, p. 55).

21 Je suis ici Polansky, (2007, p. 56-57) pour l'interprétation de cette définition. *Cf.* également Wedin (1996, p. 8) qui formalise ainsi la définition (attendue) de la colère en suppléant « *(5) x is angry* ≡ (∃*y*)(∃*z*)(*y is a boiling of the blood around x's heart & z is a desire of x for*

Le type d'hylémorphisme impliqué dans ce court passage a reçu de nombreuses interprétations divergentes. Il semble néanmoins possible de trancher en faveur d'un hylémorphisme modéré qu'on peut caractériser par les trois points suivants.

1) La matière de l'émotion est une condition nécessaire de l'émotion. Une émotion est un état psycho-physiologique. Ce qu'ajoute cependant Aristote ici, c'est qu'une émotion ne saurait survenir sans une matière *propre*[22]. Ainsi la colère suppose-t-elle, comme les pages suivantes le rappellent, une certaine ébullition du sang autour du cœur, mettant le corps vivant dans une certaine disposition : échauffement, raideur, acuité des impressions, augmentation des capacités physiques, occultation de certaines facultés comme le raisonnement, mais aussi vivacité des représentations[23]. Ces états désignent la matière même de l'émotion, et en constituent une condition nécessaire : il est impossible de se mettre en colère sans que le corps ne manifeste *en même temps* ce genre d'états distinctifs. Autrement dit, il n'y a pas de colère sans un corps en colère. La colère doit donc être définie en tenant obligatoirement compte du fait qu'il s'agit d'un mouvement *de ce corps-ci* (κίνησίς τις τοῦ τοιουδὶ σώματος). La précision « d'une de ses parties ou d'une de ses facultés (ἢ μέρους ἢ δυνάμεως) » peut d'ailleurs s'avérer importante pour distinguer différentes émotions selon le lieu du corps où elles se produisent (cœur, tête, organes) et les fonctions qu'elles mettent en mouvement ou qu'elles occultent.

2) Mais la matière de l'émotion n'est pas une condition suffisante de l'émotion elle-même. On pourrait comprendre à partir de ces trois exemples, comme David Charles l'a proposé, qu'Aristote considère qu'il y a une réciprocité complète entre l'état du corps et l'émotion ressentie par l'agent. Ainsi : on est en colère lorsque le corps se trouve dans la disposition de la colère dans le second exemple ; et on a (vraiment) peur lorsqu'on ressent les symptômes corporels de la peur (tremblement, pâleur, etc.)

---

retaliation & y/z is caused by an insult/injury & y/z is for the sake of retaliation ». Et il ajoute : « *Notice, however, that (5) says nothing about the exact relation between the boiling (y) and the desire (z). It makes do with the quite informal slash notation "y/z" in attempting to preserve at least the appearance of parallel roles for matter and form in the account of anger.* »

22 C'est ce qui distingue une approche fonctionnaliste matérialiste défendue notamment par Nussbaum et Putnam (1992), du moins telle que l'a présentée Burnyeat (1992), pour qui la matière dans laquelle l'émotion surgit n'est pas indifférente à sa définition formelle. Pour une présentation claire du débat, voir Charles (2009, p. 1-4, 14-15).

23 Sur le rôle du cœur, voir Morel (2007, p. 35-51, et en part. p. 45-47) sur le lien du cœur avec la φαντασία.

dans le troisième exemple. Cette interprétation supposerait alors une correspondance biunivoque entre l'état du corps et l'état de l'âme. Dès lors, il serait d'autant plus justifié que ce soit le naturaliste (plutôt que le dialecticien) qui étudie ces passions, puisque « l'ébullition du sang autour du cœur » contiendrait nécessairement la forme de la colère. Précisons que cette interprétation n'est pas réductionniste au sens physicaliste du terme ; il s'agit simplement d'affirmer que « l'ébullition du sang autour du cœur » appelle nécessairement la forme de la colère. Cette interprétation me semble toutefois difficile à soutenir jusqu'au bout. Il faudrait, pour qu'il y ait relation biunivoque entre l'état du corps et la passion émotive, accepter que la matière prochaine de l'émotion soit en même temps une raison de cette dernière. Or le texte dit seulement que lorsque nous sommes en colère, nous constatons que notre corps est disposé de telle manière (et non que nous sommes dans un état physique tel qu'il s'agit de colère). C'est donc la forme ou l'intention de l'agent qui détermine notre regard sur nos affections corporelles corrélées aux passions. Le second et le troisième exemples ne précisent pas, en réalité, que l'agent ressent effectivement une passion corrélée à son état du corps[24]. D. Charles (2009, p. 9-10) propose pourtant d'étayer son argument en donnant l'exemple de deux types de désir de vengeance, celle de la colère proprement dite, et la vengeance « froide » qui caractérise par exemple les vieux en *Rh.* II.13, 1390a15 : seule une distinction matérielle (ébullition du sang ou non) permettrait selon lui de distinguer ces deux désirs de vengeance, et non l'intention. Pourtant, là encore, la *Rhétorique* établit assez clairement quels sont les critères distinctifs formels entre haine et colère (*Rh.* II.4, 1382a2-15), mais surtout Aristote dit en II.13 que c'est par « méchanceté et non par outrage » que les vieux commettent des injustices. On devrait donc plutôt dire que l'état du corps ému n'est pas une condition suffisante pour l'émotion elle-même. Ce n'est pas parce que mon corps est dans un état qui présente des symptômes de peur ou de colère que j'ai peur ou que je suis vraiment en colère.

24 Je ne soutiendrais pas pour autant l'idée que notre corps pourrait être affecté d'une telle manière sans ressentir l'émotion correspondante, interprétation avancée par Burnyeat (1992, p. 23) à propos de la colère : « *Thus, when one is angry, the blood boils, but that is merely a necessary, not a sufficient condition for anger; hence one's body, as he puts it, can be aroused and in the state it is in when one is angry without one's actually being angry (403a21-2). The extra element needed is that an occasion for retaliation should be noticed by the agent* ». Le texte d'Aristote ne permet pas d'avancer une telle conclusion, comme Wedin (1996, p. 12) le souligne pertinemment.

3) La matière de l'émotion peut néanmoins indiquer une différence d'intention. Que la matière de l'émotion ne soit pas une condition suffisante de l'émotion ne veut pas dire pour autant qu'elle n'est pas déterminante pour la compréhension du phénomène émotif en général. De fait, on peut nommer l'émotion la plupart du temps à partir des états du corps ; la véracité de l'émotion peut également s'éprouver à travers le corps (on ne peut valablement se dire effrayé si on ne ressent aucun des symptômes de la peur) ; il y a bien enfin un changement physique d'un certain type qui se réalise dans l'émotion, bien qu'il ne soit pas exclusif d'une activité cognitive de l'agent, comme le rend possible le fait que l'on soit affecté par « une partie du corps » ou « une de ses facultés[25] ». Ce qui importe, en un mot, c'est de voir à quelles conditions une pathologie ou une symptomatologie des émotions implique toujours aussi une interprétation sur l'intention de l'agent. Reconnaître dans un état du corps un « signe » qu'on a là de la peur, là de la colère, là de la pitié, telle serait l'une des tâches d'une technique des émotions.

Il faut donc avancer une conclusion nuancée sur le type d'hylémorphisme que ce court extrait du *DA* promeut. Non seulement l'extrait ne nous contraint pas à adopter une version forte de l'hylémorphisme (réciprocité biunivoque entre états du corps et états de l'âme), mais il semble au contraire nous pousser, à travers l'expression λόγοι ἔνυλοι, à la recherche d'une science capable de procéder à une sémiologie. Comme le propose V. Caston (2009, p. 31, p. 36) dans sa réponse à D. Charles, il est possible d'envisager une définition complète d'une émotion donnée sans contraindre chacun des éléments de cette définition (forme, intention, cible, matière, fin) à une réciprocité biunivoque avec un état physique[26]. S'il est vrai qu'il n'existe pas de science capable de produire une description complète de chacune des émotions, cela ne signifie pas pour autant que les définitions proposées dans chacune des sciences ou techniques sont fausses ou creuses. En un sens, *Rh.* II 2-11 remplit l'objectif énoncé dans le *DA* en proposant des définitions des émotions qui ne sont pas aveugles à leur dimension physique.

25 Polansky (2007, p. 57) rappelle à mon avis avec raison que la précision ἢ μέρους ἢ δυνάμεως renvoie au minimum à l'activité d'un corps animé, et plus probablement à l'activité cognitive d'une âme incarnée qui perçoit l'injustice.

26 C'est un constat semblable qui permet à Knuuttila (2004, p. 35) de parler d'une théorie « compositionnelle » des émotions chez Aristote : « *This variation shows that one can refer to an occurrent emotion by referring to the whole or to one constituent part of the whole. Referring to one constituent implies that the others are connoted, since Aristotle's approach is compositional and there are causal connections between the parts.* »

LES DÉFINITIONS DES PASSIONS DANS LA *RHÉTORIQUE*

LA CIRCONSCRIPTION GÉNÉRALE DES PASSIONS RHÉTORIQUES, ET LES DÉFINITIONS SPÉCIFIQUES

Revenons à la *Rhétorique* et à la circonscription des passions comme domaine d'investigation de l'orateur.

> Toutes les passions à cause desquelles, en subissant un changement, on varie dans ses jugements, sont celles que douleur et plaisir accompagnent, par exemple la colère, la pitié, la peur, et d'autres semblables, ainsi que leurs contraires. (*Rh* II.1, 1378a20-23)

Il ne s'agit pas ici de définition, mais d'une circonscription du domaine de l'examen de *Rh.* II.2-11[27]. Aristote isole un certain nombre (ὅσα) de πάθη, ceux de l'agent humain, qui sont explicitement liées à la persuasion, comme le rappelle la conclusion du chapitre 11 :

> On a donc décrit les moyens par lesquels on fait naître ou on dissipe les passions, d'où sont tirés les moyens de persuasion à leur propos. (*Rh.* II.11, 1388b28-30).

A-t-on affaire, dans les définitions proposées dans les chapitres 2 à 11 du livre II de la *Rhétorique*, à des définitions conformes au programme du *DA* I.1 ? La question pourrait paraître non pertinente

27 Afin de lever une ambiguïté, je traduis le δι' ὅσα par « Toutes les passions qui… », afin de marquer la différence d'une traduction d'un δι'ἃ par exemple. Il y a par ailleurs une difficulté de construction ici qui induit une interprétation légèrement différente selon les choix opérés. 1) Une première solution consiste à comprendre qu'il y a deux caractérisations de τὰ πάθη : la première gouvernée par δι'ὅσα… et la seconde par οἷς… Cette solution permet de considérer que τὰ πάθη dans ce contexte désignent, techniquement, les affections ou passions qui soutiennent une certaine forme de πίστις technique, qu'il s'agisse de sa source ou de ses prémisses, mais sans insister nécessairement sur le fait que c'est à cause du plaisir ou de la peine qu'on modifie son jugement. Le problème de cette solution est que l'on attendrait un καὶ avant le οἷς. 2) La seconde solution, à laquelle je me résous, consiste à prendre τὰ πάθη δι'ὅσα μεταβάλλοντες διαφέρουσι πρὸς τὰς κρίσεις comme le groupe sujet dont la caractérisation est opérée par le οἷς que gouverne ἕπεται, comme P. Chiron – que je remercie de m'avoir convaincu sur ce point – le comprend : « Les passions qui conduisent à modifier ses jugements sont celles qui s'accompagnent de peine ou de plaisir ».

pour deux raisons : a) il vaudrait mieux considérer que le programme du *DA* approfondit ou éventuellement fait apparaître les limites de ce que nous lisons dans la *Rhétorique* au sujet des passions, plutôt que mettre la *Rhétorique* à l'épreuve du *DA* ; b) ne voit-on pas, dans le *DA*, la dialectique comme faisant état de définitions « creuses », laissant supposer, puisque la rhétorique est une technique-rejeton de la dialectique, qu'elle n'a décidément rien à nous apprendre sur la nature même des passions ? À ces deux objections, il faut répondre : a) qu'en dépit de leur datation respective, l'épreuve rétrospective de la *Rhétorique* avec le *DA* permet de se débarrasser du présupposé trop répandu que le rhéteur ne s'occupe jamais de la « matière » des passions ; et b) que la rhétorique, loin de ne proposer que des définitions populaires sans prétention scientifique, est au contraire très attentive à produire des définitions complètes, même si leur usage semble limité à cette dernière technique.

LA MATIÈRE DANS LES DÉFINITIONS DE LA *RHÉTORIQUE*

Commençons par examiner la présence de la « matière » dans les définitions que la *Rhétorique* donne des « passions ». Cette matière est envisagée de plusieurs points de vue.

Tout d'abord, Aristote évoque un « changement » (μεταβάλλοντες). Aristote ne précise à aucun moment la signification de ce terme dans la suite du traité ; en l'absence de cette précision, il est difficile de dire si Aristote a en vue un certain type de changement de type cognitif, ou un changement qui soit *aussi* de type physique[28]. Il est possible de voir dans ce μεταβάλλοντες l'indice d'un processus physiologique tel qu'on le trouve par exemple dans le *De Motu* ou dans les *Parva Naturalia* ; si en effet le type de changement escompté par le rhéteur vis-à-vis de son auditoire vise une modification du jugement, la chaîne causale qui va d'une représentation à la formation d'un nouveau jugement requiert la médiation du corps. Car même si la rhétorique ne vise pas l'*action*, mais une activité judicative, le *changement* d'opinion, lui, requiert un véritable mouvement corporel afin d'être pleinement efficient. Il n'appartient pas au rhéteur de considérer les processus physiologiques nécessaires à la modification d'un jugement mettant l'auditoire dans une disposition

28 Pour une position similaire, voir Dow (2015, p. 137).

favorable : il n'en a pas besoin. Cela ne signifie pas pour autant qu'il l'ignore.

La présence systématique du plaisir et de la peine, qui « accompagnent » chacune des passions doit également être tenue comme une prise en compte, même partielle, de la dimension physique de ces dernières (Dow, 2015, p. 175-76). Notons que pour décrire la peine ressentie dans la peur et la honte, Aristote emploie le terme ταραχή (II.5, 1382a21 et II.8, 1386b23 pour la peur, et II.6, 1383b13 pour la honte), dont la connotation nosologique est attestée[29].

Enfin, dans les chapitres 2 à 11, s'il est effectivement peu fait mention de caractéristiques physiques corrélées aux passions étudiées, elles ne sont pas pour autant complètement absentes[30]. Concernant la colère par exemple, on trouve par deux fois la citation d'Homère *Il*, 18.109 (*Rh.* I.11, 1370b11-12, et II.2, 1378b5) : « Lui, beaucoup plus doux que le miel qui s'écoule / quand il enfle dans la poitrine des hommes ». Utilisée pour montrer qu'il existe un certain plaisir dans la colère, cette citation peut évoquer la fonctionnement physiologique de cette passion qui l'associe à une forme de chaleur autour du cœur[31]. Ce qui semble ici avoir une signification physiologique est repris dans la description des caractères des jeunes en II.12 :

> Ils sont changeants et vite repus concernant leurs appétits, et ils convoitent aussi intensément qu'ils cessent rapidement de convoiter ; car leurs souhaits sont vifs, mais ne durent pas, comme les épisodes de soif et de faim des malades. Ils sont prompts à l'emportement, nerveux, et susceptibles de céder à la colère. (*Rh.* II.12, 1389a6-9)

avec un écho inversé dans le caractère des vieux :

> Leurs emportements sont vifs, mais sans force. (*Rh.* II.13, 1390a11)

29 Le terme est fréquemment employé pour désigner les troubles politiques. Mais il peut avoir une signification nosologique : par exemple, sans plus de précision *De Insomn.* 461a8, *Phys.* 248a1 ; *De Insomn.* 461a25 sur les troubles de la respiration, mais également 460a6 sur les troubles menstruels, ainsi qu'en *Gen. An.* 775b8, liant plus précisément le trouble au sang. Sur l'histoire de ce terme, voir Pontier (2006, chap. 1).

30 *Cf.* Morel, 2016, p. 300, n. 38.

31 Sur la dimension physiologique de la colère dans l'épopée, souvent décrite comme une coction et une fumée, voir d'abord Onians (1951, chap. 3, en part. p. 52 *sq.*). Voir également Cheyns (1983, p. 22-23) et Cairns (2003a, p. 52). Mayhew (2019, p. 80-83) commente avec raison l'usage de la citation homérique en l'opposant à ce qu'en dit Porphyre *Hom. Quaest.* 69-71 qui lui donne clairement une dimension physiologique.

Un peu plus loin en 1379a21, Aristote emploie le verbe προοδοποιέω : la voie de la colère de chacun est frayée par le malheur qu'il subit. Or nous trouvons à plusieurs endroits du corpus un même emploi dans une perspective physiologique[32].

Plus loin en II.2, 1379a25 *sq.* Aristote récapitule différents éléments des dispositions des colériques en ces termes :

> Ainsi donc sont rendus manifestes à partir de cela les périodes, les époques, les dispositions et les âges qui inclinent (εὐκίνητοι) à la colère, sous quelles conditions, où et quand, ainsi que la raison pour laquelle on y est davantage enclin (μᾶλλον καὶ εὐκίνητοι) quand on est davantage dans ces conditions. (*Rh.* II.2, 1379a25-28)

On sera ici attentif à deux indices : d'abord l'usage du terme εὐκίνητος qui signale bien qu'il existe un mouvement, et un mouvement dont on peut considérer qu'il est de type physique[33] ; en témoigne en second lieu le type de rappel qu'Aristote réalise pour énumérer les dispositions, à la manière d'un médecin hippocratique qui étudie les caractères et les passions en fonctions des lieux et des moments : périodes, époques, dispositions, âges[34].

Ces quelques éléments physiologiques aident à comprendre les termes utilisés dans la définition du « retour au calme » (πράϋνσις). Il s'agit d'un rétablissement (κατάστασις) d'un mouvement normal (possiblement le refroidissement du cœur) nommé apaisement (ἠρέμησις). Le terme κατάστασις est utilisé en I.11, 1369b34 pour définir le plaisir comme un

32 Je remercie P.-M. Morel de m'avoir alerté sur ce point. Voir *PN*, *De Div.* 463a21-30 où de même que les actions diurnes tracent la voie du mouvement dans les rêves, les images (φαντάσματα) nocturnes ont un chemin frayé vers la διάνοια, faisant que le mouvement subi pendant le sommeil peut être dit au principe de l'action diurne. Mais il y a surtout un texte parallèle concernant la peur, *PA* II.4, 650b27-30 : « La peur, en effet, refroidit ; donc ceux qui possèdent un mélange de ce genre dans leur cœur ont une voie tracée pour cette passion, car l'eau est rendue solide par le froid. ».

33 L'usage de εὐκινήτος est en effet fréquent dans les traités de philosophie naturelle pour décrire des structures, des éléments, des couleurs. Voir, plus proche de notre propos *Cat.* 8b34-9a1 : « Alors qu'on appelle dispositions des qualités qui sont faciles à changer (εὐκίνητα) et qui se modifient rapidement (καὶ ταχὺ μεταβάλλοντα), par exemple la chaleur et le refroidissement (θερμότης καὶ κατάψυξις), la maladie et la santé et toutes les autres qualités de cette sorte. En effet, un homme est disposé d'une certaine façon d'après celles-ci, mais il change rapidement, passant du chaud au froid et de la santé à la maladie, et de même pour les autres dispositions » (trad. Crubellier & Pellegrin).

34 Voir par exemple *AEL*, XIV, 1-3.

rétablissement ou restauration de l'état de l'âme vers son état naturel (εἰς τὴν ὑπάρχουσαν φύσιν, b34-35). Le terme ἠρέμησις est quant à lui utilisé en *Phys.* VIII.1, 251a26-30 comme « privation d'un mouvement ».

DES DÉFINITIONS COMPLÈTES À USAGE SPÉCIFIQUE

On peut brièvement conclure sur le caractère complet ou non des définitions des passions données dans la *Rhétorique*, avec l'exemple de la colère. La définition de la colère est la suivante :

> Disons donc que la colère est le désir, accompagné de douleur, de ce qui apparaît comme une vengeance, à cause de ce qui apparaît comme une dépréciation venant de quelqu'un à qui il ne convient pas qu'il déprécie ce qui a trait à la personne elle-même ou à ses proches. (*Rh.* II.2, 1378a31-33)

Toutes les définitions des passions commencent par un ἔστω, « posons que[35] », laissant entendre que les définitions proposées sont de simples opinions populaires, imprécises et incomplètes et qui ne refléteraient pas la pensée d'Aristote. W. Fortenbaugh (2006, p. 14-19), dans un article séminal « Aristotle's *Rhetoric* on emotions », a répondu à cette objection : ce n'est pas parce qu'il s'agit d'opinions populaires qu'Aristote n'endosse pas les définitions qu'il propose, qui pourront ensuite être complétées par le *DA*. Fortenbaugh, précisément parce qu'il voit dans la *Rhétorique* II le lieu d'une reconfiguration de la psychologie de l'Académie par Aristote, concède cependant qu'il peut s'agir de définitions provisoires. Il y a pourtant des raisons pour considérer que les définitions de la *Rhétorique* sont complètes.

S'il manque effectivement dans cette définition une précision de type « de ce corps-ci, d'une de ses parties ou d'une de ses facultés » pour reprendre l'expression du *DA*, nous avons bien l'ensemble des éléments définitionnels préconisés dans le *DA* : la position d'un genre, une spécification du genre du mouvement, une cause motrice, une cause finale. La cause matérielle, quant à elle, est reléguée dans le μεταβάλλοντες de la définition générale des passions.

Le second argument consiste à projeter dans les participes : « ce qui apparait » (φαινομένης et φαινομένην), la présence d'une représentation

---

35 À l'exception de la gratitude, χάρις ἔχειν, où c'est χάρις qui est définie (*cf. infra* p. 258) et de la jalousie dont la définition est modalisée par un εἴπερ.

(φαντασία) à l'œuvre dans la reconnaissance d'une injustice, et dans l'imagination d'une vengeance apparente ; nous avons donc bien affaire à une faculté de ce corps-ci (δύναμις τοῦ τοιουδὶ σώματος) au sens du *DA* ou du traité *du Sommeil* des *PN*. La définition de la *Rhétorique*, en ce sens, répond au réquisit de la définition complète du *DA* tout en rappelant le caractère régional de son étude. Il suffit en en effet au rhéteur d'être conscient du caractère nécessaire des dispositions physiques de l'auditoire (notamment à propos des caractères) et qu'il sache que c'est par une capacité comme la φαντασία qu'une modification de la perception peut avoir lieu afin de le mener à changer son jugement. La *Rhétorique* répond bien en un certain sens au réquisit du *DA* : être une science ou une technique qui traite les passions comme inséparables, mais en tant qu'elles sont séparables du corps dans lequel elles ont lieu[36].

DIVISION TRIPARTITE DES PASSIONS : DISPOSITIONS, CIBLES ET OBJETS, MOTIFS

Que les définitions soient complètes, ou du moins suffisantes du point de vue du rhéteur, l'avertissement méthodologique qui suit l'étaye davantage.

> Il faut diviser l'examen de chacune d'entre elles en trois ; par exemple à propos de la colère on dira comment sont disposés (πῶς τε διακείμενοι) les colériques, puis quelles sont les personnes (τίσιν) contre lesquelles on se met habituellement en colère, et enfin sur quels sujets (καὶ ἐπὶ ποίοις). Si en effet nous n'avions qu'un ou deux de ces éléments, mais pas tous, il serait impossible de susciter la colère. (*Rh.* II.1, 1378a23-28)

Cette tripartition de la description des passions est certes plus ou moins suivie dans chacun des chapitres, et on découvre rapidement que l'examen des cibles recoupe celui des motifs, ou que les dispositions sont immédiatement liées aux cibles, etc. La maîtrise des trois facteurs

36 Grimaldi (1988, p. 20-21) semble mécontent à l'idée d'une définition partielle, mais avance deux arguments en faveur de la complétude de cette définition : a) on trouve la même définition condensée de la colère en *Top.* 156a30-32 ; b) Grimaldi considère que cette même définition qu'on retrouve dans le *DA* attribuée au « dialecticien » est un signe de sa validité. Pourtant, concernant le premier argument, l'« universalité » de cette définition présentée dans les *Topiques* n'est évoquée que contre une définition qui ferait mention de « cibles » particulières de la colère ; cela ne la rend pas plus « complète ». Concernant le second argument, Grimaldi minore, de manière incompréhensible, le fait que la définition dialectique est justement rejetée dans le *DA*.

est pourtant présentée comme nécessaire à la connaissance technique de cette passion, en vue de la produire.

Grimaldi (1988, p. 16-17) voit dans cette tripartition une méthode étiologique qui distingue la rhétorique technique d'une simple empirie dont on sait qu'elle est condamnée dans le *Gorgias* ou dans le *Phèdre* de Platon, mais aussi d'une seule « phénoménologie » qui oublierait que la rhétorique doit être avant tout une technique de preuve. De manière convaincante, C. Rapp (2002b, p. 547-548) comprend cette tripartition à l'aune de l'idée d'objet intentionnel ou formel : une émotion est en effet définie par son « objet », lequel est compris comme la concrétion de plusieurs éléments dont la disposition, la cible et le motif sont des aspects. Déterminer l'objet intentionnel de l'émotion permet de *déduire* ces trois aspects de manière plus analytique. Cet objet intentionnel est ce que vise la définition, tandis que les aspects sont ensuite déclinés dans la description, comme autant de moyens de susciter par la connaissance des mécanismes de l'un la présence de l'autre. Comme on l'a dit plus haut, l'émotion est un état *global* qui est la représentation d'une situation sous un certain jour, qui implique donc parfois confusément des personnes, des événements, des actes, des humeurs et des dispositions, et des opinions parfois non formulées : la tâche de la technique rhétorique est de distinguer ces aspects, non pas tant pour en avoir une définition exacte, mais pour en avoir une maîtrise efficace.

À la fin du chapitre sur la colère, Aristote revient sur cette tripartition en déclarant :

> Nous avons donc dit tout à la fois (ἅμα) contre qui on se met en colère, dans quelle disposition on se trouve et pour quels motifs. Il est clair qu'on devra, au moyen du discours, rendre les auditeurs tels que sont les gens qui se mettent en colère, rendre leurs opposants responsables de ce qui suscite la colère, et rendre ces derniers semblables à ceux contre qui on se met en colère (*Rh.* II.2, 1379b37-1380a4)

La description des cibles, des dispositions et des motifs peut se faire « tout à la fois » (ἅμα). C'est également le cas pour la jalousie (*Rh.* II.10, 1388a5). Non que l'examen soit simultané – mais il est évident que produire une disposition requiert nécessairement la désignation d'une cible et la formulation d'une raison éventuellement encore obscure, ou réciproquement, désigner une personne comme cible potentielle requiert d'accompagner l'auditoire dans une disposition correspondante, et de révéler un motif valable. L'intérêt de cette division tripartite de l'examen des passions tient au fait qu'Aristote exige une véritable conjonction de ces trois aspects, afin de différencier la rhétorique technique de la rhétorique critiquée au livre I, qui ne s'intéresse qu'aux *dispositions* (πλὴν ὅπως τὸν κριτὴν ποιόν τινα ποιήσωσιν, *Rh.* I.1, 1354b16-20) de l'auditoire, sans nécessairement corréler la cible qui lui est naturellement associée ni le motif qui convient. L'absence de cible, et l'absence de motif est justement ce qui permet à l'orateur d'utiliser une disposition au profit ou au détriment d'une cible qui ne le mérite pas. En toute rigueur, on *peut* donc susciter une passion chez son auditoire par des moyens extrinsèques à l'argument, en produisant les conditions dispositionnelles suffisantes à son émergence – mais on ne saurait alors l'utiliser de manière technique[37].

37 Il serait ici utile de comparer l'usage des πάθη dans Ps.-Ar. *Rh. Alex.* notamment dans l'exorde et dans l'épilogue. Voir III.19, 1419b10-13 puis b25. *Cf.* sur ce point Chiron (1998).

L'ANALYSE PSYCHOLOGIQUE DU *PATHOS* EN *RH.* II.2-11

Si *Rh.* II.2-11 constitue une topique et une technique, ces dernières reposent avant tout sur une psychologie. Pour exposer la psychologie des passions dans la *Rhétorique*, nous pouvons distinguer plusieurs questions : 1) quel rôle donner au plaisir et à la douleur, qui « accompagnent » le πάθος analysé : sont-ils des éléments phénoménaux distincts de l'évaluation et de l'opinion qui caractérisent l'émotion ? 2) Dans la mesure où toutes les émotions ne sont pas définies comme des plaisirs ou des douleurs, doit-on plutôt envisager le « désir » comme le genre dont les émotions seraient les espèces ? 3) Où devons-nous situer la cognition dans les émotions : revient-il à la φαντασία comme faculté de représentation d'être la cause de l'émotion, ou bien s'agit-il plutôt d'une opinion ou d'une croyance ? 4) Quel sens donner à l'héritage platonicien pour la psychologie aristotélicienne des émotions ?

LE RÔLE DU PLAISIR ET DE LA DOULEUR DANS LES PASSIONS

LES ÉMOTIONS SONT-ELLES DES PLAISIRS OU DES DOULEURS ?

Peur, honte, pitié, jalousie et envie sont définies comme « une certaine douleur » (λύπη τις, 1382a21, 1383b14, 1385b13, 1387b22, 1388a30), et l'indignation comme le fait de souffrir (λυπεῖσθαι, 1387a9). Inversement, le réciproque anonyme de la pitié est une sorte de plaisir (se réjouir des malheurs de l'injuste, ἥδομαι en 1386b27) ou une absence de douleur (ἄλυπος), ainsi que le réciproque anonyme de l'indignation (se réjouir des succès mérités, 1387a30-31), quand le réciproque de la jalousie implique également de se réjouir du malheur d'autrui (χαίρειν, 1387a2). D'autres émotions semblent impliquer un certain plaisir (apaisement, amitié, gratitude) sans qu'elles soient définies comme plaisir. Ces indications présentent donc une constance relative dans les descriptions et il est dès lors naturel de se demander si plaisir et douleur constituent des genres dont les passions seraient les espèces. Relative seulement, car la colère par exemple est « accompagnée » de douleur, et contient une forme de plaisir, mais se définit d'abord comme un désir (ὄρεξις). Quant à la haine, nous dit Aristote, elle ne s'accompagne pas de douleur (οὐ μετὰ λύπης, 1382a12-13), sans qu'on puisse dire qu'elle soit un plaisir.

J. Dow a proposé une interprétation très complète de la place du plaisir et de la douleur en *Rh.* II.2-11, en défendant deux thèses (Dow, 2015, chap. 9)[1]. La première consiste à affirmer que la nature même des émotions est d'être un plaisir ou une douleur, ce qui revient à donner au ἕπεται de 1378a21 la valeur d'une « implication » plutôt que d'une consécution[2]. Plaisir et douleur sont des éléments essentiels des émotions[3]. Ressentir de la peur par exemple, c'est obligatoirement ressentir une forme de douleur. La seconde thèse, qui explique la nature particulière des émotions, pose que ces plaisirs et douleurs sont des représentations intentionnelles dans lesquelles l'agent est impliqué : une émotion est un plaisir ou une douleur *à propos* ou *au sujet* d'une certaine représentation d'une situation (Dow, 2015, p. 173-175). Le mérite de cette reconstruction théorique est de proposer une théorie homogène des émotions[4], à partir d'un présupposé cognitiviste fort, qui explique l'émotion en question par une série d'intentions et de cognitions *intrinsèques* au plaisir et à la

---

1 J. Dow s'oppose ainsi à W. Fortenbaugh pour qui plaisir et douleur ne sauraient constituer un trait suffisamment caractéristique des émotions de *Rh.* II.2-11, lesquelles reposent sur des opinions.

2 *Cf.* Dow (2015, p. 147-149), et Leighton (1996, p. 218-220).

3 Ce qui ne veut pas nécessairement dire que plaisir et douleur seraient les « genres » dont les émotions seraient les espèces. *Cf.* Dow (2015, p. 149-150 n. 13). Si Aristote n'emploie effectivement pas la terminologie du genre et de l'espèce en *Rh.* II.2-11, on doit malgré tout reconnaître que la définition proposée dans chaque chapitre revient à distinguer des traits spécifiques dans un genre donné (comme l'accorde Dow (2015, p. 151)) en faisant du désir le *genre* de la colère, et où la peine apparaîtrait comme la différence spécifique au sein du genre).

4 Homogène, mais pas nécessairement unitaire, dans la mesure où Dow analyse les exceptions de la colère d'une part (2015, p. 151-152) et de l'amitié et de la haine d'autre part (*ibid.*, p. 153-155), dont il dit qu'il s'agit davantage de dispositions reliées à un ensemble d'émotions plutôt que d'émotions elles-mêmes.

peine. Autrement dit, nous n'avons pas, dans l'émotion de peur par exemple, d'un côté la douleur et d'un autre côté la représentation ou l'opinion d'un danger imminent, mais une douleur à l'égard de cette même représentation du danger imminent. Une conséquence importante de cette thèse est qu'il faut supposer qu'il existe au moins une classe de plaisir et de douleur qui se singularisent par leur dimension représentationnelle (par différence par exemple avec de simples plaisirs ou douleurs physiques sentis), dessinant par là-même les contours de la classe des émotions[5]. L'inconvénient de cette interprétation, s'il en est, est qu'en superposant plaisir et douleur d'une part, et représentation d'autre part, on risque de ne plus pouvoir distinguer ce qui est « ressenti » comme une douleur ou un plaisir, et le contenu de ce plaisir ou de cette douleur qui est dès lors entièrement défini par la représentation qui lui est associée. Tout en maintenant la valeur descriptive de l'interprétation de J. Dow, on peut avancer que : a) les émotions peuvent effectivement être classées selon qu'elles sont *plutôt* des plaisirs ou *plutôt* des douleurs, avec quelques exceptions (la colère et la haine surtout), mais que cette classification possède un intérêt non pas typologique, mais pragmatique où plaisir et douleur sont considérés plutôt comme des leviers d'action pour l'orateur pour modifier le jugement ; b) que plaisir et douleur sont déterminés par le type de désir qui leur est associé. *Rh.* I.11 donne des éléments de réponse sur ces deux points.

PLAISIR ET DOULEUR COMME CRITÈRES DES PASSIONS CONTRAIRES

On a vu que l'absence relative de la physiologie des passions dans la *Rhétorique* était compensée par quelques termes qui évoquent des mouvements physiques. On en trouve une confirmation en *Rh.* I.11 où Aristote donne une description du plaisir, dans le cadre d'une analyse des motifs d'action injuste pour le genre de la rhétorique judiciaire.

5 Selon une hypothèse forte, à chaque émotion singulière correspondrait un type de douleur ou de plaisir propre (la douleur de la colère serait différente de la douleur de la peur) – c'est la manière dont Leighton (1996, p. 219) comprend la place du plaisir et de la douleur ; selon une hypothèse moins radicale, on peut conserver plaisir et douleur comme des genres que les représentations viennent ensuite spécifier. C'est cette dernière hypothèse que soutient J. Dow. Il est pourtant nécessaire, selon cette dernière hypothèse, de soutenir qu'il existe comme une classe de plaisir et de douleur intrinsèquement représentationnels et intentionnels afin de distinguer les émotions comme classe homogène, par rapport à la douleur et au plaisir eux-mêmes.

En I.11, le plaisir est défini, par hypothèse (ὑποκείσθω), comme « un certain mouvement de l'âme et son rétablissement complet et sensible dans son état naturel » (κίνησίν τινα τῆς ψυχῆς καὶ κατάστασιν ἀθρόαν καὶ αἰσθητὴν εἰς τὴν ὑπάρχουσαν φύσιν, 1369b33-35). Ce chapitre est important pour notre propos, puisqu'on y trouve mentionnés certaines émotions, dispositions ou états qui seront repris en II.2-11 : la colère (1370b10-15, où Aristote utilise la même citation homérique qu'en II.2, et 1370b30-32), l'amitié (φιλεῖν, mais aussi ἀγαπεῖν, 1371a17-19), l'admiration et l'estime (θαυμάζεσθαι...τιμᾶσθαι, 1371a22), la gratitude et la bienfaisance (évoquée par le couple τὸ εὖ ποιεῖν καὶ τὸ εὖ πάσχειν, 1371a34-35), l'amour des honneurs (φιλοτιμία, 1371b28-29). Mais nous trouvons également des termes absents de II.2-11 : joie (εὐφραίνω, 1371b7), indolence (ῥαθυμία, 1370a14), amour (ἔρως, 1370b19-25), deuil (πένθος) et lamentation (θρῆνος, 1370b25), amour de soi (φιλαυτία, 1371b20). Toutes ces émotions sont analysées en I.11 en ce qu'elles recèlent potentiellement un certain plaisir. Le cadre platonicien de l'analyse[6] permet en effet d'affirmer que pour Aristote, il n'y a probablement pas une émotion qui ne soit exclusivement un plaisir ou une douleur : ce sont des états mixtes, dans la mesure où l'on parvient à reconnaître, même dans la douleur, une représentation plaisante. Outre l'exemple de la colère, qui est en I.11 considérée comme recelant un certain plaisir à l'idée de la vengeance, le deuil et la lamentation, deux exemples qui ressemblent à la liste des passions tragi-comiques dans le *Philèbe*, sont évoqués pour montrer comment la représentation de l'être cher, à travers la remémoration, peut être plaisante.

Mais l'examen de ces émotions en I.11 n'obéit assurément pas au même enjeu que dans le *Philèbe*. Il ne s'agit pas en effet de montrer que telle ou telle émotion n'est pas un plaisir (ou une douleur) pur, mais, à travers le modèle du « rétablissement » vers l'état naturel de l'âme, de montrer comment les émotions visent nécessairement un état plaisant, qu'il soit naturel ou acquis. Ce modèle a un intérêt dans le cadre du livre II, puisqu'on peut comprendre comment les émotions s'organisent à travers des formes de contrariétés, plus ou moins complexes. Je donnerai deux exemples.

---

6 Sur l'arrière-plan platonicien de ce chapitre, et les difficultés qu'il soulève concernant la cohérence de la théorie du plaisir chez Aristote avec son refus d'en faire un mouvement dans l'*EN*, *cf.* Rapp (2002b, p. 456-465).

Un premier exemple est l'apaisement de la colère, décrit en II.3, qui est un rétablissement (κατάστασις) de la disposition de l'homme en colère vers un état de calme. Ce mouvement d'apaisement n'est peut-être pas encore un plaisir, mais y mène, par effet de contrariété :

> Lorsqu'on est dans une disposition contraire à la personne en colère, il est clair qu'on est calme, comme lorsqu'on plaisante, quand on rit, quand on célèbre un événement, quand on se porte bien, quand on réussit, quand on est comblé, d'une manière générale quand on est exempt de souffrance et qu'on éprouve un plaisir qui ne porte pas à l'outrage, et quand on a d'honnêtes espoirs. (*Rh.* II.3, 1380b2-5)

Le calme peut dès lors être conçu comme un contraire heureux de la colère, car on est « exempt » de la douleur qui caractérisait la colère (ἐν ἀλυπίᾳ), et on ressent un plaisir qui n'est pas outrageant (ἡδονῇ μὴ ὑβριστικῇ). De cet exemple, on peut retenir que les couples d'émotions envisagées en II.2-11 obéissent à une répartition en contraires selon le plaisir et la douleur (amitié – haine, peur – assurance, honte – impudence, gratitude – ingratitude), en considérant les mêmes intentions dans les deux cas (ici le caractère outrageant du plaisir ou de la douleur).

Un second exemple où plaisir et douleur jouent un rôle classificatoire est la détermination des passions opposées à la pitié en II.9. Aristote part d'une première opposition entre pitié et indignation, qui sont toutes deux des douleurs :

> En effet, au fait de souffrir devant des échecs immérités s'oppose d'une certaine manière, et provient du même caractère, le fait de souffrir devant des succès immérités. (*Rh.* II.9, 1386b10-12)

Parce que la jalousie apparaît également comme un contraire indirect de la pitié et de l'indignation, on peut clarifier les relations de contrariétés en désignant les plaisirs corrélés :

> Il est donc clair que les affections contraires découleront de ces dernières : ainsi celui qui souffre pour les personnes qui échouent de manière imméritée se réjouira, du moins ne souffrira pas, pour les personnes qui échouent dans des conditions contraires ; par exemple pour les parricides ou les meurtriers, lorsqu'ils reçoivent un châtiment, aucun homme de bien ne ressentirait de la peine. On doit en effet se réjouir face à ces cas, tout comme on se réjouit aussi face à ceux qui réussissent de façon méritée. Les deux cas sont justes, et font se réjouir l'honnête homme, car nécessairement il espère que ce qui

> arrive à son semblable lui arrivera aussi à lui. Toutes ces passions sont le fait du même caractère, et les passions contraires du caractère contraire. C'est en effet le même qui se réjouit du malheur d'autrui et qui est jaloux. (*Rh.* II.9, 1386b25-1387a3)

Ce second exemple permet de désigner deux passions anonymes corrélatives à la pitié à l'indignation : respectivement se réjouir des malheurs mérités d'autrui et se réjouir des succès mérités d'autrui, ainsi que le pendant plaisant de la jalousie : se réjouir des malheurs d'autrui (ἐπιχαιρεκακία). Plaisir et douleur, on le voit clairement à travers ce second exemple, peuvent bien être des critères de classification, mais ils ne sauraient constituer des critères suffisants dans le domaine éthique (ce sont en effet les mêmes caractères qui sont enclins à la pitié et à l'indignation d'une part, à la jalousie et à la joie devant le malheur d'autrui d'autre part), ni même dans le domaine rhétorique : ce n'est pas en essayant de susciter le plaisir réciproque de la pitié qu'on peut en contrecarrer l'effet, mais sans doute plutôt en modifiant la représentation douloureuse (tenter de montrer par exemple qu'un tel ne « mérite » pas notre pitié, puisque son malheur soit n'est pas si grave, soit est mérité, auquel cas on cessera d'avoir de la peine)[7].

PLAISIRS ET DOULEURS COMPLEXES

Après avoir donné une définition hypothétique du plaisir en I.11, Aristote poursuit en précisant que l'état plaisant visé par le mouvement de rétablissement peut tout aussi bien être de l'ordre d'une « nature » que de l'habitude. S'ensuit une distinction capitale entre « désirs irrationnels » et « désirs rationnels » (1370a18-19), les premiers désignant les désirs naturels du corps et des sens, les seconds relevant d'une forme d'activité de l'âme. Les émotions citées en I.11 ne sont pas, de toute évidence, sans lien avec les désirs rationnels, dont Aristote donne plusieurs caractéristiques : ils proviennent d'une supposition (ἐκ τοῦ ὑπολαμβάνειν, 1370a20), de la persuasion (μετὰ λόγου δὲ ὅσας ἐκ τοῦ πεισθῆναι ἐπιθυμοῦσιν, 1370a25), ou d'activités psychiques comme le raisonnement (συλλογισμός, 1371b9) dans le cas d'usages d'imitations en

7 Je m'accorde ici avec Leighton (2009, p. 599) pour qui plaisir et peine ne sont pas des critères de distinction suffisants : « *The* Rhetoric *makes no effort to differentiate the passions, their pleasures, pains or disturbance in terms of a distinctive or characteristic "felt" nature. While differences of this sort may exist, Aristotle's interest is in differentiating the passions logically and causally.* »

vue d'apprendre. Plaisir et douleur des émotions désignent assurément des « mouvements de l'âme » associés à des désirs de rétablissement de l'état naturel, mais leur statut est indiscutablement médié : l'intervention de la représentation, de l'anticipation et de la mémoire, sans parler du raisonnement, est ce qui explique que dans une situation douloureuse, il existe *aussi* un certain plaisir : c'est le cas de la colère, de l'amour, du deuil et des lamentations.

Il faut donc distinguer deux niveaux de plaisir et de douleur dans l'émotion.

Le premier niveau correspond à un plaisir ou une douleur sensible, et qui permet une première approche des passions qui sont *plutôt* définies comme l'un ou l'autre. Ce premier niveau correspond à ce qu'on trouve en *EE* II.2 :

> J'appelle passions les choses de ce type : l'emportement, la crainte, la réserve, le désir, et en général les choses que par elles-mêmes accompagnent la plupart du temps un plaisir ou une douleur sensible (αἰσθητικὴ ἡδονὴ ἢ λύπη). (*EE* II.2, 1220b12-14)

Ce premier niveau devrait impliquer une représentation corrélativement plaisante ou douloureuse. Ainsi la colère est-elle une passion plutôt douloureuse selon la définition, et l'orateur pourra dès lors agir sur cette représentation : en supprimant la douleur, on supprimera la colère.

Un second niveau, pourtant, est nécessaire à l'orateur. Une émotion douloureuse peut receler une représentation plaisante, ou encore une représentation de second ordre (au sens où l'on peut par exemple avoir peur non pas seulement d'un mal destructeur imminent, mais aussi de ses signes annonciateurs qui se rapportent à la première représentation). Ce plaisir ou cette douleur de second ordre n'est pas moins « représentationnel », bien qu'il ait pour origine une opinion, une intellection, ou une imitation. Cette attention au caractère mixte des passions est nécessaire à l'orateur en ce qu'il peut utiliser les contraires indirects de telle ou telle passion afin d'agir sur le plaisir ou la douleur sentis.

Aristote est attentif à ces multiples niveaux de plaisir et de douleur (notamment à propos de la colère, de la pitié et de ses opposés) ; une simple typologie entre émotions plaisantes et émotions douloureuses ne parviendrait pas à saisir la complexité des passages d'une passion à une autre ou à sa privation.

Concluons sur le plaisir et la douleur : les émotions dont Aristote s'occupe en II.2-11, plus souvent liées à une douleur qu'à un plaisir, sont bien « accompagnées » de l'un ou de l'autre, parfois des deux à des niveaux différents selon la représentation qui est en jeu (la colère est une douleur à la représentation d'une dépréciation, elle est un plaisir à la représentation de la satisfaction de la vengeance). Il est sans doute vrai, comme J. Dow l'affirme, que les émotions *sont* des plaisirs et des douleurs. Pourtant, elles ne se laissent pas réduire à des plaisirs ou douleurs monolithiques, comme le montrent I.11 et certains cas en II.2-11 où plaisir et douleur sont concomitants. D'une manière générale, plaisirs et douleurs constituent le lieu d'une expérience où s'articulent désir, sensation et représentation, et où se greffent anticipation et mémoire, opinion et même intellection, ces dernières opérations pouvant susciter des états affectifs complexes (le plaisir du deuil), de second ordre (la honte face au plaisir), ou redoublées (la peur d'avoir peur). En suscitant ou en modifiant des représentations ou des opinions sur ce qui est plaisant et douloureux, l'émotion elle-même change, et pousse à une modification du jugement. Ce levier psychologique n'est malheureusement pas explicité en I.11, où il s'agit avant tout d'exposer une topique des motifs d'injustice ; il ne l'est pas beaucoup plus en II.2-11. Néanmoins, il est clair qu'en définissant les émotions comme des douleurs ou des plaisirs potentiellement rationnels au sens de I.11, c'est-à-dire pétris d'espoirs, d'opinions ou de raisonnements, Aristote se donne les moyens de modifier l'émotion elle-même, en façonnant dans l'âme des auditeurs les représentations adéquates.

LE DÉSIR

Les πάθη analysés par Aristote doivent se comprendre comme une réaction impliquant nécessairement un certain désir, comme cela est rappelé en *Rh.* I.11. Sans cet élément désirant, il serait en effet impossible de comprendre qu'il y ait un mouvement induit dans l'émotion[8], et *a fortiori* de comprendre comment l'orateur procède pour modifier le

8 Sur ce point je renvoie à l'analyse qu'en fait Besnier (2003, p. 35-44).

jugement de son auditoire. Le relatif désintérêt de la relation du désir aux πάθη chez les commentateurs ne doit pas faire oublier cet élément simple, mais pourtant essentiel, de l'émotion comme réaction conative[9].

Plusieurs indications montrent que le désir a une importance capitale pour comprendre le fonctionnement d'une passion.

En premier lieu, la colère est définie en II.2, comme une ὄρεξις (II.2, 1378a31), et non comme une douleur ou un plaisir. Ce terme, que je traduis ici par « désir », est le terme générique qui désigne une impulsion désirante, souvent, mais pas toujours, opposée à l'intellect ou au calcul[10]. L'ὄρεξις est une impulsion intentionnelle et c'est ce qui pousse l'animal (humain ou non) à agir, dès lors que l'objet du désir est perçu ou représenté, que le bien recherché soit apparent ou réel. Elle peut être commune à toutes les parties ou facultés de l'âme[11], et peut prendre part à une action rationnelle ou raisonnable, comme en témoigne l'*EN* où l'ὄρεξις a part dans la décision à l'action[12]. Ici, bien qu'Aristote ne le précise pas, l'impulsion semble se rapporter à la partie non rationnelle, en ce qu'elle paraît s'opposer au calcul délibératif; j'y reviendrai[13]. La colère est donc un désir et une tension (II.2, ἐφίεται, 1378b3-4). En I.10, 1369a4, la colère compte parmi les désirs « irrationnels » aux côtés de l'ἐπιθυμία, par opposition aux souhaits rationnels comme la βούλησις; en I.11, 1370b10-15 en revanche, il semble que l'intervention de l'espoir puisse faire pencher la colère vers une dimension plus rationnelle dans la mesure où elle est désir de vengeance.

L'amitié quant à elle est définie comme un souhait (τὸ βούλεσθαί, II.4, 1380b36), c'est-à-dire un désir « rationnel » si l'on suit I.11, et non comme un plaisir ou une douleur. La haine elle-même se caractérise par un « souhait » (βούλεται, II.4, 1382a15) qui est comparé à celui de la colère.

9 Ce désintérêt s'explique par le fait que le débat sur la nature cognitive des émotions a pris toute la place dans les interprétations récentes; *cf.* Rapp (2002b, p. 562) sur ce point, qui a raison de montrer que le problème du désir en philosophie des émotions contemporaines fait pencher l'analyse vers des explications psycho-physiologiques et fonctionnalistes. L'analyse la plus poussée de cette relation entre désir et émotion chez Aristote demeure Leighton (1996, p. 220-231).

10 Voir *Rh.* I.10, 1369a4 : ἄλογοι δ' ὀρέξεις ὀργὴ καὶ ἐπιθυμία. *Cf.* également *EN* I.13, 1102a26 *sq.* Je renvoie sur ce point à Monteils-Laeng (2013).

11 *DA* III.9, 432b4-7. Sur ce passage, voir Pearson (2012, chap. 1, p. 18-24).

12 *EN*, III.5, 1113a9-13 où la προαίρεσις est dite βουλευτικὴ ὄρεξις, un désir délibératif.

13 Voir *EN* III.4, 1111b6 *sq.* et *infra* p. 167 sur *Pol.* III.16, 1287a28-32.

Ces deux indications explicites posent deux questions : a) y a-t-il, dans toute émotion, une forme de désir ? b) pourquoi dès lors Aristote n'analyse-t-il pas le désir en tant que tel au sein des πάθη ?

a) À la première question, il faut répondre de manière positive. Outre la colère, l'amitié et la haine, on peut en effet déceler ou supposer un désir associé à chacune des autres passions décrites. Le calme est lui-même objet du désir d'apaisement vers des plaisirs iréniques (II.3, 1380b3-5) ; la peur est associée à plusieurs types de désirs mauvais, dont le désir de fuir impliqué par la lâcheté (II.5, 1382b4-5) ; la honte est intimement liée à un désir d'estime (τιμή) à travers le souhait (βούλονται, II.6, 1384a29) d'être admiré et estimé par les personnes dont nous faisons cas, pour de bonnes ou de mauvaises raisons ; la gratitude est indiscutablement liée à un désir de satisfaction de besoins, d'aspirations et de désirs (δεήσεις, ὀρέξεις, ἐπιθυμίαι II.7, 1385a22-23), même si elle ne se confond pas avec le plaisir pris à cette satisfaction ; la pitié et l'indignation semblent moins impliquer une forme de désir, et peu d'indications permettent en II.8-9 de l'affirmer, mais ce qu'on pourrait appeler un désir de justice relativement au mérite est bien à l'œuvre dans ces deux passions, par contraste avec la jalousie et l'envie qui se définissent comme des désirs de biens (ὀρέγονται, II.10, 1388a1-3 pour la jalousie, II.11, 1388a34-35 pour l'envie). Chacune des passions citées ne se définit peut-être pas aussi clairement que la colère, l'amitié ou la haine, comme étant liée à un désir[14]. Mais il est évident pourtant que la connaissance des désirs de l'auditoire en *Rh.* II.2-11 est requise, qu'il s'agisse d'une tension vers le plaisir ou un état naturel comme but, ou qu'il s'agisse d'un désir d'un bien façonné par la valeur qu'autrui lui donne par un jugement de valeur. Nous retrouvons ici clairement une intuition platonicienne : dans le *Timée* 42a3-b2, lorsqu'il s'agit de rendre compte de l'apparition de certains πάθη chez le vivant humain, la sensation et le désir (ἔρως)

14 C'est ce qui conduit Dow (2015) à traiter séparément la colère (p. 151-152), et l'amitié et la haine (p. 153-155) d'une part, des autres émotions de II.2-11 d'autre part, dans la mesure où il pense devoir définir ces dernières avant tout comme des plaisirs ou des douleurs. Je pense que cette distinction n'est pas pertinente si l'on peut trouver des éléments qui font de toutes les autres émotions aussi des espèces de désir. Une autre solution possible serait de distinguer les émotions « pratiques », c'est-à-dire qui mènent à l'action ou sont orientées vers un but (colère, peur), des émotions « non-pratiques » (honte, pitié, indignation) telles que les définit Fortenbaugh ([1975] 2002, p. 79-83). Mais là encore, cette distinction non seulement n'est jamais invoquée par Aristote, et elle n'est pas toujours pertinente psychologiquement pour les définitions.

sont les premiers éléments qui apparaissent dans la liste des πάθη, mêlés au plaisir et à la douleur (ἡδονῇ καὶ λύπῃ μεμειγμένον).

Aristote reconnaît donc une dimension désirante à chacune des passions, et cela en soulignant la variété du type de désir impliqué : ὄρεξις, βούλησις et ἐπιθυμία. Il est évidemment tentant de reconnaître ici la trace de la tripartition de l'âme héritée de Platon que l'on trouve à plusieurs endroits du corpus aristotélicien[15].

b) À la seconde question, pourquoi le « désir », du moins dans certaines de ses acceptions, n'est-il pas analysé en *Rh.* II.2-11 comme une passion à part entière, alors même que l'ἐπιθυμία apparaît notamment en tête de la liste des πάθη en *EN* II.4, 1105b21-23, plusieurs solutions peuvent être proposées. Une première réponse consiste à opposer le πάθος comme un changement subi, relatif à une situation extérieure, à une tension active, qui est le propre de l'ὄρεξις. Cette solution doit néanmoins être écartée, dans la mesure où la dimension « passive » des πάθη doit davantage se comprendre comme une « réaction » : que la colère soit définie comme ὄρεξις le montre assez, et le fait que l'ἐπιθυμία soit elle-même un πάθος dans certains cas, étant donné l'état de l'agent en proie à la faim, la soif ou à d'autres désirs montre l'insuffisance de cette distinction actif-passif. Une seconde réponse, dont je résume la conclusion, a été proposée par Leighton : les émotions en tant que telles, qui font l'objet de *Rh.* II.2-11, doivent être intrinsèquement liées au plaisir et à la douleur (ce qui n'est pas toujours le cas de la βούλησις), mais surtout être dépendantes d'une opinion ou susceptibles de modifier l'opinion, c'est-à-dire accessibles à une rationalisation (ce qui n'est pas toujours le cas de l'ἐπιθυμία, lequel peut être tout à fait dépourvu d'opinion)[16]. Il est donc naturel de penser qu'Aristote se penche de manière préférentielle sur des passions qui, dans le corpus platonicien, sont souvent associées à la partie intermédiaire de l'âme, le θυμός, en ce qu'elles sont des réponses à des valeurs morales et politiques communes, et non parce qu'elles auraient une origine

15 *Cf. DA* II.3, 414b2, III.9, 432b5-7, *EE* II.7, 1223a27, 1223b27-28, II.10, 1225b25, *EN* III.4, 1111b10-12, *De Motu* 700b22, 701a36-8, *MM* I.12.2.2, *Pol.* VII.15, 1334b22-23. On trouve en *Rh.* II.19, 1393a1-4 ce qui semble être également une forme de cette tripartition du désir : « ce qui a sa source dans l'appétit, la colère ou le raisonnement » (τὰ ἐν ἐπιθυμίᾳ καὶ ὀργῇ καὶ λογισμῷ).

16 Leighton (1996, p. 220-228). Dow (2015, p. 143 n. 31) objecte que l'ἐπιθυμία peut altérer le jugement – cela est vrai, mais la réciproque (que l'ἐπιθυμία puisse être accessible à la raison, à l'opinion ou au calcul) paraît moins probable au regard notamment de *EN* VII.7.

psychologique particulière en termes de parties de l'âme. Cela n'exclut pas, bien entendu, qu'Aristote puisse envisager des passions qui sont liées davantage à l'ἐπιθυμία (comme la gratitude ou la jalousie) ou à la βούλησις (l'amitié et la haine), mais leur versant affectif est analysé au prisme des valeurs auxquelles elles sont des réactions[17].

LA COGNITION

L'APPROCHE COGNITIVISTE EN DÉBAT

Secondant l'émergence de la psychologie cognitive dans les années 60, par opposition à une approche physicaliste niant que l'émotion est un événement mental, et à une compréhension behaviouriste qui minore la dimension interprétative de l'émotion en en faisant une réponse quasi-réflexe à des stimuli environnementaux, W. Fortenbaugh dans son *Aristotle on Emotion* (Fortenbaugh, [1975] 2002) a reconnu chez Aristote la figure ancestrale du cognitivisme[18].

Si nous prenons « cognitivisme » en un sens large, il faut entendre :

1. que toute émotion est intentionnelle, c'est-à-dire possède un objet vers lequel elle tend devant lequel elle est une réaction. L'émotion est suscitée lorsque l'agent est face à une instanciation de cet objet formel ;
2. qu'elle repose sur, ou consiste en, une forme d'évaluation d'une situation particulière qui discrimine son objet ; évaluation qui peut prendre plusieurs formes selon qu'elle est une représentation à peine consciente et spontanée, une opinion ou une croyance – ou ce qu'on appelle parfois « jugement » (qu'il faut donc distinguer du jugement rendu dans l'arène rhétorique – κρίσις), ou encore un calcul rationnel.

17 Ainsi, les *sentiments* d'amitié et de haine en *Pol.* VII.7 semblent appartenir au θυμός plutôt qu'ils ne se rattachent à la βούλησις.

18 Pour une présentation d'ensemble de ce débat, et notamment pour une clarification de ce qu'on appelle « cognitivisme » (en dépit des multiples nuances contemporaines de ce courant de la psychologie), voir Rapp (2002b p. 559-570), et surtout Pearson (2014).

Ces deux principes sont satisfaits en *Rh.* II.2-11. Avant d'étiqueter *Rh.* II.2-11 comme une théorie cognitiviste, il faut néanmoins rappeler : a) qu'Aristote ne nie jamais l'importance des états physiques et corporels comme élément de l'émotion, et même que dans certains cas ils expliquent mieux l'émotion en question, b) que la dimension du désir n'est pas à minorer comme on l'a rappelé ci-dessus. Ces précautions étant prises, on peut désormais envisager une difficulté interne au texte aristotélicien, qui a fait s'opposer deux interprétations.

La première interprétation consiste à affirmer que le *l'opinion* est ce qui constitue l'émotion en tant que telle : l'émotion est un jugement de valeur, une opinion ou une croyance, qui est assertée comme vraie de la situation à laquelle l'agent fait face[19]. Le monde de la rhétorique est celui de l'apparaître et de l'opinion. D'un point de vue phénoménologique, l'apparaître, l'opinion et les croyances (φαίνεσθαι, δοκεῖν, οἴεσθαι) forment une toile de fond homogène : nous sommes bien dans le règne de l'ἔνδοξα, au carrefour de l'opinion communément admise et des multiples jugements singuliers qui s'y rapportent, qui se fondent sur les appréhensions différentes des individus d'une situation donnée. De cela, on a fait argument pour dire que « ce qui m'apparaît » (φαινόμενον) ne constitue pas un terme technique se rapportant à une faculté ou à une opération mentale particulière, mais une manière de dire qu'il s'agit de « ce que je tiens pour tel[20] ». En conséquence il y aurait une continuité entre « ce que je tiens pour tel » et l'opinion ou la croyance que « cela est tel » : c'est ainsi que les choses apparaissent manifestement, et du point de vue de l'agent, la différence entre *ce qui m'apparaît* et *ce que je crois* est négligeable[21]. En revanche, il est nécessaire que je juge, ou que j'opine, ou que je donne une forme d'assentiment

19 Les tenants de cette position sont Fortenbaugh, ([1975] 2002); Nussbaum (1994); Dow (2009). Ce dernier a changé de position (Dow, 2014, repris dans Dow, 2015).

20 Tel est l'argument qui a été systématiquement avancé par les tenants de la thèse des émotions-jugements : Fortenbaugh ([1975] 2002, p. 94-103, en part. p. 97-98) : « *Hence, throughout his analysis of emotions, Aristotle is careful to speak of what appears to be the case, and in doing so, he is not dissociating emotion from belief [...] When Aristotle defines anger, he is not referring to an "apparent slight", but to a "conspicuous slight" (1378a31), one that is public and readily noticed by others* ».

21 Ainsi Fortenbaugh ([1975] 2002, p. 98) prend l'exemple, à mon avis à tort, du remplacement effectué par Aristote entre une première définition de la peur 1382a21-22 qui est une douleur qui provient d'une représentation (ἐκ φαντασίας), par une définition qui en fait une anticipation (προσδοκία) d'un événement douloureux. Ce remplacement a

à mes représentations, afin d'affirmer la véridicité de la situation qui m'apparaît, afin que l'émotion survienne. C'est ce que semble montrer certains passages de *DA* III.3 : la représentation est un πάθος qui dépend de nous (τὸ πάθος ἐφ' ἡμῖν, *DA* III.3, 427b16-17), tandis que l'opinion n'est pas à notre discrétion (δοξάζειν δ' οὐκ ἐφ' ἡμῖν, *DA* III.3, 427b20), ce qu'exemplifie la peur :

> Et, de plus, lorsque nous arrivons à l'opinion (δοξάσωμεν) d'une chose terrible ou effrayante, d'emblée nous éprouvons avec elle une émotion ; et il en va de même, s'il s'agit d'une chose rassurante. Mais, au fil de la représentation (κατὰ δὲ τὴν φαντασίαν), nous avons exactement la même attitude qu'en voyant en peinture ces choses terribles ou rassurantes (*DA* III.3, 427b21-24, trad. R. Bodeüs)

Cette interprétation des émotions-jugements se heurte à des objections fortes. D'abord, Aristote n'utilise pas uniquement le participe φαινόμενον, mais aussi le substantif φαντασία, lui-même défini en I.11, 1370a28-30 comme une perception affaiblie (αἴσθησίς τις ἀσθενής), ce qui semble indiquer qu'Aristote a déjà en vue une distinction entre φαντασία d'une part, et sensation et pensée d'autre part, comme en *DA* III.3, 427b14-16. On ne peut donc pas nier la possibilité qu'Aristote utilise à dessein le terme φαντασία pour marquer une différence avec les sensations et les opinions et croyances. Ensuite, il n'est tout simplement pas vrai d'affirmer qu'il y a continuité totale entre la manière dont les choses m'apparaissent et la manière dont je les juge : tout l'enjeu de *Rh.* II.2-11 est justement de voir comment par l'argument on peut modifier une représentation globale d'une situation donnée, et réciproquement comment la manière de présenter une situation peut, en suscitant une émotion, conduire à un jugement modifié.

Une seconde interprétation est dès lors nécessaire, dont J. Moss en donne la démonstration la plus complète[22]. L'émotion est une réponse à une *représentation évaluative* laquelle ne dépend pas nécessairement

---

une importance, comme je tenterai de le montrer *infra* p. 213 *sq.* mais pas celle que lui attribue Fortenbaugh.

22 *Cf.* Moss (2012a, p. 70-92), et également Nieuwenburg (2002) qui présente sans doute la version la plus forte de cette thèse, mais dont le rejet de l'influence possible de l'opinion dans le cadre d'une psychologie morale intellectualiste me semble littéralement intenable (voir par exemple son analyse de la honte p. 98-99 qui ne mentionne jamais la *Rh.* où le lexique de la δόξα est omniprésent). Cette thèse représentationaliste est également défendue par Cooper (1996), Sihvola (1996) et Striker (1996).

d'une opinion, d'une croyance ou d'un calcul. Cela ne signifie pas pour autant que dans l'émotion nous ne trouvons pas de trace d'opinion : une représentation donnée induit une opinion correspondante, le plus souvent (*DA* III.3. 427b14-16, III.7, 431a16-17). Mais il peut persister un écart, comme le montre *DA* III.3, 428b2-9, entre une représentation à laquelle je ne donne pas mon assentiment, et une opinion dont je suis convaincu.

On peut tenter d'éclaircir ce débat en énonçant trois enjeux philosophiques du « cognitivisme » aristotélicien.

a) L'enjeu principal est celui de savoir jusqu'à quel point les émotions peuvent être dites « rationnelles », en réhabilitant leur rôle dans l'action pratique et la vertu, alors même que les πάθη sont proches de la partie « irrationnelle » de l'âme. Les tenants de l'interprétation des émotions comme jugements n'auront pas de mal à montrer qu'une rationalisation des émotions non seulement est possible, mais même que les émotions peuvent soutenir une rationalité vertueuse[23]. À l'inverse, les tenants de l'interprétation représentationaliste devront envisager dans les émotions une rationalité dérivée.

b) Un enjeu tout aussi important est de savoir comment les émotions peuvent éclairer le fonctionnement de l'action, pas seulement de l'action humaine, mais de l'action du *vivant* en général. Les représentationalistes ont un avantage incontestable, en attribuant aussi certaines émotions aux animaux et aux enfants, par le truchement de la φαντασία, puisqu'il est alors possible d'expliquer certaines actions qui requièrent une forme d'évaluation sans nécessairement en appeler à des processus de calcul de la partie rationnelle de l'âme. Cela n'exclut pas, bien entendu, la possibilité pour l'intellect de raisonner à partir de signes qu'il reconnaît à travers des représentations, comme l'exemple de la reconnaissance de l'ennemi à travers la perception d'une torche allumé, exemple qu'on peut étendre à des représentations portant sur le futur et délibérer en conséquence, en *DA* III.7, 431b2-10. Mais la représentation demeure première, dans l'émotion, par rapport au jugement que l'on prononce.

c) Un enjeu parfois relégué au second rang dans les interprétations qui se concentrent davantage sur *DA* III.3 que sur la *Rhétorique*, mais

23 C'est très clairement le but de Nussbaum (1994) avant ses travaux ultérieurs sur les émotions (Nussbaum, 2001a ; 2010).

crucial pour notre propos sur la rhétorique et l'éducation, est la manière dont on envisage l'interaction entre les émotions et la formation de jugements, à savoir comment les émotions influencent le jugement, et comment en retour certaines intellections, opinions, croyances ou discours parviennent (et jusqu'à quel point) à susciter des émotions. L'enjeu propre à *DA* III.3 est de montrer comment des représentations peuvent être fausses, ce qui permet à la fois de montrer que penser et sentir sont des opérations distinctes, mais aussi d'expliquer la persistance de dispositions ou d'états contraires à une opinion vraie[24]. L'enjeu en *Rh.* II.2-11 n'est pas identique : il s'agit d'expliquer non pas pourquoi des états représentationnels entrent en collision avec un jugement (pourquoi je suis encore en colère alors que je n'ai aucune raison de l'être – sur ce point, Aristote dit simplement en *Rh.* II.3 qu'il faut attendre que la colère s'apaise), mais comment des représentations peuvent induire des opinions, les bloquer, les modifier, et inversement comment des opinions peuvent produire des représentations affines.

Terminons cette brève présentation de ce débat en présentant, après les enjeux, les conditions à satisfaire selon les deux thèses pour qu'une émotion ait lieu. Pour les tenants de la thèse des émotions comme jugement ou opinion, le jugement est nécessaire et *suffisant* à l'émotion elle-même. Comme *DA* III.3, 427b21-24, cité plus haut, l'affirme, il suffit que je formule un jugement selon lequel cette situation est effrayante pour que je *ressente* la peur. Inversement, pour les tenants de la thèse des émotions comme représentations évaluatives, la représentation est nécessaire et suffisante pour insuffler un sentiment de peur, *même lorsque je possède un jugement selon lequel il n'y a rien à craindre* (*cf. DA* I.1, 403a19-28, selon l'interprétation que l'on donne des exemples, *De Insomn.* 460a32-462a15). En réalité, ces deux thèses correspondent à des cas extrêmes qui comptent pour ce qu'on appelle une dissonance cognitive. Car d'une part, pour les tenants de la première thèse, une représentation correspondante s'ensuit habituellement de l'opinion (sans qu'elle soit nécessaire cependant[25]), si bien qu'on pourrait nuancer la première thèse en affirmant que l'opinion est nécessaire, mais non suffisante pour que l'émotion survienne. Pour les tenants de la seconde, la formation d'une opinion s'ensuit chez humains, ou du moins

24 Je me réfère ici à l'analyse de Caston ([1966] 1997).

25 *Cf.* Pearson (2014, p. 191).

peuvent susciter une certaine forme d'opinion qui peut correspondre, ou entrer en dissonance, avec la représentation[26]. Une dernière nuance à ajouter, d'ordre non pas épistémique, mais psychologique, est que pour qu'une émotion puisse avoir lieu, il faut que l'agent *asserte* la véridicité (pour ne pas dire « croire en la vérité de » comme l'exige toute forme de « croyance », *cf. DA* III.3 427b20 : ἀνάγκη γὰρ ἢ ψεύδεσθαι ἢ ἀληθεύειν) de la représentation qu'il se fait d'une situation. Il s'agit en somme, de commettre l'agent dans ses représentations, et qu'elles ne soient pas, comme dans la *Poétique* ou en *DA* III.3, 427b21-24, des représentations avec lesquelles il « joue ». C'est ce qui distingue une représentation épistémique du type de représentation que l'on trouve dans les passions récalcitrantes – celles qui persistent alors que nous possédons une opinion droite[27].

Ces deux interprétations antithétiques ont néanmoins un point commun : de considérer que les émotions constituent une forme de classe homogène, et qu'il n'y a qu'une seule manière de les définir ou de les appréhender. Or l'opposition entre ces deux thèses, à la lecture des chapitres II.2-11, ne tient pas en tant que telle. Il revient à G. Pearson d'avoir montré non seulement que les deux thèses ne sont pas exclusives, mais qu'Aristote souscrit à la possibilité des deux, et même qu'*il a besoin des deux en même temps* dans le cadre d'une technique oratoire[28]. Je prendrai ci-après trois exemples issus de *Rh.* II, qui annoncent les développements dans les chapitres correspondants, pour étayer notre suspicion sur les termes d'un débat qui ne rend pas compte des différents niveaux des émotions humaines en II.2-11.

LA *PHANTASIA* COMME POINT DE JONCTION ENTRE PERCEPTIONS ET VALEURS

L'hypothèse défendue ici pourrait être résumée ainsi. a) Une émotion requiert, pour être expliquée et suscitée, d'être fondée sur une représentation d'un contexte singulier ; la φαντασία est une condition nécessaire pour l'émotion elle-même, mais elle n'est pas suffisante pour

26 « *Thus phantasia is* [...] *a* necessary *condition of the passions. Even when a passion depends on an intellectual evaluation – e.g. when it is* logos *which declares a slight, as in* EN *VII.6, or when one believes* (δοξάζειν) *that something is terrible or frightening, as in* de An. *III.3 – evaluative phantasia is necessarily present too.* » (Moss, 2012a, p. 96).

27 C'est l'argument qu'avance Dow (2015, p. 195, 212).

28 Pearson (2014, en part. p. 181-196).

expliquer la différence entre des niveaux cognitifs d'émotions, ou pour expliquer également la différence entre des émotions apparemment similaires. b) L'opinion ou la croyance, ou une activité intellectuelle supérieure comme le raisonnement, est une condition suffisante pour expliquer ou susciter une émotion. Elle est pourtant une condition non nécessaire, car l'opinion doit être nécessairement accompagnée d'une représentation. c) Il apparaît dès lors que la φαντασία constitue un point de jonction nécessaire entre la perception de certaines situations, et un ensemble de croyances ou d'opinions sur des valeurs. Pour qu'on puisse parler de « perception de valeur », il est nécessaire que la φαντασία constitue un moyen capable de synthétiser en une image perceptive ou un signe ces deux pôles cognitifs que sont la sensation et des formes d'intellection[29].

Avant d'entrer dans les exemples, rappelons qu'en I.11, la φαντασία joue manifestement le rôle d'un pont entre les désirs non-rationnels d'une part, et des désirs rationnels, ceux qui sont, nous dit Aristote, induit par le raisonnement, la supposition, ou la persuasion :

> Puisque le fait d'éprouver un plaisir réside dans la sensation d'une impression, que la représentation est une sensation faible (ἡ δὲ φαντασία ἐστὶν αἴσθησίς τις ἀσθενής), et que dans l'homme qui se souvient ou dans celui qui espère il s'ensuivra une sorte de représentation (φαντασία τις) de ce dont il se souvient ou de ce qu'il espère, s'il en va ainsi, il est clair qu'il y a aussi des plaisirs associés au souvenir et à l'espoir, puisqu'il y a précisément dans ces actes aussi une sensation (*Rh.* I.11, 1370a27-34, trad. P. Chiron légèrement modifiée).

Les activités de remémoration et d'espoir sont en effet ce à partir de quoi la plupart des représentations sont faites en *Rh.* II.2-11 en vue du jugement au tribunal (qui porte sur les faits passés) ou de la délibération (qui porte sur le futur). Ce sont en effet sur ces types de représentations complexes que travaille le raisonnement, que ce soit pour apprendre (*Rh.* I.11, 1371b8-10) ou pour délibérer (*DA* III.7, 431b6-9).

Mais les représentations sont également issues de « perceptions » dont la causalité se laisse moins facilement formuler, et qui relèvent davantage

29 La φαντασία n'est pas, à proprement parler, une faculté « intermédiaire » entre sensation et intellection, comme le rappelle Morel (2000, p. 46), en accord avec Wedin (1988, p. 45-57), mais elle constitue bien un « moyen » de synthétiser les appréhensions de l'une et l'autre des facultés.

de la philosophie naturelle : tel est le cas, dans le livre III, de l'action : volume de la voix, ton et harmonie, rythmes (*Rh.* III.1, 1403b26-31). Ces paramètres qui relèvent d'une physique de la perception et de la représentation ont un effet direct sur l'auditeur, et ils ont la φαντασία – celle de l'orateur comme celle de l'auditoire – comme milieu[30]. En effet, Aristote précise à propos de ces paramètres :

> [...] car ce n'est pas tout à fait pareil, quand il s'agit de faire voir quelque chose de parler de telle manière ou de telle autre. Mais la différence n'est pas si grande, et tout cela n'est que représentation, qui joue de surcroît sur l'auditeur [...] (*Rh.* III.1, 1404a9-11, trad. Chiron légèrement modifiée).

Le chapitre 7 du livre III est encore plus précis : les passions peuvent être suscitées à travers la représentation de l'auditeur jusqu'à brouiller le jugement :

> Par une fausse déduction, en effet, l'esprit en conclut, l'orateur étant supposé véridique, que les choses sont comme il dit. On croit par conséquent, même si ce n'est pas le cas, que les faits sont tels que les présente l'orateur, et l'auditeur se laisse immanquablement gagner par l'émotion mise en œuvre par l'orateur (καὶ συνομοπαθεῖ ὁ ἀκούων ἀεὶ τῷ παθητικῶς λέγοντι), même si ce dernier parle pour ne rien dire. C'est la raison pour laquelle beaucoup d'orateurs étourdissent leurs auditeurs en brouillant leur jugement. (*Rh.* III.7, 1408a20-25, trad. Chiron)

L'hapax dans le corpus aristotélicien συνομοπαθεῖ traduit bien le type de contamination affective qui s'ensuit de l'usage de tels procédés[31]. Doit-on en déduire que le type de persuasion induite par le jeu des représentations est distincte de l'utilisation de l'enthymème ? C'est ce à quoi certaines formules de *Rh.* III pourraient mener[32]. Pourtant, en s'appuyant justement sur un usage bien compris de la φαντασία comme

30 On trouvera dans Labarrière (1994) une étude minutieuse d'un cas d'application du rôle de cette φαντασία (*cf.* en part. p. 237-238) au style de l'orateur du livre III, à travers la comparaison avec la skiagraphie, à propos de III.12.1414a7-17. Voir également pour la tradition ultérieure Webb (1997).

31 Isocrate est la cible d'Aristote à la fin de III.7, 1408b12-18, où orateur et auditeurs sont ἐνθουσιάζοντες.

32 *Cf. Rh.* III.17, 1418a9-21. En III.17, Aristote présente l'enthymème et le πάθος comme exclusifs : « Quand tu produis une passion, n'emploie pas d'enthymème (car ou bien l'enthymème chassera la passion, ou bien il sera prononcé en vain ; leurs mouvements se chassent l'un l'autre quand ils ont lieu en même temps, et ou bien ils se masquent ou bien s'affaiblissent. ». Selon Viano (2017, p. 85-86), il n'y a pas de contradiction

milieu où jugement de valeur et perceptions se joignent, on parvient mieux à rendre compte de l'interaction espérée entre la persuasion par les passions et une persuasion qui tient compte de la rectitude d'une opinion. J'en donnerai trois exemples.

EXEMPLE 1 : LA DOUBLE DÉFINITION DE LA PEUR

En *Rh.* II.5, Aristote donne deux définitions de la peur. D'abord une définition générique :

> Disons que la peur est une certaine douleur ou trouble qui provient de la représentation (ἐκ φαντασίας) d'un mal à venir, destructeur ou douloureux. (*Rh.* II.5, 1382a21-22)

Puis une définition qui fait intervenir une autre notion, la προσδοκία, l'anticipation :

> Si donc la peur s'accompagne d'une certaine anticipation (μετὰ προσδοκίας) qu'on va subir un mal destructeur [...] (*Rh.* II.5, 1382b29-30)

La description de la peur dans ce chapitre oscille entre une première partie destinée à expliquer le fonctionnement de la peur et de ses objets intentionnels habituels (importance et proximité du danger destructeur) qui se caractérisent par leur présence *imminente.* La représentation peut être une simple figuration du danger immédiatement prochain, mais peut également, par l'entremise de la mémoire et de l'anticipation, produire une forme de « méfiance », selon laquelle l'intention de l'adversaire, imperceptible, manifeste potentiellement l'imminence de son action destructrice :

> [...] en effet, comme il n'est pas évident (ἄδηλοι) de savoir s'ils sont prêts à agir, on ne voit jamais clairement (φανεροὶ) s'ils sont loin de l'être. (*Rh.* II.5, 1382b21-22)

Une seconde partie, introduite par la seconde définition de la peur comme προσδοκία, insiste au contraire sur l'ensemble des croyances, opinions ou considérations (οἴομαι : 1382b30, 31, 32 (2), 33, 34, δοκέω : 1383a2 et νομιζῶ : 1383a4) qui peuvent produire la peur. En l'occurrence,

---

entre ce passage du livre III et l'ensemble de *Rh.* II.2-11, mais simplement deux usages distincts.

tous ces verbes sont utilisés avec une négation, pour désigner ceux qui sont inaccessibles à la peur du fait de leur arrogance ou de leur optimisme, qui caractérise ainsi leur rapport au temps futur.

Si l'on accepte que φαντασία n'est pas l'équivalent de προσδοκία, il devient évident que la peur que tente de susciter l'orateur passera par une modification des croyances de son auditoire : il s'agit bien d'ébranler, quand c'est utile, la confiance de son auditoire. La présentation raisonnée des forces militaires en présence devant une assemblée peut susciter une φαντασία de premier ordre, au risque de la peur panique ; mais Aristote précise que « doit demeurer un espoir de salut ». Or si l'espoir est bien un produit de la φαντασία, alors l'orateur devra produire une forme de φαντασία qui lui est corrélative (et certainement distincte de la φαντασία de premier ordre qui nous fait fuir). On peut donc dire qu'il y a deux « types » de peur. La première repose sur une φαντασία d'un mal destructeur ; la représentation est par ailleurs utile en ce qu'elle rend potentiellement plus proche ce qui est apparemment éloigné (la mort, le fléau, la déroute). Cette peur, comme l'a montré Sihvola de manière convaincante, est probablement aussi commune avec les animaux (Sihvola, 1996, p. 119-120, p. 131-134)). La seconde « peur » présente deux caractéristiques qui la distinguent de la première, sans qu'elle soit par nature différente : a) elle repose sur un calcul ou une opinion, bien qu'elle soit accompagnée d'une représentation, et b) elle ne produit pas nécessairement l'effet spontanément associé à la peur de premier ordre : au contraire, « la peur nous fait délibérer » (ὁ γὰρ φόβος βουλευτικοὺς ποιεῖ, 1383a6-7) en vue d'une action qui n'est pas nécessairement la fuite. Le type d'évaluation qui caractérise le second type de peur ne peut pas être le fait d'une sensation relayée par une représentation : elle suppose un raisonnement pratique, des suppositions, des intellections, que seule une partie rationnelle est capable d'opérer. On peut concéder qu'il n'est pas évident, pour l'orateur, de produire par les seules ressources d'un raisonnement et d'un discours, une représentation effrayante du dérèglement climatique dont la représentation des conséquences est nécessairement plus éloignée que celles que je perçois devant un ours en colère ; mais c'est l'objet de la *Rhétorique* que de nous l'enseigner.

EXEMPLE 2 : LA DIFFÉRENCE ENTRE INDIGNATION ET JALOUSIE

Un second exemple de la double origine possible des émotions est la différence subtile qu'Aristote élabore entre deux contraires possibles de la pitié en II.9, à savoir l'indignation et la jalousie (*Rh.* II.9, 1386b9-20). Leur proximité ne provient d'ailleurs pas seulement de leur commune opposition à la pitié, mais aussi du risque commun de les voir se muer en peur si le succès (immérité) d'autrui, duquel on s'indigne ou qu'on jalouse, finit par nous menacer (*Rh.* II.9, 1386b22-23).

Les définitions sont pour le moins proches :

> [...] en effet si le fait de s'indigner c'est souffrir devant ce qui apparaît comme un succès immérité (*Rh.* II.9, 1387a8-10)

> [...] si la jalousie est une certaine douleur face à ce qui apparaît comme le succès dans l'obtention des biens que l'on a évoqués de la part de nos semblables (*Rh.* II.10, 1387b22-23)

Les deux définitions, comme la majorité des émotions de II.2-11, font intervenir la φαντασία. Mais de quelle représentation s'agit-il, ou plutôt d'où son caractère évaluatif peut-il provenir ? À première vue, des éléments textuels viennent à l'appui de la thèse selon laquelle nous avons une représentation évaluative des valeurs en jeu. Par exemple, nous possédons une représentation de la valeur de telle ou telle lignée qui aurait plus de mérite : son ancienneté apparente la rend proche du « naturel » (*Rh.* II.9, 1387a17), la perpétuité d'un état de fait apparaît plus proche de ce qui est « vrai » (*Rh.* II.9, 1387a26). De même pour la jalousie, nous avons une perception de ceux qui nous sont semblables (ὅμοιοι), selon des critères aisément perceptibles (parenté, âge, états, *opinions* (κατὰ δόξαν), II.10, 1387b25-27).

Admettons que l'on puisse *percevoir* à travers une représentation des valeurs aussi complexes, sans médiation de l'opinion ; la question demeure néanmoins entière : comment reconnaîtrions-nous la différence entre indignation et pitié ? Or de fait, « ce qui est digne de » ou « ce qui est indigne de » (ἀναξίως) ne peut relever de la φαντασία. Cette « valeur » de mérite est explicitement référée à une croyance qui départage les semblables de ceux qui ne sont pas semblables :

> En effet il n'est pas juste que ceux qui ne nous sont pas semblables soient jugés dignes (ἠξιῶσθαι) de biens semblables. (*Rh.* II.9, 1387b6-7)

Cela est confirmé en II.10 à propos de la jalousie, où concernant le désir de posséder les biens qu'on ne possède pas, ce sont des croyances qui entrent en jeu : les supérieurs sont jaloux car ils « croient » (οἴονται, 1387b29) que tout le monde en veut à leurs propres biens, tandis que les esprits mesquins ont une opinion différente de la répartition des biens : pour eux, tout semble grand (μεγάλα δοκεῖ αὐτοῖς εἶναι, II.10, 1387b35).

On pourrait objecter, comme le fait J. Moss, qu'en *Pol.* I.1, 1253a9-18 qui distingue justement les perceptions animales du plaisant et du douloureux et les perceptions humaines de valeurs, il s'agit bien de *perceptions*, et que rien n'interdit, en dépit d'explications précises, qu'une valeur soit *perçue*[33]. J'accorde qu'elles puissent finir par être perçues par les moyens que je viens d'évoquer (proximité ou éloignement spatial et temporel, ressemblance) ; mais on doit admettre que dans la *Rhétorique*, cette représentation de valeur provient ultimement d'une opinion, d'une croyance ou d'un jugement. Sans ce jugement, l'indignation se confondrait avec la jalousie. Il n'est pas exclu d'ailleurs que l'orateur puisse en jouer.

EXEMPLE 3 : LA HONTE, UNE REPRÉSENTATION DE L'OPINION D'AUTRUI

Un dernier exemple d'intrication cette fois entre φαντασία et δόξα est celui de la honte. Le propre de la représentation de la honte est de prendre l'opinion d'autrui pour objet : la honte est une douleur face à la représentation d'une perte de réputation (τὰ εἰς ἀδοξίαν φαινόμενα φέρειν, II.6, 1383b14 ; ἀδοξίας φαντασία, II.6, 1384a23), c'est-à-dire une représentation de soi perdant l'estime d'autrui. Tout dans ce chapitre montre que la puissance de la δόξα, au triple sens de la réputation, de l'opinion d'autrui et de la semblance, est la cause du sentiment de honte. Sans vouloir forcer le sens d'une expression au demeurant ordinaire, ce sont devant les personnes « qu'on tient en considération » (λόγον ἔχει, II.6, 1384a26) qu'on a honte, précisément parce qu'on accorde à leur jugement une valeur : celle de l'honnêteté, de la véracité, de leur pouvoir de nuisance aussi à divulguer des actions ou des rumeurs (II.6, 1384b6).

La φαντασία joue, sans conteste, un rôle (bien que le terme n'apparaisse que dans la définition et sa reprise) : la honte survient lorsque les actions

---

33 Moss (2012a, chap. 2, en part. p. 39-40).

honteuses sont commises « sous les yeux » (ἐν ὀφθαλμοῖς) des gens, c'est-à-dire « au vu » de tous (ἐν φανερῷ, II.6, 1384a35). On se représente donc comme la cible des regards d'autrui : on se voit vu. Cette peur de l'exposition de soi pourrait être prise comme un argument qui fait de la φαντασία, qui peut être subtile au point d'impliquer une forme de réflexivité, le moteur réel de la honte[34]. L'anecdote de Cydias montre pourtant que cette φαντασία elle-même, en l'occurrence s'imaginer être vu par l'ensemble des Athéniens assis en cercle, est l'œuvre d'une *supposition* (ὑπολαβεῖν, II.6, 1384b32), qui relève donc d'une autre forme de cognition que la φαντασία elle-même, et qui rend la représentation, à tout le moins, médiatisée[35].

L'intériorisation du regard d'autrui peut bien aller jusqu'à faire du regard lui-même, plus que le discours ou la divulgation d'un secret, une épreuve qui suscite la réserve, comme en atteste la reprise, et réinterprétation sans doute, du proverbe « la honte est dans les yeux » ; mais cette représentation reste l'œuvre d'une opinion.

Il me semble nécessaire d'accorder, contre les interprétations de l'émotion-jugement, que toute émotion chez Aristote s'appuie sur une représentation. Ce qui est également patent est que la représentation désigne ce à travers quoi des perceptions et des jugements se mêlent, comme s'il s'agissait d'un milieu permettant de synthétiser des sources cognitives distinctes, en présentant malgré tout une unité intentionnelle. Mais contre une trop forte tendance à attribuer à la représentation le seul rôle discriminant dans l'émotion relativement à l'opinion que cette dernière est censé influencer, il me semble essentiel de maintenir qu'une opinion ou une croyance *peut* être à la source d'une représentation suscitant une émotion. C'est ce qui distingue l'enfant qui à son réveil hurle face à l'image de son rêve et le sage qui par peur de l'infériorité de la puissance terrestre athénienne choisit de délibérer en vue du renforcement de sa flotte.

34 C'est ainsi que Moss (2012a, p. 84) interprète II.6, sans jamais mentionner l'abondance des termes qui évoquent l'opinion.

35 Sur cette anecdote, voir *infra* p. 244. Voir sur cette idée de médiatisation les remarques de Labarrière (1984, p. 31).

PSYCHOLOGIE PLATONICIENNE, PSYCHOLOGIE ARISTOTÉLICIENNE

La psychologie aristotélicienne des πάθη est souvent présentée par comparaison avec la psychologie platonicienne de ces mêmes émotions. On peut lire parfois que Platon se serait *approché* d'une psychologie des émotions sans l'achever : le *Timée* prépare une psychophysiologie des passions, le *Philèbe* s'avance vers une autonomisation de la φαντασία, les *Lois* enfin rendent compte, avec plus d'acuité que la *République*, de l'importance des émotions dans les processus d'éducation. Il reviendrait à Aristote de parachever, avec Platon, et contre lui, une psychologie des émotions[36].

À la différence de cette présentation, qui implique déjà une certaine interprétation notamment de la psychologie tripartite platonicienne, je souhaiterais souligner l'arrière-plan platonicien de la psychologie aristotélicienne des émotions.

Le platonisme d'Aristote se manifeste à travers deux héritages : le rôle capital dévolu à la φαντασία d'une part qui joue le rôle d'un intermédiaire entre sensation et divers processus judicatifs, et la discrète présence de la tripartition de l'âme platonicienne d'autre part, par l'intermédiaire du sentiment d'honneur et de l'ensemble des représentations de valorisation et de reconnaissance[37].

En premier lieu, Aristote continue manifestement l'analyse platonicienne qui consiste à examiner les relations entre sensation, plaisir et peine, désir et opinion, pour caractériser les passions de l'âme. Aristote hérite des listes de passions que Platon a déjà établies notamment dans le *Timée*[38] :

> Maintenant, chaque fois que, en vertu de la nécessité, une âme viendrait s'implanter en des corps, et que des parties s'ajouteraient au corps où ces âmes seraient incarnées, tandis que d'autres parties s'en détacheraient, un certain nombre de facteurs devraient intervenir dans la nature humaine : d'abord la sensation devrait de toute nécessité apparaître, la même pour tous les vivants,

36 *Cf.* Fortenbaugh ([1975] 2002, p. 23-44) et Dow (2015, p. 168-170).

37 *Infra* p. 123 *sq.*

38 Voir également 69d1-6.

> mise en branle par des impressions violentes, connaturelle ; en second lieu, le désir, mélangé au plaisir et à la peine ; et en outre, la crainte, la colère et toutes les affections qui s'ensuivent et toutes celles qui leur sont naturellement contraires : dominer ces éléments serait vivre dans la justice, et être dominé par eux, vivre dans l'injustice. (*Tim.* 42a3-b2, trad. L. Brisson).

La description génétique des passions de l'âme fait apparaître ainsi la sensation, le plaisir et la douleur, le désir (ἔρως), et insiste sur la dimension irrationnelle de ces passions, requérant ainsi leur maîtrise pour atteindre la vertu. L'opinion ou la raison intervient chez Platon dans le cadre de cette maîtrise, lorsque par l'entremise de la partie intermédiaire de l'âme, le θυμός, et du cœur, des jugements de la partie rationnelle sont transmis au vivant sensible sous la forme d'images menaçantes ou d'exhortations (*Tim.* 70a2-c1), ou sous la forme d'images reflétées dans le foie pour calmer la partie désirante de l'âme (*Tim.* 71a3-e2). Les passions de l'âme du *Philèbe* (47e1-50d6) quant à elles, qui sont définies comme des états mixtes de plaisir et de douleur à travers l'examen d'une émotion paradigmatique dans la comédie, la jalousie, se caractérisent également comme des composés de sensation, de désir, d'anticipations et de souvenirs, où entrent en jeu des jugements susceptibles de vérité et de fausseté (*Phlb.* 37e-40e), permettant à Socrate d'établir qu'il existe aussi des plaisirs faux.

De ces deux dialogues, H. Lorenz puis J. Moss ont tiré, avec raison, que Platon préparait la voie du concept de φαντασία chez Aristote, en reconnaissant dans l'opération qui consiste à *fabriquer des images* une solution permettant de lier sensation et cognition[39]. Une preuve supplémentaire de la pertinence de cette lecture qui resserre Platon et Aristote, est que le concept de φαντασία apparaît dans la *Rhétorique* pour la première fois en I.11, 1370a28, dans le cadre d'une hypothèse platonicienne selon laquelle le plaisir est un certain mouvement de rétablissement vers l'état naturel. L'héritage platonicien est donc indubitable : ce concept de φαντασία est utilisé par Aristote pour rendre compte des passions non seulement de II.2-11, mais aussi de celles que nous trouvions dans la liste du *Philèbe* (47e1-2), et qui se trouvent seulement en I.11 : amour, deuil et regret (1370b19-29)[40].

---

39 *Cf.* Lorenz (2006, chap. 7 ; 2012) et Moss (2012a, p. 85-87 ; 2012b) qui à son tour élargit cette capacité cognitive en prêtant à la partie appétitive une forme de capacité *évaluative*, même si elle ne forme pas, à elle seule, de jugement.

40 Afin de s'en convaincre, on peut ajouter un argument textuel frappant en 1370b19, où Aristote évoque l'amant qui « dialogue et dessine » (καὶ διαλεγόμενοι καὶ γράφοντες) à propos de l'aimé, qui semble reprendre les images du scribe et du peintre de *Phlb.* 39a1-b7.

Aristote demeure profondément influencé par la manière dont Platon envisage la tension au sein des représentations plaisantes ou douloureuses entre d'une part une impression sensible, et d'autre part le jugement rationnel. Mais là où Platon demeure résolument dualiste en affirmant l'impossibilité pour les parties irrationnelles d'avoir part à la formation d'une opinion ou d'un calcul, Aristote aborde lui le phénomène de la cognition de manière diversifiée, en prêtant à la sensation, à la représentation, à la pensée une capacité à discriminer, donnant lieu à des plaisirs distincts. La φαντασία parvient à articuler ce qui est issu de la sensation avec ce qui émane de la persuasion (I.11, 1370a25, ἐκ τοῦ πεισθῆναι). À ce titre, cette opération de la φαντασία est une réponse à une difficulté platonicienne, selon laquelle il fallait chercher un intermédiaire capable de transmettre les recommandations de la raison ou les jugements de l'opinion afin de façonner le désir et le plaisir, et une explication de la manière dont l'opinion se forme à partir de différentes représentations.

Le ch. I.11 n'est pas sans rappeler une exposition des désirs et des plaisirs qui suit le canevas de la tripartition platonicienne de l'âme. Après avoir exposé la distinction entre désirs rationnels et désirs irrationnels, Aristote construit l'analyse des plaisirs dans cet ordre : le plaisir des sens (I.11, 1370a20-25) qui correspondent à des désirs et plaisirs épithumétiques, les plaisirs de second ordre liés à des émotions et des représentations (I.11, 1370a25-1371b4), les plaisirs intellectuels enfin, évoqués certes rapidement, en 1371b4-13. La fin du chapitre (I.11, 1371b13-a3) revient sur des plaisirs mixtes qui caractérisent entre autres les amis des honneurs (φιλοτιμοί, I.11, 1371b28-29)[41]. Négliger cette classification implicite serait se priver d'un moyen de comprendre pourquoi Aristote envisage les émotions qu'il analyse en *Rh.* II.2-11, et pas d'autres. Car entre les désirs rationnels de connaissance par exemple et les désirs irrationnels, il faut reconnaître des désirs intermédiaires, qui peuvent emprunter aux uns et aux autres, comme le désir de « sembler sage » (καὶ τὸ σοφὸν δοκεῖν εἶναι ἡδύ, I.11, 1371b26-27)[42]. Ce simple exemple permet d'indiquer, sans qu'on puisse évidemment aboutir à des conclusions systématiques, qu'Aristote a bien en vue ce que Platon attribue à la partie intermédiaire de l'âme, le θυμός. En

41 Les mêmes types de plaisirs liés à la τιμή et à la réputation sont analysés spécifiquement en 1371a8-17.

42 Ce plaisir fait écho à la critique de la δοξοσοφία (49e2, 49d11) en *Phlb.* 49a1-49e5.

voici quelques indices, qu'on élaborera à propos de chaque passion. La première émotion analysée en II.2 est la colère, et Aristote utilise le terme θυμός[43] en 1378b5, peut-être dans un sens archaïque puisqu'il introduit dans ce passage une citation d'Homère (la même qu'en I.11), mais l'écho platonicien de *Rep.* IV, 439d-441c ou de *Philèbe* 47e7-8 où Platon utilise la même citation homérique, n'est certainement pas à exclure, d'autant qu'Aristote utilise la tripartition platonicienne en I.10, 1369a5-7 lorsqu'il énumère sept type de causes dans l'action, dont le θυμός. Cette remarque pourrait s'appliquer à d'autres désirs typiques de la fonction intermédiaire de l'âme chez Platon : le goût des honneurs, φιλοτιμία[44]. Comme on le verra ci-dessous, la φιλοτιμία et la τιμή qui lui est associée, dont Platon a élaboré une analyse précise notamment dans la *République* et dans les *Lois*, jouent un rôle crucial en *Rh.* II.2-11, comme interface entre l'opinion d'autrui et la manière dont l'agent le perçoit, se le représente, et en fait une règle de conduite, d'action ou de jugement. Comme chez Platon en somme, Aristote est attentif à la manière dont les πάθη rhétoriques sont traversés par les processus de reconnaissance et de valorisation de certains biens, notamment parce qu'ils sont désirés et valorisés par autrui[45], comme Aristote le rappelle en I.11 (*Rh.* I.11, 1370a26-27). À travers *Rh.* II.2-11, Aristote reconfigure un héritage platonicien en s'appropriant, et parfois en s'y opposant, des analyses psychologiques platoniciennes qui font des passions de véritables interfaces entre le soi et autrui dans la sphère politique.

---

43 Pour un panorama des significations de ce terme, voir désormais Cairns (2019). Je me permets de renvoyer également à Renaut (2014, p. 25-47).

44 Pour une présentation de ce problème, voir Koziak (2000) et Deslauriers (2019), mais qui ne relèvent pas davantage l'influence platonicienne. À ma connaissance, seuls Lefebvre (2011) et Saenz (2018) considèrent plus attentivement l'héritage platonicien de cette notion. En *Rh.* II.2-11, la notion de φιλοτιμία apparaît en II.2, 1379a34, 1379b24-5, II.4, 1381b21, II.6, 1384a28, 1384a31, 1385a6, II.10, 1387b31, 1388a1, 1388a8, 1388a15, et la notion de τιμή en II.2, 1378b29-31, 1379b4, II.4, 1381a21, II.6, 1384a18, 1384a31, II.11, 1389b10-12, à quoi il faudrait sans doute aussi rattacher la notion de valeur ou mérite (ἀξίος) dans les discussions de II.2-3, et de II.8-11.

45 Saenz (2018) suppose, à raison, que le θυμός comme type de désir (et non comme synonyme de ὀργή comme le soutient Pearson (2012, p. 111-117)), capable d'appréhender les valeurs sociales, est à l'arrière-plan non seulement des analyses de la colère en II.3, mais aussi de la honte en II.6. Pour une présentation de cette fonction chez Platon, voir Renaut (2014, p. 182-198). Il faut à mon sens étendre cette conclusion à d'autres passions de II.2-11.

TOPIQUE ET TECHNIQUE DES PASSIONS

Il reste à exposer le ou les objectifs auxquels répond l'analyse des passions en *Rh.* II.2-11. Or la détermination de cet objectif est notoirement difficile, et pose des problèmes d'interprétation quant à l'unité et à la cohérence de la *Rhétorique* lorsqu'il s'agit de décrire cette section *Rh.* II.2-11 par rapport au programme initial de I.1. Je commencerai par présenter cette difficulté, avant de proposer une solution : *Rh.* II.2-11 propose tout à la fois une topique des passions, une technique permettant la manipulation des passions reposant sur la psychologie qu'on a détaillée ci-dessus, et des recommandations sur un meilleur usage des passions, qui débordent parfois le seul cadre rhétorique.

CONTRADICTION OU PLURALITÉ DES OBJECTIFS ?

LA CONDAMNATION DES PASSIONS

Aux chapitres 1 du livre I, Aristote prévient le rhéteur de l'écueil relatif à l'usage des passions dans les plaidoiries :

> [...] et ils traitent pour l'essentiel de ce qui est extérieur au fait : car la diffamation, la pitié, la colère et autres semblables passions de l'âme ne concernent pas le fait mais sont adressées au juré. Par conséquent, si on livrait tous les jugements comme on le fait aujourd'hui dans un petit nombre de cités – et surtout celles où les lois sont bonnes –, ils n'auraient rien à dire : en effet tout le monde croit que les lois doivent prescrire de ne pas parler en dehors du fait et certains vont jusqu'à appliquer ce principe et à interdire qu'on y contrevienne – comme c'est le cas à l'Aréopage ; et en cela ils ont raison. Car il ne faut pas dévoyer le juré en l'amenant à éprouver de la colère, de l'envie

> ou de la pitié. Cela revient à tordre la règle dont on va se servir. (*Rh.* I.1, 1354a15-25, trad. P. Chiron légèrement modifiée)

L'explication est sommaire, mais claire : lorsque les juges sont sous le coup d'une passion, leur jugement est « obscurci » (ἐπισκοτεῖν τῇ κρίσει, 1355b12) ; ils s'abandonnent aux plaideurs et de ce fait n'exercent pas leur jugement (διδόασι τοῖς ἀμφισβητοῦσιν, ἀλλ' οὐ κρίνουσιν, I.1, 1354b35-1355a1). La raison pour laquelle les passions sont incompatibles avec un jugement sain est la prégnance de l'intérêt personnel (τὸ ἴδιον συμφέρον, I.1, 1354b9 ; τὸ ἴδιον ἡδὺ ἢ λυπηρόν, I.1, 1354b11 ; πρὸς τὸ αὑτῶν, I.1, 1354b34) qui empêche la contemplation du vrai (θεωρεῖν ἱκανῶς τὸ ἀληθές, I.1, 1354b10), intérêt personnel lié à l'immédiateté du plaisir qu'on en retire (πρὸς χάριν, I.1, 1355b35). Aristote est ici tributaire de ce qui est *aussi* un *topos* rhétorique : les passions sont souvent mauvaises conseillères et obscurcissent le jugement par intérêt personnel comme se plaisent à le rappeler les orateurs[1].

Cette emprise des passions dans la rhétorique (en particulier judiciaire et délibérative) s'explique en partie par deux limites internes à son domaine. Tout d'abord la rhétorique concerne des cas singuliers sur lesquels il faut trancher, et non sur l'universel comme la législation (I.1, 1354b5-8). La distinction entre singulier et universel est relayée par une distinction d'ordre politique, entre l'intérêt privé et l'intérêt commun[2]. Une seconde limite, liée à la première, est rappelée par Aristote en I.2 : l'auditoire auquel on s'adresse a des capacités de jugement limitées[3] :

> L'activité de la rhétorique porte sur des questions sur lesquelles nous sommes amenés à délibérer et pour lesquelles nous ne possédons pas de technique ; elle s'adresse à des auditeurs incapables d'atteindre à une vue d'ensemble par de nombreuses étapes et de raisonner depuis un point éloigné. (*Rh.* I.2, 1357a1-4, trad. P. Chiron).

Il s'agit bel et bien d'une condamnation de l'usage des passions, du moins un mauvais usage. Or c'est cet usage qui manifestement est le

---

1 Voir Dem. *Sur les forfaitures de l'ambassade*, 228.1-3 cité *supra* p. 64.

2 C'est le sens qu'on pourrait donner à l'adjectif κοινότερον en I.1. 1354b22-29, où Aristote critique les orateurs de son époque pour ne s'intéresser qu'aux affaires privées (à savoir majoritairement le judiciaire dans les contrats, συναλλάγματα), alors que le discours d'assemblée est « plus commun ». Voir également I.3, 1358b8-10 sur l'opposition entre ἰδίᾳ et κοινῇ. Cela fait manifestement écho à Isocrate, *Sur la paix* 3-4. *Cf.* sur ce point Noël (2012, p. 389).

3 Sur ce point, *cf.* Besnier (2003, p. 57-61).

plus répandu dans les joutes et les traités rhétoriques, et qui a concentré l'intérêt des logographes et des rhéteurs, empêchant le développement d'une véritable technique rhétorique (I.1, 1354a11-15).

> S'il en va bien ainsi, il est évident que les auteurs de traités s'occupent de ce qui est extérieur au fait quand ils définissent tout le reste – comme ce que doit contenir l'exorde ou la narration et chacune des autres parties du discours. Car par là ils ne traitent de rien d'autre que des moyens de mettre le juge dans telle ou telle disposition [...] (*Rh.* I.1, 1354b16-20, trad. P. Chiron)

Le règne de la loi semble donc interdire le recours aux passions.

LA CONNAISSANCE DES PASSIONS EST REQUISE

Condamner les passions, bien entendu, ne signifie pas qu'il faille se priver d'une connaissance du fonctionnement de ces dernières, dans la limite de son utilité en rhétorique. En I.2, Aristote annonce succinctement cette nécessité, après avoir énoncé les trois types de moyen de persuasion :

> Puisque les moyens de persuasion procèdent ainsi, il est évident que leur maîtrise est le fait de quelqu'un qui est capable de manier le syllogisme et d'y voir clair dans le domaine des caractères et des vertus et troisièmement, dans le domaine des passions, de voir quelle est chacune des passions, quelle est sa nature, d'où elle naît et comment (*Rh.* I.2, 1356a20-25, trad. P. Chiron légèrement modifiée).

Cette connaissance se caractérise par une étiologie. Sont en effet requis une définition et l'examen des propriétés ou qualités des passions, ainsi que des causes de leur émergence (ἐγγίνεται). Ce programme, qui sera donc rempli en *Rh.* II.2-11, doit s'entendre à trois niveaux : 1) connaissance des motifs d'action, 2) connaissance des dispositions affectives de l'auditoire, et 3) production ou modification de ces dispositions.

Un premier niveau est celui de la reconnaissance des motifs d'action, parmi lesquels l'action commise sous le coup d'une émotion ; une telle reconnaissance est importante dans la rhétorique judiciaire[4]. Cette application de la connaissance des passions, néanmoins, est à cheval

4 Comme y insiste à raison Viano (2010a) qui articule explicitement dans une seule et même théorie causale l'examen des motifs d'action en I.10-13 et la capacité à susciter les émotions en II.2-11.

entre la théorie des passions et la théorie des caractères et des vertus, selon I.10, passage sur lequel je reviendrai plus bas.

À un second niveau, cette connaissance des passions est utile pour l'orateur qui souhaite reconnaître les inflexions du jugement de son auditoire selon ses passions ou dispositions.

> Il y a persuasion par les auditeurs quand ces derniers sont amenés, par le discours, à éprouver une passion. Car nous ne rendons pas les jugements de la même façon selon que nous sommes remplis de tristesse ou de gaieté, d'amitié ou de haine. C'est justement à ce seul effet que, d'après nous, tend l'étude des techniciens aujourd'hui. Nous éclaircirons cette question point par point quand nous parlerons des passions. (I.2, 1356a14-20, trad. P. Chiron)

Or, cette connaissance se heurte encore une fois à l'usage qu'en font les « techniciens ». Il ne s'agit donc pas seulement de reconnaître un motif d'action, ou de reconnaître que tel ou tel jugement est conditionné par telle ou telle disposition (II.1, 1377a31-1378a6), mais, à un troisième niveau, d'amener (προάγω) l'auditeur à ressentir une passion par le moyen du discours (à l'exclusion de ou en combinaison avec un autre moyen[5]). Il revient donc à l'orateur de conditionner son auditoire, comme Aristote le rappelle le plus souvent à la fin des chapitres de chaque passion. Les verbes les plus utilisés sont : κατασκευάζειν, 1377b24, 1378a18, 1380a2 ; παρασκευάζειν, 1380b31, 1383a8, 1387b17, 1388a27 ; ἄγειν, 1382a19, ; ἐμποιεῖν, 1378a27 et ποιεῖν, 1382a17, 1387a5.

INTERPRÉTATIONS DE LA CONTRADICTION

Condamner l'usage des passions en rhétorique en I.1, et pourtant en appeler à leur connaissance pour en cerner correctement la puissance et surtout pour les produire le cas échéant en I.2, telle est la contradiction qui frappe tout lecteur de *Rh.* II.2-11. Les interprétations données de cette contradiction peuvent être ramenées à trois grands groupes.

Une première interprétation consiste à assumer le caractère contradictoire de *Rh.* II.2-11 avec les affirmations liminaires de *Rh.* I.1. Ainsi, la section II.2-17 propose – comme si l'accusation du livre I avait

---

5 *Rh.* III.17, 1418a9-21 constitue une objection sérieuse à la possibilité d'utiliser l'enthymème en même temps qu'une persuasion par les passions ou le caractère. Mais il s'agit là d'un cas limite, et Aristote tente, autant qu'il est possible, d'articuler enthymème et moyen de persuasion par les passions.

été oubliée – une technique de manipulation des πάθη, et une typologie des caractères dont la valeur argumentative est, selon le livre I perçue comme secondaire par rapport à la production de l'enthymème, qui est le seul élément qui place la rhétorique au rang d'une technique. F. Solmsen considère ainsi que la section, et en particulier 2-11, constitue une longue digression et doit être tenue pour un morceau rédigé à un autre moment que le livre I (Solmsen, 1929, chap. 3)[6]. Pour reprendre les termes de F. Solmsen, nous n'aurions affaire qu'à une « psychologie sociale », rien de plus. W. Fortenbaugh embrasse également l'hypothèse d'une contradiction entre I.1 et II.2-11 afin d'étayer un argument développementaliste, qui pousse Aristote, à travers une discussion des thèses de l'Académie, à inclure progressivement la possibilité d'une preuve par les passions et par les caractères (Fortenbaugh, 2006, p. 389-412). À la différence de F. Solmsen, W. Fortenbaugh accepte qu'il existe bien un moyen de persuasion par les passions, même si la section II.2-11 ne répond que partiellement au programme d'étude annoncé en I.2, et même en II.1[7].

Un second groupe d'interprétations tente au contraire de résoudre la contradiction. C'est notamment l'interprétation de W. Grimaldi. Alors que I.1 condamne un usage des passions qui sont « extérieures au fait » (ἔξω τοῦ πράγματος), Aristote se proposerait, à la différence de ses prédécesseurs, de lier la preuve par les passions énoncée en I.2 avec les faits eux-mêmes (περὶ τοῦ πράγματός)[8]. Il existerait donc des passions suscitées sans lien direct avec les faits, par exemple exciter son auditoire par les seuls moyens stylistiques[9], et des passions dont il faut s'efforcer, et c'est que fait II.2-11, de reconnaître les motifs inhérents aux faits. Il s'agit donc d'une question d'usage correct ou incorrect des émotions en fonction de leur « pertinence » par rapport aux faits[10]. La contradiction,

6 Voir également Solmsen (1941, p. 42) pour une position beaucoup plus modérée, qui ne fait plus apparaître l'hypothèse génétique et chronologique qu'il assumait en 1929.

7 Voir également l'interprétation générale de Wisse (1989, p. 13-29).

8 *Cf.* Grimaldi (1972, p. 18-52, en part. p. 19-25). Voir également *ibid.* (1980a, p. 9-10, 19-21 *ad* I.1, puis p. 38-43 *ad* I.2, et enfin l'Appendice p. 349-356).

9 Outre *Rh.* III.17 cité plus haut, voir *Rh.* III.7, 1408a20-25, bien que le début du chapitre stipule que la convenance exige une certaine proportion avec le sujet traité (καὶ τοῖς ὑποκειμένοις πράγμασιν ἀνάλογον) (III.7, 1408a10-11). Ce passage me semble être un argument en faveur de la thèse de Grimaldi.

10 C'est la ligne argumentative défendue par Viano (2010b ; 2017) qui ajoute au dossier l'analyse des émotions au livre III.

bien entendue, n'est pas tout à fait résolue tant que perdure la tension entre passion irrationnelle et jugement idéalement rationnel.

Une troisième interprétation consiste à distinguer plusieurs types de πίστεις qui ne se recoupent pas tout à fait entre les livres I, II et III. F. Woerther a critiqué l'argument trop idéalisé de W. Grimaldi, selon lequel il existerait un moyen de persuasion (πίστις) intégral qui articulerait enthymème, passions et caractères, et a proposé une grille de lecture double de *Rh.* II.2-17, qui d'un côté s'intéresse à la dimension « locutoire » des passions (où l'on fait naître des passions chez son auditoire au moyen du discours, par l'enthymème et l'exemple, en insistant sur les raisons pour ressentir telle ou telle émotion), et de l'autre à leur dimension « perlocutoire » (où la persuasion par les passions constitue un moyen de persuasion à part, de préférence avec des modes discursifs qui ne sont pas l'enthymème, même si son usage peut constituer indirectement un moyen d'induire la passion visée)[11]. De manière assez proche, l'interprétation proposée par J. Dow (2015, chap. 7) répute comme « apparente » la contradiction, en faisant porter l'examen sur les « prédécesseurs » qu'Aristote critique en I.1. Les passions évoquées en I.1 (διαβολή, ἔλεος, ὀργή) sont en réalité moins des « passions » que des « activités » de détournement du jugement (dénigrement, produire veuves et orphelins devant les juges, vêtements, argument de la lignée) (*ibid.* p. 111). Il s'agirait de techniques stylistiques et de mise en scène dont Thrasymaque et Gorgias auraient été les spécialistes. Cette interprétation revient à accorder qu'il existe une persuasion par les passions en lien direct avec les faits, justifiant donc la place de *Rh.* II.2-11, à l'exclusion d'autres formes d'activités réputées « en dehors du fait » comme le style au livre III et les activités diffamatoires au livre I (*ibid.*, p. 122-124). Il n'y aurait de contradiction qu'« apparente », et dès lors il n'y aurait rien à résoudre.

Les sections qui suivent constituent une argumentation en faveur de la seconde interprétation tout en tirant les leçons de la troisième. La seconde interprétation pose en effet un problème de cohérence sur un plan

11 *Cf.* Woerther (2007a, p. 239-254, 297) pour un récapitulatif de la structuration de *Rh.* II.2-17 par les hypothèses locutoire et perlocutoire. On se reportera également à Woerther (2007b) qui reprend l'argumentation précédente sur les πάθη, en y adjoignant l'interprétation d'al-Fārābī, et Woerther (2008) concernant l'ἦθος. Selon F. Woerther il est impossible de trancher avec certitude la fonction de II.2-11 entre une topique qui a pour vocation de susciter les πάθη par l'enthymème, et une topique psychologique dont la fonction est d'apprendre à l'orateur à susciter ces mêmes passions de manière perlocutoire.

que la troisième se contente d'éviter : si l'interprétation 2 était vraie, il faudrait alors admettre qu'Aristote revient sur l'affirmation radicale de I.1 selon laquelle le πάθος ne peut en aucun cas constituer le fondement d'un jugement sain ou véritable. Si en effet le πάθος était lié à certains jugements par des motifs qui la définissent intrinsèquement, alors, il serait aussi souhaitable de juger avec ce πάθος qu'avec un argument. Or Aristote ne va jamais jusqu'à dire que le πάθος *est* un argument ; c'est plutôt qu'il en *tient lieu*. Il y a cependant une solution que je défendrai ci-après, où je distinguerai une simple manipulation des passions, et une *certaine* manipulation des passions de sorte que l'auditoire *juge* mieux. Sans aller jusqu'à affirmer avec W. Grimaldi que la persuasion par les passions est entièrement déterminée par l'enthymème au livre II, je pense qu'il y a bien, dans ce livre, une tentative d'articuler πάθος et λόγος, et cette tentative se traduit par un usage « raisonné » des passions qui consiste à les utiliser en mettant le moins possible en danger le raisonnement et la délibération concernant le fait[12]. Cette solution n'est pas systématiquement applicable à l'ensemble de II.2-11, mais on peut parfois en percevoir les linéaments.

UNE TOPIQUE DES PASSIONS

Pour que le moyen de persuasion par les passions soit véritablement technique, il faut d'abord articuler πάθος et λόγος à travers une « topique » des passions.

ENTRE DEUX TOPIQUES

Les chapitres 2 à 17 du livre II de la *Rhétorique*, 2-11 portant sur les πάθη et 12-17 sur les ἤθη et les biens associés (bonne naissance, richesse, pouvoir) semblent constituer une sorte de rupture dans l'économie

12 Dans la mesure pourtant où un πάθος peut être déterminé de manière suffisante par une opinion, on comprend comment il peut en tenir lieu. Mais encore une fois, l'opinion impliquée dans le πάθος n'en saurait épuiser la manifestation. En ce sens, il est possible d'adopter une approche prudente de l'effort aristotélicien de « réintégration » des passions dans la sphère du discours : je renvoie à la communication inédite de Balmond (2018).

générale du traité, ou du moins tranchent avec l'examen raisonné des prémisses et des lieux. Le livre I s'attache en effet à énumérer les lieux « spécifiques » à chacun des genres de la rhétorique : le délibératif (I.4-8), l'épidictique (I.9), et enfin le judiciaire (I.10-14). À partir du chapitre 19 du livre II, c'est une topique des lieux communs aux trois genres qu'Aristote expose. Entre les lieux spécifiques et les lieux qui sont communs à toutes les manières d'argumenter, la section II.2-17 tient donc une place ambiguë, à moins d'admettre qu'il s'agit, en quelque sorte, d'une « topique » des passions et des caractères.

Le τόπος ne reçoit de définition claire ni dans les *Topiques* ni même dans la *Rhétorique*. Une brève remarque en II.26 définit le lieu ainsi :

> C'est la même chose que j'appelle élément et lieu : un élément – ou lieu – est une tête de chapitre sous laquelle se rangent un grand nombre d'enthymèmes. (*Rh.* II.26, 1403a18-19, trad. P. Chiron)

Un lieu se définit comme un « stock » où l'orateur peut puiser des prémisses pour persuader. On peut ainsi simplement appeler « topique » ce que J. Brunschwig désigne comme une « machine à faire des prémisses à partir d'une conclusion donnée » (Brunschwig, 1967, p. 39). Cette définition convient particulièrement bien aux « lieux spécifiques » des trois genres de la rhétorique, où le juste, l'utile et le beau constituent des grands domaines de différents lieux ; mais un lieu peut aussi devenir, de par la généralité de sa forme, « commun » au sens où il devient une stratégie argumentative. Le lieu « commun » sera donc énoncé sous la forme non pas d'une règle générale, mais plutôt à travers les éléments démonstratifs qui le constituent (contraires, temps, parties/tout). Si l'on entend par « lieu » ce schème argumentatif qui est déterminé par la conclusion laquelle est un jugement, il est clair que les chapitres 2-11 ne constituent pas une topique au sens où les passions constitueraient des « prémisses » d'un jugement : en effet, le πάθος ne saurait être confondu avec ce *en vue de quoi* il est utilisé par l'orateur, à savoir la modification du jugement (κρίσις). Le πάθος demeure un instrument d'influence du jugement, mais n'est pas un jugement en tant que tel. D'un point de vue formel donc, il ne saurait y avoir de « topique » des émotions puisque l'enthymème n'est pas la persuasion par le πάθος.

UNE LISTE DES SCÉNARIOS PASSIONNELS

Pourtant, si on prend le πάθος comme étant *l'objet* de la démonstration de l'orateur, on peut assurément comprendre que l'ensemble des chapitres 2-11 constituent des têtes de chapitres de lieux de motifs d'action, élaborés à partir d'un « résidu d'induction » (Brunschwig, 1994, p. 81). Ces lieux se rapportent non pas à une *forme* de démonstration, mais bien à des états globaux (dispositions, cibles, motifs), à des « scénarios » en somme, qui déterminent l'action qu'il faut conseiller, juger ou louer : il s'agirait ainsi, et le texte ne dément pas complètement cette interprétation, de produire un stock de prémisses concernant la colère, la honte, la peur, la pitié, etc. comme étant autant de motifs d'action pour lesquels on pourra reconnaître, ultimement, une intention blâmable, une volonté de nuire, etc.[13]

De fait, plusieurs passages pourraient corroborer cette idée que *Rh.* II.2-11 rassemblent un ensemble de lieux qu'il faudrait, en toute rigueur, présenter spécifiquement selon les genres délibératif, judiciaire et épidictique d'une part, et dans les lieux communs d'autre part. Rassembler tous les lieux en une section permet assurément de couvrir un grand nombre de cas.

Commençons par quelques indices au livre I concernant les lieux spécifiques.

Les ch. 4 à 8 présentent les lieux spécifiques au genre délibératif. Après avoir délimité la fonction de la rhétorique par rapport à la politique et à l'art de la législation, le chapitre 5 décrit ce à quoi la rhétorique doit s'intéresser : les honneurs, et leur relation à l'importance de la fonction occupée. Dans un court passage (*Rh.* I.5, 1361a28-b2), Aristote décrit la manière dont les marques d'honneur (τιμαί) sont interprétées doublement comme don matériel et objet du désir des ambitieux. Reprise en I.7, 1365a7-8 sur l'importance de ces marques d'honneur, qui sont des reconnaissances de notre valeur, cette mention de la τιμή nous met sur la piste d'une psychologie qui est à l'œuvre en II.2-11, notamment pour les émotions de colère, de honte, mais aussi de jalousie et d'envie. En I.5-6, Aristote indique aussi plusieurs relations entre des biens ou qualités et certaines caractéristiques affectives : par exemple la beauté physique d'un homme mûr doit également inspirer la crainte (φοβερότητος) tout

13 Cette thèse a été proposée par Conley (1982). Voir également Conley (2007).

en étant agréable (I.5, 1361b11-13) ; la bonne fortune ne peut manquer de susciter la jalousie (I.5, 1362a6) ou plus loin susciter une forme de rivalité (I.6, 1363a8, καὶ τὸ περιμάχητον φαινόμενον) qui ne manque pas d'annoncer le développement sur l'envie (ζῆλος) en II.11.

Concernant le genre épidictique (I.9), Aristote fournit quelques exemples de la manière dont l'éloge se saisit de certains éléments affectifs, au premier rang desquels l'honneur et la honte, afin de manifester la beauté (et non plus l'utilité) de telle ou telle action (1366b34-35, puis 1367a6-8). L'objectif de l'orateur étant « d'amener ce qui est en honneur au niveau de ce qui est beau » (καὶ ὅλως δὲ τὸ τίμιον ἄγειν εἰς τὸ καλόν, 1367b11-12). Figurent dans cette rhétorique épidictique d'autres émotions : la peur (1367a15, présentée négativement dans l'action courageuse) et la colère (1367a38, laquelle sera plutôt présentée comme une forme de franche simplicité (ἁπλοῦν)).

C'est surtout dans les chapitres 10-14, consacrés au genre judiciaire que les émotions sont les plus présentes. Elles sont invoqués comme des motifs d'action et donc comme causes de l'injustice : c'est le cas, parmi les émotions analysées en II.2-11, de la peur du lâche qui abandonne son rang, de la colère, de l'impudence (I.10, 1368b10-24). La rhétorique judiciaire prend donc appui tantôt sur l'éthique pour reconnaître les vices et les vertus, tantôt sur une psychologie des passions, I.10 annonçant explicitement l'analyse de II.2-11 :

> Mais sur ces questions, les choses sont claires, au vu soit de ce qui a été dit des vertus, soit de ce qui sera dit des passions. (*Rh.* I.10, 1368b25-26).

La colère elle-même (ὀργή et θυμός) se retrouve prise dans plusieurs typologies des injustices commises, selon qu'il s'agit d'un acte commis de plein gré ou d'un acte commis malgré soi, ce qui n'est pas sans rappeler l'essai de typologie des crimes commis par θυμός par l'Athénien des *Lois* de Platon au livre IX, 865a1-869e9 (I.10, 1369a4[14], puis 1369b11-15, et enfin I.13, 1373b33-38).

14 Frede (1996, p. 265) utilise cette mention de la colère en I.10 pour accréditer l'idée que nous avons bien affaire, en II.2-11 aussi d'une psychologie capable d'étayer la rhétorique judiciaire : « [...] *Aristotle's first broaches the subject of the emotions when he tackles the question of why people break the laws. To make plausible that the accused did or did not commit an action or was justified in doing what he did, the orator has to know in what condition and for what reasons people commit injustice and against what kind of victim. [...] In that sense reference to the* pathē *forms a legitimate part of forensic speech because it concerns the proof of guilt or innocence.* »

Ces indications sur les passions justifient donc, jusqu'à un certain point, le regroupement de l'analyse des passions en une seule section.

La présence des passions dans les lieux communs, à vrai dire, est beaucoup moins sensible[15]. Un passage retient l'attention. En *Rh.* II.19, Aristote reprend en effet les termes de « signes » formulés pour expliquer la peur en II.5[16] :

> En effet, tout le monde, lorsqu'il souhaite quelque chose et en a le pouvoir, le fait, car il n'y a aucun obstacle ; et aussi si l'on souhaitait quelque chose et que rien ne l'empêchait, et si on en avait le pouvoir et qu'on était en colère, et si on en avait le pouvoir et qu'on le désirait. Car la plupart du temps, ce que les hommes désirent, lorsqu'ils en ont le pouvoir, le font, les personnes mauvaises par incontinence, les honnêtes gens parce qu'ils désirent des choses honnêtes. (*Rh.* II.19, 1392b19-24)

Ce passage, qui joue sur la modalité du temps, montre comment par comparaison un orateur peut déduire d'une vérité psychologique générale qu'un tel, parce qu'il était en colère, devait nécessairement passer à l'acte.

Enfin au livre III, on trouve dans la conclusion la mention explicite des lieux concernant les πάθη que l'on doit susciter dans l'épilogue :

> Après cela, après avoir rendu manifeste les faits, quels ils sont et de quelle importance, il faut mener l'auditeur à éprouver des passions. Il s'agit de la pitié, de l'exaspération, de la colère, de la haine, de la jalousie, de l'envie et de l'esprit de querelle. On a aussi exposé les lieux de ces passions précédemment. (*Rh.* III.19, 1419b24-27)

Il n'y a dès lors qu'un pas pour faire de 2-11 une véritable topique, dont la fonction est la connaissance des motifs de l'action[17].

---

15 Mais elle existe dans la tradition pré-aristotélicienne. *Cf.* Rambourg (2014, p. 80-82) sur l'utilisation des lieux « communs » par Thrasymaque dans le cadre d'une manipulation des passions.

16 *Cf. infra* p. 223. Sur ce passage, voir Conley (1982, p. 306).

17 Sur le sens à donner à τόπος dans ce passage, voir Rambourg (2014, p. 196-197). Pour un exemple d'utilisation des lieux communs dans le cadre d'une manipulation des passions (ou plutôt pour se protéger de certaines passions défavorables), voir également p. 312-316 sur le lieu 23. Conley (1982, p. 309-312) pour sa part donne un exemple de reconstruction argumentative à partir des lieux de la colère. Que le terme τόπος ne soit présent qu'une seule fois en *Rh.* II.3, 1380a31 à propos du calme, ne pose pas d'ailleurs de grandes difficultés si l'on se réfère aux deux occurrences de πρότασις en II.1 1377b18, 1378a29, et à la fin de II.11, 1388b29-30.

TOPIQUE ET TYPOLOGIE DES PASSIONS

Cette topique des passions ne concerne pourtant pas seulement les motifs de l'action commise. La description qui suit la définition de chacune des passions propose en effet des espèces de « scénarios », parfois agrémentés d'exemples, d'anecdotes ou de citations homériques, qui constituent une analyse empirique des émotions. Avant de la répudier comme superficielle ou simplement comme « psychologie populaire », il faut reconnaître que cette approche qui mêle empirie et logique est peut-être la seule qui permet d'établir justement des « lieux » ou, si l'on veut, l'équivalent de nos « scripts[18] » de telle ou telle émotion. *Rh.* II.2-11 est une « topique » des émotions pour autant qu'elle est une « psychologie » permettant à l'orateur tout à la fois d'en reconnaître, conformément à l'examen tripartite, les motifs, les cibles et les dispositions, *et* de les produire chez l'auditoire.

Pour s'en persuader, rappelons la fin de II.3 sur l'apaisement qui est le passage le plus explicite concernant l'intrication d'une topique et d'une psychologie qui vise à la manipulation des émotions :

> Il est donc manifeste que ceux qui souhaitent calmer leur auditoire doivent parler en partant de ces lieux, d'une part en le mettant dans ces conditions, et d'autre part en présentant les cibles de sa colère comme des personnes effrayantes, ou dignes de respect, ou qui lui ont accordé des faveurs, ou qui ont agi contre leur gré, ou qui souffrent démesurément des actes qu'ils ont commis (*Rh.* II.3, 1380b29-33).

L'orateur apaise par son discours en s'appuyant sur des scénarios typiques du calme, et en désignant des cibles incompatibles avec la colère. L'approche par les lieux est féconde au sens où elle révèle des relations entre des prémisses qui ont un effet direct sur les états émotifs de l'auditoire.

Cette « topique » psychologique ne suit ni l'ordre des lieux spécifiques, ni celui des lieux communs. Pourtant, il y a bien un « ordre »

18 *Cf.* Cairns (2008, p. 46 *sq.*) qui renvoie à Russell (1991) pour justifier la notion de « script » dans une approche non seulement de psychologie générale pour définir l'émotion, mais aussi pour une approche comparatiste. La notion de « script », qui prétend être transculturelle, est plus économique que celle de « scenario » développée par De Sousa (1990, chap. 7) qui sont des situations paradigmatiques, conçues à travers des « scènes » (*drama*) lesquelles mesurent la pertinence et la rationalité d'un épisode émotif en fonction de la situation et de la finalité de l'action.

d'exposition des passions qui donne à penser qu'elle est à l'usage direct de l'orateur pour composer ses discours. Quel est cet ordre ?

1) Assurément, *Rh.* II.2-11 ne présente pas une « typologie » ordonnée du simple au complexe, ni une génétique des passions des plus naturelles au plus subtiles[19]. Toutes les passions présentent, on le verra, un degré de subtilité qui provient de leur intrication dans un réseau interpersonnel de relations sociales. On ne peut que spéculer sur un ordre qui serait réputé plus pragmatique, ou plus conforme à ce que les Grecs envisagent comme des passions paradigmatiques (les passions les plus utilisées en rhétorique, les passions les plus « connues » de nous)[20].

2) En revanche, Aristote emploie deux critères de présentation des passions.

2a) Le premier est explicite : il s'agit de la présentation des passions par les « contraires » (καὶ τὰ τούτοις ἐναντία, 1378a23)[21]. Aristote souligne, à quatre reprises, que l'examen par les contraires constitue un fil directeur de l'examen[22]. L'application de ce principe est vaste, dans la mesure où il peut concerner aussi bien des dispositions, caractères, actions, que les émotions elles-mêmes. Dans ce dernier cas l'examen procède par déduction en attribuant à l'émotion contraire des caractéristiques contraires. Parfois, l'examen est lapidaire (certains aspects de l'apaisement, l'assurance, l'impudence, l'ingratitude) ; à d'autres moments,

---

19 Cette approche me semble plus platonicienne, notamment dans le *Tim.* 42a3-b3, et 69c8-d6 ; *cf.* Renaut (2020), ou dans le *Phlb.* 47e-50d. En aval d'Aristote, on trouve une tentative de réduction de certains πάθη à des émotions originaires, par exemple la peur chez Épicure et Lucrèce, dont Morel (2018) a bien montré qu'ils établissaient un système de dérivation des passions à partir d'une émotion originelle et radicale : la peur. Aristote ne s'interdit pas néanmoins cette approche par dérivation, comme on le verra à propos de la relation entre peur et pitié en II.8, mais il ne s'agit pas d'un critère de typologie des passions en *Rh.* II.2-11, lesquelles présentent toutes une forme d'autonomie.

20 Voir l'analyse intéressante de ce point de vue de Marmo (2018, p. 140-144) sur la réception de la *Rhétorique* d'Aristote par Gilles de Rome.

21 Rapp (2002b, p. 599-600) donne un très bon aperçu de la variété des relations de contrariété, directes et indirectes, entre les passions en II.2-11.

22 Le terme ἐναντίον est employé constamment : II.2, 1380a3, II.3, 1380a5, 1380a31, 1380b2, II.4, 1381a7, 1381b38, II.5, 1383a16, II.6, 1385a14, II.8, 1386a23, II.9, 1386b25, 1386b34, 1387a13, II.10, 1388a25, II.11, 1388b21, 1388b22, 1388b26. Les quatre passages les plus explicites sont II.3, 1380a31 : « D'une manière générale, il faut examiner (σκοπεῖν) ce qui calme à partir des contraires » ; II.4, 1381b38 : « Concernant la haine et le fait de haïr, il apparaît qu'on peut l'envisager (θεωρεῖν) à partir des contraires » ; II.6, 1385a14 : « quant à l'impudence, il est clair qu'on trouverait facilement ce qu'il en est (εὐπορήσομεν) en partant des contraires ».

procéder par les contraires relève d'une enquête plus complexe, comme en témoigne le long passage de II.9 qui discute de différents contraires de la pitié, en faisant varier les critères d'opposition.

2b) Le second est implicite, et mêle constatations empiriques et exclusions logiques entre jugements inhérents aux émotions : il s'agit de tisser un réseau d'implications, d'exclusion, de contrariétés indirectes entre les passions elles-mêmes. Ainsi la colère entretient-elle un rapport complexe avec l'amitié en augmentant son intensité si la cible se trouve être un ami ; la haine, contraire de l'amitié, est présentée non pas par des caractéristiques contraires à l'amitié, mais contraires à la colère ; l'amitié elle-même semble impliquer un ensemble de passions connexes qui se trouvent être celles qui sont analysées en 2-11 ; la peur enfin nourrit une relation de proximité et d'exclusion avec la pitié qui fait de la première une émotion bien plus complexe que ce que la psychologie contemporaine nous décrit parfois. C'est à l'aide de ce second critère que l'on peut tenter de comprendre pourquoi telle analyse d'une passion succède à telle autre dans l'ordre d'exposition (la honte après la peur dont il faut la distinguer, la pitié après la gratitude qui peuvent croiser leur motif, etc.).

On peut conclure cette section en revenant sur la transition du livre I au livre II, ainsi que la très courte conclusion de II.11.

Au début de II.1, Aristote reprend les analyses du livre précédent en disant :

> Voilà d'où il faut partir pour conseiller et dissuader, louer et blâmer, accuser et défendre, et voilà quelles sont les opinions et prémisses utiles aux moyens de persuasion correspondants. Car les enthymèmes portent sur ces matières et en proviennent, pour autant qu'on envisage chaque genre de discours dans sa particularité. (*Rh.* II.1, 1377b16-20)

Chaque genre de discours (délibératif, judiciaire et épidictique) désigne à la fois un couple d'opérations spécifiques et des « univers » d'opinions et de prémisses qui se recoupent. C'est la raison pour laquelle les moyens de persuasion (πίστεις) ont les genres de discours à la fois comme un cadre fonctionnel contraignant, et comme objet propre. Aristote indique ici qu'envisager un genre de discours rhétorique implique de considérer un univers de références qui en découle, et réciproquement qu'un univers de références reconnaissable implique un certain genre de discours.

Nous retrouvons, à la fin de II.11, cette solidarité de l'analyse des lieux et des manières de susciter les passions, bien qu'un problème textuel complique l'affaire :

> On a donc décrit les moyens par lesquels (δι' ὧν) on fait naître ou on dissipe les passions, d'où (ἐξ ὧν) sont tirés les moyens de persuasion à leur propos. (*Rh.* II.11, 1388b28-30)

Comme une majorité de traducteurs et d'interprètes, je ne lis pas le καί avant le ἐξ ὧν, imprimé par Kassel en suivant la famille Δ. Or ce καί engage ici des interprétations relativement divergentes[23]. 1) En conservant le texte sans καί, la phrase veut simplement dire que ce qui a été exposé (à savoir les moyens de produire ou de dériver ou de faire cesser les émotions) sont les moyens de persuasion techniques d'un certain type, à savoir la persuasion *par les passions.* 2) En ajoutant un καί (« les moyens par lesquels on fait naître ou on dissipe les passions, et d'où sont tirés les moyens de persuasion à leur propos »), il est possible de comprendre que l'enjeu du début du livre II est de faire de ces moyens des lieux logiques de persuasion dans un enthymème, ou même que c'est là l'enjeu principal auquel le premier (susciter ou faire cesser des émotions) serait subordonné. Or comme on le verra, les chapitres mêlent psychologie, topique, et technique de manipulation. Mais il est à tout le moins difficile de rendre exclusives l'une de l'autre ces deux interprétations en réduisant *Rh.* II.2-11 à une topique générale des passions. C'est plutôt l'inverse qui est vrai : cette topique n'est possible que dans la mesure où elle est solidaire d'une psychologie qui permet à l'orateur de susciter les passions qu'il souhaite, et de la manière dont il le souhaite.

---

23 Seul Conley (1982) milite pour ce καὶ. Rapp (2002a, p. 97) le traduit, ainsi que Waterfield et Yunis (2018, p. 87). Ces interprétations sont parfaitement résumées par Kennedy (2007, p. 147, n. 68) et Chiron (2007, p. 327 n. 12).

LA MANIPULATION DES PASSIONS EN VUE DE LA MODIFICATION DU JUGEMENT

Le second objectif de *Rh.* II.2-11 est donc de savoir manipuler les passions. Cette manipulation comporte plusieurs étapes : s'attirer la disposition favorable de son auditoire, tenter de modifier le jugement de l'auditoire pour produire ou contrer une émotion, et par conséquent produire une disposition en vue du jugement final souhaité.

SE CONCILIER SON AUDITOIRE PAR LE CARACTÈRE

En préalable à toute production d'émotion chez son auditoire, il est d'abord nécessaire d'établir un lien de connivence avec lui.

> Et puisque la rhétorique vise le jugement (car on juge les débats et le procès est un jugement), il est nécessaire non pas seulement d'être attentif à la manière dont le discours sera démonstratif et crédible, mais aussi de produire en soi-même et chez celui qui juge une certaine qualité. Car cela fait une grande différence pour la crédibilité, surtout dans les débats, et puis aussi dans les procès, que celui qui parle apparaisse avec une certaine qualité et que ses auditeurs supposent qu'il est dans une certaine disposition à leur égard, si en outre ces derniers se trouvent aussi disposés d'une certaine manière. (*Rh.* II. 1, 1377b21-29)

Aristote expose ici un fait simple mais déterminant pour l'efficacité persuasive : une relation fondée sur ce qu'on pourrait appeler la « connivence » entre l'orateur et l'auditeur. L'orateur *fait montre* d'un certain caractère ou disposition, et l'auditeur *suppose* que l'orateur possède effectivement cette disposition. Être persuasif exige une situation de communication où prudence, vertu et bienveillance sont supposées de la part de l'auditeur[24]. Comme le rappelle Aristote peu après notre passage, l'auditeur peut reconnaître que le jour sous lequel l'orateur se montre est bien une « apparence » feinte et qu'il a une volonté de tromper (II.1, 1378a9-15)[25].

---

24 Sur cette question, voir l'analyse complète de Woerther (2007a, p. 209-239).

25 Iso. *Sur l'échange* 132, où Isocrate, à propos de Timothée, rappelle qu'il ne suffit pas d'être effectivement doux et réfléchi comme son protégé l'était, mais d'ajouter un *paraître* correspondant : « Et pourtant, il m'avait souvent entendu lui dire que les hommes politiques

L'assomption par l'auditeur du caractère de l'orateur est une hypothèse distincte de l'état ou de la disposition de l'auditeur lui-même. La construction à l'éventuel « si en outre ces derniers se trouvent aussi disposés d'une certaine manière » (ἐὰν καὶ αὐτοὶ διακείμενοί πως τυγχάνωσιν) dit en un sens que la disposition des auditeurs excède la technique rhétorique : défendre un innocent devant un jury qui se trouve être à ce moment précis en colère relève d'un mauvais hasard, qui infléchit le jugement final, et est hors de portée du pouvoir de l'orateur. En revanche, comprendre la puissance de cette disposition et en tenir compte dans la démonstration faisant appel aux passions est absolument nécessaire, et tel est l'objet des chapitres 2-11. On peut interpréter cette clause de deux manières, qui rendent compte de deux opérations réciproques :

- ou bien l'orateur prendra soin d'amener l'auditeur vers telle ou telle disposition en suscitant telle ou telle passion, *en tenant compte de la disposition de départ* ; et les possibilités sont bien évidemment limitées, soit par des circonstances extérieures, soit par des dispositions affectives contraires[26],
- ou bien, compte tenu d'une situation de communication difficile (imaginons un orateur doux et pacifique s'adressant à une assemblée colérique), l'orateur travaille le contenu du discours et la manière dont il se présente pour modifier, à son avantage, la situation discursive. Dans ce cas, la science de l'orateur, selon Aristote, consiste en effet moins en la reconnaissance des caractères et à sa capacité à produire des affections sur l'auditeur qu'en la capacité à adapter à une situation discursive donnée la manière dont il présente son discours par le caractère[27].

---

qui veulent plaire, doivent choisir les actions les plus utiles et les plus belles et les discours les plus vrais et les plus justes, mais que néanmoins il leur faut veiller avec le plus grand soin à se montrer en tout gracieux et affables (ὅπως ἐπιχαρίτως καὶ φιλανθρώπως ἅπαντα φανήσονται) dans leurs paroles et leurs actes, car les gens qui négligent cela passent (δοκοῦσιν) aux yeux de leurs concitoyens pour insupportables et de commerce trop pénible » (trad. G. Mathieu).

26 *Cf. Rh.* II.2, 1379a25-28 à propos de la colère.

27 Fortenbaugh (2006, p. 300-301) décrit très bien ce processus de « neutralisation » de l'émotion par le caractère : « *He develops a notion of persuasion through character that does not aim at working an emotional effect. It aims at giving the unemotional and impartial auditor good reason for paying attention and possibly deciding in favor of the speaker.* » Fortenbaugh

Il y a donc, préalablement à toute persuasion efficace par les passions, une forme d'accord dispositionnel, la connivence, entre l'orateur et son public.

INFLUENCES RÉCIPROQUES ENTRE ÉMOTIONS ET JUGEMENTS

Reste donc deux stratégies corrélatives : modifier le jugement de l'auditeur à l'endroit d'une émotion, et produire une émotion en vue de la modification du jugement[28]. Ces deux actions ne sont pas pour autant symétriques : c'est toujours *en vue du jugement* qu'il s'agit d'employer la persuasion par les passions.

L'argumentation ou le jugement parvient à produire, à modifier ou à détourner l'effet des émotions.

a) L'énonciation d'un jugement dépréciatif produit d'emblée de la colère (*cf.* II.2, 1378b10 où la dépréciation est définie comme une « réalisation de l'opinion » (ἐνέργεια δόξης) selon laquelle nous pensons qu'une chose ou une personne n'a pas de valeur. Un accord, même implicite, sur le statut respectif des personnes en présence, est capable d'apaiser cette colère (ὁμολογεῖν, II.3, 1380a22). C'est le cas enfin de la honte, de manière évidente, par l'omniprésence de l'opinion et de la réputation comme élément de l'argumentation.

b) L'argumentation doit pouvoir également susciter, par le raisonnement ou le calcul, une émotion. En dépit d'une amitié réellement ressentie, le rappel dans l'argument (ἀποδεικνύναι, II.4, 1382a17) de bienfaits précédemment reçus par exemple doit parvenir l'auditoire dans une disposition plus favorable, ou inversement confondre une prétendue relation d'amitié (φάσκοντας διαλύειν, II.4, 1382a17-18). *A fortiori* c'est le même processus qui est à l'œuvre pour détruire l'apparence d'une faveur donnée et rendre les gens ingrats (II.7, 1385a34-b4). C'est le cas également de la peur dont l'émergence peut être suscitée par le fait de se

---

s'appuie en particulier sur les lignes 1378b7 *sq.* qui mentionnent des qualités particulières de l'orateur (prudence, vertu et bienveillance). Je reste néanmoins sceptique concernant la préférence donnée par Fortenbaugh à l'argument par le caractère sur l'argument par l'émotion ; la seule préséance qu'on peut accorder sur le caractère est qu'il constitue une condition supplémentaire d'efficacité de l'argument par les passions.

28 Ces deux points sont peu problématiques et relèvent d'une pragmatique du discours dont on analysera le détail dans le commentaire. L'influence du jugement par l'émotion, et réciproquement l'influence du jugement sur l'émotion ont été présentées de manière systématique par Leighton (1996, p. 208-217 ; 2009) ; Rapp (2002b, p. 577-583) ; Pearson (2014, p. 185-207).

représenter aux prises avec un danger (II.5, 1382b20-1383a6, ὅτι τοιοῦτοι εἰσι οἷοι παθεῖν, 1383a9), ou à l'inverse de l'assurance si la rectification des erreurs est possible (II.5, 1383a20-25).

c) L'argumentation doit pouvoir neutraliser l'effet de certaines émotions. Outre la colère que l'on parvient à apaiser en montrant qu'untel n'a pas agi intentionnellement, c'est le cas aussi de la pitié (II.8, 1385b35-1386a1) ou de l'indignation (II.9, 1387b6-7) où le mérite de la cible est l'objet d'une discussion.

d) À l'inverse, l'argument peut transformer une émotion passagère en une disposition plus durable, comme la colère en haine (II.4, 1382a1-15).

Les émotions à leur tour sont suscitées pour favoriser l'émergence d'une opinion.

a) La plupart des émotions sont suscitées par l'orateur comme un accompagnement naturel du jugement à produire : l'amitié rend l'inculpé moins coupable, la haine renforce sa culpabilité (II.1, 1378a2-3), la pitié a vocation à alléger la peine sans supprimer la culpabilité (I.13, 1374b2-6), etc. Les exemples les plus manifestes sont tirés de la rhétorique judiciaire au sens où le jugement prononcé peut directement résulter d'une disposition affective.

b) L'émotion permet d'amener l'auditoire à focaliser son attention sur telle ou telle dimension de l'action qu'il n'aurait peut-être pas perçu sans être dans cet état. Ainsi en va-t-il de cette note à propos de la colère qui fait de l'oubli des noms propres le signe d'une indifférence, et partant du mépris (II.2, 1379b34-37). La peur rend, plus que de raison, attentif aux dissimulations et aux ruses (II.5, 1382b19-22). La honte nous rend plus sensible au regard non de toutes les personnes mais à celles dont nous faisons cas (II.6, 1384a25-26).

c) Les émotions empêchent certains jugements qui sont incompatibles avec cette disposition, soit directement, soit indirectement par exclusion entre deux émotions. Ainsi la peur bloque-t-elle la colère (II.3, 1380a23, 1380a33 : ἀδύνατον γὰρ ἅμα φοβεῖσθαι καὶ ὀργίζεσθαι), mais aussi l'amitié (II.4, 1381b33), la pitié (II.8, 1385b32, 1386a22), et corrélativement l'indignation et la jalousie (II.9, 1386b23).

JUGE-T-ON BIEN SOUS LE COUP DE LA PASSION ?

Revenons à la contradiction précédemment décrite entre les livres I et II de la *Rhétorique*. Une telle manipulation des passions en II.2-11 peut-elle constituer un objectif assumé de l'art oratoire, alors même qu'Aristote en condamne l'usage en I.1 dans les cités bien gouvernées ?

Avant d'interroger dans la section suivante le problème éthique d'une manipulation par les passions en vue de la persuasion, on doit répondre à la question de savoir si le jugement effectué sous le coup d'un πάθος peut être aussi pertinent qu'un jugement entièrement rationnel. Juge-t-on mieux d'un crime lorsqu'on est en colère, lorsqu'on est ami, lorsqu'on a pitié ? Prend-t-on de meilleures décisions quand on a peur, quand on a honte, quand on est plein d'envie ? Ces questions se posent nécessairement dès lors qu'on accepte que l'émotion possède un pouvoir discriminant et une dimension cognitive d'une part, et qu'il peut exister d'autre part des émotions qui ne sont pas « en dehors du fait », mais qui concernent le fait lui-même.

Cette question a été analysée par C. Rapp, qui apporte une réponse négative[29] : nous ne trouvons pas, chez Aristote, l'affirmation selon laquelle on jugerait « mieux » sous le coup de la passion que sans passion. Je ne peux que confirmer cette conclusion dans le commentaire qui suit sur chacune des émotions. En dépit du fait que l'émotion discrimine et se focalise sur des facteurs intentionnels de l'action jugée (intention de dépréciation, intention amicale ou haineuse, pression des conventions à travers le regard d'autrui, etc.), elle n'est pour autant jamais nécessaire à leur compréhension : il n'y a rien que la raison seule ou l'intellect ne puisse aussi discriminer aussi bien que l'émotion passagère. Plus encore, même si l'émotion fonctionne sur des souvenirs ou des anticipations représentées, elle désigne un état passager et ne permet pas une vision d'ensemble de la situation. En cela, *Rh.* II.2-11 confirme, au moins par omission, les analyses de l'*EN* ou de *Rh.* I.1 sur le fait que l'émotion est, la plupart du temps, contraire à une juste appréciation dont la raison, elle, est capable.

29 *Cf.* Rapp ([2016] 2018) qui répond d'une part à Maroney (2012 ; 2018) qui soutient d'étendre notre usage de la colère en la réhabilitant dans le jugement du juge, et à Nussbaum (1994 ; 2001a ; 2004) d'autre part sur le terrain de la dimension cognitive de l'émotion, et son usage en politique et dans la sphère juridique. Je renvoie également le lecteur à la communication inédite d'A. Jaulin (2018).

Reste deux manières concomitantes d'expliquer l'importance de la manipulation des émotions en *Rh.* II.2-11 en vue du jugement.

La première est une raison anthropologique et pragmatique, qui justifie la condamnation des passions[30] : les hommes ressentent naturellement, et malheureusement, des passions, ils sont influencés par l'appât du gain et ils modifient leur jugement en vue de leur intérêt personnel. Il s'agit d'une donnée anthropologique, et d'une contrainte pragmatique. Aristote le dit à propos de la peur en II.5 :

> Puisque la plupart des gens sont mauvais, cèdent à l'appât du gain et sont lâches devant les dangers [...] (*Rh.* II.2, 1382b4-5)

À plusieurs reprises dans la *Rhétorique* Aristote nous rappelle en effet à la médiocrité de l'auditoire : outre I.2, 1357a1-4 déjà cité, l'auditoire est généralement simple (I.2, 1357a12 : ἁπλοῦς), « mal dégrossi » (II.21, 1395b2, φορτικότης τῶν ἀκροατῶν), méchant (III.1, 1404a8, μοχθηρία), facilement troublé dans son jugement (III.7, 1408a24-25), grossier (III.14, 1415b5-6 : φαῦλον ἀκροατήν), faible (III.18, 1419a18, ἀσθένεια), et c'est pourquoi il trébuche ou se heurte aux raisonnement trop longs ou mal composés (III.9, 1409b19, 1409b32). Cette contrainte pragmatique ne justifie en aucun cas que le jugement sous le coup de l'émotion serait meilleur, elle rend simplement possible – sans garantie de succès – l'émergence d'un jugement plus conforme à la raison si la manipulation des émotions est bien conduite par l'orateur.

La seconde raison, malgré le sombre tableau qu'Aristote brosse de l'auditoire, est une forme d'espérance dans la puissance de la raison à susciter des dispositions à décider et à agir qui ne font pas obstacle à la vertu, comme le rappelle le passage célèbre de l'*EN* II.5 :

> Je parle de la vertu morale, car c'est elle qui concerne affections et actions. Or, dans ce domaine, il y a excès, défaut et milieu. Exemple : on peut s'effrayer, se montrer intrépide, nourrir des appétits, s'irriter, s'apitoyer et, en somme, éprouver du plaisir et du chagrin, tantôt plus, tantôt moins et, dans les deux cas, sans que ce soit à bon escient ; mais, le faire quand on doit, pour les motifs, envers les personnes, dans le but et de la façon qu'on doit, constitue un milieu et une perfection ; ce qui précisément relève de la vertu. (*EN* II.5, 1106b16-23 trad. R. Bodeüs)

30 *Cf. supra* p. 127.

On verra une application de ce principe aux émotions de colère, de honte, d'amitié, et d'indignation en particulier[31], sans pouvoir conclure qu'un tel état émotif puisse constituer la vertu. Admettons que la vertu est toujours accompagnée d'émotions (ce que ce texte ne dit pas explicitement), les πάθη eux-mêmes ne sauraient de toutes les façons garantir un comportement vertueux qui consiste en un juste milieu. Du point de vue de l'art rhétorique, nous sommes donc, au mieux, dans un état qui peut faire penser à la vertu, qui fait d'ailleurs l'objet d'éloge et de blâme, mais jamais Aristote ne fait équivaloir une passion avec un état vertueux.

UN USAGE RAISONNÉ DES PASSIONS
Éthique, politique et rhétorique

Notre réponse à l'apparent paradoxe entre *Rh.* I et II se laisse résumer ainsi : étant donnée la nature de l'auditoire, porté davantage aux passions qu'au raisonnement, l'orateur doit connaître le fonctionnement des passions (ses motifs, ses cibles, les dispositions afférentes, pour savoir le cas échéant la susciter), mais aussi connaître les moyens d'en faire *le meilleur usage.* Par « usage raisonné des passions », on entend la possibilité d'utiliser une émotion comme un levier vers un meilleur jugement, et/ou un meilleur comportement des citoyens.

NEUTRALITÉ AXIOLOGIQUE DE LA RHÉTORIQUE

Est-il permis à l'orateur d'employer des moyens non-rationnels pour parvenir à un jugement plus sain ? L'idée d'une manipulation des passions a suscité, dans la histoire de la philosophie, la plus grande défiance à l'égard de la technique rhétorique, depuis les accusations platoniciennes du *Gorgias* sur lesquelles il n'est pas nécessaire de revenir[32]. La réponse

31 *Infra* p. 167 *sq.* pour la colère, 192 *sq.* pour l'amitié, p. 247 *sq.* pour la honte, et p. 325 *sq.* pour l'indignation.

32 On consultera sur ce point Pernot (2000). Sur la relation entre τέχνη et le bien chez Platon, voir la récente mise au point de Hulme (2019) qui, contre l'idée que le statut de τέχνη pour la rhétorique dépend du fait qu'elle soit bonne, argumente en faveur de

d'Aristote à cette accusation de non-technicité de la rhétorique, au motif qu'elle ne poursuit de manière inhérente ni le vrai ni le bien, mais le persuasif et ce qui favorable à l'orateur, occupe la fin du chapitre 1 du livre I (1355a21-b24)[33]. La position d'Aristote est claire : la technicité de la rhétorique ne repose pas sur la valeur éthique du bien qu'elle poursuit, mais sur sa capacité à a) parler du fait et non pas en dehors du fait en suppléant une connaissance dont les gens du commun ne sont pas capables d'apprécier la vérité, b) à envisager les thèses contraires, comme la dialectique, c) se défendre verbalement.

La rhétorique est donc neutre, en tant que technique, quant aux valeurs qu'elle est capable de manipuler, quand bien même le vrai, le juste et le bien seraient naturellement plus persuasifs.

Cette neutralité étant entendue, il revient à d'autres sciences de déterminer si et quand il est bon d'utiliser tel ou tel type de moyen pour parvenir à une certaine fin. Il revient à l'éthique de déterminer la nature du caractère de l'orateur, qui réside dans sa décision (προαίρεσις, I.1. 1355b19), et il revient à la politique en général de déterminer les principes et conditions d'une cité juste et heureuse. La politique est introduite en I.2, 1356a25-30 pour nommer « l'étude des caractères » (ἡ περὶ τὰ ἤθη πραγματεία), dont Aristote nous dit qu'il est juste de la nommer « politique » (πολιτική) ; la rhétorique apparaît non seulement comme un rejeton de la dialectique, mais aussi de cette étude particulière. La politique réapparait en I.4, 1359b8-18 où Aristote met en garde contre la confusion des frontières entre les puissances (la dialectique et la rhétorique) et sciences afférentes : l'étude des caractères nécessaire à la topique et à la manipulation des émotions dépend ainsi de la « science politique » (τῇ πολιτικῇ ἐπιστήμῃ). La rhétorique est un auxiliaire *nécessaire* de la politique, entendu qu'elle puisse être technique dès lors qu'elle suscite des émotions qui ne sont pas en dehors du fait[34].

---

l'hypothèse qu'une technique rhétorique est possible dans le *Phèdre* à partir du moment où elle possède un certain λόγος. Néanmoins, il faut ajouter que l'idée d'une manipulation raisonnée des émotions n'a jamais été un problème éthique particulier pour Platon, à condition justement que cette manipulation poursuive une fin bonne ; or, lorsque cela est possible, la rhétorique platonicienne doit favoriser une forme de rationalité chez les agents qu'elle persuade. Sur ce point voir Laks (2005) ; Renaut (2014, p. 300-323).

33 *Cf.* Rapp (2002b, p. 119-133), avec lequel je m'accorde entièrement. Voir également Rapp (2012).

34 C'est la thèse de Cooper (1994) sur le lien entre politique et rhétorique ; *cf.* en part. p. 195-197 au sujet de l'usage des émotions. Voir également McCabe (1994). Reeve

Il y a bien un risque, qui est inhérent à toute technique, qui est celui du « mauvais usage » de ces émotions dans un contexte politique vicié, et à partir du moment où l'orateur lui-même n'est pas vertueux (alors qu'il paraît l'être) ; ce risque est inévitable. Aussi ne devons-nous pas être étonné de voir l'orateur dire à la fin de II.4 :

> Il est donc clair qu'on peut démontrer à partir de ce qu'on a dit si des personnes sont ennemies ou amies, les rendre telles si elles ne le sont pas, et confondre celles qui prétendent l'être, et quant à celles qui se querellent à cause de la colère ou de la haine, les amener du côté qu'on aura décidé. (*Rh.* II.4, 1382a16-19)

En dernier ressort, c'est bien l'intention de l'orateur qui détermine la direction que prend le discours, la technique rhétorique qui consiste ici en une capacité de démonstration, de manipulation et de réfutation en fournit les moyens[35]. Conformément à ce qu'indique I.1, c'est dans la προαίρεσις que se situe la différence entre l'orateur vicieux et l'orateur vertueux, sans qu'on puisse ni techniquement ni nommément les distinguer comme on distingue le dialecticien et le sophiste.

LA RHÉTORIQUE COMME INSTRUMENT POLITIQUE

On ne rendrait pas justice au texte aristotélicien en se contentant de pointer la neutralité axiologique de la rhétorique. Plusieurs indices montrent qu'Aristote ne sépare pas toujours l'intention du théoricien politique de son traitement des passions en *Rh.* II.2-11. Nous entrons ici, il est vrai, dans des eaux troubles où l'expression de la moralité populaire

---

(1996) pour sa part semble douter d'une articulation théorique entre rhétorique et politique et souligne que la prétention de la rhétorique fait déborder son usage, au risque de se substituer à la politique. En ce sens, Reeve rejoint une interprétation qui fait s'opposer l'idéal des juges impassibles et une nécessité pragmatique (*cf.* en part. p. 197-199). La jonction entre politique et rhétorique est celle des cités intermédiaires, qui sans être idéales ne sont pas complètement corrompues, où les passions occupent une place prépondérante (*ibid.*, p. 203).

35 Je rejoins ici une des conclusions de Merker (2016, chap. IV). La rhétorique apparaît comme un lieu propice dans l'élaboration aristotélicienne du concept de προαίρεσις, très probablement dans un dialogue avec Démosthène (*cf. Rh.* III.16, 1417a24-26. Un usage du verbe προαιρεῖσθαι par Démosthène dans *Sur la couronne* 280.5 est remarquable à ce propos : en réponse à Eschine qu'il accuse de ne produire qu'un éclat de voix, Démosthène dit que ce qu'on estime chez l'orateur, c'est d'avoir le même dessein que le peuple (τὸ ταὐτὰ προαιρεῖσθαι τοῖς πολλοῖς), d'aimer et de haïr les mêmes choses que la patrie (τὸ τοὺς αὐτοὺς μισεῖν καὶ φιλεῖν οὕσπερ ἂν ἡ πατρίς).

se laisse difficilement distinguer des choix d'Aristote[36]. Il vaut la peine néanmoins d'être attentif aux trois points suivants.

a) Certaines passions sont qualifiées éthiquement. Il ne s'agit pas de comprendre qu'il existe des « passions vertueuses », ce qui contredirait *EN* II.4. La vertu n'est pas, ne peut pas, être une passion. De même il n'existe pas de « bonnes passions » à proprement parler. En revanche, certaines passions peuvent bien être le fait de certains caractères ou dispositions qu'on qualifie de vertueux ou de vicieux, et de ce fait certains comportements qui impliquent des passions sont l'objet d'éloge et de blâme. C'est exactement ce que l'on trouve en *Rh.* II.2-11 : l'amitié est le fait de l'homme de bien (ὁ ἀγαθός, II.4, 1381b8-9), la pitié et l'indignation sont les passions de l'homme de bien et droit (ἤθους χρηστοῦ, II.9, 1386b12-13, ἀγαθοὶ καὶ σπουδαῖοι 1387b8), et inversement se réjouir d'une peine méritée et de succès mérités est juste et est le fait d'un honnête homme (δίκαια … ἐπιεικῆ, II.9, 1386b31-32), ainsi que l'envie qui est honnête (ἐπιεικές, II.11, 1388a35), tandis que la jalousie et se réjouir du malheur d'autrui des passions de l'homme mauvais (φαύλων, II.11, 1388a36). En outre, on ne peut s'empêcher d'attribuer des connotations positives au calme (l'homme calme a d'honnêtes espoirs, ἐν ἐλπίδι ἐπιεικεῖ), à la gratitude, et juger l'impudence ou la haine négativement (la haine est liée au vice, 1382b11). D'autres émotions enfin sont exposées dans toute leur ambivalence : colère, peur et assurance, honte. On objectera immédiatement que ces qualificatifs sont tout à fait traditionnels et expriment justement la moralité populaire, pas l'opinion d'Aristote. La toile de fond des ἔνδοξα relatives aux passions n'est effectivement pas neutre : l'appel à la colère est notoirement ambivalent, l'accusation de jalousie est fréquente pour démobiliser l'adversaire, etc. Et cependant, Aristote donne des pistes – peu nombreuses il est vrai – d'un traitement différencié des passions, même des plus négatives, en

36 Je renvoie ici à l'article remarquable d'Halliwell (1994) qui interroge la porosité des frontières entre rhétorique et politique, du fait même qu'Aristote admet utiliser des principes et croyances de moralité commune ou populaire. En s'appuyant sur *Pol.* IV.4, 1291a40-1291b2 (où la rhétorique n'est néanmoins pas mentionnée nommément), Halliwell entend montrer que l'activité de délibération et de conseil, qui suppose la prudence, constitue un nœud où s'entrecroisent les principes de la science politique et l'activité rhétorique (*ibid.*, p. 220-226). De ce fait, « *the* Rhetoric *remains open to the possibility that the orator's engagement with popular morality will sometimes, and non-accidentally, succeed in contributing to the realization of the human good and will do so in ways that embrace legitimate appeal to the criteria both of* phronesis *and of* to sumpheron » (*ibid.*, p. 228).

vue d'un meilleur usage. Si on doit utiliser la peur, c'est parfois pour nous pousser à délibérer (*Rh.* II.5, 1383a6-7) ; s'il faut utiliser la honte ou l'envie, c'est peut-être pour nous engager dans la voie de la vertu ; s'il faut utiliser la jalousie, ce sera pour empêcher une pitié dont on pourrait se dire qu'elle n'est pas méritée, etc. Je tenterai de montrer, pour chacune des passions envisagées, comment un impératif éthique et/ou politique influence le traitement d'une émotion, et comment cet impératif peut être distingué d'un usage technique rhétorique où susciter une émotion peut finalement conduire à libérer un jugement plus sain[37]. Non pas, encore une fois, qu'Aristote accepte que l'émotion constitue elle-même un meilleur jugement, mais il existe des situations où ressentir une émotion permet d'y pallier.

b) Cet usage raisonné des passions fait également fond sur une notion centrale, l'honneur (τιμή), qui traverse littéralement toute l'analyse des passions en *Rh.* II.2-11. Colère, honte, indignation, envie sont intrinsèquement liées à un désir de τιμή et à une attention au mérite (ἄξιος). C'est vers cette notion que convergent d'autres tendances comme l'amour des honneurs ou rivalité (φιλοτιμία), mais aussi l'admiration, et un ensemble de valeurs compétitives et coopératives qui soutiennent les comportements justes et vertueux[38]. En dépit de l'ambivalence éthique de telles tendances, déjà repérées par Platon, Aristote y fait appel afin d'expliciter les processus par lesquels des valeurs communes constituent des objets de désir, menant potentiellement vers la vertu.

c) Enfin, on trouvera en particulier dans les chapitres II.8-11 pour des raisons évidentes, mais aussi à propos de l'amitié, de la peur et de la honte une réflexion discrète sur ce qui fonde une communauté émotive, à travers la notion de « semblables » (ὅμοιοι) et d'« égaux » (ἴσοι) dans la communauté politique.

Ces trois points d'attention doivent permettre d'étayer l'hypothèse selon laquelle Aristote ne considère pas les émotions comme de simples contraintes liées à la médiocrité de son auditoire ; elles sont aussi, si on les utilise bien, des leviers vers la vertu et vers une consolidation du lien politique.

---

37 En cela, je rejoins Gastaldi (1990, chap. 5) sur la figure du σπουδαῖος dont la fonction en *Rh.* II.6 est importante.

38 La présence de ces valeurs compétitives et coopératives a bien été repérée par Viano (2010b).

LES FRONTIÈRES DE *RH.* II.2-11

On peut conclure brièvement sur l'extension du domaine de *Rh.* II.2-11. Comme on l'a rappelé, Aristote précise en I.4 (I.4, 1359b8-18) que le domaine de la rhétorique est borné doublement : par le fait qu'elle soit une capacité d'une part (δύναμις), non une science, et par ce qu'elle emprunte à la science analytique d'une part (comme la dialectique) et à la politique d'autre part. On aurait pu être tenté de rapprocher rhétorique et analytique à travers la seule étude de l'enthymème, ce raisonnement qui apparente et différencie par ailleurs rhétorique et dialectique, et rapporter la dimension politique de la rhétorique à l'étude des passions et des caractères.

Un tel partage, on l'a vu, n'est pourtant pas tenable si l'on considère que *Rh.* II.2-11 est *aussi* une topique constituée de prémisses propres à des enthymèmes qui visent à démasquer des passions ou éventuellement à en susciter : en cela, *Rh.* II.2-11 emprunte bien – même à un degré moindre que l'examen des lieux, et notamment des lieux communs – à l'analytique. Par différence avec l'analytique, comme j'espère le montrer, *Rh.* II.2-11 présente en bien des endroits des points qui débordent son domaine propre de capacité, en ce qu'elle fait appel à des principes qui sont ceux de la science éthique et politique. Même si *Rh.* II.2-11 semble se présenter comme un « manuel à l'usage de l'orateur par un homme qui connaît bien les faiblesses du cœur humain et sait comment s'en jouer » (Ross, [1923] 1971, p. 387) afin de susciter, sans considération éthique ou politique particulière, les passions qu'il souhaite, certains passages montrent qu'Aristote voit dans la rhétorique des passions un moyen possible pour l'homme politique de parvenir à ses fins, un moyen qui nécessite donc une science architectonique. Platon avait prévenu que la rhétorique et la sophistique risquaient à tout moment de se substituer à la véritable politique ; Aristote, en *Rh.* II.2-11 à propos des passions prend acte de ces débordements possibles, tout en autonomisant le champ d'application de la rhétorique.

DEUXIÈME PARTIE

LES PASSIONS PARTICULIÈRES

LA COLÈRE ET L'APAISEMENT (*RH.* II.2-3)

La colère inaugure la série de description des πάθη du livre II. Il n'est pas besoin d'insister sur le caractère paradigmatique de cette passion qui depuis le premier vers de l'*Iliade* terrifie tout autant qu'elle inspire une forme de solennité[1]. Mais ce n'est peut-être pas seulement parce que ses incarnations éclatantes et destructrices occupent l'imaginaire grec qu'Aristote commence par analyser cette passion : elle est la source d'une grande majorité d'actions et de crimes, du plus insignifiant au plus redoutable pour l'équilibre de la cité ; elle est aussi l'émotion rhétorique la plus communément citée et convoquée, avec la pitié, lorsqu'il s'agit d'influencer le jugement de l'auditoire ou des jurés. Tout le monde peut ressentir de la colère, en fonction de ce à quoi il tient et de la valeur qu'il s'accorde à lui-même. C'est naturellement dans la *Rhétorique* que nous trouvons, à travers une « psychologie sémiotique » de la colère, pour emprunter les mots de P. Ricœur, le « fonds anthropologique » qui explique cette passion banale et pourtant capitale dans la perception de ce qui est juste (Ricœur, 2002, p. 21). À ce titre, la colère ouvre l'analyse de la série des passions rhétoriques en fournissant de manière détaillée l'ensemble des questions qui pourront être posées dans les chapitres suivants.

D'abord une question d'ordre psychologique : quels sont les mécanismes psychiques à l'œuvre dans la colère ? La réponse d'Aristote est complexe : la colère est un désir, lui-même dépendant d'autres désirs de biens qu'on estime ; elle est dès lors fondée sur la représentation d'un déni ou un mépris de ce bien qu'on possède, qu'on désire posséder, ou qu'on pense être digne de posséder ; elle relève enfin d'un certain jugement sur ce qu'on aimerait directement appeler « justice », mais qui concerne plus exactement l'honneur (τιμή). Le jugement est pourtant

1 *Cf.* Harris (2001) et les études réunies dans Braund et Most (2003) pour l'ensemble de la tradition archaïque et classique.

« obscur » ; c'est lorsqu'il s'agira de décrire le retour au calme, en II.3, que la rhétorique apparaîtra comme un levier d'atténuation ou même de suppression de la colère.

En second lieu, on doit s'interroger sur les processus de reconnaissance et d'établissement de ces valeurs chez celui qui est en colère : cette passion ne dépend des valeurs de justice que parce qu'elle réagit à des situations où ces dernières sont dépréciées. On peut dire que la colère révèle la justice « en creux », à travers tout ce qui menace les valeurs de la cité. La colère, comme l'amitié au demeurant, est décrite en II.2 en relation étroite avec d'autres passions (amitié, peur, pitié, honte et impudence) et traits de caractère, qui toutes constituent des manières d'appréhender les valeurs de la cité.

En troisième lieu, et sans vouloir imposer à la rhétorique une fonction axiologique qu'Aristote se garde de lui donner, Aristote est naturellement confronté au problème de l'usage justifié de la colère. Il ne s'agit pas seulement de poser la question de savoir s'il est juste ou non de ressentir de la colère, mais de savoir comment elle est propre à produire un meilleur jugement, si cela est même possible. Il serait trop simple de répondre que la colère est une passion irrationnelle qui obscurcit le jugement et empêche la saine délibération, tandis que le calme est propice à une telle activité ; car il apparaît que susciter la colère, c'est aussi défendre un ensemble de valeurs justes. Aristote reconnaît que la cité est en équilibre instable, même lorsque ses citoyens sont calmes, et il ne paraît pas vouloir renoncer, comme Thucydide ou Platon, à un usage raisonné de la colère – il sera alors nécessaire d'en déterminer les conditions.

LES MÉCANISMES PSYCHOLOGIQUES DE LA COLÈRE ET DU CALME

Examinons conjointement les définitions de la colère et du calme afin d'isoler autant que possible les mécanismes psychologiques à l'œuvre.

DÉSIR

La définition de la colère est la suivante :

> Disons donc que la colère est le désir, accompagné de douleur, de ce qui apparaît comme une vengeance, à cause de ce qui apparaît comme une dépréciation venant de quelqu'un à qui il ne convient pas qu'il déprécie ce qui a trait à la personne elle-même ou à ses proches. (*Rh.* II.2, 1378a31-33)

Puis la définition du retour au calme, posé au préalable comme un contraire (ἐναντίον) de la colère :

> Disons que le fait de se calmer est le rétablissement, c'est-à-dire l'apaisement, de la colère. (*Rh.* II.3, 1380a8-9)

La colère est d'abord définie comme une ὄρεξις. Choisir ce terme pour caractériser le πάθος qu'est la colère n'est pas anodin. Comme on l'a vu, la majeure partie des passions rhétoriques sont définies comme des douleurs ou des plaisirs, et non d'emblée comme des désirs. 1) Il s'agit d'abord d'insister sur la dimension active ou réactive de la colère. En effet, définir la colère comme douleur face à la dépréciation par exemple n'aurait pas permis de rendre compte de sa différence avec l'indignation ou la jalousie : ces dernières sont en effet comme on le verra des douleurs liées à ce qu'on considère immérité ou ce qui constitue pour nous une insulte (II.10, 1388a17, ὄνειδος). La colère invite à une action corrective immédiate, face à une brèche de justice qui concerne l'agent directement et sur un aspect particulier, tandis que les deux dernières peuvent désigner des états où sont pris en considération des situations plus globales. 2) Cette dimension désirante de la colère permet d'expliquer en outre la spécificité de son objet intentionnel, la vengeance. Alors que la colère et l'envie en II.11 sont définies par rapport au mépris (la colère est une réaction au mépris d'autrui, tandis que l'envie est le contraire du mépris), la colère n'invite pas à une action positive induite par l'envie (à savoir l'émulation ou l'imitation) : elle vise à rétablir un ordre qui a été nié. 3) Enfin, la dimension désirante de la colère pose la question de son caractère rationnel ou non, et permet donc de distinguer d'emblée une impulsion conative d'une délibération ou d'un calcul purement rationnel, sans nécessairement l'y opposer.

Aristote semble faire un pas important en caractérisant la colère comme ὄρεξις par rapport à une théorie générale du désir qui n'est peut-être pas encore arrivée à son point d'achèvement dans la *Rhétorique*. En effet, la colère est décrite comme un désir de second ordre, dont l'objet diffère des simples appétits (ἐπιθυμίαι). C'est ce qu'on peut déduire du passage concernant ceux qui sont disposés à la colère, dont les désirs épithumétiques apparaissent à la fois comme un modèle mais aussi comme des causes de ce désir de second ordre :

> C'est pourquoi les malades, les pauvres, les amoureux, les assoiffés, et d'une manière générale ceux qui convoitent (ἐπιθυμοῦντες) quelque chose sans parvenir à l'obtenir sont portés à la colère et impulsifs, surtout contre ceux qui déprécient leur état ; par exemple le malade contre ceux qui déprécient sa maladie, ou le pauvre contre ceux qui déprécient sa pauvreté, le guerrier contre ceux qui déprécient cette guerre, l'amoureux contre ceux qui déprécient son amour, et de même dans tous les autres cas. Car en chacun la voie de sa colère est frayée par le malheur qu'il subit. (*Rh.* II.2, 1379a15-22)

On doit distinguer ici deux niveaux d'analyse du désir.

Tout d'abord, la colère est un certain type de mouvement passionnel distinct de désirs paradigmatiques comme la faim, la soif et le désir érotique[2]. En cela, Aristote apparaît tout à fait platonicien, et c'est à partir de cette différence spécifique entre les types de désirs qu'Aristote est fondé à reprendre dans plusieurs passages des *Éthiques* par exemple la tripartition platonicienne, en assignant au θυμός la passion de colère, tandis que les autres désirs relèvent de l'ἐπιθυμία[3]. Cependant, Aristote indique ici encore autre chose, à savoir qu'il y a une manière « épithumétique » de désirer n'importe quel objet, y compris la guerre (alors que cet objet est plutôt rapporté à la partie « ardente » de l'âme dans la *République* de Platon à travers la φιλονικία et la φιλοτιμία). Les désirs mentionnés sont, pour ainsi dire, des mouvements conatifs qui lient directement un sujet avec un objet intentionnel, objet d'un manque : la route entre l'agent désirant et son objet est droite ! Celle de la passion de colère apparaît, en revanche, déjà médiée par une représentation ou un jugement de valeur. Les désirs épithumétiques semblent évoquer non pas un modèle de restauration d'un état naturel comme l'est le retour au calme, mais plutôt celui de la réplétion[4]. Si cette hypothèse est vraie,

---

2 Il faut pourtant noter que le verbe ὀργάω peut être utilisé justement dans des contextes pour signifier le désir, notamment érotique, par exemple dans le corpus Hippocratique. Voir sur ce point Allen (2003, p. 82).

3 Sur la distinction de la colère par rapport au désir épithumétique et à la raison dans la *République* de Platon, voir Burnyeat (2006) ; Cooper (1991) ; Penner (1971) ; Renaut (2014, chap. 5).

4 Je ne partage pas ici l'interprétation de Grimaldi (1988, p. 36). Si l'on peut effectivement penser que le modèle du plaisir comme restauration d'un état d'équilibre explique bien

nous aurions donc dans ce chapitre deux modèles du désir et du plaisir associé : l'un fondé sur la réplétion d'un manque (mais dont les objets dépassent ceux qui lui sont traditionnellement attachés) et l'autre sur l'idée que le désir vise la restauration d'un état initial, bon ou juste, et dont la colère et le calme servent de paradigme[5].

La colère apparaît dès lors comme une ὄρεξις de second ordre en ce qu'elle peut concerner tous ces désirs, *lorsqu'ils sont empêchés*. On explique ainsi que la colère est d'autant plus vive quand elle advient au sein d'une relation amicale ou amoureuse[6]. Cette passion peut alors survernir à propos d'une disposition plus durable (le type de désir que nous avons l'habitude de poursuivre), des inclinations, ou même des souhaits rationnels, parce que nous donnons à tous ces objets de désir une certaine valeur.

PLAISIR ET DOULEUR DANS LA COLÈRE

Un second élément de définition de la colère est la douleur, et en second lieu le plaisir. La colère est un désir « accompagné de douleur » (μετὰ λύπης), mais Aristote prend soin de souligner la possibilité d'un plaisir propre à la colère, en en faisant presque une passion « mixte ». C'est en tant que désir et douleur mêlés que la colère possède sa caractéristique intentionnelle propre (Dow, 2015, p. 151-152, 157). Je souhaite dans ce qui suit confirmer cette interprétation en faisant dépendre la douleur et le plaisir de la colère de l'ὄρεξις qui la définit en premier.

La douleur dans la colère

Que la colère ne se confonde pas avec une simple douleur semble suffisamment attesté dans le corpus aristotélicien. Dans les *Topiques*, la douleur est ce qui, à la rigueur, cause la colère et non l'inverse[7] ;

---

le cas des nécessiteux et des malades, cela me paraît beaucoup moins évident pour les exemples de la faim, de la soif, de l'éraste et du guerrier.

5 Je retrouve ici autrement l'intuition de Frede (1996) qui pense que les passions dans la *Rhétorique* empruntent directement au modèle de la « restauration » d'un état sain, bon, juste. Cela se fait *aussi* par contraste avec d'autres désirs et plaisirs, en l'occurrence épithumétiques, que Frede n'évoque pas.

6 On en a un exemple dans Lys. *Contre Simon* 39 : « D'ordinaire, quand on est amoureux (ὅταν ἐρῶσι), qu'on se voit dépouillé de ce qu'on aime (ὧν ἐπιθυμοῦσι) et roué de coups, c'est dans le premier mouvement de la colère (ὀργιζόμενοι) qu'on cherche à se venger (τιμωρεῖσθαι). »

7 *Top.* 125b32-34 « De fait, l'homme en colère ne souffre que dans la mesure où une douleur a été antérieurement éveillée en lui : car ce n'est pas la colère qui est cause de la douleur,

d'autre part, Aristote précise en reprenant le contexte de la tripartition platonicienne de l'âme que la douleur ressortit à la partie désirante de l'âme, tandis que la colère appartient à la partie irascible, ce qui exclut qu'elles aient un genre commun[8]. Le chapitre IV.11 de l'*EN* quant à lui ne précise pas quelle est exactement la relation entre douleur et colère, sauf de manière détournée lorsqu'Aristote dit que la vengeance, en substituant une forme de plaisir à la douleur (ἡδονὴν ἀντὶ τῆς λύπης ἐμποιοῦσα), est dite parvenir à adoucir la colère (*EN* IV.11, 1126a21-22).

On a vu plus haut que la colère se rapportait à l'ὄρεξις d'une manière spécifique, par contraste, mais pas sans relation, avec des désirs de type épithumétiques comme la faim et la soif. La douleur en jeu dans la colère se lit donc à un premier niveau, qui fait des gens désirants des personnes enclines à la colère si elles sont empêchées dans leur action. Or ce niveau de douleur, qui contient ou est fondé sur la représentation d'un objet à obtenir et dont on manque, ne rend pas raison de la colère comme telle. Il faut en effet poser que la douleur propre à la colère provient de la « dépréciation » de l'objet dont on manque, dont on est privé, ou dont on est lésé[9]. Pour le dire avec les mots de Démosthène dans la *Midienne* :

> Ce n'est pas le coup qui suscita la colère, mais le déshonneur (ἀτιμία) ; et ce n'est pas non plus d'être frappé qui est atroce pour des hommes libres, quoique ce soit atroce, mais qu'on les frappe dans l'intention de les outrager (ἀλλὰ τὸ ἐφ' ὕβρει). (Dem. *Contre Midias* 72.1-4, trad. D.-A. Daix)

À ce titre, la colère apparaît comme une passion de second ordre, dès lors qu'elle déterminée par une représentation ou un jugement de valeur. Enfin, nous savons par ailleurs qu'Aristote donne de la colère, notamment en *DA* I.1, 403a29-b1, une définition qui fait intervenir autrement la souffrance : la colère, dit-il, est une ὄρεξιν ἀντιλυπήσεως, un désir de rendre de la peine. En *Rh.* II.4, 1382a8 également, lorsqu'Aristote

---

c'est la douleur qui est cause de la colère ; d'où suit qu'absolument parlant, la colère n'est pas une douleur » (trad. J. Brunschwig).

8 *Top.* 126a9-12 « La douleur se trouve dans la partie désirante (ἐν τῷ ἐπιθυμητικῷ) (car le plaisir s'y trouve également), tandis que la colère se trouve dans sa partie irascible (ἐν τῷ θυμοειδεῖ) ; de sorte que les termes indiqués ne sont pas des genres, puisque ils ne se trouvent pas naturellement dans le même lieu que celui de leurs espèces. » (trad. J. Brunschwig légèrement modifiée).

9 Cairns (2003a, p. 20, n. 31) suggère qu'Aristote aurait pu ici s'approcher de l'idée que la colère puisse naître sans qu'il y ait offense volontaire de la part d'autrui.

différencie la haine de la colère, il précise que l'homme en colère cherche à faire de la peine (τὸ μὲν λύπης ἔφεσις). L'objet de désir de la colère, la vengeance, est construit par analogie avec la douleur ressentie par celui qui est en colère[10]. La douleur de la colère constitue donc une représentation médiée : elle est une souffrance devant la dépréciation d'une valeur, de laquelle on veut répondre (ἀντιποιεῖν, 1378b26) en infligeant de la peine à son adversaire (*Rh.* II.3, 1380b20-27).

Pourquoi alors certaines autres passions sont-elles définies directement comme des douleurs ? Une courte comparaison peut suffire[11]. La peur est définie comme une douleur parce qu'il s'agit d'abord de montrer qu'elle est une réaction irrationnelle à ce qui peut nous détruire ou nous faire souffrir – c'est cette dimension qu'Aristote choisit de souligner dans son analyse, bien que, comme je le montrerai, elle peut également être une passion de second ordre au sens où l'on peut avoir peur de choses qui *évoquent*, même de manière lointaine, une destruction ou des douleurs prochaines. La honte est une douleur au sens où son objet, la réputation, est ce qui est directement perdu. La pitié et les passions apparentées (indignation, jalousie, envie) sont des douleurs, même si elles sont des douleurs par analogie avec celle que ressent autrui ; bien qu'elles pointent également vers la restauration d'un ordre (l'indignation) ou désirent l'acquisition des biens que possède autrui (la jalousie ou l'envie), elles sont d'abord des passions qui contemplent un état de répartition des biens et des honneurs. La colère, elle, peut *croiser* toutes ces passions ; car ce qui la distingue, c'est justement qu'elle indique *un certain rapport* à sa propre douleur en produisant le désir de la rendre à sa cible.

Le plaisir dans la colère

On peut dès lors mieux expliquer la nature du plaisir qui intervient dans la colère. La colère n'est pas une affection joyeuse en tant que telle, mais est « accompagnée » d'un certain plaisir. Tel est le cas de toute ὄρεξις qui se plait à la représentation de la chose vers laquelle elle tend. Aristote ajoute que c'est en tant qu'elle véhicule une certaine

10 Voir également *Rh.* II.2, 1379b19-20, et 1379b23-24, où c'est la souffrance en général qui est l'objet d'une négligence de la part de ceux qui la méprisent, suscitant dès lors la colère.

11 Pour un tableau général des objets intentionnels des passions en *Rh.* II, voir Dow (2015, p. 156).

représentation de l'avenir qu'elle est plaisante : la représentation de la vengeance accomplie[12]. L'espoir croise l'affection de colère pour rendre raison de sa complexité. L'espoir, qui consiste à *croire* qu'un bien peut arriver, fait de la colère une passion dont l'expérience dépend d'un jugement sur le possible et l'impossible[13]. Le plaisir constitutif de la colère peut provenir de la représentation de la vengeance seule, comme si elle était actuelle, comme l'indique la comparaison avec les songes[14]. Dans ce cas, l'agent se représente comme possible une vengeance par le simple fait de la « vivre en pensée » (τῇ διανοίᾳ, II.2, 1378b8).

On peut donc dire en un certain sens que la colère est une passion « mixte » ; Aristote est certainement tributaire ici du *Philèbe* (47e1-48a2) de Platon, où Socrate cite exactement le même vers d'Homère qu'Aristote (*Il.* 18.109) à propos de la colère d'Achille. Il revient pourtant à Aristote de distinguer selon moi deux représentations distinctes responsables chacune de la douleur de la colère (qui provient de la dépréciation) et du plaisir (qui provient d'un espoir de vengeance). Plaisir et douleur se côtoient dans un même état affectif, mais relèvent de deux opérations distinctes.

APPARENCE ET REPRÉSENTATION

La colère repose sur l'activité de la représentation (φαντασία), dont on doit distinguer comme on vient de le voir plusieurs niveaux.

À un premier niveau, la représentation dépeint l'action de l'adversaire comme une dépréciation. Elle est à ce titre la *cause* de la colère : « à cause de ce qui apparaît comme une dépréciation » (διὰ φαινομένην ὀλιγωρίαν, 1378a32). Le sens de ce premier φαινομένην doit être compris à l'aune des définitions des autres passions, qui reposent le plus souvent sur une représentation de l'objet intentionnel de la passion en question : il s'agit donc ici de « ce qui apparaît » à l'agent comme une dépréciation[15].

À un second niveau de la définition, la représentation intervient pour qualifier la vengeance qui est l'objet du désir de la colère : « de ce qui

12 C'est ainsi qu'est défini le θυμός en *EE* III.1, 1229b31-32 : un plaisir issu de l'espoir de vengeance.

13 *Cf. Rh.* I.11, 1370b13-14, si la vengeance semble impossible, alors il n'y a pas de colère.

14 Sur ce point, voir Morel (2007, p. 58-59) sur *De Insomn.* qui explique comment le rêve désigne la situation où le moteur ne meut plus au moment où apparait l'image.

15 Les usages de φαίνω en ce sens sont les plus importants : II.2, 1378a32, b11, b17, 1379a13, 1379b9, II.3, 1380a10, a22, (mais voir *infra* n. 18 p. 165), a35.

apparaît comme une vengeance » (τιμωρίας φαινομένης)[16]. Ce second φαινομένης a pû étonner certains interprètes, et Ross le considère même comme une répétition accidentelle[17]. Il n'y a pourtant pas de raison de douter de l'activité de la φαντασία ici : il s'agit d'une représentation qui, quelques lignes plus loin, explique le plaisir ressenti lors d'un épisode de colère (τῶν φαινομένων ἀδυνάτων, 1378b2-5, puis ἡ οὖν τότε φιγνομένη φαντασία ἡδονὴν ἐμποιεῖ, 1378b8-9). Il ne peut s'agir d'une vengeance « notoire », dans l'idée qu'on veuille rendre la vengeance publique et vu de tous, et au motif qu'on voudrait faire savoir qu'on est en colère en punissant publiquement[18]. La représentation en jeu est bien celle de l'agent, qui en même temps qu'il ressent la douleur de la dépréciation, pose en pensée l'objet de sa vengeance : ce sont bien deux représentations distinctes. La première représentation est à notre discrétion et peut être influencée par le raisonnement, l'opinion, le discours, ou d'autres perceptions ; la seconde, quant à elle, ne l'est pas nécessairement, et est inhérente au désir lui-même qui pose l'objet qui lui manque (Rapp, 2002b, p. 547-548).

JUGEMENT, CROYANCE

La colère repose-t-elle sur un jugement en propre ? Comme le rappelle D. Konstan (2006, p. 43), la colère – du moins telle qu'Aristote la décrit – est fondée sur l'appréhension d'événements sociaux particulièrement complexes (statuts sociaux, intentions politiques, conséquences sur les relations dans la cité), ce qui la distingue de passions plus spontanées. W. Fortenbaugh a défendu l'idée que la colère relevait en effet d'un jugement à l'occasion d'une douleur, jugement qui consiste en la reconnaissance d'une dépréciation[19]. Il me semble préférable d'accepter que c'est bien la représentation d'une dépréciation qui cause la passion

16 On ne repère que trois occurrences en ce sens : II.2, 1378a31-32, b4, et 1378b9.

17 Sur ce point, et pour une défense de la pertinence de ce φαινομένης, voir Harris (1997).

18 *Contra* Cope (1877, p. 10) et Grimaldi (1988, p. 21) : le premier insiste sur le fait qu'on doive *percevoir* la vengeance, et Cope en appelle à la fin du chapitre II.3 avec l'anecdote d'Ulysse et du Cyclope (1380b20-27), le second sur le fait que percevoir la vengeance, c'est affirmer sa propre τιμή auprès d'autrui. C'est également le choix de Gastaldi (2014, p. 453). Cette traduction n'est pas congruente avec les autres usages de φαίνω dans les mêmes contextes pour les autres passions.

19 *Cf.* Fortenbaugh ([1975] 2002, en part. p. 24-25, et 110 *sq.*). Cette dernière position est défendue par Nussbaum (1994 en part. ch. 3 p. 78-101).

de colère – comme en atteste la définition. En revanche, la question de savoir comment la représentation est informée par un jugement évaluatif reste ouverte. Car que la colère soit issue d'une représentation n'empêche pas que des jugements, les croyances, et même certains raisonnements, puissent ou bien être isolés par l'orateur comme étant responsables de l'élaboration de certaines représentations, ou comme susceptibles de modifier la passion elle-même. Autrement dit, la position d'Aristote sur la passion de colère en particulier n'est ni qu'elle est causée exclusivement par une φαντασία évaluative, ni qu'elle est entièrement dépendante d'un jugement de valeur (impliquant nécessairement une conception complexe du bonheur, de la valeur personnelle, et du sens des relations sociales), aussi spontanée soit sa manifestation.

Qu'une certaine croyance de type discursive soit de mise dans la passion de colère ne semble pas douteux, et il faut là encore distinguer plusieurs niveaux.

Un premier niveau concerne un ensemble de croyances communes en des valeurs, en la justesse de comportements, etc. et peuvent renvoyer à des règles générales de conduite. Ces croyances sont l'équivalent de majeures universelles dans un raisonnement pratique et c'est ce rôle qu'elles tiennent dans les enthymèmes : elles sont le plus souvent introduites par le verbe οἴομαι (II.2, 1378b11, b15, b27, b29, b35, 1379b1, b3, b6 ; II.3, 1380b16, b16, 1379a3, a6), mais parfois par ὑπολάμβανω (II.1, 1378b13, b20), δοκέω (II.3, 1380a26) ou encore νομίζω (II.3, 1380b18). Ce niveau d'influence de l'opinion permet d'expliquer comment ces croyances peuvent avoir une incidence sur l'intensité de la souffrance ou du plaisir pris à la colère, dès lors qu'elles sont mises en défaut (ainsi tout ce qui arrive « contre toute attente » (παρὰ δόξαν) suscite ainsi une souffrance ou un plaisir plus intense, II.2, 1379a23-25).

Un second niveau est celui de l'élaboration d'un jugement de valeur qu'on attribue à son adversaire, jugement qui est responsable de la colère. Aristote est on ne peut plus clair : la dépréciation est la « réalisation d'une opinion » ou la mise en œuvre du jugement (ἐνέργεια δόξης, 1378b10). Le verbe δοκεῖν est en outre utilisé en 1379a32 pour reconnaître une forme d'ὕβρις chez l'adversaire. Cette opinion, qui consiste à nier notre valeur personnelle, est soutenue par un souhait délibéré (βούλησις 1378b18, 1379a8, et en II.3, 1380a11), et donc potentiellement par un raisonnement pratique de la part de celui qui commet l'outrage. Comment le fait de reconnaître cette intention en l'autre peut-elle susciter en nous un jugement qui suscite la colère ? Aristote nous donne, certes fugitivement, une indication en II.3, 1380a12-13 : « car personne, pense-t-on, ne se déprécie soi-même » (οὐδεὶς γὰρ αὐτὸς αὑτοῦ δοκεῖ ὀλιγωρεῖν). C'est donc bien une forme de jugement universel qui porte sur l'estime de soi qui permet à l'agent d'interpréter les paroles et les actions d'autrui comme une potentielle dépréciation. Ce second niveau d'influence de l'opinion sur la colère et le calme passe donc nécessairement par l'utilisation du λόγος. Reconnaître ses erreurs (et sans doute les formuler en tant que telles) devient un motif d'apaisement de la colère (ὁμολογέω, 1380a13, a17, a22) alors que les contester (ἀντιλέγω 1380a16 et a22) ne fait que l'aggraver ; envisager une réprimande verbale (τῷ λόγῳ προκολάζει, 1380b19), en prélude à la punition, permet également selon Aristote d'apaiser la colère, comme on le verra plus bas.

UN SENS OBSCUR DE LA JUSTICE

La colère telle que la définit Aristote est prise entre deux pôles : celui de la cause – la dépréciation, et celui de la fin qu'elle poursuit – la vengeance.

La force de l'analyse aristotélicienne, et sans doute est-ce la raison pour laquelle on revient encore souvent à cette définition[20], est qu'elle donne à la colère un cadre unifié pour saisir l'ensemble de ses manifestations : la colère est une passion liée à la reconnaissance de la justice. Cette affirmation ne va pourtant pas de soi. Que faire de la colère irrationnelle et bestiale apparemment sans motif de dépréciation directe ou d'une rage sans motif perçu comme légitime[21] ? La colère n'est-elle pas condamnée par Thucydide ou Platon, en ce qu'elle obscurcit la raison,

20 Voir par exemple Fisher (2009, p. 171-198), ou encore récemment Nussbaum (2016, p. 17).

21 Cairns (2003a, p. 26-28) renvoie par exemple à *Il.* 4.391 où les Thébains défaits par Tydée sans que ce dernier puisse être tenu comme ayant déprécié ses adversaires, ressentent de la colère à son endroit. Pour une discussion du caractère éventuellement restrictif de la définition d'Aristote par rapport à des situations qui sont attestées dans la littérature grecque archaïque et classique, voir Konstan (2006, p. 49-55), notamment sur l'interprétation à

et particulièrement lorsqu'elle préside au jugement du tribunal ou de l'assemblée ? Aristote n'énonce-t-il pas lui-même, dans les *Politiques*, que la colère (θυμός) fait dévier le jugement dans la cité ?

> Ainsi donc, vouloir le gouvernement de la loi, c'est, semble-t-il, vouloir le gouvernement du dieu et de l'intellect seuls, mais vouloir celui d'un homme, c'est ajouter celui d'une bête sauvage, car c'est ainsi que le désir (ἐπιθυμία) et l'emportement (θυμὸς) font dévier les magistrats, même quand ils sont les meilleurs des hommes. Voilà pourquoi la loi est un intellect sans désir (ἄνευ ὀρέξεως νοῦς) » (*Pol.* III.16, 1287a28-32, trad. P. Pellegrin légèrement modifiée).

Il y a assurément un problème dans la relation entre colère et justice : Aristote ne dit pas explicitement que la colère est une passion juste. Tout au plus, dans le chapitre sur le calme, peut-il affirmer : « la colère n'advient pas contre ce qui est juste » (οὐ γίγνεται ἡ ὀργὴ πρὸς τὸ δίκαιον, II.3, 1380b17). Le problème est donc le suivant : si l'on s'accorde à dire que la colère a une importance notoire dans le discours oratoire, et que justement les orateurs n'hésitent pas à en appeler à la colère des concitoyens[22], Aristote semble plus hésitant à faire de la colère un sentiment de justice, conformément peut-être à une autre tradition, notamment platonicienne, qui la condamne. Peut-être Aristote forge-t-il un nouveau sens de la colère en II.9, l'indignation (τὸ νεμεσᾶν), afin de se démarquer de l'usage trop ambigu que l'art oratoire fait de la colère[23].

C'est en tous les cas une position mesurée qu'Aristote élabore et qui comporte deux volets. Un premier volet, qui est l'objet de cette section, consiste à souligner les insuffisances et les fluctuations des motivations de la passion colérique, tout en reconnaissant que la colère est une forme de sensibilité à la justice. Un second volet que j'aborderai dans la dernière section s'attache davantage à mettre au jour les moyens de rationaliser la colère, de la calmer, et cela par la puissance du discours.

---

donner à la colère persistante d'Achille après qu'il ait abandonné – apparemment – son grief contre Agamemnon pour le reporter sur la vengeance de Patrocle.

22 Quand bien même les orateurs soulignent par moments les risques afférents à un jugement porté sous le coup de la colère (par exemple Iso. *Contre Callimachos* 42, *Contre Lokhitès* 3, Dem. *Contre Midias* 36.5-7), ils n'hésitent cependant pas à la convoquer et en appeler à elle pour rétablir ce qui paraît juste au regard de l'intérêt ou des lois de la cité (Iso. *Contre Callimachos* 4 et 26, *Contre Lokhitès* 6 et 9 ; Dem. *Sur la couronne* 278, *Contre la loi de Leptine* 118, *Contre Aristogiton 1* 6.3-9). *Cf.* Allen (2003, p. 76-88).

23 C'est une hypothèse qu'évoque Konstan (2006, p. 43, 68), et que je tenterai d'étayer *infra* p. 325.

LA COLÈRE ET LA FLUCTUATION DES VALEURS

La colère est définie à travers tout le chapitre II.2 comme une réaction face à la dépréciation, laquelle révèle en creux un sentiment d'inconvenance ou d'injustice. Elle est la réponse affective à la reconnaissance d'un défaut ou de privation injuste de τιμή, ce qui empêche l'existence sociale de l'individu méprisé. Ce qui frappe à la lecture du chapitre est la grande extension du fonctionnement de cette dépréciation. Les « espèces » de la dépréciation (mépris, brimade et outrage) sont autant de catégories permettant à un juge de situer l'injustice : être méprisant sans même s'en rendre compte n'est pas identique à commettre délibérément un outrage[24]. Il y a donc ici un premier lieu de détermination d'injustice, en l'absence de loi ou de contrat, où la passion joue un rôle dans l'appréciation de l'action comme en témoigne *EN* V.10, 1135b27-1136a1 :

> C'est pourquoi l'on fait bien de juger que les actes commis du fait de l'emportement ne sont pas prémédités. Ce n'est pas celui qui agit par emportement qui est le point de départ, mais celui qui a provoqué sa colère. Et, de surcroît, l'on ne se dispute pas pour savoir si c'est arrivé ou non, mais pour savoir si c'est juste, car la colère advient face à ce qui apparaît comme une injustice. En effet, ce n'est pas comme dans les situations contractuelles où les deux partis se disputent pour savoir si quelque rupture de contrat a eu lieu ; dans ces cas nécessairement, l'un des deux contractants est méchant, à moins qu'on ait agi par oubli. Alors qu'ici les deux partis sont d'accord sur le fait, mais se disputent sur la question de savoir s'il est juste d'un côté ou de l'autre (et celui qui a planifié son forfait n'ignore pas cela). De la sorte, l'un croit être victime d'une injustice, tandis que l'autre non. (*EN* V.10, 1135b27-1136a1).

Le problème de la colère relativement à la justice ne provient pas seulement de la manière dont on reçoit la dépréciation, c'est-à-dire dont l'agent se sent lésé : elle concerne aussi les objets que l'on valorise. Ce

24 Chiron (2007, p. 266, n. 8) a raison d'indiquer qu'il y a une gradation dans ces trois espèces : le mépris peut d'ailleurs être associé à une simple indifférence et ne concerne que le statut et la réputation de l'individu potentiellement lésé, tandis que la brimade est d'emblée intentionnelle et porte sur la possibilité d'action de l'agent offensé ; l'outrage quant à lui s'apparente à une véritable volonté de faire le mal. L'accusation d'outrage (ὕβρις) est particulièrement fréquente lorsqu'il s'agit de faire se lever la colère des jurés. Il faut ajouter toute une variété de comportements qui sont ramenés à chacune de ces espèces : indifférence, raillerie, mauvais humour, humiliation, mauvais traitement, etc. Sur la notion d'ὕβρις, voir Fisher (1992) et la critique de Cairns (1996a) qui insiste sur le fait que ὕβρις désigne prioritairement, chez Aristote, une intention vicieuse plutôt qu'elle ne se laisse appréhender à travers l'insulte commise à l'endroit de la τιμή d'autrui.

n'est assurément pas un hasard si Aristote émaille ces deux chapitres de citations homériques qui retracent le parcours de la colère d'Achille, injustement privé par Agamemnon au début de l'*Iliade*, de sa part de butin. La τιμή homérique demeure un bon point de départ pour penser la colère. Mais l'attention d'Aristote se porte aussi à des choses plus ordinaires, ou en tous les cas moins héroïques. Que faut-il en déduire ? Comme ce sera le cas en II.6 à propos de la honte, où on détaillera le mécanisme de constitution de la réputation (qui est liée au même concept de τιμή)[25], Aristote rend tangible le concept homérique de τιμή et l'éthique de réciprocité qui la sous-tend en l'appliquant à des objets et personnes ordinaires. Les objets de la dépréciation vont en effet de la simple apparence physique (1379a35) ou encore de l'oubli du nom propre (1379b35) à l'activité de philosophie (1379a34), en passant par la personne aimée ou dont on doit prendre soin (1379b29). La « valeur » se reconnaît au sérieux que l'on y attache (le terme σπουδή et le verbe σπουδάζω apparaissent en II.2, 1378b11-13, 1379a34, 1379b31 ; II.3, 1380a25-26). La τιμή de l'individu, ce par quoi il acquiert une certaine estime de lui-même, se dévoile à travers ce à quoi il accorde un prix. On n'a pas besoin d'être un héros pour ressentir de la colère – il suffit qu'on nie la valeur de ce à quoi on tient.

Mais comment *mesurer* alors le caractère juste de la colère ? Suffit-il de dire que l'oubli des noms est un outrage s'il est vécu comme un outrage par celui qui est en colère ? Un premier critère, psychologique, est une reconnaissance intersubjective minimale de ce qui « convient » (τὸ προσῆκον). Ce qui importe dans la colère n'est pas tant que je souhaite partager la même représentation des biens et des maux avec autrui, mais qu'il y ait un certain rapport de « convenance » (1378a33, 1378b34, 1379b12), qui oblige autrui à respecter mes propres valeurs en fonction de mon propre mérite. Là réside le motif réel de la colère : le caractère convenable de la dépréciation que je subis. Si je me sais mauvais orateur, et que l'on méprise ma prestation orale, je ne dois pas me mettre en colère ; si en revanche j'attache une importance extrême à pratiquer la philosophie et qu'on méprise la philosophie, je suis en colère. Ce rapport de convenance dans l'ordre et le respect mutuel de valeurs plurielles est soutenu par un second critère de jugement : le statut respectif des agents en lice qu'Aristote se contente de décrire à travers l'opposition

25 *Infra* p. 241.

entre inférieurs et supérieurs. Il faut encore distinguer entre inférieurs et supérieurs d'un point de vue local ou particulier (selon des activités par exemple, 1378b35-1379a1), et inférieurs et supérieurs de manière générale relativement à une structure socio-politique « selon la naissance, selon le pouvoir, selon la vertu », ou encore selon la richesse (1378b35-1379a2).

En résumé : a) je suis en colère lorsqu'on porte atteinte à ma τιμή, b) cette τιμή dépend certes de la perception subjective que j'ai de certaines valeurs, mais c) la τιμή demeure néanmoins dépendante de la valeur qu'autrui lui reconnaît. La colère est dès lors « justifiée » lorsqu'un individu porte atteinte à l'estime d'autrui, cette estime étant un effet d'un ordre social et éthique déterminé. Le problème, on le voit, est qu'il n'y a pas de loi permettant la mesure de l'offense. Au sein de la contestation de ce qui a vraiment de la valeur, nous sommes *in fine* renvoyés au (bon) jugement de l'orateur et de son auditoire. Si ce jugement est conditionné par la colère, alors il faut admettre que les critères de jugement relèvent d'une appréciation qui associe une expérience passionnelle complexe et qui exagère potentiellement les intentions des adversaires et un ensemble de jugements de valeurs dont il n'est pas toujours facile de justifier l'origine et la rationalité.

LE PROBLÈME DE LA VENGEANCE

La colère une passion fluctuante dans son *motif* même. Le second problème est la mesure et la justification de la *réponse* de l'homme en colère, à savoir sa vengeance[26], dont plusieurs détails dispersés dans le texte font état.

Tout d'abord, la colère est une passion où la sensation est primordiale : elle est liée à une souffrance *sentie* (1379a10, a23, b23, voir également II.4, 1382a13) et vise à infliger une douleur qui puisse aussi être *sentie*. C'est à la fin de II.3 qu'Aristote insiste sur l'importance du sentir dans la visée de la colère :

> Si bien qu'on ne se met pas en colère contre tous ceux qui ne sentent plus rien, et moins encore contre les morts, dans l'idée qu'ils sont subi le dernier châtiment et qu'ils ne souffriront ni ne sentiront plus le mal qu'on désire infliger quand on est en colère. C'est pourquoi le poète, aux côtés d'Hector, alors que

26 Sur la persistance de la vengeance comme motif légitime dans la cité à l'époque classique, corrélativement avec la naissance d'une idéologie de la concorde, voir Harris (2001, chap. 8, en part. p. 187-190).

> ce dernier est mort, voulant faire cesser la colère d'Achille, dit très justement : « car sourde est la terre que dans sa rage il violente » (*Rh.* II.3, 1380b24-29)

La colère n'existe que pour autant que l'offenseur est, comme l'offensé, un être capable de sentir la douleur, en échange de celle qui lui a été infligée. Le contre-exemple de l'*Iliade* où l'on voit Achille s'acharner sur le corps d'Hector qu'il veut défigurer, est rapporté par Apollon qui accuse Achille d'être une bête sauvage incapable de pitié[27] : la colère d'Achille se situe aux frontières de l'humain, elle n'est plus que rage et violence, sans plus aucun rapport avec la justice. La colère est intrinsèquement liée à une faculté de sentir commune entre les deux partis.

En II.4, c'est à partir de ce critère de la sensibilité qu'Aristote distingue la colère de la haine :

> L'une cherche à infliger de la douleur, l'autre du mal. L'homme en colère souhaite qu'on le sente, alors que pour celui qui hait, cela ne fait aucune différence. Tout ce qui est douloureux se sent, alors que les plus grands maux, comme l'injustice ou la stupidité, sont à peine sensibles ; la présence du mal n'est en rien douloureuse. L'une est accompagnée de douleur, l'autre est sans douleur ; en effet, l'homme en colère éprouve de la douleur, mais pas celui qui haït. (*Rh.* II.4, 1382a8-13).

La distinction entre douleur et mal (ou vice) est capitale. La colère cherche justice, et en ce sens elle ne saurait viser autre chose qu'un bien. Ce qui importe ici est que la colère est présentée comme une douleur et désir d'infliger une douleur, *à partir d'une sensibilité supposée commune.* La douleur est perceptible et doit être perçue (αἰσθητά) – sinon la colère, n'ayant plus de cible, s'arrête, ou elle se meut en haine, en rage (II.3, 1380b24-29) ou en rancune (κότος, II.2, 1379a5)[28].

La vengeance pose un problème de proportion, puisqu'elle consiste à « rendre la pareille » (ἀντιποιοῦντες, 1378b22), mais semble rivée à une réciprocité simpliste comme l'indique un autre motif de colère, la mesure des bienfaits rendus :

> [On s'irrite] contre ceux qui ne nous traitent pas bien en retour ni ne nous rendent nos bienfaits à parts égales ; et contre ceux qui s'opposent à nos intérêts, s'ils nous sont inférieurs. (*Rh.* II.2, 1379b6-8).

---

27 *Il.* 24.39-49, *infra* p. 283.

28 Sur la rancune, voir également *EN* IV.11, 1126a19-26.

Cette mention de l'égalité confirme que la colère est attachée à une éthique de la réciprocité stricte (en dépit de la différence évidente de statut), qui explique également pourquoi l'outrage paraît être un moyen d'asseoir sa supériorité (1378b28-29). Il apparaît cependant que cette réciprocité stricte et aveugle à une justice véritablement proportionnée ne vise même pas l'égalité en tant que telle, comme le montre la fin de II.3. En effet Aristote rapporte deux anecdotes, celles de Philocrate et d'Ergophile, qui montrent que la colère a simplement besoin de se décharger sur une cible en se vengeant, peu importe la cible. Dans les deux cas en effet, Aristote précise qu'une grande colère (ou plus grande en intensité que le châtiment qu'on rend à une autre cible) peut s'apaiser lorsqu'elle a l'occasion d'exercer sa vengeance.

UNE COLÈRE PERSONNELLE ET POLITIQUE

Un élément de définition de la colère important, et qu'on a pour le moment laissé de côté, est que la colère est *personnelle* à double titre : d'une part, elle est une passion qui concerne directement l'agent ou ses proches (τῶν εἰς αὐτὸν ἢ τῶν αὐτοῦ) comme la peur et la honte, par différence avec des passions interpersonnelles (amitié, gratitude) ou qui concernent autrui (pitié, indignation, jalousie et envie) ; d'autre part, elle vise toujours une personne en particulier (Aristote le rappelle plusieurs fois : II.2, 1378a34-35, II.3, 1380b21-22, II.4, 1382a5), par différence cette fois avec la haine qui peut viser des classes abstraites d'individus comme des caractères, ou avec la peur qui peut avoir pour objet des choses ou des événements. Pour être en colère et se venger, il faut pouvoir mettre un nom sur son offenseur. Cette insistance sur le caractère personnel de la colère répond parfaitement au réquisit d'une technique oratoire qui doit reconnaître les motifs de crimes évoqués au livre I dans le genre judiciaire. Pourtant, les chapitres II.2-3 évoquent bien une autre possibilité : faire naître la colère de l'auditoire. La colère, dès lors qu'elle concerne une relation particulière d'offense et de vengeance, peut-elle être partagée par autrui, ou encore être éprouvée au nom de la cité ? Peut-on ressentir de la colère par procuration ? Il est évident qu'Aristote ne dément pas l'efficacité politique de la colère. En *Pol.* V.10, 1312b17-35, par exemple, le mépris et la haine sont présentés comme deux principaux facteurs de division de la cité ; la colère, parce qu'elle est une réponse au mépris et semblable à la haine dans les conséquences de ses actions, est un motif puissant de renversement politique (στάσις). La question qui se pose est de savoir si la colère des juges peut être juste parce qu'elle concerne le bien de la cité, ou simplement convenable parce qu'elle repose encore sur une perception particulière et personnelle de l'offense.

Commençons par rappeler une difficulté qui est désormais bien documentée par les historiens. Les Athéniens disposent parfois de plusieurs types de procédures judiciaires pour un même délit. La distinction entre les procès publics (γραφή) et les procès privés (δική) constitue un cadre général relativement bien défini. Cependant, la relation de chacune de ces procédures à l'intérêt général de la cité, à travers le jugement de cas particuliers, est loin d'être tranchée[29]. Le jugement d'un différend particulier peut en effet, à travers le jugement rendu, rêvetir un caractère paradigmatique et éventuellement avoir une prétention éducative pour l'ensemble de la cité[30]. Si au livre I Aristote semble vouloir rejeter l'usage de la colère dans les procès, c'est peut-être parce que la colère est personnelle, quand la loi, elle, est générale et fixe au crime un ensemble restreint de peines possibles entre lesquelles les juges doivent choisir. Mais une telle dichotomie ne reflète pas la réalité des procès athéniens, puisque c'est justement à travers l'appel à la colère (ou encore à la pitié ou la honte) que le cas est jugé en fonction d'une peine requise ou déjà codifiée. En outre, Aristote ne précise pas, en II.2 et II.3 si l'usage de la colère doit se faire dans les procès privés ou publics – on peut supposer qu'Aristote néglige cette différence, et qu'il tient l'appel à la colère des juges comme une possibilité aussi bien dans les procès publics que dans les procès privés, et aussi bien pour avoir une visée judicative

29 Telles qu'elles sont présentées par exemple par Dem. *Contre Androtion* 22.25-7 ; pour un commentaire de ce passage, et pour une appréciation de la « flexibilité procédurale » du système pénal athénien, voir Carey (2004).

30 Voir à titre d'exemple Dem. *Contre Midias* 34 où l'orateur rend perméables la δίκη αἰκίας qui est le procès privé pour coups et blessures et la γραφή ὕβρεως qui concerne l'action publique : la colère et la vengeance deviennent dès lors une affaire « publique » (δημοσίας ὀργῆς καὶ τιμωρίας 34.3). Voir également Dem. *Contre Midias* 127. Voir Rubinstein (2005), qui montre de manière très fine comment l'appel à certaines émotions dans le discours rhétorique nous renseigne sur la porosité des catégories que nous, modernes, appliquons à la procédure judiciaire. Son hypothèse consiste à a) montrer que le choix de la procédure (publique ou privée) détermine des modèles argumentatifs ou d'appel aux émotions particuliers ; b) que même dans les procédures privées, la décision du juge possède une dimension politique évidente pour l'établissement ou la validation de normes de comportement. Voir par exemple son analyse de Aesch. *Contre Ctésiphon* 3.245-7. Voir également Christ (1998, chap. 6, p. 160-192).

particulière (régler un différend privé en appliquant justement la loi) qu'une prétention éducative ou cohésive pour l'ensemble de la cité. Si on accepte cette supposition, somme toute minimale, qu'Aristote sait que la manipulation rhétorique de la colère personnelle peut avoir une visée pour la cité tout entière, on peut sans doute mieux expliquer sa précaution à ne pas en faire une passion de justice directement, non pas pour une raison de neutralité axiologique, mais pour une raison interne à la psychologie de la colère : le passage d'une colère particulière à une colère « civile », prétendument juste, relève d'une construction rhétorique (et politique), certainement pas d'une réalité objective.

Quelques éléments textuels suffisent à montrer comment Aristote entend, par le discours, étendre la fonction de la colère personnelle pour lui donner une valeur politique.

Tout d'abord, et ce sera aussi le cas de l'amitié, Aristote n'hésite pas à situer la psychologie de la colère dans un réseau de relations sociales où certaines catégories, groupes ou classes de personnes constituent des relais puissants des passions. Ainsi, la colère est-elle d'autant plus intense lorsque la dépréciation survient au regard de cinq catégories de personnes :

> [...] celles avec lesquelles nous rivalisons, celles que nous admirons, celles par qui nous souhaitons être admirés, celles que nous tenons en respect ou celles qui en notre compagnie ressentent du respect. (*Rh.* II.2, 1379b24-26)

Rivalité, admiration, respect sont trois dispositions qui déterminent l'épisode de colère en lui donnant une importance sociale et politique claire. La colère est certes personnelle en ce que c'est la valeur de l'agent qui est dépréciée, mais elle l'est au nom d'une justice globale qui détermine les relations sociales particulières. Se mettre en colère, c'est donc toujours déjà supposer qu'à travers l'offense subie, ce sont les valeurs de la cité qui sont mises en danger. C'est, pourrait-on dire, une première acception du sens de la communauté politique.

Parmi les relations où la colère joue un rôle particulier, on compte surtout l'amitié.

> On s'irrite davantage contre les amis que contre ceux qui ne sont pas nos amis, car on croit qu'il convient être bien traité par eux plutôt que de ne pas l'être. (*Rh.* II.2, 1379b2-4)

> En outre [on s'irrite] contre les amis, s'ils ne parlent pas ou n'agissent pas en notre faveur, et encore plus s'ils parlent et agissent contre nous, et s'ils ne prêtent nulle attention à nos besoins (*Rh.* II.2, 1379b13-15).

L'amitié, cette relation privilégiée, personnelle en l'occurrence (1379b22-24), pose un problème particulier pour la cité, que *Pol.* VII.7 rend manifeste : la colère est d'autant plus violente lorsqu'elle survient à l'endroit d'une trahison d'une relation d'amitié – et Aristote suggère semble-t-il qu'une cité d'amis est d'autant plus soumise au danger de la guerre intestine, si une trahison survient :

> Car pour ce qui, au dire de certains, doit précisément être le fait des gardiens, à savoir être portés à aimer les gens qu'ils connaissent et être farouches envers les inconnus, c'est en fait le cœur (θυμός) qui porte les gens à aimer, car c'est la faculté de l'âme par laquelle nous aimons. Un signe : le cœur s'exalte plus contre des intimes et des amis que contre des inconnus quand il s'estime négligé par eux. Voilà pourquoi Archiloque, entre autres, adressant des reproches à ses amis, dit fort justement à son cœur : « Car toi c'est bien du fait de tes amis que tu t'étouffes. » Et le goût du commandement et de la liberté vient chez tous les hommes de cette faculté, car le cœur est autoritaire et indomptable. Mais il n'est pas juste de dire qu'ils doivent être farouches envers les inconnus, car on n'a besoin de l'être envers personne, et les gens magnanimes par nature ne le sont pas, sinon envers ceux qui commettent l'injustice ; et ils éprouvent de tels sentiments bien plus contre leurs intimes quand ils se croient victimes d'une injustice de leur part, comme on l'a dit plus haut. Et c'est logique, car ils pensent qu'outre le dommage qu'ils subissent, ils sont privés de la reconnaissance de gens qui, estiment-ils, la leur doivent. D'où ces mots : « Cruelles sont les guerres entre frères », et : « Qui aime avec excès hait avec excès. » (*Pol.* VII.7, 1327b39-1328a16, trad. P. Pellegrin).

Ce passage a été finement analysé par D. Lefebvre (2011) qui montre comment Aristote, en reprenant le θυμός platonicien comme fonction de l'âme responsable de la colère, étend sa fonction dans la cité (en lui associant une tradition archaïque et tragique), soit en en faisant le centre affectif de passions diverses, soit plus vraisemblablement en affirmant que ce « cœur » est une puissance des contraires (aimer et haïr), donnant ainsi une origine commune à ces passions. Aristote entend ainsi critiquer l'idée que l'amitié puisse servir de fondement à la communauté politique qui dès lors devient vulnérable à la moindre rupture de φιλία, tout en affirmant la nécessité d'éduquer ce θυμός ambivalent pour une meilleure cohésion sociale. Ce passage éclaire le statut ambigu de la colère en *Rh.* II.2. Dans notre chapitre, Aristote n'indique certes pas de faculté commune aux passions associées à la colère (colère, amitié, haine, goût des honneurs et de la victoire, désir de supériorité) ; en revanche, il les fait s'entrecroiser pour aboutir au même constat qu'en *Pol.* VII.7 : la colère, aussi sensible qu'elle soit à la justice, est assurément ambivalente du point de vue politique. Elle ne saurait constituer une assise sûre, dans le discours rhétorique, pour aboutir à un jugement correct.

Aristote ne dit pas explicitement que l'appel à la colère doit être banni ; ce serait une décision qui relèverait de la science politique, et non de la technique rhétorique. Cependant, il accepte que la colère relève d'une sensibilité à la justice, précisément parce qu'elle est attentive à l'honneur, au mérite, et à la valeur d'autrui et des choses. Inversement, jamais Aristote ne fait de la colère un sentiment « juste », ni ne l'attribue à une personne honnête ou droite. Neutralité axiologique oblige[31] ? Cette explication n'est pas suffisante, car Aristote n'hésite pas à dire pour d'autres passions qu'elles sont le fait de l'homme honnête et droit[32]. Il y a une raison intrinsèque à la colère pour laquelle Aristote semble hésiter à la rapporter au juste : le fait qu'elle soit rétive au discours et au raisonnement, et partant, qu'elle ne peut former un bon jugement qui est pourtant à l'horizon de la technique rhétorique. C'est ce que confirme surtout le chapitre II.3 consacré à l'apaisement de la colère.

« DIRE » LA COLÈRE, ET L'APAISER

Le chapitre II.2 sur la colère doit être lu et interprété en même temps que II.3 sur le retour au calme. Ce chapitre constitue, dans l'économie de II 2-11, l'analyse « par les contraires » la plus longue et la plus détaillée. L'objet de ce chapitre n'est pourtant pas évident. Un premier problème vient du fait que le « calme » (πραότης) n'est en général pas considéré comme une passion par les commentateurs : soit elle désigne

31 C'est par exemple l'argument présenté par Yunis (2005, p. 200). Je ne rejette pas cet argument, mais il me paraît insuffisant pour expliquer l'hésitation d'Aristote à dire de la colère qu'elle est une passion juste.

32 *Cf. Infra* p. 285 *sq.* sur la pitié, et p. 320 *sq.* sur l'indignation et l'envie comme passions de l'honnête homme, contrairement à la jalousie et à l'ἐπιχαιρεκακία.

une disposition, que *EN* IV.11 définit comme moyenne anonyme entre une douceur trop molle voire apathique et une irascibilité trop prompte, trop violente et sans égard pour la raison[33], soit elle est éventuellement une privation de la colère, sans qu'elle soit elle-même une passion[34]. Pour sa part, D. Konstan a proposé de définir positivement le calme comme « un désir de faire le bien à autrui ou une forme de bienveillance, désir suscité par la représentation d'une chose, d'une personne, ou d'une action respectable ou respectueuse » (Konstan, 2006, p. 85). Mais il admet qu'il s'agit davantage d'une reconstitution dont l'esprit est aristotélicien, reconstruction que peu d'éléments textuels permettent de vérifier (*ibid.*, p. 89). L'objet du chapitre II.3, selon moi, n'est pas « le calme » (πραότης) en tant que tel, mais l'apaisement de la colère, le « retour au calme » (πράϋνσις). Ce qui donne au chapitre II.3 sa cohérence interne est la possibilité pour l'orateur d'arrêter et d'apaiser la colère, conformément à la définition qui ouvre le chapitre, *par le discours*. Le chapitre II.3 est en ce sens la suite de II.2 sur une bonne manière, pour l'orateur, d'utiliser la colère.

UNE COLÈRE QUI DIT SON NOM

Commençons par la fin de II.3, où Aristote invoque Homère et l'épisode d'Ulysse chez les Cyclopes[35]. Le contexte est le suivant : au chant IX, Ulysse ayant réchappé de la grotte du Cyclope s'adresse d'abord à lui depuis son navire par des paroles insultantes (προσηύδων κερτομίοισι, *Od.* 9.474), redoublant la colère de ce dernier (χολώσατο κηρόθι μᾶλλον, *Od.* 9.480). C'est dans un second temps qu'Ulysse dévoile son nom, précipitant par là l'imprécation de Polyphème auprès de Poséidon. Ulysse fait précéder le dévoilement de son identité ainsi :

33 Cope (1877, p. 32, 42) considère que πραότης ne désigne pas un πάθος, mais bien une disposition, voire une vertu telle qu'elle est définie en *EN* IV.11. Sur le traitement de la πραότης comme disposition vertueuse, *cf.* Nikolaidis (1982) mais qui n'envisage presque pas *Rh.* II.3. Le commentaire de Gauthier et Jolif (2002, p. 301-304) (qui traduisent par « placidité ») n'est malheureusement pas aidant.

34 *Cf.* Grimaldi (1988, p. 49-50), qui se fonde sur Thomas d'Aquin *ST* Ia IIae, q. 23, art. 3, q. 46 art. I, où la colère est présentée comme la seule émotion à ne pas avoir de contraire. Cette intuition me semble assez juste si l'on est prêt à considérer que le ch. II.3 concerne avant tout le retour au calme.

35 Sur cette question, voir Mayhew (2019, p. 83-86) qui voit dans cette citation homérique un indice d'un traitement peut-être plus conséquent dans les *Problèmes Homériques* perdus, de cette colère d'Ulysse qui ne se laisse pas persuader par ses compagnons.

« Alors en me retournant je m'adresse à lui le cœur plein de colère (κεκοτηότι θυμῷ) » (*Od.* 9.501). Il s'agit d'une part de donner libre cours à la colère d'Ulysse, après des épisodes de peur et de ruse ; s'il n'avait pas su son nom, Polyphème serait probablement demeuré invengé et Ulysse serait peut-être resté impuni[36]. En outre, donner son nom, c'est pour Ulysse affirmer sa valeur, sa τιμή, que Polyphème continue par ailleurs à lui nier par des insultes (*Od.* 9.515). Mais d'autre part, cet exemple montre que la colère d'Ulysse à l'endroit de Polyphème, une colère alimentée par son équipage qui le supplie d'arrêter de s'adresser à Polyphème de peur d'augmenter sa rage (ἐρεθιζέμεν ἄγριον ἄνδρα, *Od.* 9.493), est le contraire de cet état où il avait pu ourdir sa ruse afin de s'échapper. En un mot, en dévoilant son nom, Ulysse donne une raison à la colère de Polyphème, achève sa vengeance, mais prouve aussi que sa propre colère a beau être juste, elle n'est pas toujours, contrairement au calme, un état où l'on choisit la meilleure action à commettre.

Cet épisode de l'*Odyssée* me semble révélateur de ce que souhaite montrer Aristote dans l'ensemble du chapitre II.3 : *énoncer le motif et la cible de la colère* est nécessaire pour lui donner un sens et espérer l'apaiser ; mais pour autant, le calme rusé dont Ulysse avait fait preuve avant de dévoiler son vrai nom a beau paraître une attitude plus salvatrice, elle n'est pas nécessairement la plus juste. La colère est prise en étau entre un désir de vengeance qui peine à se dire, et la nécessité d'une justice punitive qui doit énoncer clairement ses motifs.

PUISSANCE DU DISCOURS SUR LA COLÈRE

La colère est une passion dont Aristote dit dans l'*EN* VII.6 que son impulsivité n'empêche pas qu'elle entende la voix de la raison :

> De la même façon, l'ardeur (θυμός), que l'on doit à la chaleur et à la vivacité de sa nature, entend bel et bien une voix, mais n'entend pas un commandement et se précipite pour tirer vengeance. La raison en effet ou la représentation ont-elles fait voir qu'il y avait outrage ou dépréciation, l'ardeur de son côté, comme si elle en avait inféré qu'il faut partir en guerre contre ce genre de choses, prend alors feu sur-le-champ. (*EN* VII.7, 1149a29-34, trad. R. Bodeüs légèrement modifiée).

36 *Od.* 8.409-412, les frères du Cyclope l'abandonnant à son sort après qu'il leur ait dit que « Personne » ne lui avait fait de mal.

La colère, contrairement à l'ἐπιθυμία, « obéit à la raison d'une certaine manière » (ὁ μὲν θυμὸς ἀκολουθεῖ τῷ λόγῳ πως, 1149b1). Ce passage bien connu de l'*EN* concerne les actions commises par incontinence. La description qu'Aristote donne de l'action commise sous le coup de la colère implique ainsi qu'un jugement rationnel, une opinion ou encore une représentation préside à l'action, mais sans délibération et sans véritable dessein, le θυμός se chargeant d'exécuter l'ordre.

La perspective de la *Rhétorique* est différente et complémentaire : il s'agit pour Aristote de mettre en lumière les motifs de la colère, avant qu'elle agisse, afin d'espérer l'apaiser. De tous les moyens d'apaiser la colère autrement que par la vengeance, on peut retenir deux grands types. Un premier ensemble est constitué par ce qu'on pourrait appeler des moyens qui ne sont pas intrinsèques au discours : il s'agit de conditions de vie et d'activité favorables (1380b2-5), du temps (1380b6), de détournements de la colère lorsque cette dernière est déchargée (ἀναλώσωσιν, 1380b11) sur d'autres cibles (les deux anecdotes de Philocrate et d'Ergophile 1380b7-14)[37], ou simplement détournée par la pitié si l'offenseur se trouve dans une situation misérable (1380b14-16)[38]. Ce premier ensemble de moyens répond exactement au problème évoqué par la colère dans l'*EN* sur le caractère impulsif, spontané et violent de la colère. Contre le mouvement et la force d'une telle passion, il faut se résoudre – parfois – à attendre[39], ou à canaliser cette colère par des moyens qui ne sont assurément pas rationnels, et en tous les cas non discursifs. C'est la seule réponse possible à un état physique qui perdure et devient incontrôlable. L'anecdote de Philocrate prend dès lors tout son sens dans la perspective d'un apaisement de la colère par le discours, en commençant par reconnaître que ce moyen est limité : face à la colère, l'orateur doit parfois différer son discours[40].

Un second moyen d'apaiser la colère est la réinterprétation de ses motifs d'un point de vue rationnel en agissant sur ses raisons ou la représentation. De la part de l'offensé tout d'abord, il s'agit de procéder à une meilleure appréciation de l'action du prétendu offenseur. L'agent cessera d'être en colère s'il reconnaît qu'il n'y avait pas dépréciation, ou

37 Voir par exemple Iso. *Contre Callimachos* 36.
38 Dem. *Contre Midias* 186, 196.
39 Dem. *Contre Timocrate* 175.7.
40 Voir par exemple Thuc. II.22.1, où Périclès ne se présente pas à l'Assemblée sachant qu'elle est en colère. Sur le rôle de la colère chez Thucydide, voir surtout Huart (1968).

que la dépréciation n'était pas intentionnelle, du moins à ce qu'il en *paraît* (φαινομένοις, 1380b10). En un mot, il faut qu'on puisse se rendre compte par la reconstitution du raisonnement de l'offenseur, que l'intention délibérée n'était pas offensante. De même de la part de l'offenseur, on attend qu'il reconnaisse ses fautes et paraisse agir de manière convenable. Cette reconnaissance est verbale (ὁμολογεῖν, 1380a13, a17, a22, par opposition à ἀντιλέγοντας καὶ ἀρνουμένους 1380a16-17) ou procède d'une attitude qui montre des signes de soumission ou d'humilité (ταπεινοῦμαι, a21, a28, et σπουδάζεσθαι a25, a26 par opposition à l'attitude méprisante ou hostile). Aristote peut alors affirmer :

> C'est pourquoi il faut une punition préalable (προκολάζειν) au moyen d'un discours, on s'irrite alors moins lorsqu'on est châtié, et même les esclaves (*Rh.* II.3, 1380b19-20.

Le verbe προκολάζειν est un hapax dans le corpus aristotélicien, et ne se trouve pas avant Aristote. L'idée en revanche, de faire précéder le châtiment par un discours, se trouve développée chez Platon, notamment dans les *Lois* où chaque loi pénale est précédée d'un « prélude » ou « préambule » (προοίμιον), qui peut prendre des formes variées allant de l'édification par le mythe à l'argumentation rationnelle, en passant par l'admonestation[41]. La fonction est de révéler des motivations de la colère pour en défaire la force[42].

Ces deux grands types de moyens répondent donc exactement à la description qu'Aristote fait de la colère dans l'*EN* : la colère constitue un mouvement dont il faut canaliser la force, ou au mieux est accessible à des raisons qui déterminent le jugement ou la représentation. Aristote donne-t-il une préférence à l'un de ces moyens ? Il est difficile de le dire avec certitude : Aristote s'en tient à une pragmatique de la colère où le

41 Sur les préludes aux lois dans les *Lois* de Platon, voir Brisson (2000a) et Laks (2005, p. 129-163). Sur l'importance de ces préludes dans la pénologie platonicienne, je me permets de renvoyer à Renaut (2014, p. 301-306).

42 Grimaldi (1988, p. 61-62) est sensible à ces lignes, et n'hésite pas à parler d'un usage correct des passions. On pourrait également étayer l'argument de Dow (2015, p. 112-116), qui résout la « contradiction apparente » entre le rejet de la colère au livre I, et sa réapparition au livre II, en rapprochant le προκολάζειν du προοίμιον, traditionnellement dévolu au dénigrement (III.14), dont la colère et la pitié seraient des moyens de l'élaborer. Pourtant, quand Aristote analyse l'exorde en *Rh.* III.14, sa fonction ne semble pas du tout recouvrir ici le terme προκολάζειν. Sur ce point, voir Viano (2016, p. 144). Il s'agit selon moi d'un point aveugle dans l'articulation entre II.2-11 et le livre III.

discours est reconnu avoir une puissance, limitée, sur les représentations du colérique. Cette pragmatique ne présuppose pas de principes éthiques ou politiques qui par exemple condamneraient la colère comme passion intrinsèquement irrationnelle et à bannir du discours rhétorique ; elle ne dit pas nécessairement non plus qu'apaiser la colère est un bien, puisqu'Aristote ne cesse d'affirmer qu'elle est une forme de sensibilité à ce qui convient. Le problème est donc de savoir jusqu'à quel point la colère se laisse influencer par le discours.

Il existe assurément un juste milieu entre la colère et le calme, que l'*EN* détaille, sans jamais condamner la colère comme telle :

> Ainsi donc, celui qui s'irrite pour les motifs qu'il faut et contre les personnes qu'il faut, mais qui, en plus, le fait de la façon qu'il faut, au moment qu'il faut et tout le temps qu'il faut, celui-là fait l'objet de louanges. Ce sera donc lui qui est doux, si tant est que la douceur fasse l'objet de louanges. (*EN* IV.11, 1125b31-33, trad. R. Bodeüs)

Dans la *Rhétorique*, il existe une limite interne à l'usage de la colère et du retour au calme dans le discours : faire en sorte que par la colère, on puisse mieux cerner ce qui relève de la justice et de la culpabilité, tout en maintenant ouverte la possibilité, car elle est toujours menacée par la force de cette passion, d'un discours qui apaise, afin de délibérer et de juger sereinement.

CONCLUSIONS

Mettons les conclusions de II.2. et de II.3 en regard :

> Nous avons donc dit tout à la fois contre qui on se met en colère, dans quelle disposition on se trouve et pour quels motifs. Il est clair qu'on devra, au moyen du discours, rendre les auditeurs tels que sont les gens qui se mettent en colère, rendre leurs opposants responsables de ce qui suscite la colère, et les rendre ces derniers semblables à ceux contre qui on se met en colère. (*Rh.* II.2, 1379b37-1380a4)

> Il est donc manifeste que ceux qui souhaitent calmer leur auditoire doivent parler en partant de ces lieux, d'une part en le mettant dans ces conditions,

> et d'autre part en présentant les cibles de sa colère comme des personnes effrayantes, ou dignes de respect, ou qui lui ont accordé des faveurs, ou qui ont agi contre leur gré, ou qui souffrent démesurément des actes qu'ils ont commis. (*Rh.* II.3, 1380b29-33)

Les deux conclusions, qui invitent apparemment de manière neutre à susciter telle ou telle passion chez l'auditoire, n'insistent pas tout à fait sur les mêmes ressorts du discours.

La colère est suscitée par une dépréciation dont on a vu que la représentation est fondée sur une certaine idée de la justice. Que cette représentation soit erronée, simpliste ou commune n'intéresse pas nécessairement l'orateur ; en revanche, il s'agit bien d'utiliser la colère comme une passion intrinsèquement sensible à la justice, même si elle est potentiellement sourde au discours. Le calme, quant à lui, n'est pas présenté comme un idéal : il s'agit d'apaiser la colère par des moyens détournés en modifiant la représentation des cibles de la colère, en suscitant des passions contraires (la peur, la honte, la gratitude) ou en pointant les raisons de l'offense prétendue (caractère non intentionnel de l'acte, regret). Que la colère soit une passion sensible à la justice ne fait donc pas question. J'ai voulu montrer que l'enjeu de ces deux chapitres n'est pas la possibilité d'une juste vengeance, ni même d'une colère plus juste – cette possibilité étant reportée selon moi à l'examen de l'indignation en II.9 ; il s'agit plus pragmatiquement d'utiliser ces deux passions de façon équilibrée, où la colère soutient de manière évidente un jugement sur une juste répartition, au risque de la vengeance, sans pour autant qu'elle devienne sourde à la parole et à l'argument. L'usage par l'orateur des « lieux » de la colère et de l'apaisement répond ainsi à un double réquisit : savoir manipuler les raisons et motivations de ces deux passions, et faire dépendre leur manipulation non d'un critère de justice qui n'appartient pas à l'art rhétorique comme tel, mais d'une exigence argumentative et politique où un homme, même en colère, continue d'entendre raison avant d'agir.

Afin de rendre plus manifeste cet enjeu capital de la rhétorique, un dernier détour par Thucydide apparaît nécessaire. Au livre III, les Mytiléniens se sont révoltés et sont passés à l'ennemi ; Athènes a d'abord ordonné le saccage de la cité et l'exécution de l'ensemble des citoyens. Pris de regret (μετάνοια, 36.4), les stratèges convoquent une nouvelle assemblée. Deux orateurs s'opposent alors : Cléon puis Diodote[43]. Le premier tente d'assurer son auditoire de ne pas céder à trois sentiments délétères selon lui pour l'autorité de la cité : l'indulgence (οἶκτος, qui va de pair avec la pitié, ἔλεος), le plaisir d'écouter des discours (ἡδονὴ λόγων), et l'honnêteté (ἐπιείκεια) (40.2). Cléon exhorte les Athéniens à écouter le premier mouvement de leur colère contre les coupables, et à rester fermes dans leur résolution à les anéantir. Un des arguments de Cléon consiste à dénoncer l'incursion du discours rhétorique, pas n'importe quel discours, mais celui pour lequel les citoyens aiment être estimés ou tirer profit, dans la décision (37.4-38.7) ; l'accusation est sans appel : les Athéniens se sont faits « spectateur des paroles et auditeurs des faits » (θεαταὶ μὲν τῶν λόγων γίγνεσθαι, ἀκροαταὶ δὲ τῶν ἔργων, 37.4), faisant de la justice une affaire de récit. Le second, Diodote, parvient à fléchir les Athéniens, et la critique est fine : sans rejeter les justes motifs de colère contre les Mytiléniens, Diodote prévient les Athéniens que la fonction de l'assemblée n'est pas celle du tribunal, et par conséquent que la rhétorique délibérative ne doit pas non plus être confondue avec la rhétorique judiciaire. Diodote souhaite détourner la colère, qui avec la hâte est le plus grand obstacle à la bonne délibération (εὐβουλία, 42.1). Il en va du bien de la cité, quitte à accorder son pardon auprès des Mytiléniens même s'il les juge coupables : autrement dit, l'intérêt de la cité avant le plaisir de la colère (44.1-2).

Aristote me paraît, indubitablement, être du côté de Diodote : sans rejeter complètement la possibilité que la colère soit juste, la colère n'a sa place en rhétorique que pour autant qu'elle ne veuille pas faire taire le discours argumentatif, au tribunal comme à l'assemblée.

43 Sur ce discours, voir Harris (2013) et Sanders (2016, p. 68-69).

L'AMITIÉ ET LA HAINE (*RH.* II.4)

L'amitié et la haine tiennent une place singulière en *Rh.* II.2-11[1]. Premièrement, s'il est vrai qu'Aristote s'y intéresse au livre II en tant qu'elles sont des passions, elles ne s'y réduisent pas et pointent vers des dispositions dont l'extension est telle qu'elles croisent et conditionnent d'autres passions. À ce titre l'amitié et l'inimitié ou haine, parce qu'elles désignent non seulement des passions, mais aussi ce qu'on pourrait appeler des dispositions affectives, sont traitées par Aristote comme des causes privilégiées de modification du jugement, par elles-mêmes, ou en association avec d'autres passions. En second lieu, et contrairement à certaines autres passions qui n'apparaissent que rarement dans le corpus aristotélicien, l'amitié reçoit comme on le sait dans les *Éthiques* un traitement philosophiquement plus approfondi : définition, espèces d'amitié, conditions, fonctionnement dans le temps, plaisirs associés y sont décrits de manière détaillée. Il est dès lors tentant de minorer le traitement de l'amitié dans la *Rhétorique* et à faire de l'exposé en II.4 un panorama des opinions communes la concernant. Il faut pourtant résister à cette tentation.

L'examen de l'amitié en II.4 possède une cohérence et un intérêt propre : la *Rhétorique* propose de l'amitié une approche qui se veut totalisante en appelant « amitié » diverses relations affectives personnelles ou plus sociales, quitte à minorer des distinctions qui dans les *Éthiques* sont fondamentales[2]. Cet élément d'interprétation est ce qui permet d'unifier une très grande variété de relations, allant de la plus intime à la plus lointaine, plaçant la fonction affective de l'amitié au-delà de

1 Outre les commentaires suivis de Cope, Grimaldi et Rapp, Konstan (2006, chap. 6) s'intéresse spécifiquement à *Rh.* II.4.

2 Sur ce point, voir Chiron (2018) qui compare le traitement de l'amitié dans sa forme éthico-politique dans la *Rhétorique à Alexandre*, l'*EN* et *Rh.* II.4, en faisant ainsi ressortir un certain nombre de « lieux » (*ibid.*, p. 161) sur l'utilité de l'amitié dans la sphère de la cité.

la distinction entre ses espèces éthiques entre amitié en vue du plaisir, amitié visant l'utile, et amitié authentique du sage.

Enfin, et cela en dépit de l'absence de l'expression φιλία πολιτική, ce chapitre II.4 n'a pas manqué de servir à certains interprètes pour tenter de théoriser la fonction de cette « amitié politique[3] » dans les *Éthiques* et les *Politiques*. Je montrerai que ce chapitre II.4 donne une image beaucoup plus pragmatique de la φιλία πολιτική, dont la fonction le discours est de maintenir, plus que de fonder, les liens politiques, et de contrecarrer les effets délétères de la haine.

DÉFINITION DE L'AMITIÉ ET DE LA HAINE

> Disons qu'aimer c'est souhaiter à quelqu'un ce que l'on croit être des biens, pour lui et non pour soi-même, et œuvrer pour ces biens dans la mesure du possible. (*Rh.* II.4, 1380b35-1381a1)

La définition de l'amitié est composée de trois éléments : a) souhaiter le bien d'autrui, b) d'une manière désintéressée et c) agir en conséquence pour produire ce bien. Il s'agit d'une définition minimale, à laquelle Aristote ajoute en un second temps des caractéristiques distinctives.

LE SOUHAIT

Le verbe βούλομαι ou le substantif βούλησις sont omniprésents en II.4 (17 occurrences). L'amitié est définie comme un certain type de désir : alors que la colère est définie comme une ὄρεξις dont le siège pourrait être le θυμός, l'amitié est d'emblée présentée comme un désir en un sens plus restreint. Il est d'usage de considérer la βούλησις comme un désir rationnel, ou orienté par la raison, en vue d'un bien voire même du bonheur en général, comme en atteste par ailleurs *Rh.* I.10, 1369a2 où la βούλησις apparaît comme désir rationnel (λογιστικὴ ὄρεξις)[4]. En

3 Cette question a suscité, comme on le sait, une importante littérature. Pour un dernier état de la question, voir Pellegrin (2018) et Rogan (2018a).

4 Voir également *Top.* 126a12-13.

quoi la βούλησις qui préside à l'amitié en II.4 est-elle rationnelle ? J'en propose ci-dessous une interprétation minimale.

Tout d'abord, la βούλησις est présentée dans ce chapitre comme un état intentionnel, dont la visée est un bien (comme en I.10, 1369a3 où βούλησις est définie comme ἀγαθοῦ ὄρεξις), ou plutôt *des biens* (ἀγαθά). Le pluriel est important : il ne s'agit pas pour Aristote de surdéterminer la relation amicale par une certaine conception du bonheur, ni par l'exclusivité de certains biens par rapport à d'autres. Il revient aux agents de considérer comme des biens des choses aussi variées qu'un bienfait, des vertus, une assistance en argent, des marques d'honneurs, des plaisirs, un bon mode de vie, un objet de subsistance, etc. La pluralité des objets considérés par la βούλησις n'a, en réalité, pas d'incidence sur l'effectivité de l'amitié ou du sentiment d'amitié en tant que tel[5].

La variété des biens considérés permet par conséquent des formes de relations amicales différentes, se construisant sur la base du partage de croyances en ce que certains objets sont des biens, et non en fonction d'un critère objectif et rationnel au sens fort. Ce qui est vecteur d'amitié ne repose pas sur la *réalité* du bien qui qualifierait l'objet de la βούλησις par opposition à son caractère *apparent* – il est manifeste dans la suite du chapitre que ces biens sont simplement apparents et objets de croyances partagées. Il suffit en effet à Aristote d'indiquer que la βούλησις a pour objet ce qu'on *croit* être des biens, pour soi et donc aussi pour autrui. Que la haine procède également d'une βούλησις (1382a15), alors qu'elle vise explicitement à infliger à autrui de la douleur ou la mort (semblant ainsi contredire le fait que la βούλησις vise toujours un bien) implique que cette dernière considère ce qui est un bien *pour soi*, à défaut d'être valable également pour autrui. Le caractère « rationnel » du souhait, s'il en est, est donc d'abord déterminé par une reconnaissance mutuelle des biens, laquelle peut très bien s'accommoder d'une opinion commune à leur sujet.

Il faut conclure que la βούλησις ne désigne pas davantage qu'une intention de l'agent vers un bien qui peut être varié, obscurément ou indirectement appréhendé, et dont la reconnaissance mutuelle suffit pour

5 Cette pluralité d'objets de la βούλησις au principe de la φιλία confirme l'hypothèse interprétative de Pearson (2012, chap. 6) selon laquelle la βούλησις n'implique pas nécessairement une référence explicite par l'agent à sa conception de l'*eudaimonia*, ni n'en est le reflet, mais renvoie bien plutôt à un ensemble pluriel de biens et de fins (*ibid.*, p. 164).

susciter différentes formes d'amitié. D'ailleurs, on observe au cours du chapitre que la βούλησις peut même avoir pour objet de devenir ami (1381a26-27), cette dernière intention étant traitée comme un signe de vouloir un certain bien en partage avec autrui. Elle ne désigne donc pas d'emblée une intention dont le bénéfice de l'objet serait déterminé rationnellement ; la βούλησις est rationnelle en II.4 dans un sens faible, selon lequel il est au minimum nécessaire de poser une fin hiérarchiquement ordonnée par rapport à d'autres biens (l'honneur, la sauvegarde de la cité, un certain plaisir) et faisant de certaines autres actions des moyens d'y parvenir.

LE CARACTÈRE DÉSINTÉRESSÉ DE L'AMITIÉ

Une seconde condition de l'amitié est le caractère désintéressé du souhait. L'intention de l'agent concerne le(s) bien(s) de l'ami et non son bien propre. En ce sens, τὸ φιλεῖν semble impliquer l'εὔνοια, la bienveillance, telle qu'elle est mentionnée en II.1[6]. Pourtant, plusieurs pages de l'*EN* et de l'*EE* sont consacrées justement à la distinction entre bienveillance et amitié[7] ; or dans la *Rhétorique*, il semble que rien n'empêche leur identification dans certains cas. En un sens faible, on peut dire que l'intention amicale de l'agent consiste à toujours se soucier du bien d'autrui avant son avantage propre (du moins comme motif, sans néanmoins l'exclure comme conséquence). L'εὔνοια serait ainsi pour certains interprètes le cœur de toute forme d'amitié, quelle que soit son espèce, même de l'amitié jugée utilitaire où on espère de cette amitié un avantage en retour[8]. En un sens plus fort, l'intention amicale devrait se comprendre au sens d'une bienveillance purement gratuite,

6 Aristote associe εὔνοια et φιλία en II.1, 1378a18, anticipant leur commune description dans la discussion sur les πάθη en II.4, tandis que φρόνησις et ἀρετή, les deux autres caractéristiques éthiques de l'orateur persuasif, ont été traitées en I.9. Le terme εὔνοια, qui fait l'objet d'un traitement étendu en *EN* et *EE*, apparaît peu dans la *Rh.* (*cf.* I.8, 1366a11 sur le caractère bienveillant de l'orateur ; III.14, 1415a35 et 1415b25 sur le fait de rendre bienveillant son auditoire).

7 *Cf. EN*, VIII.2, 1155b32-1156a5. voir également *EN* VIII.6, 1157b18. Sur cette notion, voir Hadreas (1995, p. 397-398) qui propose d'épurer le sens de l'εὔνοια de sa dimension de bienveillance et de bienfaisance, pour ne conserver que la reconnaissance de la valeur intrinsèque d'autrui. Je ne suis néanmoins pas convaincu par l'idée qu'on puisse isoler aussi nettement chez Aristote l'aspect du « souhait » précédemment mentionné.

8 C'est notamment la thèse qu'avance Cooper (1977), en invoquant *Rh.* II.4 pour interpréter l'articulation possible des différentes espèces de φιλία dans les *Éthiques*.

faisant d'autrui un autre soi dont le bien seul est pris en considération, à l'exclusion de tout avantage en retour. La suite du chapitre, comme on le verra, fait davantage pencher pour la première interprétation.

On objectera que l'εὔνοια ne saurait couvrir l'ensemble des manifestations de la relation amicale. Ainsi, le fait de partager le plaisir (συνηδόμενον, 1381a4) pris au bonheur de son ami, ou le fait de compatir (συναλγοῦντα, 1381a5) avec lui semble renvoyer à une relation personnelle et exclusive qui excède l'εὔνοια. Or Aristote semble le rappeler avec force : c'est bien « pour aucune autre raison que pour son ami » (μὴ διά τι ἕτερον ἀλλὰ δι'ἐκεῖνον, 1381a5-6) qu'on se réjouit et qu'on s'afflige. Il y a pourtant lieu de minorer cet aspect personnel de l'amitié, d'autant qu'il ne semble pas appartenir à la définition : Aristote fait de la communauté de plaisir et de peine une passion qui peut s'étendre (du moins dans le langage ordinaire) à tous (πάντες, 1381a6). La définition de l'amitié ne présuppose donc pas plus que l'εὔνοια telle qu'elle est décrite en II.1 : une apparence de bienveillance.

LE PROBLÈME DE LA RÉCIPROCITÉ

La définition des conditions de l'amitié aux livres VIII et IX de l'*EN* poussent nécessairement à chercher dans la *Rhétorique* des éléments qui, tout en manquant dans la définition, sont bel et bien présents, mais semble-t-il de manière accessoire. Il s'agit de la dimension de réciprocité de l'intention amicale et de son caractère mutuellement explicite. En *EN* VIII.2, 1155b32-1156a5, Aristote affirme en effet que la φιλία ne saurait se réduire à une simple bienveillance (εὔνοια) si cette dernière n'était pas réciproque et connue des deux partis. Dans la *Rhétorique,* la dimension de réciprocité est bien présente (1381a1-2)[9], et constitue dans certains cas le fondement de certaines dispositions comme la permanence de l'amitié et la loyauté (1381b27 : σφόδρα φιλοφίλους καὶ μὴ ἐγκαταλείποντας). Dans d'autres cas en revanche, la réciprocité est seulement potentielle (dans le cas d'une bienveillance mutuelle, prélude à l'amitié, 1381a26-27), asymétrique (dans le cas de l'émulation réciproque 1381b21-24),

9 La phrase φίλος δ' ἐστιν ὁ φιλῶν καὶ ἀντιφιλούμενος est considérée par Kassel comme un ajout tardif, sans doute du fait que la phrase suivante évoque la dimension explicite de la réciprocité : οἴονται δὲ φίλοι εἶναι οἱ οὕτως ἔχειν οἰόμενοι πρὸς ἀλλήλους, où le οἴονται évoque l'idée qu'on connait ou qu'on reconnaît une intention chez autrui, et où le πρὸς ἀλλήλους ajoute la dimension mutuelle de cette reconnaissance.

voire non nécessaire du moment qu'il n'y a pas de concurrence (dans le cas de l'amitié vague entre semblables, 1381b14-16). Si Aristote ne fait pas entrer dans la définition de l'amitié l'exigence de réciprocité personnelle, telle qu'elle est envisagée dans l'*EN*, c'est parce qu'il est nécessaire de donner de l'amitié une extension beaucoup plus large, voire de jouer de l'homonymie, entre une amitié personnelle, exclusive et réciproque, et une amitié qu'on pourrait dire seulement d'intention, déclarative, sociale, et utilitaire.

UNE « THÉORIE » DE LA HAINE

La haine (ἔχθρα, τὸ μισεῖν) ne fait pas à proprement parler l'objet d'une définition. Aristote se contente, en quelques lignes percutantes, d'inférer et d'exposer les cibles, les raisons et les dispositions relatives à la haine, « à partir des contraires » (1382a1). « Envisager la haine », ce que traduit le verbe θεωρεῖν pris dans un sens général, consiste ici à repérer à partir des principes qui régissent d'autres passions, les modes de fonctionnement propres de la haine : il s'agit en somme d'une esquisse qui doit suffire à l'utilisation rhétorique de cette passion. Mais de quels contraires s'agit-il ? Non pas de la seule amitié, dont la haine est bien le contraire direct, mais aussi de la colère et de la pitié qui apparaissent comme des contraires indirects ou des médiations.

En tant que contraire de l'amitié, la haine aurait pu être décrite comme une amitié inversée dans son objet. Comme l'amitié, la haine est aussi un souhait, mais vise à infliger à l'autre un mal en lieu d'un bien ; elle est « désintéressée » au sens où elle souhaite qu'advienne ce mal *pour autrui* et non pour un bénéfice personnel ; elle est agissante au sens où on lui suppose une capacité de nuire réelle (suscitant par ailleurs la peur chez autrui). La haine procède dès lors de la même manière que l'amitié, avec un objet contraire. On ne peut néanmoins que le déduire, faute d'éléments textuels. Car en réalité, ce n'est pas en fonction de l'amitié que le fonctionnement de la haine est déduit. De même que pour contrecarrer la pitié, on n'utilise pas son contraire direct (par exemple l'indignation), mais un de ses éléments ou une passion connexe[10], de même, on ne fait pas taire la haine en prétendant que celui qu'on hait est en réalité un

10 Sur le jeu des contraires de la pitié que sont principalement νέμεσις et φθόνος, ainsi que ζῆλος, voir *infra* p. 307 *sq.*

ami. La colère (et secondairement la pitié) apparaît donc comme une médiation et un contraire indirect pour exposer la spécificité de la haine : la colère est une cause possible de la haine (1382a1-2) – ainsi, une amitié bafouée, selon les *Politiques* est d'autant plus dangereuse qu'elle fait d'un ancien ami un ennemi juré (*Pol.* VII.7, 1327b39-1328a10). La colère est également un *contraire indirect* au sens où leurs causes sont identiques, mais pas leurs effets ou leurs dispositions respectives.

De ces définitions, il faut retenir deux problèmes que la description de la haine rend particulièrement manifeste. Le premier est qu'amitié et haine n'ont décidément pas le même statut que d'autres passions. Leur caractère durable (par opposition aux accès passionnels affectifs), et le fait qu'elles ne soient pas explicitement définies comme un plaisir ou une douleur (contrairement à la majorité des autres passions), montre qu'une ambiguïté persiste quant à leur nature : sont-elles des passions ou des dispositions ? Le second problème concerne l'extension des cibles de l'amitié et de la haine : contrairement à d'autres passions encore, elles ne sont potentiellement pas rivées à des individus en particulier, mais peuvent s'étendre à des classes ou des groupes entiers dans la cité. Ces deux problèmes s'enracinent dans la fonction que l'orateur entend donner à ces deux passions : elles comptent parmi les passions du livre II parce qu'elles sont intrinsèquement mêlées à toutes les autres (plus qu'elles ne constituent en elles-mêmes des passions) et de ce fait constituent des leviers rhétoriques puissants, faisant d'amitié et haine des passions à vocation proprement politique.

L'AMITIÉ : UNE PASSION TOTALE

Le chapitre II.4 ne suit pas tout à fait le plan tripartite annoncé en II.1 : cibles et objets de la passion, causes, et dispositions, le traitement de ces trois éléments étant mêlé dans le cours de la description. L'examen de la φιλία est mené à travers la description des cibles (qui on aime) puis est suivi d'une mention des espèces d'amitié (εἴδη δὲ φιλίας, 1381b33-34) et d'un très court rappel de ce qui la produit (ποιητικά, 1381b35), à savoir la faveur (χάρις). En ce sens, le chapitre II.4 apparaît comme une longue énumération de relations amicales, comme un catalogue en somme, dont la cohérence interne ne repose pas sur l'examen de critères aussi tranchés que ceux des *Éthiques*. Cette impression de catalogue se trouve accentuée par le fait que sont alternativement évoquées des relations amicales personnelles et affectives fortes, et des relations beaucoup plus lointaines, et encore des relations sociales que nous contemporains hésiterions à appeler « amicales ». L'amitié et la haine concernent ainsi des individus particuliers, mais également des classes (les justes 1381a22, les sycophantes 1382a7, etc.). Face à ce catalogue, on a pu s'interroger sur l'objet véritable du chapitre. Que s'agit-il exactement de décrire ?

DISPOSITION OU AFFECTION ?

Un premier principe interprétatif du chapitre consiste à insister sur la différence qu'il y aurait entre φιλία et le fait de τὸ φιλεῖν, le fait d'aimer, c'est-à-dire entre la *disposition* telle qu'elle est décrite dans les *Éthiques* et les *dimensions affectives* de l'amitié. On a en effet pu douter qu'Aristote parlait véritablement de πάθη[11]. Cette remarque s'impose surtout à propos de la haine : dans la mesure où elle n'est pas elle-même une douleur, et où elle désigne un état durable, n'est-on pas fondé à dire qu'elle n'est pas une passion au sens propre du terme[12] ? Pourtant, faire

11 Aristote ne prend pas toujours l'exemple de l'amitié et de la haine lorsqu'il énumère quelques passions paradigmatiques du discours rhétorique (par exemple *Rh.* I.1, 1354a16-17, 1354a24-25, II.1, 1378a21-22 ; mais *Rh.* I.2, 1356a15-16), mais elles sont évidemment omniprésentes lorsqu'il s'agit de présenter les dispositions favorables ou non d'un témoin, d'un juge, ou d'un auditoire (par exemple I.1, 1354b8-10, II.1, 1377b30-1378a1).

12 Rapp (2002b, p. 549-550, 617) résout pour sa part le problème en affirmant que les sentiments d'amitié et de haine *impliquent* nécessairement l'apparition de plaisir ou de douleur, notamment à travers la communauté de plaisir et de peine. Cela ne s'applique pourtant pas à la haine. Dow (2015, p. 153-155) avance une thèse beaucoup plus radicale ; selon Dow, a) à strictement parler, Aristote considère qu'amitié et haine ne sont pas des passions mais des dispositions, d'où l'absence de définition par le fait qu'elles sont des plaisirs ou des douleurs, et b) la haine en particulier est définie comme privation d'amitié. Je suis en désaccord avec les deux propositions : a') sans nier qu'Aristote considère aussi φιλία et ἔχθρα comme des dispositions durables, la distinction entre disposition et πάθος n'est pas suffisamment accusée dans ce chapitre pour nier qu'il s'agit aussi de πάθη ; b') la haine, parce qu'elle est définie par contraste avec la colère, ne saurait se réduire à une privation d'amitié : elle est la recherche active du mal de l'adversaire. Konstan (2006, p. 192) dont je suis la conclusion, est plus prudent en supposant que la haine contient peut-être le même type de plaisir que la colère à l'idée de voir se réaliser le mal que l'on souhaite. Il faut ajouter qu'à la faveur de la distinction entre douleur physique (λύπη) et absence de douleur physique provenant du vice (ἥκιστα αἰσθητά, 1382a10), Aristote n'exclut probablement pas une souffrance de type moral.

de l'amitié et la haine des dispositions ne rend pas compte de tout un ensemble de traits psychologiques qui prouvent qu'Aristote s'intéresse bien à la dimension affective de ces deux termes. On ne peut nier que la φιλία, ses types et ses espèces, sont évoquées à la faveur de τὸ φιλεῖν, le fait d'aimer[13]. Cette interprétation générale du chapitre est féconde, en ce qu'elle fait porter l'intérêt de II.4 sur les modalités d'apparition ou de fonctionnement de la φιλία comme une passion ressentie à des degrés différents, ou en même temps que d'autres passions. De fait, Aristote mentionne des formes d'attention affective qui accompagnent ou sont suscitées par la φιλία : sympathie et compassion (1381a4-5), sollicitude (κήδονται, 1381a12), agrément (1381a30, 1381b14), admiration (1381a28-30, 1381b11, b14), rivalité (1381b21-22), estime (1381a21). Aristote décrit bien l'ensemble des processus psychiques affectifs qui se rapportent à ou créent la relation d'amitié. Le τὸ φιλεῖν peut dès lors aller de la mutuelle affection dont se témoignent les vrais amis à la simple « affinité » que nous pouvons ressentir à l'égard d'un caractère agréable et/ou honnête, tout en couvrant, comme par privation, l'ensemble des relations qui ne sont pas celles de la trop grande inimitié (absence de rancune, absence de concurrence, voire indifférence).

Il faut en outre admettre que la distinction entre φιλία et τὸ φιλεῖν n'est pas aussi nette dans ce chapitre que dans les *Éthiques*. Par exemple, en *EN* VIII.7, Aristote distingue beaucoup plus nettement ἡ φίλησις comme πάθος et φιλία comme ἕξις, cette dernière seule rendant possible une réciprocité amicale que conditionne une décision (προαίρεσις)[14]. En *Rh.* II.4, ces deux dimensions sont simultanément présentées à travers la figure du φίλος. L'absence de distinction entre l'affect de l'amitié et l'amitié elle-même se comprend du point de vue de la stratégie de l'orateur : dans la mesure où la φιλία ou le τὸ φιλεῖν modifie le jugement, il est possible ou bien de se fonder sur une relation affective préexistante

13 *Cf.* Cope (1877, p. 43) ; Rapp (2002b, p. 609), Konstan (2006, p. 172). On pourrait ajouter à l'argument développé par Konstan le fait que II.4 présente une caractéristique similaire à II.7 pour définir un verbe : χάριν ἔχειν, ressentir de la gratitude, à partir d'une définition de χάρις, la faveur (*infra* p. 258), ou encore à II.9 pour définir encore un verbe : τὸ νεμεσᾶν à partir d'une certaine idée de la justice (*infra* p. 325).

14 « Cependant, si l'amour a l'air d'une affection et l'amitié d'un état, c'est que l'amour ne se porte pas moins sur les objets inanimés, tandis que la réciprocité dans l'amour implique une décision ; or la décision procède d'un état. De plus, souhaiter du bien à ceux qu'on aime dans le souci de ces derniers ne traduit pas une affection, mais un état. » (*EN* VIII.7, 1157b28-32, trad. R. Bodeüs).

au discours, afin de provoquer un jugement favorable, ou à l'inverse tenter de susciter une passion favorable à partir de signes de ce qu'on appelle φιλία, quitte à réputer telle une relation qui ne présuppose justement pas d'affect réciproque particulier. C'est l'homonymie des relations amicales qui permet à l'orateur de renvoyer tantôt à un affect amical réel, tantôt à une relation ou une intention vague d'amitié. La sphère de cette passion est beaucoup plus large que celle que les *Éthiques* semblent accorder à la φίλησις, comme si un affect potentiel pouvait naître d'une relation de φιλία qui ne requiert pas nécessairement une passion réciproque.

L'objet du chapitre est donc très certainement l'amitié en tant que passion, distincte de l'amitié en tant que telle, même s'il faut bien évidemment compter sur ses dispositions corrélatives.

L'ENTRELACS DES PASSIONS

Amitié et haine sont entrelacées à d'autre passions. Il arrive souvent – c'est un des traits du traitement aristotélicien des passions – qu'Aristote définisse, compare et fait s'entrecroiser des passions dans le livre II ; mais en II.4, *presque toutes* les passions du livre II sont mentionnées[15] : plaisir et douleur (1381a5 à travers la communauté de plaisir et de peine), ou encore le caractère agréable de la compagnie (1381a30) ; colère (1381b9 où la colère ne doit pas faire obstacle à l'amitié, et 1382a2-15 par différence avec la haine) ; peur et assurance (1381a37, 1381b32-33), honte (1381b19-20, b31), gratitude (1381a20 à propos de l'amitié ressentie à l'égard des bienfaits, et 1381b35), pitié (1382a14), envie et jalousie (1381a22). L'amitié et la haine conditionnent ainsi l'ensemble des passions rhétoriques (ainsi l'amitié est-elle productrice d'envie, et non de jalousie ; elle inspire l'assurance et non la peur ; elle appelle la gratitude et la pitié ; la haine quant à elle semble pouvoir susciter la jalousie en tant qu'elle contrecarre la pitié). En retour, susciter les passions affines permet de supposer ou de favoriser la disposition correspondante : ainsi ressentir de la pitié suscite un plus grand sentiment de proximité avec autrui[16] ; la manière dont la colère est proche de l'amitié et de la haine est un élément ambivalent de leur définition[17] ; de même l'articulation

15 À l'exception de τὸ νεμεσᾶν.
16 *Infra* p. 285 *sq.*
17 *Supra* p. 173 *sq.*

entre honte et amitié détermine un certain type de passion dont on voit qu'elle se fonde sur une distinction entre honte conventionnelle et honte au regard de la vérité[18].

C'est surtout la quasi-exhaustivité des passions mentionnées qui frappe dans ce chapitre et qui m'amène à étayer un autre principe de lecture de II.4. L'amitié et la haine, en tant qu'elles sont des passions ou dispositions qui sont reliées à toutes les autres, sont les instruments rhétoriques par excellence du discours de l'orateur lorsqu'il s'agit de faire appel aux πάθη : soit que ces deux passions constituent des moyens de susciter telle ou telle autre passion, soit que ces passions ou dispositions sont des fins à rechercher dans le discours public et politique. Nous sommes ainsi amenés à questionner le rôle de l'amitié *politique* comme passion cohésive, dont les autres passions pourraient à l'occasion soutenir.

L'AMITIÉ DANS LA COMMUNAUTÉ DES SEMBLABLES

Quels seraient les usages d'une rhétorique convoquant l'amitié et la haine ? Aristote en donne plusieurs applications :

> Il est donc clair qu'on peut démontrer à partir de ce qu'on a dit si des personnes sont ennemies ou amies, les rendre telles si elles ne le sont pas, et confondre celles qui prétendent l'être, et quant à celles qui se querellent à cause de la colère ou de la haine, les amener du côté qu'on aura décidé. (*Rh.* II.4, 1382a16-19)

Un premier usage issu de la description de ces deux passions consiste à *désigner* amis et ennemis, à partir des prémisses, dans un raisonnement de type : si un tel a rendu une faveur, c'est qu'il est son ami ; si tel autre enfin n'a pas eu pitié d'untel, c'est qu'il n'est pas en réalité son ami, etc. Cet usage consiste donc à tirer de descriptions des cibles, raisons et dispositions de l'amitié et de la haine, comme autant de prémisses, une conclusion qui établit les personnes en cause comme tels, amis ou ennemis, en colère ou haineux.

---

18 *Cf. infra* p. 249 *sq.*

Un second usage, qui n'est pas exclusif du premier, consiste à *produire* de l'amitié et de l'inimitié[19], ou à l'accentuer, au moyen du discours. Dans le cadre de ce second usage, le discours rhétorique à l'époque classique a une prétention de fonction cohésive, créateur d'amitié entre concitoyens[20]. Dès lors, la fonction de *Rh.* II.4 n'est-elle pas de présenter la nature et le fonctionnement de l'amitié politique ?

UNE AMITIÉ POLITIQUE ?

J. Cooper a proposé de montrer qu'il existait un fondement commun à toutes les espèces d'amitié : la bienveillance mutuelle, en attribuant à l'animal politique qu'est l'homme un souci réel du bien de ses concitoyens[21]. Si les différentes formes d'amitié (plaisir, utilité et vertueuse) formaient une unité sur un fondement de bienveillance commune, il serait dès lors possible d'attribuer à l'amitié politique ce même fondement de bienveillance mutuelle[22].

Peut-on convoquer *Rh.* II.4 en général, comme fondement de la thèse selon laquelle le souci du bien commun de la cité s'enracine dans

---

19 Voir note à la traduction de ποιεῖν et διαλυεῖν n. 26 p. 35. Même si ce dernier verbe devait être traduit par « confondre » ou « réfuter », le dernier verbe ἀγεῖν renvoie sans ambiguïté à la production d'une passion chez l'auditeur.

20 Voir sur ce point Gastaldi (1990, p. 23 *sq.*) et Konstan (1997, p. 55 *sq.*) qui rappellent comment la φιλία occupe une place intermédiaire entre parenté et lien civil, cette médiation étant fréquemment utilisée dans le discours rhétorique. Cela ne signifie pas que les orateurs renoncent à exciter la haine envers tel ou tel ; Démosthène fait fréquemment appel à la haine, non personnelle, mais de la cité tout entière, en vue de la condamnation : voir par exemple Dem. *Contre Midias* 98.4 (haïr plutôt que sauver), 186.4 (haïr Midias d'autant plus qu'il essaiera de provoquer la pitié), aboutissant à une attitude particulièrement négative en 196.4-6 : « Non, il n'y a pour toi, d'aucun côté, aucune pitié qui tienne ; mais seulement de la haine, de l'animosité, et de la colère ! Voilà ce que mérite ta conduite » (trad. J.-A. Daix).

21 Cooper (1977, p. 621) cite *Rh.* II.4 en se fondant exclusivement sur la définition de l'amitié, mais sans analyser le détail du chapitre ; l'argument de Cooper porte surtout sur *EE* VII.9.

22 *Cf.* Cooper (1990, p. 230) qui commente ainsi *Pol.* 1280a-b : « *And he implies that civic relations among citizens of a single city, since they are not merely commercial, do involve just these concerns. That is, he holds that in cities we find a* general concern *on the part of those living under the constitution of a city and participating in its civic life for the moral characters of all those similarly engaged – a concern that* no one *taking part in civic life* be *unjust or indeed vicious in any way. This is a concern of each citizen for each other citizen, whether or not they know each other personally, and indeed whether or not they have had any direct and personal dealings with one another whatsoever* » (voir également p. 241). Cooper ne reprend pas cependant la mention de *Rh.* II.4 pour définir l'amitié politique. Cette conclusion, en l'état, me semble comme on va le voir, inapplicable à *Rh.* II.4.

l'affectivité réelle des citoyens en lien les uns avec les autres ? *Rh.* II.4 ne permet pas de conclure positivement. Ce chapitre montre surtout que l'amitié politique, si tant est qu'elle existe, n'est jamais envisagée par Aristote comme une intuition spontanée ou naturelle ; au contraire, elle est le fruit d'une élaboration rhétorique, qui se fonde sur l'analogie, l'homonymie et la superposition de relations hétérogènes qui ont toutes l'amitié (ou la haine) comme élément affectif commun. L'amitié politique demeure une construction rhétorique dans ce chapitre. Trois arguments contre la thèse de Cooper peuvent être avancés.

Une communauté par extension

On doit commencer par noter que *Rh.* II.4 ne mentionne ni la communauté politique comme une κοινωνία, ni qu'il existe une φιλία πολικιτή (*EE*, VII.10, 1242a1-2), et pas davantage une φιλία κοινωνική (*EE*, 1242a25). Les relations de φιλία décrites dans ce chapitre se tissent en réalité toujours par une extension d'une amitié particulière à une autre plus large, indépendamment du caractère réciproque et actif de l'amitié. Voici un exemple de passage d'un type d'amitié à une autre :

> Nous aimons aussi ceux qui nous traitent bien, nous-mêmes ou ceux qui nous sont chers ; si ce sont de grands bienfaits, ou encore s'ils sont faits avec empressement, ou dans telles ou telles occasions opportunes, et pour notre bien à nous. Ou encore ceux dont nous croyons qu'ils veulent nous faire du bien. Les amis de nos amis, c'est-à-dire qui aiment ceux que nous aimons nous-mêmes, et aussi ceux qui sont aimés de ceux qui sont aimés par nous ; les ennemis de nos propres ennemis, c'est-à-dire qui haïssent ceux que nous haïssons nous-mêmes, et aussi ceux qui sont haïs par ceux qui sont haïs de nous. (*Rh.* II.4, 1381a11-18)

Aristote passe en effet d'un bienfait réel, accordé à soi ou à ses proches, à une extension des cibles de l'amitié, par transitivité (Rapp, 2002b, p. 611-613). Si l'ami est capable de bienfaits à l'endroit de ceux dont on se soucie, alors, par contamination, « les amis de mes amis sont mes amis », indépendamment de toute réciprocité[23]. Aristote joue

23 Grimaldi (1988, p. 69) considère que la phrase καὶ φιλοῦντας οὓς αὐτοὶ φιλοῦσιν (et son contraire καὶ μισοῦντας οὓς αὐτοὶ μισοῦσιν) n'explique pas la précédente καὶ τοὺς τῶν φίλων φίλους (et son contraire καὶ τοὺς τοῖς αὐτοῖς ἐχθροὺς), puisque la réciprocité de la seconde relation n'est pas nécessaire, alors qu'elle le serait dans la première. Chiron (2007, p. 282, n. 10) indique en outre que la forme verbale pourrait bien indiquer une forme plus passagère

sur des formulations à la voix active et à la voix passive, afin de donner une impression d'exhaustivité des relations amicales par transitivité. Ce mécanisme d'extension des cibles de l'amitié peut s'appliquer aux différents types de communauté que distingue l'*EN*, dès lors que ce sont les « mêmes biens » (ταὐτὰ ἀγαθά, 1381a18) qui sont visés. Le pluriel ἀγαθά ne permet pas d'affirmer qu'il existerait *un* bien commun qui serait distinct de la pluralité des biens particuliers poursuivis par les amitiés particulières. Cette extension de la relation d'amitié ne fait donc pas « communauté » politique[24].

Les espèces d'amitié des Éthiques *en* Rh. *II.4*

On distingue dans les *Éthiques* l'amitié selon le plaisir (δι'ἡδονήν), selon l'utilité (διὰ τὸ χρήσιμον), et l'amitié parfaite et vertueuse (τελεία, κατ'ἀρετήν) (*EN* VIII.3, 1156a6-b7), dont les rapports et les ressemblances sont examinées tout au long du livre VIII et au début de IX. Cette distinction est absente de *Rh.* II.4. On pourrait cependant en chercher des exemples : l'amitié fondée sur le plaisir est évoquée à travers la personne qui a de l'humour (1381a32-36), qui a belle apparence (1381b1-2) ou encore à qui on veut plaire (1381b12 : καὶ χαίροντας αὑτοῖς) ; l'amitié utilitaire pourrait quant à elle être représentée par ceux qui nous procurent bienfaits et assistance (1381a20-21) qui contribuent à la subsistance et à la richesse de la communauté (1381a23-24) ; l'amitié fondée sur la vertu semble quant à elle évoquée en 1381a21-22 où Aristote mentionne trois caractères vertueux aimables : libéral (ἐλευθερίος), courageux (ἀνδρείος), juste (δικαίος), à quoi on peut ajouter des traits de caractère comme la

---

d'amitié que la φιλία authentique. Tous deux s'opposent donc à l'idée que le καὶ dans καὶ φιλοῦντας (et son contraire) est épéxégétique, *contra* Cope (1877, p. 45), même s'il regrette toutes ces répétitions. Il me semble au contraire préférable d'expliciter le καὶ par « c'est-à-dire » car Aristote cherche à accentuer les effets de transitivité des relations amicales, sans se prononcer sur leur authenticité, en faisant se succéder les voix actives *puis* passives. En dépit donc d'une réelle réciprocité, Aristote énumère tous les cas possibles d'amitié : ceux où elle semble évidente (voix active : ceux qui aiment ceux que nous aimons) et ceux où elle l'est moins (voix passive : ceux qui sont aimés par qui sont aimés de nous).

24 Je rejoins ici les réserves de Annas (1990) faites à Cooper (1990). Annas pense davantage l'extension des relations personnelles à la communauté politique sur le mode de l'agrégation (voir par exemple *EN* VIII.11, 1160a8-9 où Aristote indique que toutes les communautés sont des parcelles de la communauté politique (αἱ δὲ κοινωνίαι πᾶσαι μορίοις ἐοίκασι τῆς πολιτικῆς), ainsi que *EN* VIII.11, 1160a28-30). Ces agrégations sont bien présentes en *Rh.* II.4 ; ici, la seule différence est qu'il s'agit moins d'une agrégation que de transitivité.

φιλοφιλία et la franchise (1381b26-30). En réalité, il paraît très difficile, même dans les exemples précités, de distinguer nettement les contours d'une espèce particulière d'amitié. Au contraire même, les trois formes d'amitiés des *Éthiques* semblent se superposer : ainsi c'est parce qu'ils sont « justes » que nous aimons ceux qui ont leur propre sources de revenus ; de même l'amitié utilitaire semble recouper l'amitié fondée sur le plaisir à travers les compagnons de jeu (1381a29-32) ; quant à l'amitié fondée sur la vertu, elle ne paraît pas incompatible en II.4 avec la communauté de plaisir et de peine d'une part (1381a4-6)[25] et une amitié fondée sur le plaisir d'autre part (1381b10-14, où les amis qui nous admirent ou se plaisent avec nous sont convoqués ensemble). La distinction entre des espèces d'amitié, et leur hiérarchie, à l'aide des critères d'utilité, de plaisir, ou de vertu, n'est pas opérante en II.4, et c'est justement cette absence de distinction qui permet à Aristote de faire de la passion d'amitié un lieu privilégié d'exhortation à un comportement civilisé. Dès lors, on doit concéder que l'amitié n'est rien de plus qu'une construction rhétorique qui ne présuppose pas une forme de souci transcendantal d'autrui, ou une bienveillance généralisée tournée vers la vertu : l'amitié politique n'est pas une tendance naturelle en l'homme, elle est, du moins en *Rh.* II.4, l'effet du discours qui passe alternativement d'une amitié plaisante à une amitié semble-t-il plus vertueuse.

Les espèces d'amitié de Rh. *II.4 et le sens de la communauté*

Aristote énumère trois « espèces » d'amitié à la fin de la description de cette passion :

> Les espèces d'amitié sont la camaraderie, la familiarité, la parenté, et autres du même genre (*Rh.* II.4, 1381b33-34)

Dans la *Rhétorique*, nous avons affaire à des espèces qu'on pourrait appeler « sociologiques », qui vont de la simple camaraderie à la parenté ou à la filiation[26]. Ce passage a pu être interprété comme une volonté de

---

25 *Cf. EN* IX.11, en particulier 1171a29-b11 cependant, où Aristote en appelle à la virilité (ἀνδρώδης) face à l'infortune devant ses amis, limitant ainsi sans doute l'effet de compassion sans interdire la pitié.

26 Les espèces mentionnées dans la *Rhétorique* apparaissent toutes dans l'*EN* dans différents chapitres ; voir Grimaldi (1988, p. 80) sur les textes parallèles dans l'*EN*. Ce dernier relève l'effet possible de gradation qui va de la camaraderie à la parenté, mais indique

rappeler que toute forme d'amitié, en plus des trois précitées (και ὅσα τοιαῦτα) renvoie à une racine commune, le fait de faire communauté, modèle implicite de l'amitié politique qui serait la plus extensive et la plus compréhensive[27]. Il n'est pas nécessaire d'interpréter cette mention des εἴδη de la φιλία ainsi. D'abord, même si on peut suspecter une progression entre la camaraderie, la familiarité et la parenté, Aristote ne mentionne jamais l'amitié politique, mais d'autres communautés amicales. Il pourrait au contraire s'agir d'insister non sur le caractère générique de ces « communautés » amicales, mais sur leur différence comme en atteste par exemple l'*EN* :

> Ainsi donc, toute amitié implique communauté, comme on l'a dit. On peut néanmoins mettre à part celle qui unit les membres d'une famille et celle qui unit des compagnons. Celles qui, par ailleurs, lient des concitoyens, les membres d'une tribu, d'un même équipage et toutes celles du même genre ont, elles, plutôt l'air d'être communautaires (κοινωνικαῖς), car elles paraissent en effet fondées en quelque sorte sur un accord. (*EN* VIII.14, 1161b11-15, trad. R. Bodeüs légèrement modifée).

En rapportant ce passage à *Rh.* II.4, on comprend mieux quel pourrait être le rôle de l'orateur : distinguer les espèces d'amitié revient à insister sur tel aspect, contractuel ou non, plus ou moins affectif, de la communauté en question[28]. S'il n'est pas question de nier que la parenté et la camaraderie sont des « communautés » (*EN* VIII.11, 1160a9), il est vrai que l'analogie qu'elles peuvent entretenir avec la communauté politique est compliquée du fait qu'on ne dispose pas d'« accord » ou de contrat explicite entre ses membres. La rhétorique pourrait alors avoir pour fonction d'utiliser les lieux adéquats à chacune de ces communautés, à l'image de ce qu'Aristote recommande dans l'*EN* :

---

que οἰκειότης peut signifier une catégorie plus vague (Grimaldi convoque *EN* VIII.14, 1161b11-16, mais où on ne trouve pas le terme οἰκειότης).

27 Grimaldi (1988, p. 80-81) renvoie à *EN* VIII.11, 1159b32-4 et VIII.14, 1161b11-16. Il n'est pas facile de savoir ce que Grimaldi entend exactement par κοινωνία ici, qu'il semble tirer vers une communauté d'affection, qui pourrait ainsi unifier les trois espèces d'amitié dans les *Éthiques*. Ce n'est pourtant assurément pas le sens de 1161b11-16 qui soulève le problème de la relation entre des communautés de la cité qui pour certaines d'entre elles sont fondées sur des contrats explicites, d'autres non. On peut renvoyer à *EE* VII.10, 1242a1-2 : « On parle d'amitié entre les membres d'une même famille, entre des camarades, entre les membres d'une communauté, et il y a ce qu'on appelle l'amitié politique. » (trad. C. Dalimier)

28 *Cf.* Pakaluk (1998, p. 127-128) sur ce passage.

> Qu'il s'agisse de parents, de membres de sa tribu, de citoyens ou de quelque autre groupe qui reste, il faut toujours s'efforcer de leur attribuer ce qui leur est propre, et de mettre en balance ce qui revient à chacun selon la familiarité, la vertu et l'usage. (*EN* IX.2, 1165a30-33).

Un rapport de proportion distinct est exigé en fonction du type d'amitié en jeu, qui relève d'une appréciation comparative (σύγκρισις)[29]. Dans ce cadre, il faut supposer que l'orateur ait à l'esprit ces rapports de proportion, qu'il puisse les confondre à dessein (par exemple en présentant la cité comme une grande famille) ou qu'il puisse au contraire les distinguer jusqu'à atomiser les groupes qui composent la cité.

Le ch. II.4, dans son détail, ne permet ni de trouver un fondement commun à toutes les amitiés, ni de faire de l'amitié politique le fondement naturel de la communauté civile. En revanche, il n'est pas impossible qu'une « amitié politique » soit à l'horizon de tout discours rhétorique, en ce qu'il utilise la dimension affective de l'amitié, en respectant ou non ses espèces, en vue au moins de limiter les effets délétères de la haine dans la cité. C'est ce que montre, en creux, et contre une interprétation trop optimiste de l'amitié politique, l'usage rhétorique de la haine.

LE SPECTRE DE LA HAINE

L'amitié constitue de toute évidence dans ce chapitre une passion dont Aristote ne semble pas vouloir critiquer les effets[30]. L'amitié est explicitement rapportée à l'homme de bien (ὁ ἀγαθός, 1381b8-9), et la haine est inversement volonté de faire le mal et proche des vices avec lesquels elle compose (ἀδικία et ἀφροσύνη, 1382b11). Mais la haine apparaît aussi en creux dans l'ensemble du chapitre, et pas seulement dans la courte description qui lui est réservée, comme une passion dont il faut se méfier et contrecarrer les effets. Aristote cite trois facteurs de haine : la colère, la brimade et la calomnie, les deux dernières étant elles-mêmes des causes possibles de la colère en II.2 (1378b13-15). On

---

29 Voir également *EN* VIII.11, 1159b35-1160a3.

30 Contrairement à ce que suggère Sokolon (2006, p. 75, 80-83) qui pointe le danger de partialité des relations amicales dans la sphère politique. Les textes invoqués par l'auteure ne disent jamais que l'amitié est politiquement délétère. Je ne conteste pas que certaines formes de communautés puissent aboutir à une fragmentation du commun politique, mais à l'inverse, la critique aristotélicienne de l'amitié de la *République* de Platon dans les *Politiques* montre assez qu'il ne s'agit pas non plus de diluer et déréaliser l'amitié dans une cité prétendument une.

peut cependant, en plus de la colère et de la calomnie, faire l'hypothèse d'au moins une autre cause illustrée dans le même chapitre, à savoir une concurrence objective qui a trait à la répartition des richesses.

La haine causée par la concurrence et l'inégalité des richesses

À l'exemple de l'agriculteur, figure du producteur de subsistance, d'autonomie, et éventuellement de richesses pour la cité (1381a22-4), répond son pendant négatif à travers le proverbe « potiers contre potiers » (1381b14-17)[31]. N'est pas un ennemi celui qui ne constitue pas un obstacle à son activité (μὴ παρενοχλῶσι), et ne tire pas sa subsistance de la même activité (μηδ' ἀπὸ ταὐτοῦ). Aristote fait ensuite une allusion au problème d'un commun partageable (ἅμα μετέχειν, 1381b18), qui doit être possible « en même temps », sous peine de produire de l'inimitié entre les membres de la communauté[32]. Dans les *Politiques*, l'inégalité du partage des richesses compte parmi les causes de la sédition[33], cette haine pouvant d'ailleurs prendre plusieurs formes – dans la mesure où la richesse ne se limite pas à l'appropriation des biens, mais aussi à leur usage. Au chapitre 10 du livre V, Aristote explique ainsi comment la haine, le mépris, et la colère sont liés à travers une cause facilement identifiable, à savoir la trop grande inégalité des richesses et l'attitude méprisante qui en découle naturellement.

> Il y a deux causes principales pour lesquelles on se révolte contre les tyrannies, la haine et le mépris. L'une, la haine, est nécessairement le lot des tyrans, mais dans beaucoup de cas, c'est le mépris qui provoque leur chute. Une preuve en est que la plupart de ceux qui ont acquis le pouvoir l'ont gardé jusqu'au bout, alors que ceux qui en ont hérité l'ont pour ainsi dire tous aussitôt perdu. Car, en menant une vie de jouissance, ils deviennent facilement objets de mépris et fournissent de multiples occasions de révoltes. Et il faut considérer la colère comme une partie de la haine, car d'une certaine manière elle est

31 Le même proverbe est cité en II.10 à propos de la jalousie, voir *infra* p. 328.

32 Sur cette question, voir Macé (2019, en part. p. 116-121), qui établit à partir de Porphyre plusieurs modes de divisibilité des communs.

33 *Pol.* II.7, 1266a38-39 sur la constitution de Phaléas de Chalchédoine, dont le démérite est de considérer justement le partage des richesses seul, au détriment du partage des honneurs. Voir également V.5, 1305a22-28 sur la tyrannie de Pisistrate. Sur ce point, voir Kalimtzis (2000, p. 118-123) qui a une conception large de la στάσις incluant les haines mutuelles et les disputes, tandis que Skultety (2009, p. 357 *sq.*) au contraire réserve la στάσις à un conflit réel, qui peut être la conséquence de ces haines mutuelles.

> cause des mêmes actions. Souvent même elle est plus active que la haine, car les coléreux se révoltent plus ardemment du fait que la passion n'a pas recours au raisonnement (c'est surtout quand on est victime de l'excès qu'on en arrive à suivre son courroux, et c'est pour cette cause-là que la tyrannie des Pisistratides et beaucoup d'autres furent renversées), alors que la haine a plus recours au raisonnement, car si la colère s'accompagne d'une souffrance qui ne facilite pas le raisonnement, l'inimitié, elle, est sans souffrance. (*Pol.* V.10, 1312b17-35, trad. P. Pellegrin)

Nous retrouvons à travers cette description la raison de la présence de Callias en *Rh.* II.4[34] : sans nécessairement que sa richesse soit le motif premier de la haine de ses concitoyens, c'est le caractère notoirement dispendieux de son comportement, produisant le mépris, qui aboutit au fait qu'on le haïsse.

La haine causée par la calomnie et l'intrigue

Une seconde cause explicite de la haine est la calomnie, comme l'illustre la figure de Socrate, victime de calomnie aussi bien au théâtre que de la part de ses accusateurs, et celle du sycophante[35]. Cette disposition est évoquée à travers le vocabulaire de la réfutation (ἐλεγκτικοὶ, 1381a31), la dispute (δυσέριδες, 1381a32), jusqu'à la raillerie (σκώπτεσθαι, 1381a35)[36] que les gens aimables réussissent à manipuler ou à soutenir de manière élégante (ἐμμελῶς, 1381a36), ou encore la critique (ὀνειδιστὰς, 1381b2), la médisance (κακολόγους, 1381b7). Cette seconde cause de haine apparaît d'emblée plus subtile. Certes les discours de haine et d'amitié peuvent se répondre directement, comme dans une « affaire Socrate » post-mortem, où une accusation par Polycrate en 393 suscite ensuite

34 Callias, connu pour être l'homme le plus riche d'Athènes, et la figure du voleur renvoient tous deux à une cause objective de la haine politique à savoir une injuste répartition des richesses et des biens – la haine est alors le relais affectif qui exprime la division de la cité et produit des factions. Sur la figure de Callias, voir Nails (2002, p. 68-74).

35 Sur le problème du sycophante, qui ne constitue peut-être pas tout à fait une classe réelle de professionnels de l'accusation mus par le gain, mais l'effet d'un système procédural athénien flexible, où le sycophante désigne plutôt un rôle, voir Osborne (1990, en part. p. 101-102). Osborne note qu'Isocrate utilise l'expression τὸ τῶν συκοφαντῶν γένος, *Sur l'échange* 288.1-2, mais prête plutôt à Aristote et à Xénophon l'idée qu'on en fasse une classe à part (*ibid.*, p. 93). Voir également la réponse de Harvey (1990, en part. p. 113) qui compte Aristote et ce passage de la *Rh.* comme un témoignage qu'il s'agirait bien d'une profession.

36 Voir également un passage très semblable chez Iso. *Sur l'échange* 284.1-9.

des discours apologétiques, notamment les dialogues de Platon[37]. Mais en-deçà de l'opposition frontale, Aristote ajoute que la frontière entre ce qui relève du jeu et ce qui a des effets sérieux et délétères est poreuse – les auteurs de comédies et les satiristes ne sont pas loin (*Rh.* II.6, 1384b5-10). L'Athénien des *Lois* de Platon avertit de la même manière contre les auteurs de comédies, lorsque les propos suscitent finalement plus de colère et de haine que de plaisir et d'amitié[38].

La haine, la colère et la fragilité des liens politiques

La haine sourd également dans l'ensemble du chapitre à travers un vocabulaire des conflits internes : goût de la victoire (φιλόνικοι, 1381a32) et du conflit (μαχόμενοι, 1381a33 et μαχητικοί 1381b10), rancune (φυλακτικοὺς τῶν ἐγκλημάτων, 1381b4-5). En *Pol.* VII.7, la guerre intestine est provoquée par la colère que soutient une haine inversement proportionnelle à l'amitié des intimes :

> Et c'est logique, car ils pensent qu'outre le dommage qu'ils subissent, ils sont privés de la reconnaissance de gens qui, estiment-ils, la leur doivent. D'où ces mots « Cruelles sont les guerres entre frères », et « Qui aime avec excès hait avec excès. » (*Pol.* VII.7, 1328a13-16).

La haine est d'autant plus redoutable qu'elle survient parmi les anciens amis ou, puisqu'il s'agit dans ce chapitre d'une critique explicite de la communauté platonicienne – celle des auxiliaires en l'occurrence –, parmi les membres d'une même cité liés par un sentiment de communauté qu'on aurait trop voulu unifier[39]. À l'horizon de la haine, il y a bien entendu la réconciliation (εὐκαταλλάκτους, 1381b5). Le discours oratoire vise dès lors la paix ou l'amnistie, et exhorte à l'oubli et au pardon[40].

On notera simplement pour conclure que toute compétition n'est pas synonyme d'animosité et d'inimitié : au contraire, et cela sera patent en

37 Sur la reconstruction de l'accusation de Socrate, voir Ismard (2013).

38 *Cf. Leg.* 935c7-e2.

39 Voir sur ce point l'analyse détaillée de Lefebvre (2011), qui montre qu'Aristote pourrait hésiter en *Pol.* VII.7 entre deux conceptions du θυμός, soit comme centre de l'affectivité en général, soit comme une véritable puissance des contraires dont « la fonction première serait d'aimer, la seconde de haïr » (p. 141). Je m'accorde avec cette conclusion, d'autant plus qu'Aristote compte conserver l'ambivalence de la relation entre colère et haine (p. 133), deux passions qui n'appartiennent pas à la même « partie » de l'âme.

40 Grimaldi (1988, p. 75) renvoie à Aesch. *Contre Ctésiphon* 208.

II.11 à propos de l'envie, il existe une rivalité (φιλοτιμοῦνται, 1381b21) et une envie (ζηλοῦσθαι, 1381b22) qui révèlent une exigence d'honnêteté et d'effort vers la vertu, ne menant pas nécessairement à la haine[41].

CONCLUSIONS

Trois conclusions relatives à l'usage de l'amitié et de la haine en rhétorique méritent d'être rappelées.

Premièrement, l'amitié et la haine apparaissent bien comme des passions *et* des dispositions plus durables dans ce chapitre de la *Rhétorique* : la différence ici entre πάθη et dispositions n'est pas pertinente, dans la mesure où le discours s'adresse à un agent qui est φίλος ou ἔχθρος, faisant dès lors appel à une palette de passions et d'états qui leur sont communément associés. En ce sens, on peut dire que l'amitié et la haine en rhétorique sont des « passions totales », et cela davantage que d'autres passions analysées au livre II, puisqu'elles impliquent ou donnent lieu à d'autres πάθη propres à susciter le jugement. Amitié et haine ont bien leur place dans le livre II, quand bien même on considérerait qu'elles désignent davantage des dispositions que des πάθη au sens strict du terme.

Deuxièmement, et par contraste avec d'autres passions plus ambivalentes, Aristote présente l'amitié et la haine de manière moins neutre : l'amitié est incontestablement le trait de l'homme de bien, tandis que la haine est associée avec des comportements vicieux et délétères. Cela ne signifie pas nécessairement que l'orateur ne doive pas susciter la haine lorsque cela lui est utile ; mais en réalité, il n'est pas certain que cette neutralité axiologique puisse être affirmée jusqu'au bout : parce que la haine entretient avec la colère une relation de contrariété indirecte, et où la colère est une passion médiatrice de l'amitié (elle peut la révéler) et de la haine (la colère peut causer ou se muer en haine), il revient à l'orateur de promouvoir, au sein de l'ambivalence des liens affectifs qui lient les citoyens, un lien utile, plaisant et vertueux, pour l'ensemble de la cité.

41 Il ne faut donc pas rabattre l'opposition entre amitié et haine à celle entre valeurs coopératives et compétitives, comme le fait parfois Annas (1990, p. 245).

Troisièmement, et cette conclusion peut se tirer de la précédente, la rhétorique se distingue de l'éthique et de la politique en tant qu'elle considère, de manière pragmatique, un ensemble hétéroclite de liens sociaux sans nécessairement chercher à leur attribuer un fondement ou une finalité commune. C'est la raison pour laquelle l'amitié politique, pour l'orateur, demeure un état à construire, qui ne peut reposer sur rien d'autre que la manipulation de liens ambivalents, fragiles même. La rhétorique est neutre de ce point de vue, et peut *en fait* faire usage de ces deux passions ; mais elle ne l'est pas au sens où, ne serait-ce que pour asseoir sa puissance dans la cité et révéler son utilité politique, elle est conditionnée par l'existence d'un lien minimal de concorde où le discours contradictoire peut encore être reçu.

LA PEUR ET L'ASSURANCE (*RH.* II.5)

S'il existait une émotion « universelle », capable non seulement de s'appliquer aux humains, mais aussi aux animaux, la peur serait assurément une bonne candidate. Son universalité supposée lui vient de sa spontanéité : un mouvement quasi-réflexe d'évitement du danger ou de la douleur ; de sa simplicité : elle constitue en effet un élément dans la composition d'autres émotions ; et enfin de sa transculturalité (Ekman, 1992). Les scénarios utilisés pour décrire la peur aujourd'hui sont ainsi souvent réduits à des situations volontairement simplifiées (la peur d'un ours par exemple, devant lequel je fuis est devenu l'exemple typique de la peur en philosophie des émotions depuis l'article « What is an Emotion ? » de W. James (1884) ; la peur irrationnelle d'une araignée alors même que je reconnais qu'elle est inoffensive).

À l'inverse, le traitement de la peur dans le chapitre 5 de *Rhétorique* II présente une émotion de peur complexe. S'il est possible d'en saisir un mécanisme relativement simple à travers une première définition, la description qu'Aristote déploie dans la suite du chapitre renvoie à des situations, des cibles et des dispositions qui sont toutes conditionnées par des relations sociales, des raisonnements, des considérations politiques, économiques et stratégiques (Centrone, 2015). Cette complexité assumée de l'émotion de peur dans ce chapitre est due au fait qu'il s'agit d'analyser non pas tant la peur panique dans les rangs des guerriers épiques, ni non plus la peur irrationnelle qui occulte complètement la raison pratique, mais au contraire la peur diffuse d'une entité politique – la cité, le jury d'un procès, une assemblée qui délibère – à qui s'adressent les différents genres de discours rhétoriques.

Ce chapitre poursuit deux objectifs : le premier est d'expliquer comment Aristote, tout en ramenant la peur à sa nature originelle, à savoir une douleur face à la représentation de la mort ou d'autres souffrances, entend complexifier ses motifs en faisant appel à une notion platonicienne, l'anticipation (προσδοκία) ; le second objectif consiste à montrer comment, à partir de cette peur complexe, le rhéteur entend en faire un usage véritablement technique, qui ne se réduit pas à une manipulation de cette émotion ou à ce qu'on peut appeler une « rhétorique de la peur », et qui consiste à l'utiliser parcimonieusement pour inciter à la délibération.

D'UNE PASSION RÉFLEXE À UNE PASSION COMPLEXE

ANALYTIQUE DE LA PEUR

Comme pour les autres passions, Aristote commence par donner une définition, suivie d'une description des cibles (objets et personnes) et des dispositions de la peur, qui constituent aussi les motifs de la peur. Quatre éléments définissent la peur :

> Disons que la peur est (1) une certaine douleur ou trouble (2) qui provient de la représentation (ἐκ φαντασίας) d'un mal à venir, (3) destructeur ou douloureux (*Rh.* II.5, 1382a21-22)

(1) La peur est un certain type de douleur ou un trouble (ταραχή). Ce trouble est caractérisé en *Rh.* II.13, 1389b32 comme une sorte de refroidissement (κατάψυξίς τις). Dans le *De Memoria*, la crainte, aux côtés de la colère, relève d'un état « troublé » (ἐνοχλοῦνται) dans la région sensitive (περὶ τὸν αἰσθητικὸν τόπον) (453a23-24). Dans *De Vita e morte*, les frayeurs provoquent également des palpitations du cœur, comme un spasme (παλμῷ), dû à un refroidissement (κατάψυξιν) soudain (par contraste avec la pulsation qui elle est continue (συνεχῶς)) et à une forte concentration de la chaleur (εἰς μικρόν), qui peut provoquer la mort (479b19-26). Le refroidissement qui est une des caractéristiques de la peur qui dès lors immobilise l'organisme (ἀκινητίζει, *PA* II.4, 650b31 ; *cf.* II.4, 650b27-651a4). Le *De Motu Animalium* confirme ces remarques (*De Mot.*, 8.702a2-5) notamment sur la palpitation du cœur ou la tachycardie, dans lequel survient un mouvement de refroidissement involontaire même s'il n'est pas exclu que ce soient la pensée et la représentation

qui mettent l'organisme en présence des facteurs de ces altérations (*De Mot.* 11., 703b4-26)[1].

(2) Le second élément caractérisant l'émotion de peur est ce qui constitue sa cause motrice. Ce point est sans doute le plus délicat. Dans la définition, c'est la φαντασία qui, à la manière d'un peintre, présente une impression de danger destructeur imminent[2]. Néanmoins, comme on le verra, Aristote ne s'arrêtera pas à cette définition et ajoutera un autre élément, à savoir la προσδοκία, l'anticipation. De manière minimale, la définition que donne Aristote peut s'accommoder de l'idée que la peur est une passion quasi-réflexe en termes de représentation, puisqu'elle engage deux éléments immédiatement perceptibles par les sens : douleur et proximité du mal.

(3) Le type de maux dont la représentation fait peur couvre un spectre immédiatement accessible aux sens, dans la mesure où il s'agit de destruction ou de douleur physique importante (μεγάλας, 1382a24), la douleur nous apprenant par expérience ce qui nous détruit. Les objets de la peur sont définis en II.8 Aristote renvoie à son traitement de la pitié[3], dans lequel sont mentionnés les biens destructeurs :

> Sont éprouvants et destructeurs : les morts, les tortures et les mauvais traitements du corps, la vieillesse, les maladies et le manque de nourriture. (*Rh.* II.8, 1386a7-9)

Parmi les maux, seules la mort et les souffrances physiques sont donc retenues, à l'exclusion d'autres types de maux, non destructeurs, comme l'absence d'amis, la laideur, la faiblesse physique (lesquels susciteront pourtant la pitié). La peur porte donc sur l'intégrité physique immédiate du moi.

La proximité du mal est néanmoins un élément déterminant de la représentation de l'objet effrayant. Si en effet c'est la destruction physique

1 Voir sur ce point Morel (2013, p. 40-42, p. 120-122 n. 59-64) et Morel (2020) sur le chapitre 11 du *De Motu.* Sur la peur en particulier, voir Centrone (2015, p. 143-148). Pour une analyse des symptômes de la peur dans la tradition grecque classique, voir Cairns (2015, p. 77-78).

2 Sur l'importance de la représentation dans la peur, voir Moss (2012a, p. 70, 77). La dimension évaluative de cette φαντασία demeure néanmoins un problème, bien exposé par Cooper (1996, p. 246-247).

3 *Rh.* II.5, 1382b26-27 : « Pour le dire simplement, suscitent la peur toutes les situations qui arrivent ou sont sur le point d'arriver aux autres et qui éveillent la pitié ». Ce renvoi présuppose donc l'intrication d'une passion réputée simple, la peur, avec une passion complexe, la pitié. *Infra* p. 276 *sq.*

qui suscite la peur, alors la mort elle-même devrait nous faire peur. Or Aristote l'écarte des objets qui l'intéressent ici :

> [...] et cela s'ils paraissent non pas éloignés, mais d'une imminente proximité. Ceux qui sont vraiment éloignés, on n'en a pas peur. On sait tous en effet que l'on va mourir, mais parce que la mort n'est pas proche, on ne s'en soucie pas. (*Rh.* II.5, 1382a24-27)

Cette idée de proximité est répétée avec insistance dans le chapitre[4]. Dans le traité *Des rêves* selon le degré de peur ou de maladie, la représentation de ce qui est effrayant acquiert, malgré sa fausseté reconnue, une puissance et une influence déterminante parce qu'elle est immédiatement accessible[5]. L'impression de proximité du danger emporte donc la peur : comme les enfants au réveil qui, selon Aristote, sont pris de frayeurs devant les simulacres engendrés pendant le sommeil en les prenant pour réels, l'auditoire sera, déduit-on, emporté par la peur du fait de la simple impression d'imminence du danger (*De Insomn.* 462a12-15).

DE QUELLE PEUR S'AGIT-IL DANS LA *RHÉTORIQUE* ?

Quel type de peur Aristote entend-t-il analyser dans ce chapitre, ou, autrement dit de quel type de peur devons-nous être les maîtres en rhétorique ? La question se pose car d'une part Aristote ne cite pas les exemples des maux qui font peur dans le chapitre qui lui est consacré, et attend de les mentionner dans celui qui concerne la pitié ; et d'autre part, l'énumération des motifs de peur, qui reposent chaque fois sur des motifs complexes, n'est pas facile à concilier avec la brève analytique de cette passion. L'*Éthique à Eudème* permet de donner des éléments de réponse :

> D'une manière générale, on appelle effrayantes les choses qui produisent la peur. Telles sont les choses qui paraissent produire une douleur destructrice. Car à ceux qui s'attendent à une autre sorte de douleur, il leur arrivera sans doute une autre douleur et une autre passion, mais ce ne sera pas la peur : par exemple si l'on prévoit qu'on ressentira le type de douleur dont souffrent ceux qui sont jaloux, ou celle du type des envieux, ou de ceux qui ont honte. Mais la peur

4 ἐγγὺς 1382a31, 1382a34, 1382b22, 1383a18, 1383a20 ; πλησιασμός 1382a32 ; νῦν 1382b2 ; παρασκευῇ 1382b3 ; ὅταν δύνωνται, 1382b9 ; καιρόν 1382b11 ; (μὴ) πόρρω, 1382b22, 1383a18, 1383a19 ; μέλλοντα, 1382b27, 1383a31.

5 *De Insomn.* 460a32-b18. Nous nous laissons abuser par la sensation, surtout si l'on ressent une passion (Aristote donne l'exemple de la peur du lâche et de l'amour de l'amant, 460b5).

> nait seulement face aux douleurs qui apparaissent arriver, dont la nature est de nous enlever la vie. C'est aussi la raison pour laquelle il y en a qui, tout en étant particulièrement mous, s'avèrent courageux dans quelques cas, et certains qui, tout en étant particulièrement fermes et endurants s'avèrent lâches. En réalité, on serait d'avis que le propre du courage est une certaine disposition relativement à la mort et à la douleur qui lui est associée. Si en effet quelqu'un s'avérait capable de faire face aux douleurs du chaud, du froid et autres douleurs semblables, comme la raison le prescrit, puisqu'ils sont sans danger, mais que face à la mort il est mou et effrayé, du fait d'aucune autre passion que cette destruction même, et que tel autre est mou face aux premières douleurs, mais impassible face à la mort, alors on sera d'avis que le premier est lâche, et le second courageux. Et on dit qu'il y a danger venant de ces choses qui sont effrayantes seulement quand ce qui produit une destruction de ce type est à proximité. Ainsi, nous avons dit que les choses effrayantes au sujet desquelles nous disons qu'on est courageux, sont celles qui paraissent produire une douleur destructrice. Mais elles paraissent également proches ou pas très éloignées, et sont ou paraissent d'une grandeur telle qu'elle est à la mesure de l'homme. Car il y en a, nécessairement, qui paraissent effrayantes et propres à jeter le trouble pour tout homme. Rien n'empêche, comme pour le chaud et le froid, et certains autres pouvoirs qui dépassent nous-mêmes et les dispositions du corps humain, qu'il en aille de même pour les passions de l'âme (*EE* III.1, 1229a34-b21).

Cette page de l'*Éthique à Eudème* vise à déterminer les maux en vertus desquels on définit la vertu de courage. Les mêmes éléments définitionnels que dans la *Rhétorique* sont utilisés : la peur est une représentation d'un mal destructeur et imminent, à savoir la mort et les grandes douleurs. Par contraste avec d'autres passions comme la honte et la jalousie, la peur est donc prioritairement définie comme un trouble à l'égard de ce qui possède un certain pouvoir d'ôter la vie ou de l'amoindrir. Aristote s'emploie ensuite à distinguer le type de peur propre au courage : le courage apparaît comme cette vertu dont l'objet de maîtrise privilégié est la peur de la mort imminente dans le danger, non pas à l'exclusion, mais plutôt par différence avec d'autres πάθη incommensurables à la puissance du corps humain (comme le chaud ou le froid extrêmes).

Contrairement à ce passage de l'*Éthique à Eudème*, la peur dans la *Rhétorique* n'a pas, comme détermination préalable, le courage comme visée. Aristote est même particulièrement clair au début de ce chapitre : nous ne craignons pas, par exemple, d'être vicieux. Or la détermination éthique de la peur dans l'*Éthique à Eudème* change tout. Certains maux, s'ils ne sont pas commensurables à la puissance délibérative humaine, n'entrent pas dans le champ d'analyse de l'éthique. Ainsi, dans l'*Éthique à Nicomaque*, la maladie et la pauvreté ne relèvent pas de l'analyse éthique du courage, alors qu'ils sont des exemples de maux suscitant la peur dans la *Rhétorique*[6]. Si la peur dans la *Rhétorique* provient bien, au fond, de cette même représentation d'un mal destructeur, ses objets ne sont pas la mort imminente, mais plutôt tout ce qui *pourrait* s'y rapporter. En d'autres termes la *Rhétorique* s'accorde avec l'*Éthique à Eudème* sur ce qui distingue la peur des autres passions (comme la jalousie, l'envie, la honte ou encore la pitié) à travers son objet représenté – c'est la peur de la mort imminente ou ce qui l'annonce ou s'en rapproche – mais elle s'en écarte en étendant considérablement ses objets. L'objet archétypal de la peur dans les *Éthiques* – la mort imminente ou les grandes douleurs – est donc est donc rejeté à dans un horizon lointain, laissant place à des représentations complexes[7]. C'est la raison pour laquelle, bien qu'elle survienne face à une représentation simple, la peur en II.5 se définit surtout dans ses cibles par une autre opération, l'anticipation (προσδοκία).

LA PEUR COMME ANTICIPATION D'UN MAL

Après avoir décrit les cibles de la peur, Aristote donne une autre formulation de la définition de la peur :

> Si donc la peur s'accompagne d'une certaine anticipation (μετὰ προσδοκίας) qu'on va subir un mal destructeur [...] (*Rh.* II.5, 1382b29-30)

Cette reformulation ne dément pas la première définition mais elle la complexifie, dans la mesure où l'on ajoute à la représentation d'un mal à venir une « anticipation » (προσδοκία) qui semble relever davantage

6 *EN* III.9, 1115a17-19 : πενίαν δ' ἴσως οὐ δεῖ φοβεῖσθαι οὐδὲ νόσον, οὐδ' ὅλως ὅσα μὴ ἀπὸ κακίας μηδὲ δι' αὑτόν. ἀλλ' οὐδ' ὁ περὶ ταῦτα ἄφοβος ἀνδρεῖος. λέγομεν δὲ καὶ τοῦτον καθ' ὁμοιότητα · « Sans doute il ne faut pas avoir peur ni de la pauvreté ni de la maladie, ni d'une manière générale de tous les maux qui viennent du vice et qui ne dépendent pas de nous. Mais celui qui est sans peur face à ces maux n'est pas non plus courageux. Nous ne l'appelons ainsi que par ressemblance. »

7 Centrone (2015, p. 158) le formule de manière très claire en distinguant une peur réflexe fondée sur une φαντασία sensitive, commune aux hommes et aux animaux, et une peur fondée sur une φαντασία ratiocinante ou délibérative.

de la partie rationnelle de l'âme que de sa partie irrationnelle. Certains interprètes y ont surtout vu une occasion pour Aristote de préciser que les passions sont en réalité des *jugements* (δόξα) plutôt que des représentations[8]. Mon interprétation est la suivante : a) Aristote reprend à dessein une définition platonicienne de la peur comme anticipation d'un mal (προσδοκία κακοῦ) en affirmant qu'elle dérive d'une faculté d'opiner et d'anticiper. b) La présence de la δόξα comme faculté distincte de la représentation permet à Aristote d'expliquer comment la peur peut être éveillée par des signes, des inférences sur la nature de l'action pratique, des évaluations et calculs sur des forces en présence.

LA REPRISE D'UNE DÉFINITION PLATONICIENNE

La définition de la peur comme anticipation d'un mal (προσδοκία κακοῦ) se trouve dans le *Protagoras* (358d6-7), définition proposée par Socrate lui-même, et dans le *Lachès* (198b5-10). Dans ces deux dialogues, la définition de la peur comme προσδοκία κακοῦ permet d'isoler dans cette passion une opinion sur le mal à venir. Cette définition de la peur va de pair avec celle du courage, qui consiste donc en un savoir (ἐπιστήμη) dont le propre est de pouvoir rectifier et contrôler cette opinion comprise dans l'anticipation du mal, et pouvoir ainsi déterminer le cours de l'action. Cette approche intellectualiste de la vertu a pour conséquence d'attirer l'attention presque exclusivement sur l'opinion ou le jugement qui détermine l'émergence du πάθος[9]. Cette intuition n'est jamais démentie dans les dialogues postérieurs. Dans la *République*, les « sensations anticipées et les souffrances anticipées » (αἱ. . .γιγνόμεναι προησθήσεις τε καὶ προλυπήσεις) que l'on expérimente dans les plaisirs pris par l'intermédiaire du corps sont tributaires d'une « anticipation des choses à venir » (πρὸ μελλόντων τούτων ἐκ προσδοκίας) (*Rep.* X.584c9-11). Dans le *Timée*, la palpitation du cœur (τῇ δὲ δὴ πηδήσει τῆς καρδίας) est mise en relation directe avec une « anticipation des dangers » (ἐν τῇ τῶν δεινῶν προσδοκίᾳ) (70c2), dont la cause est incontestablement

8 *Cf. supra* p. 110 *sq.*

9 Quelle que soit l'interprétation proposée de cet intellectualisme, ce qui constitue la passion de peur est *dans tous les cas* accessible à l'ἐπιστήμη, qui est dès lors capable d'être la cause directe d'une nouvelle appréhension, ou du moins de modifier la force de la représentation associée à une passion. Pour une approche très claire des possibilités proposées et une interprétation forte de l'*apparence* de la douleur dans le *Protagoras*, voir Moebus (2020).

un jugement ou un calcul, même si leur mise en œuvre passe par la production d'images[10]. La définition de la peur que l'on trouve dans le *Protagoras* est en outre reprise jusque dans les *Lois* (I.646e7-8). La discussion la plus importante concernant l'articulation entre représentation, anticipation, et opinion ou jugement a lieu dans le *Philèbe.*

Dans le *Philèbe*, Socrate propose à Protarque de distinguer, parmi les plaisirs et les douleurs, ceux qui relèvent de l'âme et du corps d'une part, puis ceux qui procèdent d'une « anticipation » (προσδόκημα, προσδοκίας)[11] :

> SOCRATE : Et maintenant, pose dans l'âme elle-même l'opinion par anticipation de ces impressions (τούτων τῶν παθημάτων προσδόκημα), d'une part l'attente plaisante et confiante qui précède les choses plaisantes, et d'autre part, l'attente craintive et pénible qui précède les choses douloureuses. PROTARQUE : Voilà en effet une seconde espèce de plaisir et de douleur, qui naît en l'âme elle-même et indépendamment du corps, du fait d'une opinion par anticipation (διὰ προσδοκίας). (*Phlb.* 32b9-c5, trad. J.-F. Pradeau).

Cette seconde espèce de plaisir ou de douleur, qui met en œuvre une opinion, est dans la suite de l'examen, comprise par Protarque comme indépendante de l'impression causée par les sensations de vide et de plein[12]. Selon les cas, une double douleur advient à celui qui a peur lorsqu'il est sans espoir, ou une douleur doublée du plaisir à l'idée qu'il pourra la faire cesser (35e9-36c2). Il est ici crucial de distinguer, *selon Protarque*, dans le même phénomène de la douleur, deux points de vue : selon qu'on envisage la douleur « du fait des impressions corporelles dans l'affection » (κατὰ μὲν τὸ σῶμα ἐν τῷ παθήματι), ou selon qu'un « certain regret qu'engendre en l'âme l'opinion par anticipation » (κατὰ δὲ τὴν ψυχὴν προσδοκίας τινὶ πόθῳ) (36a4-6). C'est précisément cette dichotomie entre ce qui relève du πάθημα et ce qui relève de la προσδοκία ou de l'opinion en général qui sera réfutée par Socrate tout au long de l'examen qui suit, en montrant : a) qu'il existe une continuité entre le πάθος, l'anticipation qui en est la cause, et le jugement général impliqué dans cette anticipation (*Phlb.* 36c10-11) ; b) qu'il est par conséquent faux d'affirmer que les plaisirs et

10 Sur les difficultés suscitées par la production d'images à partir du jugement dans le *Timée*, voir Renaut (2020).

11 Sur ce passage, voir Delcomminette (2006, p. 303-390).

12 Pour reprendre l'expression de Delcomminette (2006, p. 304) : « On comprend dès lors pourquoi ces douleurs et ces plaisirs sont propres à l'âme seule : en effet, ils se fondent sur ce pouvoir qu'a l'âme de s'arracher à l'expérience immédiate du corps par le biais de représentations. »

les douleurs consistent en des impressions ou représentations qui sont *indépendantes* du jugement qui les cause, dans la mesure où le travail de la mémoire, concernant l'anticipation des plaisirs et des douleurs, est aussi tendu vers les événements futurs (*Phlb.* 39d1-5)[13] ; c) que la peur, rapportée au jugement intellectuel qui en est la cause (dans la représentation redoublée par la mémoire), est susceptible dès lors de vérité et de fausseté[14]. La réalité phénoménologique du plaisir et de la douleur est proportionnelle à l'affirmation de vérité et de fausseté de l'opinion qui les cause. Dût-on éprouver ces plaisirs et ces douleurs à l'aune d'un critère qui les mesure, c'est à la vérité de ses objets qu'il faudrait se rapporter, donc à une science. Si des conflits psychiques affleurent entre une peur mise en mouvement par une représentation et la reconnaissance qu'un objet de peur n'est pas fondé, on peut les dissoudre car la représentation sensitive impliquée dans la peur, et l'opinion qui y préside sont semblablement justiciables de vérité et de fausseté quant à leur objet.

Aristote reprend la définition platonicienne de la peur en *EN* III.9, 1115a9 (διὸ καὶ τὸν φόβον ὁρίζονται προσδοκίαν κακοῦ) en se référant aux platoniciens[15]. Dans la *Rhétorique*, cet appel à une définition platonicienne est de toute évidence une réminiscence de définitions de l'Académie[16], et elle permet surtout à Aristote d'isoler les opinions et croyances à l'origine de la peur pour modifier ou influencer le jugement de l'auditeur.

---

13 Sur ce point, il faut à mon sens se garder d'une dichotomie trop tranchée entre des partisans d'une interprétation du plaisir comme « attitude propositionnelle » qui met tout le poids sur la δόξα et ceux d'une interprétation « phantasmatique ». Je suis d'accord avec Delcomminette (2006, p. 385) pour ne pas oublier la dimension de « phantasme » du plaisir anticipé – mais il n'en saurait être, à mon sens, la raison (*cf.* Harte, 2004, p. 126-127).

14 Οὐκοῦν ὁ αὐτὸς λόγος ἂν εἴη περὶ φόβων τε καὶ θυμῶν καὶ πάντων τῶν τοιούτων, ὡς ἔστι καὶ ψευδῆ πάντα τὰ τοιαῦτα ἐνίοτε ; « Et ne devrait-on pas dire la même chose des peurs, des ardeurs comme de tout ce qui leur est semblable, à savoir que toutes sont parfois fausses ? » (*Phlb.* 40e2-4).

15 Dans le contexte de l'*EN*, cette définition de la peur est suffisante pour cerner le courage puisqu'elle insiste sur les motifs de la peur davantage que sur l'émotion de peur. Le courage peut alors être défini comme une attitude où « l'affectivité est pleinement soumise à la raison » (Gauthier, Jolif, 2002, p. 226). *Cf.* également Taylor (2006, p. 172-173).

16 De fait, la notion de προσδοκία se trouve présente dans les *Def.* à plusieurs reprises 1) pour le courage : « hardiesse face à l'anticipation de la mort » (412a6) ; 2) pour la peur elle-même : « peur : frayeur de l'âme face à l'anticipation d'un mal » (415e5, et réciproquement 415e8) ; 3) pour l'espoir : « l'espoir est l'anticipation d'un bien » 416a21 ; 4) pour la honte : « honte : peur par anticipation de la perte de réputation » 416a9. On retrouve chez Aristote ces échos académiciens dans les quelques usages qu'il fait de ce terme (outre *EN* III.9, 1115a9 qui reprend une définition de la peur, voir *EN* IX.7, 1168a18 à propos de l'anticipation d'un plaisir, et *PA*, 669a20 à propos de l'espoir). Sur ce point, *cf.* Frede (1996, p. 262-263).

COMPLEXITÉ DES MOTIFS DE PEUR

En quoi consiste cette complexité du jugement qui provoque la peur ? Dans la longue énumération des cibles et des motifs de peur, Aristote distingue des processus distincts qui mettent en jeu, de manière variée, l'intelligence (même minimale) de l'auditoire : 1) l'inférence par signes, 2) le raisonnement et 3) des évaluations ou calculs des forces ou puissances en jeu.

Les signes qui font peur

Aristote donne quatre exemples de « signes » (σημεῖα, 1382a30-31) qui font peur :

> Sont telles (i) l'inimitié et la colère de ceux qui ont le pouvoir de passer à l'acte, car il est évident qu'ils le souhaitent, si bien qu'ils sont prêts à agir. (ii) Et aussi l'injustice, lorsqu'elle a du pouvoir, car c'est par décision que l'injuste est injuste. (iii) Et aussi la vertu outragée, lorsqu'elle a du pouvoir ; il est évident en effet que lorsqu'elle est outragée, elle forme toujours une décision, or maintenant elle en a le pouvoir. (iv) Il y a aussi la peur de ceux qui ont le pouvoir de passer à l'acte, car nécessairement une telle personne s'y prépare. (*Rh.* II.5, 1382a31-b4)

Ces exemples posent deux questions : comment ces signes se rapportent-ils à la représentation d'un mal destructeur imminent et quelle est la valeur persuasive de ces signes ?

Selon Grimaldi (1980b, p. 390-391), nous sommes en présence (comme dans la plupart des occurrences de σημεῖον dans l'ensemble de la *Rhétorique*), de signes qui expriment une relation directe et non-nécessaire entre deux états de faits singuliers, avec une prémisse universelle comme mineure. Par exemple ici : je vois une personne avec une disposition *x*, or toutes les personnes avec cette disposition font *y*, et puisqu'*y* est dangereux, j'ai peur[17]. Grimaldi rapporte ces signes à un type décrit en *Rh.* I.2, qui présente « le même rapport que quelque chose d'universel au particulier » (ὡς τῶν καθόλου τι πρὸς τὸ κατὰ μέρος, 1357b3) et cela de manière non-nécessaire (μὴ ἀναγκαῖον, 1357b4). Cette interprétation ne rend pourtant pas compte de la subtilité des exemples rhétoriques

17 En ce sens, Grimaldi n'utilise pas tant la typologie de *Rh.* I.2 que celle d'*Anal. Prior.* 27 (70a10 *sq.*) en insistant sur le caractère elliptique de cette inférence par les signes. Voir également Weidemann (1989, p. 347).

que signale Aristote. En effet, la formulation des exemples varie, et cette variation elle-même est révélatrice de la différence persuasive des signes et de leur valeur relative à la production de la peur elle-même. Il faut distinguer la valeur psychologique de ces signes (en tant qu'ils sont susceptibles de produire une φαντασία de peur, et dans ce cas l'interprétation de Grimaldi suffit), et leur valeur rhétorique (en tant qu'ils véhiculent une opinion ou un jugement issu d'un certain type de raisonnement sur ce qu'il convient de craindre ou non).

Reprenons le texte de *Rh.* I.2 sur la typologie des « signes » :

> Parmi les signes, (1) l'un présente le même rapport que quelque chose de singulier à l'universel, (2) l'autre le même rapport que quelque chose d'universel au particulier. Parmi eux, (a) le signe nécessaire est une preuve, (b) celui qui n'est pas nécessaire n'a pas de nom exprimant la différence. [...] Quant à celui des signes qui présente le même rapport que le singulier à l'universel, c'est comme si l'on énonçait comme signe que les sages sont justes : « (car) Socrate était sage et juste » (=1b). C'est assurément un signe, mais il est réfutable, même si ce qui est dit en l'occurrence est vrai, car on ne peut pas en faire un syllogisme. Mais si l'on disait par exemple : « Un signe qu'il est malade, c'est qu'il a de la fièvre » ou « Elle a eu un enfant, puisqu'elle a du lait », c'est un signe nécessaire (=2a). Parmi les signes, c'est le seul qui soit une preuve, car c'est le seul – si la chose est vraie – qui soit irréfutable. Quant au signe qui présente le même rapport que l'universel au particulier, c'est par exemple si l'on énonçait comme signe qu'Untel a de la fièvre : « car il a la respiration saccadée ». C'est à nouveau un signe réfutable, même si la chose est vraie dans le cas précis, car il est possible de haleter sans avoir la fièvre (=2b) (*Rh.* I.2, 1357b1-21, trad. P. Chiron)[18].

Confrontons cette typologie des signes avec les exemples de *Rh.* II.5[19].

Le cas (i) (« l'inimitié et la colère de ceux qui ont le pouvoir de passer à l'acte, car il est évident qu'ils le souhaitent, de sorte qu'ils sont prêts à agir ») est effectivement un signe de type 2b : cet homme est en colère, or tout homme en colère est sur le point de se venger, donc il risque se venger et j'ai peur. La valeur persuasive de cet argument est conditionnée par une opinion sur le pouvoir d'agir de l'individu menaçant.

Le cas (ii) (« Et aussi l'injustice, lorsqu'elle possède un certain pouvoir, car c'est par décision que l'injuste est injuste ») part d'une prémisse

18 Je reprends avec les chiffres et les lettres la typologie effectuée par Weidemann (1989), qui malheureusement n'analyse pas d'autres exemples dans la *Rhétorique*.

19 Rambourg (2014, p. 209-214) démontre que cette typologie s'affranchit d'une analyse purement syllogistique et est utilisée à des fins rhétoriques. J'espère à sa suite en montrer un exemple dans le champ rhétorique de la peur.

universelle (l'injustice en général), ajoute une mineure portant sur un singulier (l'injuste l'est délibérément) et conclut à la présence d'une menace. Nous avons affaire à un signe de type 1b. La valeur persuasive de l'argument est conditionnée cette fois par la décision de la personne injuste.

Le cas (iii) est légèrement différent dans sa formulation par rapport au précédent (« Et aussi la vertu lorsqu'elle est outragée et qui possède un certain pouvoir ; il est évident en effet que lorsqu'elle est outragée, elle forme toujours une décision, et à ce moment-là elle en a le pouvoir »). Cet exemple part d'une prémisse universelle, ajoute une mineure elle aussi universelle et nécessaire, puisque c'est « toujours » (ἀεί) que la vertu se prépare à agir de manière à se venger. Nous aurions donc affaire plutôt à un signe 1a, une « preuve », comme s'il s'agissait là d'une Allégorie de la vertu.

Le cas (iv) (« Et aussi la peur de ceux qui ont le pouvoir de passer à l'acte, car nécessairement une telle personne aussi se prépare à agir »), est un cas de signe 2a. Le raisonnement est explicitement donné : à chaque fois que nous avons la possibilité d'agir, nous agissons. Ce cas (iv) ne concerne pas tant l'intention d'un agent (en colère, haineux, injuste, outragé), qu'il n'insiste sur l'imminence du danger, rendu nécessaire (ἀνάγκη) du fait que l'action se produit du fait de la délibération de l'agent qui fait peur.

Pour résumer, cette typologie des signes effrayants vise tout à la fois une description des ressorts psychologiques de la peur associés à une φαντασία (qui est toujours la même) et une présentation d'un mode de persuasion varié qui repose de toute évidence sur l'idée d'« anticipation » (προσδοκία) à partir d'inférences dont la modalité n'est pas toujours identique.

Décisions et raisonnements d'autrui

Un second point d'intérêt de cette longue énumération des cibles et dispositions de la peur est qu'elle fait intervenir une reconstruction par celui qui a peur des décisions et des raisonnements de l'agent qui fait peur. La peur est ainsi étendue à des cibles qui traduisent la représentation du danger imminent non pas *immédiatement*, mais potentiellement.

Les quatre exemples de signes renvoient en effet à des étapes de l'action pratique clairement reconnaissables : l'homme en colère (ou haineux), même s'il ne délibère pas, agit de manière *consentie* (voir *EN*, III.3, 1111a22-31 ; III.4, 1111b9-10) ; l'injuste ou l'homme vertueux quant à eux, *délibèrent*, que l'action soit juste ou injuste, et *décident de nuire* ; l'homme qui a le pouvoir d'agir agit *dès qu'*il en a pris la décision (voir *EN* III.5, 1112b26-27). Ces quatre exemples supposent ainsi, chez celui qui a peur, de reconnaître les ressorts psychologiques de l'action : celui qui a peur reconstitue la dessein général de l'agent qui fait peur et imagine le souhait, la délibération, et la décision de cet agent dangereux[20].

C'est donc une peur de « second ordre » (Centrone, 2015, p. 158) que décrit Aristote. La peur n'est plus la passion quasi-réflexe d'évitement du danger provoquant la fuite, mais bien un état que nous appellerions volontiers anxiété ou inquiétude[21], qui consiste à projeter des intentions et des raisonnements sur des cibles potentielles : par exemple font peur « ceux qui savent » des choses sur nous (οἱ συνειδότες, *Rh.* II.5, 1382b6), ainsi que les auteurs d'injustices ou leurs victimes (*Rh.* II.5, 1382b8-12). Témoigne de cette peur de second ordre la différence entre une cible immédiate de peur – l'homme en colère qui se dresse devant nous – et précisément celui qui ne montre pas de colère, mais qui ne fait pas moins peur si on lui attribue un type de raisonnement qui se rapproche de la haine ou de la jalousie :

> Et parmi ceux qui ont subi une injustice, les ennemis ou les rivaux, ceux qui inspirent la peur ne sont pas ceux qui sont nerveux ou ceux qui parlent franchement, mais ceux qui sont calmes, dissimulateurs et retors ; en effet, comme il n'est pas évident de savoir s'ils sont prêts à agir, on ne voit jamais clairement s'ils sont loin de l'être. (*Rh.* II.5, 1382b19-22)

Un état qui pourtant inspire d'habitude l'assurance et la confiance – le calme – peut devenir le signe d'un comportement d'autant plus menaçant lorsque l'imminence du danger est inconnue. C'est dès lors l'incertitude pesant sur une des étapes de l'action pratique qui détermine son caractère effrayant.

20 *Cf.* Merker (2016, p. 339-342) pour une typologie des actes injustes qui font justement intervenir la notion de προαίρεσις après celle de « de plein gré » et « contre son gré », en *EN* V.10, 1135b8-11 et *Rh.* I.13, 1374b6-9.

21 On trouve un emploi similaire de ἀγωνιάω et ἀγωνία dans les *Pr.* II, 26, 869a6-7 : καὶ ὁ ἀγωνιῶν οὐ διὰ φόβον καὶ διὰ ψύξιν πάσχει, ἀλλὰ διὰ τὸ μέλλον. « Car celui qui est tourmenté n'est affecté ni à cause de la peur ni à cause du froid, mais à cause de de l'avenir ».

Calculs et évaluations

La peur ne fait pas seulement intervenir la représentation, elle met également en jeu un ensemble de calculs et d'évaluations qui seront convoqués lors de la délibération, par exemple les préparatifs d'une guerre. Sans vouloir citer tous les cas, il s'agit de situations où la rivalité est en jeu (par exemple une ressource commune non partageable amenant à la rivalité et à la guerre, *Rh.* II.5, 1382b13-14), ainsi qu'une forme d'inégalité pouvant mener à la sédition selon les critères de la force, de la richesse, et du pouvoir (*Rh.* II.5, 1382b15-19 ; et 1383a33-b3, à propos de l'assurance) ; en un mot, il s'agit ici d'une capacité stratégique d'évaluation des situations et d'équilibres des forces en présence, qu'il s'agisse de forces réelles ou apparentes[22].

Ces trois points montrent assez, comme l'indique au reste Aristote en *Rh.* II.5, 1382b29-30, que ces inférences implicites, ces projections et ces évaluations se ramènent à une προσδοκία irréductible à une φαντασία du danger imminent. Il ne s'agit certes pas d'affirmer que la peur elle-même est un jugement, car on a peur dans la mesure où ces jugements produisent une représentation d'un mal destructeur imminent ; mais ce sont bien des jugements, parfois complexes, qui rendent la représentation plus ou moins vive.

L'USAGE RHÉTORIQUE DE LA PEUR

À rebours de ce qu'on associe plutôt à la peur panique, Aristote présente une fonction de la peur qui peut paraître à première vue étonnante : « la peur fait délibérer [les gens] » (ὁ γὰρ φόβος βουλευτικοὺς ποιεῖ) (*Rh.* II.5, 1383a6-7). Il est probable que le sens de βουλευτικός ait un sens général issu de l'activité des conseillers à la βουλή sur les sujets énumérés en I.4 : finances, guerre et paix, protection du territoire, commerce et législation (1359b21-23). En réalité, l'usage de la peur dans la rhétorique délibérative n'est pas une nouveauté[23]. En revanche,

22 Pour une analyse globale de ces cas, voir Fortenbaugh ([1975] 2002, p. 94-103).

23 *Cf.* Sanders (2016) qui recense chez les orateurs attiques et Thucydide un ensemble d'émotions utilisées en vue de la délibération (ou pour contrer d'autres émotions en vue

il revient peut-être à Aristote d'avoir théorisé cet usage de la peur pour pousser à la délibération, dans un sens restreint où il s'agit d'articuler psychologie des passions, nécessités politiques et technique rhétorique. Pour le dire d'un mot, l'usage technique de la peur se comprend chez Aristote comme une invitation faite à l'auditoire à reconnaître plus justement ce qui relève du *possible*, invitant par là à la délibération et à l'action ; la peur n'est plus, à travers cet usage, une émotion passive, mais au contraire, l'occasion d'affirmer l'utilité de l'activité humaine à travers la délibération[24]. L'analyse croisée de la peur et de son contraire, l'assurance, vise à établir une stratégie rhétorique d'usage de ces deux passions, dont le versant positif (l'assurance) joue un rôle déterminant.

LA PEUR POUSSE À DÉLIBÉRER

Le lien entre peur et délibération est réalisé en deux étapes par Aristote. Une première étape dans l'argument consiste à faire émerger, par contraste avec la φαντασία d'un mal destructeur imminent, ce qu'on appellerait volontiers l'objet positif de la προσδοκία, à savoir l'espoir[25].

> [...] il faut au contraire que demeure un certain espoir de salut à propos de ce qui les tourmente. (*Rh.* II.5, 1383a5-6)

Trouver une ressource face aux dangers ne relève pas encore de la vertu, mais bien d'une disposition relativement à ce qui est possible et qui dépend de nous. Cette disposition procède, précise Aristote, d'une série de croyances et d'opinions selon lesquelles une action humaine

de la délibération) où la peur a une place privilégiée. Voir par exemple Iso. *Aréopagitique* 3 et surtout 6 : « Pour nous, en effet, quand notre ville eut été saccagée par les barbares, ce sont nos craintes et l'attention que nous avons donné aux affaires (διὰ τὸ δεδιέναι καὶ προσέχειν τὸν νοῦν) qui nous ont valu le premier rang parmi les Grecs ; mais une fois que nous avons cru notre puissance irrésistible, nous avons été bien près d'être réduits en esclavage » (trad. G. Mathieu, qui renvoie pour sa part à Thuc. I.75.3 qui énumère trois motifs de décisions des Athéniens : d'abord la peur, puis l'honneur, et enfin plus tard l'utilité (ὑπὸ δέους, ἔπειτα δὲ καὶ τιμῆς, ὕστερον καὶ ὠφελίας)).

24 Cette idée n'est pas sans rappeler la thèse de Nussbaum (2001b, chap. 11) sur la détermination d'un bien pratique à la mesure de l'humain chez Aristote. La *Rhétorique* n'est pas abordée dans son analyse, sinon p. 385-386 pour au contraire insister sur la dimension passive de la peur, alors que notre passage dément une telle analyse.

25 L'espoir n'est pas défini ailleurs dans la *Rhétorique*, mais elle est une passion contraire à la peur, qui lui est pourtant liée, et qui consiste à présenter les moyens d'échapper à l'objet effrayant. En ce sens, elle est pleinement associée aux processus d'anticipation (προσδοκία) décrits plus haut.

est encore à portée pour améliorer ou contrecarrer une situation de détresse. Le verbe οἴομαι est répété à l'envie (*Rh.* II.5, 1382b30, 31, 32 (2), 33, 34), et on trouve les verbes δοκέω (1383a2) et νομιζώ (1383a4). Aussi l'espoir de salut affleure à la faveur d'une première opposition : il n'est donné ni à ceux qui ont un excès d'assurance, ni aux pessimistes ou fatalistes qui pensent avoir subi tous les maux ou qu'il n'existe plus aucun secours à portée humaine. C'est bien un jugement qu'il faut modifier quant à la disposition des arrogants et des fatalistes afin de rendre simplement l'espoir possible. On ne délibère, comme on le sait, que dans le domaine du réalisable : ni sur l'impossible, ni sur la chance (*cf. EN* III.5, 1112a18-b11).

Une seconde étape consiste donc à utiliser la peur afin de contrecarrer une trop grande assurance qui confine à l'arrogance.

> [...] car de meilleurs qu'eux ont subi [des maux] ; et il faut montrer que leurs semblables subissent ou ont subi, de la part de gens dont ils ne croyaient pas qu'ils en subiraient, des maux qu'ils ne croyaient pas pouvoir subir, et à des moments où ils ne croyaient pas pouvoir en subir. (*Rh.* II.5, 1383a9-12)

La cible de la rhétorique est la modification des croyances de l'auditoire relativement à une immunité supposée contre les dangers. Il faut donc ébranler les certitudes des optimistes ou des arrogants. Le recours aux comparaisons historiques sur la ruine de certaines cités est ici de mise afin de relativiser la croyance (ᾤοντο) en sa propre supériorité[26]. Il s'agit donc d'instiller la peur comme représentation immédiate du danger en rappelant l'exemple des semblables à nous (ὁμοίους). Il existe des situations où, nous dit Aristote, « il vaut mieux avoir peur » (ὅταν ᾖ βέλτιον τὸ φοβεῖσθαι αὐτούς, *Rh.* II.5, 1383a8-9) : tel est l'usage d'une peur en rhétorique visant à entamer l'arrogance d'une cité. Cet usage de la peur, qu'on pourrait appeler « raisonné », est un usage négatif qui doit pousser à la délibération sur les meilleurs moyens d'assurer sa sauvegarde[27]. Justifions cette idée d'un usage « raisonné ».

---

26 Il est bien évident qu'Aristote a ici probablement en vue l'arrogance athénienne. Sur l'usage des exemples historiques dans ce contexte, voir Ober (1989, p. 181).

27 Je m'oppose sur ce point à Leighton (2019, p. 230-232) qui voit dans ce passage une preuve que l'espoir et la délibération sont des éléments nécessaires et constitutifs à l'émotion de peur, faisant de la recherche du moyen de secours une cause finale de la peur (sur le modèle d'autres émotions dont le désir les pousse à poser une fin, comme la colère qui vise à la vengeance). La position de cette cause finale, à mon sens, n'est pas constitutive

UNE RHÉTORIQUE DE LA PEUR ?

Une première interprétation de cet usage raisonné consiste à affirmer que le rhéteur possède un certain savoir consistant à manipuler l'émotion de peur dans son auditoire – une « rhétorique de la peur » en somme. Au ch. 8 du livre V des *Politiques*, Aristote décrit de manière pragmatique un certain usage de la peur pour sauvegarder les constitutions contre un trop grand risque de sédition (στάσις), avec un vocabulaire qui frappe par sa proximité avec celui de la *Rhétorique* :

> Les constitutions sont sauvées non seulement du fait de leur éloignement de ce qui les détruit, mais aussi, parfois, du fait de leur proximité. Car des personnes qui ont peur tiennent mieux les rennes de la constitution. De sorte que ceux qui se soucient de la constitution doivent instiller des peurs, afin qu'ils montent la garde et ne la baissent pas, telle une garde de nuit pour la préservation de la constitution, et rendre proches les dangers éloignés. (*Pol.* V.8, 1308a24-30)

Il n'est pas précisé dans ce passage par quels moyens la peur est diffusée chez les citoyens, afin qu'ils veillent à leur constitution. Il peut tout à fait s'agir, comme chez Thucydide ou chez Platon, de moyens infra-rationnels, parmi lesquels une « rhétorique de la peur » n'est pas à exclure[28]. S'agit-il dans la *Rhétorique* du même usage ? On peut en douter. La finalité technique rhétorique est d'amener à la délibération, et non pas à agir en fonction d'une peur panique.

Une seconde interprétation plus nuancée consiste donc à affirmer que la manipulation de peur se fait bien de manière « technique » au sens où l'orateur recourt à une topique des passions. Par exemple le passage cité plus haut sur les signes qui font peur (*Rh.* II.5, 1382a32-35) est rappelé sous forme de lieux communs en II.19 (1392b18-23)[29]. On devrait alors en déduire que l'intérêt du chapitre sur la peur ne réside pas tant dans son argumentation psychologique (comment susciter ou au contraire chasser la peur), mais dans l'utilisation de la peur dans le

---

de l'émotion de peur – elle est bien plutôt un effet de son usage. En témoigne par ailleurs le chapitre 8 sur la pitié, où Aristote précise que la peur, si elle tétanise, empêche précisément de délibérer (1385b33-34).

28 Voir également *Pol.* VII.12, 1331a40-41. *Cf.* Sokolon (2006, p. 102-106).

29 Comme le rappelle à juste titre Rapp (2002b, p. 622). Il faut également ajouter *Rh.* II.5, 1383a1-5 sur les faits futurs qui ont lieu du fait de la prédisposition des gens dont c'est le désir, ou qui sont portés par la colère ou un calcul.

cadre de prémisses d'enthymèmes. La technicité de l'usage de la peur proviendrait, à suivre Conley ou encore Dow[30], du fait que le motif de peur est partie intégrante de l'argument en jeu (il faut délibérer sur *ce dont* on a peur), et non pas simplement une disposition psychologique extrinsèque à l'argument suscitée pour influencer le jugement. La technicité de cet usage étant sauvée, il reviendra ensuite à l'éthique et à la politique de savoir en faire usage. Pourtant, si le chapitre II.5 avait eu comme objectif d'énumérer des lieux spécifiques à l'émotion de peur, alors, il aurait pris la forme d'une description se contentant d'associer l'état de peur ou d'assurance d'un individu ou d'un groupe à un ensemble de croyances sur leur pouvoir, leur supériorité, leur dangerosité ; par exemple : ceux qui sont dans un état de peur se considèrent comme inférieurs en puissance, d'un point de vue militaire, à ceux qu'ils craignent – ceux qui ont plein d'assurance ne pensent pas pouvoir être battus sur le terrain qui est le motif de leur sentiment de supériorité, ce qui pourrait constituer un point faible, etc. Si nous trouvons bien ce type de description en II.5, la peur n'est pourtant pas l'objet de prémisses dans une délibération : elle est ici présentée comme *un moteur psychologique de la délibération*, un moteur efficace et utile. Si nous allons au bout de cet argument, il faut dès lors affirmer que la technicité de l'usage rhétorique de la peur repose dans la capacité du rhéteur *à pousser l'auditeur à la délibération*. L'exigence de technicité rhétorique pourrait ainsi être formulée : la rhétorique technique, en utilisant la peur comme ressort psychologique, vise à permettre une délibération là où il n'y en avait pas. En d'autres termes encore : on ne doit pas décider *par peur* ou pour un motif effrayant, mais délibérer du fait d'avoir soupçonné que notre assurance n'était peut-être pas fondée[31].

Si cette interprétation est juste, on mesure mieux la différence entre éthique d'une part et rhétorique d'autre part. La rhétorique demeure bien axiologiquement neutre quant au bien visé dans la délibération ;

30 *Cf.* Conley (1982, p. 310-311) ; Dow (2015, en part. p. 101 *sq.*). Cette position implique, de toute évidence, de distinguer de manière très nette la technicité de la rhétorique et son « éthique » comme il le rappelle dans Dow (2013).

31 Je m'accorde donc pleinement ici avec Fortenbaugh ([1975] 2002, p. 76) : « *What moral virtue does not make correct is the means-end deliberation occasioned by emotional response. Fear, as Aristotle says, makes men deliberators* (*Rhet.*1383a6-7). *When they become frightened, men desire safety and therefore engage in deliberations about how to secure safety. Moral virtue makes the goal correct, but it cannot make the deliberations correct. Means-end deliberations are exercises of the logical half of the soul and fall within the province of practical wisdom.* »

il appartiendra bien à l'éthique et à la politique de juger de la réalité, de l'utilité, et de la vérité du bien visé dans la délibération, comme l'asserte Aristote en *Rh.* II.5, 1383a8-9 : « lorsqu'il vaut mieux qu'ils aient peur » (ὅταν ᾖ βέλτιον τὸ φοβεῖσθαι αὐτούς). En revanche, la rhétorique s'accorde avec un principe qu'on pourrait appeler méta-éthique, en ce qu'elle affirme qu'une décision qui procède d'une délibération est meilleure que sans délibération. Dire que la rhétorique technique utilise la peur afin d'améliorer le processus de délibération n'est pas seulement en faire un rejeton de la science pratique, c'est aussi lui imposer un impératif de technicité qui fait, dans ce chapitre, de la délibération la condition d'une bonne décision. Une rhétorique ainsi comprise répute comme non-technique, *de facto*, ce que nous appellerions propagande.

VERS UNE ASSURANCE RAISONNÉE

L'interprétation d'une rhétorique technique de la peur est confirmée surtout par l'usage que l'orateur fait de l'assurance.

L'assurance est présentée comme un contraire de la peur (*Rh.* II.5, 1383a15-17). À la faveur de la relation de contrariété, Aristote peut déployer une analyse qui peut paraître redondante sur les cibles, objets et dispositions de l'assurance par rapport à la peur. Comme la peur, l'assurance est également ambivalente et fait tout aussi bien signe vers un excès qui serait l'arrogance et une forme de hardiesse irraisonnée (*Rh.* II.5, 1383a30 sur ceux qui n'ont aucune expérience (ἄπειροι), et 1383a34-b3 sur la croyance en sa supériorité en termes militaires), que vers l'idée de ce qui rassure, en bien, la cité, en la poussant à l'action.

Dans une situation apparemment symétrique, le rhéteur fait donc intervenir l'assurance afin d'empêcher les effets délétères de la peur sur les cités qui sont en proie à cette affection. D'où cette définition de l'assurance :

> [...] c'est l'espoir, accompagné de la représentation que des moyens de salut sont proches, et que les choses qui font peur soit n'existent pas soit sont éloignées. Ce qui suscite l'assurance, c'est l'éloignement des événements terribles et la proximité des choses rassurantes. (*Rh.* II.5, 1383a17-20).

L'assurance est présentée comme une disposition permettant la reconnaissance d'un moyen de salut, propre à éloigner les dangers et à renforcer la confiance d'une cité en ses propres moyens d'action. En ce sens, elle est bien le symétrique inversé de la peur lorsqu'elle est considérée du simple point de vue de la représentation imminente du danger, l'espoir constituant un milieu commun entre peur et assurance. En un autre sens cependant, elle n'est pas tout à fait la réciproque de la peur en ce que son usage peut mener à deux sortes de dispositions : une confiance aveugle en ses propres forces, produisant un sentiment d'immunité, et une confiance raisonnée, qu'Aristote semble appeler dans la fin de ce chapitre et que la peur en elle-même n'est pas capable de produire.

Il persiste en effet une asymétrie entre le pôle positif (l'assurance) et son contraire (la peur). C'est l'assurance, ou plus exactement la volonté de (se) rassurer qui doit prendre le relais de la peur raisonnée. Aristote le montre à travers la description de trois effets de l'assurance.

a) L'assurance augmente lorsqu'on corrige ses erreurs (*Rh.* II.5, 1383a20 : ἐπανορθώσεις), et pousse à tisser des alliances à partir d'une communauté d'intérêts (1383a24-25), tandis que la peur, nous dit Aristote, ne fait qu'augmenter lorsqu'on ne peut les corriger (1382b22-25) et lorsque nous sommes en présence d'ennemis (1382b14-15). Nous pourrions allonger la liste des effets contraires, où l'assurance (ou plutôt le fait de rassurer) est plus à même d'améliorer la situation.

b) Beaucoup plus importante est la mention des meilleurs moyens de parvenir à améliorer son assurance.

> On a de l'assurance lorsqu'on se trouve dans ces dispositions : quand on croit avoir obtenu de nombreux succès et n'avoir pas souffert, ou bien lorsqu'on s'est souvent trouvé dans des situations terribles et qu'on en a réchappé ; car les hommes deviennent impassibles pour deux raisons : soit par manque d'expérience, soit parce qu'ils possèdent des moyens de secours comme par exemple, au milieu des dangers en mer, sont pleins d'assurance pour l'avenir ceux qui n'ont aucune expérience des tempêtes, et ceux qui savent s'en tirer du fait de leur expérience. (*Rh.* II.5, 1383a25-32)

Tout en rappelant l'ambivalence de l'assurance, Aristote insiste sur l'expérience (διὰ τὴν ἐμπειρίαν) acquise au milieu des dangers et des infortunes. Certains périssent sinon du fait de leur hardiesse parce qu'ils ne sont pas affectés par la peur (ἀπαθεῖς), du moins du fait qu'ils ne possèdent aucun savoir ou expérience[32] ; les autres *savent* au milieu des

32 Il ne faut pas ici confondre le « courageux » de l'*EN.* III.9, 1115a35-b6 qui, même sans expérience, demeure courageux face aux dangers de la mer, et celui qui trop plein d'assurance n'a pas idée du secours que pourrait constituer l'expérience (Cope, 1877, p. 69 ; Grimaldi,

peurs convoquer les moyens adéquats pour s'en sortir. La peur invite certes à délibérer, mais elle n'invite pas encore à connaître[33].

c) La fin du chapitre semble faire encore un pas de plus dans l'idée d'un « usage raisonné » de l'assurance, à savoir l'invitation à respecter les lois divines (1383b5-10). Sans garantir le succès d'une entreprise, l'obéissance aux dieux est un élément de justification ou de légitimation d'une action. C'est pour cette raison que la colère issue d'une injustice subie chasse la peur et inspire l'assurance. Être dans son droit, en d'autres termes, est un motif d'assurance puisqu'on est protégé par les dieux.

Un usage raisonné de la peur permet de contrecarrer l'arrogance ; un usage raisonné de l'assurance permet de mettre la cité sur la voie d'une meilleure connaissance.

On peut pour conclure mesurer la différence qu'il y a entre les prescriptions sur l'usage de la peur et de l'assurance dans la *Rhétorique* et les normes éthiques qui s'attachent à ces deux émotions dans l'*EN*.

> Je parle de [la vertu] morale, car c'est elle qui concerne affections et actions. Or, dans ce domaine, il y a excès, défaut et milieu. Exemple : on peut s'effrayer, se montrer intrépide, nourrir des appétits, s'irriter, s'apitoyer et, en somme, éprouver du plaisir et du chagrin, tantôt plus, tantôt moins et, dans les deux cas, sans que ce soit à bon escient ; mais, le faire quand on doit, pour les motifs, envers les personnes, dans le but et de la façon qu'on doit, constitue un milieu et une perfection ; ce qui précisément relève de la vertu. (*EN* II.5, 1106b16-23, trad. Bodeüs)

La *Rhétorique* ne dit assurément pas comment il faut ressentir peur et assurance de la bonne manière. En revanche, elle nous dit bien comment faire bon usage de ces passions en visant un type d'équilibre qui laisse à

1988, p. 101). Leighton (2019, p. 231), qui souligne à raison ce point important du texte, me paraît néanmoins confondre ici assurance et peur en attribuant au second terme une visée téléologique qui pousse à chercher des moyens de salut – notre texte attribue bien cette prérogative à l'assurance, et même à un certain usage de l'assurance.

33 De manière très proche et un lexique identique (assurance, expérience, correction des erreurs), Isocrate en appelle à une assurance prudente à la lumière des guerres passées, en insistant sur l'expérience et le savoir acquis : Iso. *Archidamos* 48.1-7 « Quiconque donc, à la vue des bouleversements du passé, croit que notre époque n'en connaîtra pas de tels, est vraiment insensé. Il nous faut au contraire nous montrer fermes devant la fortune présente et prendre courage pour l'avenir, dans la pensée que les États redressent (ἐπανορθοῦνται) de tels accidents par une heureuse politique et par l'expérience (ἐμπειρίαις) de la guerre qu'ils ont acquise. Or personne n'oserait contester que nous possédions au suprême degré cette expérience (ἐμπειρίαν) […] » (trad. G. Mathieu et E. Bremond).

l'éthique et à la politique le soin de déterminer ce qui est effectivement meilleur : le rhéteur, lui, est celui qui saura faire un usage de la peur et de l'assurance afin que ni l'une ni l'autre ne constituent les *seuls* motifs de délibération et de jugement.

CONCLUSIONS

De l'analyse de la peur, retenons les éléments et thèses suivantes.

1) Aristote définit la peur comme un état psycho-physiologique intentionnel dont la cause motrice est une représentation d'un danger imminent de destruction du soi, ou d'un danger de douleurs importantes. Mais cette représentation est enrichie par un ensemble d'opinions, de jugements, qu'Aristote place sous le terme de προσδοκία, reprenant ce vocable à Platon, afin d'étendre considérablement les objets de peur. Il le reprend pour une raison simple : c'est par l'intermédiaire de jugements et d'opinions que l'objet de la peur est susceptible d'être dépeint, modifié, augmenté ou réduit. La passion de peur n'est elle-même pas un jugement, mais la représentation qui lui est associée est inséparable de l'ensemble des jugements qui y conduisent, et qu'elle soutient ou produit réciproquement. Ce qui sépare ici Platon et Aristote, c'est que pour le premier, rien ne s'opposerait à soumettre cette opinion à une épreuve de vérité qui déciderait alors aussi le devenir de la passion corrélée ; pour le second, la peur ne se confond pas avec le jugement qui y préside : la peur peut être latente, elle peut aussi s'intellectualiser, mais demeure au fond un état suscité par une représentation que le jugement seul n'est pas toujours capable de modifier.

2) Par conséquent, Aristote peut accepter que la peur soit un instrument rhétorique sans se commettre dans une rhétorique de la peur, qui ferait de la peur le motif principal de l'action. La peur demeure, pour Aristote, une passion potentiellement délétère et probablement inapte à mener à une décision réfléchie et rationnelle, *sauf à une condition* : qu'elle désamorce, dans certains cas, les ressorts psychologiques (comme l'assurance aveugle, la colère, etc.) qui *empêchent* une délibération idéalement rationnelle. Je ne veux pas affirmer qu'il n'est pas d'autres usages

de la peur en rhétorique – nous le savons trop et le texte d'Aristote permet en outre de nous en donner des exemples d'usage ; en revanche, pour Aristote, ces manipulations de la passion de peur afin de produire une action ou un jugement *par peur*, ne pourront pas être considérées comme relevant d'une authentique technique rhétorique, mais simplement d'une manipulation des passions.

LA HONTE ET L'IMPUDENCE (*RH.* II.6)

Il n'est pas facile d'appréhender la spécificité grecque de la honte (αἰδώς et αἰσχύνη), sans les filtres modernes et contemporains qui ont rendu cette passion suspecte d'amoralité. La condamnation kantienne de la honte et la sublimation du « respect » comme humiliation de la sensibilité au regard de la loi morale constitue probablement dans la période moderne le coup le plus dur porté à ce sentiment[1]. Le kantisme a, de manière durable, surdéterminé notre appréhension de la honte dans la culture grecque. En outre, l'utilisation systématique de l'opposition entre « culture de la honte » et « culture de la faute[2] », à laquelle on donne à tort une signification historique dans la culture occidentale en supposant qu'il y a eu une évolution de l'une à l'autre, repose souvent une conception kantienne de la honte : elle révèle une société fondée sur l'intérêt porté à l'honneur, aux valeurs compétitives plus que coopératives, elle est le symptôme d'une société sans conscience morale du « sujet », elle confirme en un mot le règne de l'hétéronomie[3]. En dépit de la tentative, par B. Williams, de réhabiliter cette émotion dans l'espace moral et politique, la honte continue de recevoir son lot de critique – à raison parfois – du fait de son caractère stigmatisant et excluant[4].

1 C'est contre cette interprétation kantienne que l'ouvrage de Williams (1993, chap. 3-4) est indispensable.

2 Cette distinction anthropologique a été comme on le sait reprise par Dodds (1973, chap. 2) ; voir Konstan (2003) et Cairns (2011) sur la permanence de cette distinction dans les études classiques.

3 C'est le présupposé de lecture de Adkins (1960), en dépit de toutes ses analyses pertinentes sur l'articulation entre valeurs compétitives et coopératives dans la société grecque. Ce présupposé a été mis en lumière et critiqué par Gill (1995, en part. ch. 1, p. 29-41).

4 Voir surtout Nussbaum (2004) sur la difficulté à assigner à la honte une fonction éthique et politique vertueuse à partir du moment où on considère que cet « idéal du moi » impliqué dans la représentation du honteux repose sur une forme de narcissisme infantile et un déni de vulnérabilité. Cependant, voir Tarnopolsky (2010) dont l'analyse de la honte dans le corpus platonicien lui sert de point de départ pour clarifier les usages contemporains de la honte dans l'espace démocratique.

Heureusement, et corrélativement à une certaine tendance à la réhabilitation de la honte comme émotion morale et politique, les études classiques sur αἰδώς et αἰσχύνη ont pu montrer que les processus impliqués par ces passions non seulement couvraient un spectre d'actions et de comportements extrêmement étendu, mais aussi que cette émotion n'avait jamais non plus été conçue comme simple et univoque. L'ouvrage de D. Cairns, Aidōs, *The Psychology and Ethics of Honour and Shame in Ancient Greek Literature* (1993), a fait état de la diversité de ces approches depuis Homère jusqu'à Aristote[5] : s'il y a un trait commun à chercher dans cet ensemble diachronique, c'est justement que la honte est présentée comme une émotion ambivalente, s'enracinant dans le respect de soi, mais pouvant mettre ce soi à la merci des exigences d'autrui.

En *Rh.* II.6, Aristote livre une description de la honte (αἰσχύνη) qui à première vue conforte l'idée générale que ces chapitres 2-11 du livre II énumèrent des opinions populaires au sujet des passions, indépendamment de leur valeur potentiellement morale. Le contexte rhétorique en est l'explication : faire honte à sa cible, accuser son adversaire d'impudence et de mépris des lois et des mœurs, en appeler au sens de la honte de son jury ou de son auditoire et en un mot à la décence publique, sont des procédés connus dans la rhétorique classique[6]. Il ne s'ensuit pas pour autant

5 Sur la notion d'αἰδώς et d'αἰσχύνη dans la Grèce archaïque et classique, voir également von Erffa (1937); Konstan, (2006, chap. 4); Riedinger, (1980) et plus récemment Wersinger (2015) qui explicite les difficultés qu'il y a pour la pensée moderne et contemporaine de cerner l'αἰδώς homérique, qui apparaît comme un principe critique, versatile et néanmoins moral.

6 Dans le corpus oratoire, on peut distinguer plusieurs stratégies d'appel à la honte. A) On peut tout d'abord pointer l'impudence de l'accusé, notamment pour attiser la colère de l'auditoire (par exemple Isée *Sur la succession de Cléonyme* 5.3, *Sur la succession de Ménéclès* 1.8; Lys. *Contre Alcibiade 1* 42.7-9; Iso. *Sur l'attelage* 43.3, *Trapézitique.* 14.3, *Éginétique* 40.4, *Sur l'échange* 101.5 ; Dem. *Sur la couronne* 121.5, *Sur les forfaitures de l'ambassade* 267.4, *Contre Aphobos 1* 65.6 associée à la pitié); Aesch. *Contre Timarque* entre autres 26.4, 42.8, *Contre Ctésiphon* 218.8. B) Corrélativement, on en appelle à la honte de l'auditoire ou du jury, qui rejaillit sur la cité (Iso. *Archidamos* 38.2, 95.2 ; Dem. *Seconde Olynthienne* 3.8, *Sur les affaires de Chersonèse* 51.6, *Sur les forfaitures de l'ambassade* 217.4, *Contre la loi de Leptine* 46.4, 81.9, 134-135 ; Aesch. *Contre Timarque* 7, 247). C) Ces deux appels à la honte reposent sur une conception de la honte comme ciment social (Isée, *Sur la succession de Cléonyme* 39.8, Iso. *A Démonicos* 16.4, *Aréopagitique* 32.5, *Panathénaïque* 213.5 ; Dem. *Pour les Mégalopolitains* 24.6, *Sur la couronne* 309.1, *Contre Aristogiton 1* 24 et surtout 89; ou, dans un tout autre registre, Aesch. *Contre Timarque* 74 à propos des prostitués qui ont la décence de « fermer leurs portes »). D) Enfin, l'orateur lui-même peut mettre en scène sa propre honte, soit pour justifier son discours (Lys. *Contra Simon*, 3, Iso. *Sur l'attelage* 35.2, *Sur la paix* 39.1, *Sur l'échange* 272.7) soit pour endosser la honte de son adversaire ou de l'auditoire qui en sont dépourvus (Aesch. *Contre Timarque* 120.2).

que l'analyse de la honte dans ce chapitre soit purement conventionnelle d'une part, et dépourvue d'intérêt philosophique d'autre part. Au contraire, insister sur l'usage – même populaire – de la honte dans le discours rhétorique, nous permet de mieux appréhender l'articulation qu'Aristote entend faire entre la fonction potentiellement éthique de la honte, son usage politique, et le bon usage l'orateur pourrait faire de cette passion dans un discours authentiquement technique.

L'enjeu philosophique est de taille : s'il est vrai que la honte est une passion qui consacre le plus le règne du paraître et de l'opinion, l'importance du regard d'autrui, et en somme la circularité entre les notions d'estime et d'honneur, comment envisager malgré tout un usage raisonné de cette passion dans le discours rhétorique, à supposer qu'elle soit une véhicule d'une disposition vertueuse ? Car, et c'est la position que je souhaiterais maintenir à l'instar des autres passions, il existe bel et bien pour Aristote un usage de la passion de honte à des fins utiles et bonnes.

CERNER LA HONTE PAR SES OBJETS

Une première approche de la passion de honte consiste, pour Aristote, à en donner une définition à partir de ses objets : de quoi avons-nous honte ? Après une courte définition de cette passion, Aristote énumère à partir de 1383b17 un ensemble d'actions ou de situations qui la causent. Il en résulte une énumération de situations dont la cause est la mise en jeu de notre responsabilité vis-à-vis d'elles.

DÉFINITION DE LA HONTE

> Disons que la honte est (1) une certaine douleur ou trouble (2) causée par ceux des maux qui paraissent mener à la perte de réputation, (3) que ces maux soient présents, passés ou futurs (*Rh.* II.6, 1383b13-15)

Trois éléments constituent la définition de la honte : sa nature, sa cause, et son rapport au temps.

Comme pour les autres passions, Aristote commence par indiquer sa nature : l'αἰσχύνη est une douleur ou un trouble. Aristote ne donne aucune indication sur les dispositions physiques associées à la honte, qui auraient pu expliquer l'idée de trouble[7]. Il s'agit probablement pour Aristote de couvrir par le même terme à la fois des accès de honte épisodiques et intenses, ainsi que des dispositions durables[8].

La honte est suscitée par une représentation de la perte de réputation (ἀδοξία). Comme pour la colère, l'expérience de la honte est conditionnée par le caractère « apparent » de la perte de réputation : cela est d'autant plus vrai pour la honte que cette passion est enracinée dans la représentation que je me fais de moi-même par la médiation du regard d'autrui. Plus loin, Aristote utilise une expression plus ramassée pour définir la honte : « Puisque la honte est une représentation qui porte sur la perte de réputation (ἐπεὶ δὲ περὶ ἀδοξίας φαντασία ἐστὶν ἡ αἰσχύνη) » (*Rh.* II.6, 1384a23-24), comme si la douleur devait s'ensuivre naturellement de cette image mentale selon laquelle on a perdu la face. Cela ne signifie pourtant pas qu'il n'y a pas, dans la passion de honte, de place pour le calcul ou le jugement, comme on le montrera à propos de la détermination de ce qui est estimable et honteux.

Enfin, la honte entretient un rapport au temps particulier : elle peut concerner des maux aussi bien présents (comme la colère), ou futurs (comme la peur) que passés[9]. On peut bien entendu ressentir des passions rétrospectivement, du fait que la φαντασία nous re-présente son objet (je peux ainsi raviver le souvenir d'un motif de colère ou de peur et ressentir ces émotions *comme si* elles étaient présentes). Mais à la différence d'autres passions (notamment la colère ou la pitié) la honte peut survenir spécifiquement à partir de faits passés *en tant qu'ils sont représentés comme passés*. Aristote a ici moins en vue le phénomène de « repentir » (μεταμελεία) qui porte davantage sur la reconnaissance d'une

---

7 Rougeur (ἐρυθριάω) et chaleur (transpiration) sont les plus communes. Voir entre autres *Cat.* 9b13-19, 9b30-31 (*cf.* Viano, 2012, p. 245-248), *EN* 1128b10-16, ainsi que Ps.-Ar. *Phgn.* 812a32-33, *Pr.* 903a1-3, 905a8, et 960b1-2, 961a33-34, 967a16-18.

8 Rapp (2002b, p. 629, 631) explique l'idée de trouble par la honte « prospective », c'est-à-dire liée à des actions non encore commises. Cependant, Konstan (2006, p. 98-99) a raison selon moi de rappeler que dans la définition de la *Rhétorique*, Aristote n'entend pas différencier plusieurs types de honte (selon qu'elle est prospective ou rétrospective) : il s'agit du même πάθος. Voir Cairns (1993, p. 398 *sq.*) qui explique comment un πάθος peut se décliner selon a) qu'il a lieu (je rougis), b) qu'il s'apparente à une disposition durable (je suis naturellement timide ou pudique) ou c) une disposition relativement à des objets particuliers (j'ai honte de mon apparence dans certaines situations).

9 Comme y insiste Fussi (2015a, en part. p. 174-182 ; 2015b).

erreur[10], que l'idée d'une honte qui détermine l'histoire et le statut de l'individu à travers le regard de ses pairs. On peut ainsi, comme le souligne Aristote plus loin, avoir honte pour les erreurs que l'on a commises, mais aussi pour les vices de ses aïeux (1385a1-5).

LA HONTE EST-ELLE UNE ESPÈCE DE PEUR ?

Dans le passage consacré à l'αἰδώς dans l'*EN* IV.15, 1128b10-35, Aristote évoque une définition du sens de la honte comme « une forme de peur de la perte de réputation » (φόβος τις ἀδοξίας, 1128b11-12). Une manière relativement simple de définir la honte consisterait donc à en faire une espèce du genre de la peur, en limitant ses objets parmi les maux et douleurs destructeurs à la seule perte de réputation. Aristote est là encore tributaire d'un héritage platonicien ou académicien sur le sens de ces notions[11]. Chez Platon, αἰδώς et φόβος (ou parfois δέος) sont intimement associés, soit que la honte entretient avec la peur une relation d'espèce à un genre[12], soit que la honte est une forme plus raffinée de peur, permettant à l'Athénien des *Lois* d'éprouver le courage ou la fermeté de ses citoyens, lorsqu'ils subissent l'épreuve du vin, censée désinhiber leur comportement face à la réputation[13]. L'analyse platonicienne de l'αἰδώς dans le premier livre des *Lois* consiste à utiliser ce sens archaïque de l'honneur à des fins éducatives et militaires. C'est bien dans ce contexte guerrier archaïque qu'Aristote envisage la notion d'αἰδώς, par exemple en *EE* III.1, 1229a13 et 1230a16-21, rapprochant le sens de la honte d'une certaine forme de courage appelée tel par homonymie : le courage civique[14]. En *EN* IV.15, Aristote souhaite montrer que l'αἰδώς n'est pas une vertu à proprement parler et ne saurait s'apparenter à une forme de courage ou de tempérance, mais ressemble plutôt à une forme de

10 *Cf. Rh.* II.3, 1380a13-20, et également *Rh.* III.7, 1408a19-21. Voir Fussi (2015b, p. 117-120).

11 On retrouve la définition de αἰδώς comme une certaine peur chez Ps.-Ar., *Pr.* 905a6, ou alors accompagnée de peur 961a10.

12 *Euthphr.* 11e7-12d8 où Socrate examine avec Euthyphron la relation entre αἰδώς et δέος pour savoir si effectivement : « là où il y a crainte, il y a aussi le sens de la honte » (12b9).

13 *Leg.* 646e4-650b10. Sur ce passage, voir Schöpsdau (1986 ; 1994, p. 242-252), ainsi que l'analyse détaillée de Pfefferkorn (2020). Sur l'usage d'αἰδώς dans les *Lois*, voir Renaut (2014, p. 315-318).

14 Voir *supra* p. 210 *sq.* sur *EE* III.1, 1229a34-b21. Voir également *EN* III.9, 1115a10-14, pour la détermination des objets du courage, puis *EN* III.11, 1116a17-b2, où l'on retrouve un sens archaïque d'αἰδώς comme exhortation au courage dans les rangs des guerriers de l'épopée.

continence. En faisant de l'αἰδώς une certaine espèce de peur, Aristote peut ainsi ranger cette dernière au rang des affections somatiques (σωματικά, 1128b14), en donnant pour preuve les symptômes physiques respectifs et opposés de ces deux affections (rougeur et pâleur).

Pour autant, les effets de la honte et de la peur sont proches (παραπλήσιον, 1128b12-13), mais pas tout à fait identiques. Aristote rejette en *Top.* IV.5, 126a6-12 l'idée qu'il puisse y avoir une relation d'espèce à genre entre les deux notions, au motif que la peur est située dans la partie irascible de l'âme (ἐν τῷ θυμοειδεῖ, 126a8-9), alors que le sens de la honte se rapporte à la partie rationnelle (ἐν τῷ λογιστικῷ, 126a8). Indépendamment de la tonalité platonicienne de cette distinction qui fait appel à la tripartition de l'âme, Aristote se fait le relais d'une opinion qui distingue les deux notions quant à leur valeur morale et politique. Dans la conclusion de l'*EN*, après avoir cité Théognis, Aristote reprend la distinction archaïque entre peur et honte en prêtant à la seconde une valeur politique proche de celle qu'on trouve notamment chez Platon[15] :

> Car il n'est pas dans leur nature [*scil.* au grand nombre] d'obéir au sens de la honte (αἰδοῖ), mais à la peur, ni de s'abstenir des mauvaises actions du fait de leur caractère honteux, mais du fait des châtiments qu'elles entraînent (*EN* X.10, 1179b11-13).

La même distinction avec la peur se retrouve en *Rh.* I.9, afin de promouvoir les belles actions associées à l'honneur (τιμή) « pour quoi on lutte sans peur » (μὴ φοβούμενοι, 1367a16).

Si en *Rh.* II.3, 1380a32 Aristote rapproche les effets de la peur et de la honte (au sens du sentiment de respect) pour contrecarrer la colère ou ramener au calme, en *Rh.* II.6, Aristote ne mentionne jamais la peur comme élément définitionnel de la honte, et on peut s'en étonner. Contrairement à l'association complexe qui lie peur et pitié en II.8[16], la honte ne se rapporterait donc à la peur que de manière analogique tout au plus. Si certains contextes dans les *Éthiques* ou encore dans les *Politiques* peuvent mener Aristote à associer ces deux passions[17], Aristote fait de la honte une passion autonome, distincte de la peur, parce qu'elle

15 Voir notamment *Leg.* III.699c4 sur l'αἰδώς définie comme une espèce de peur politique des Athéniens qui cimente la cité contre la menace des Perses. De manière très proche, voir Ar. *Pol.* VII.12, 1331a40-41 où φόβος et αἰδώς sont des instruments de contrôle politique.

16 *Infra* p. 276 *sq.*

17 Voir notamment *Pol.* VII.12, 1331a40-41.

a un objet propre (ce qui est honteux). Faire de la honte une espèce de la peur en réduisant ses objets serait se priver du lien de cette passion avec la vertu et le vice. On peut expliquer ainsi pourquoi le chapitre sur la honte succède immédiatement à celui sur la peur, dans la mesure où ces deux notions sont liées, et pourquoi Aristote se garde d'en confondre les causes et les effets.

LA HONTE ET LA MISE EN CAUSE DE LA RESPONSABILITÉ

La honte est une disposition complexe du fait de son extension à tous les maux qui ruinent la réputation ou la dignité de la personne. Sans doute du fait du contexte rhétorique, où « faire honte » est l'une des attaques les plus communes dans le discours oratoire, Aristote cible l'analyse des objets de honte sur les vices, puis le manque de vertu, pour enfin expliciter ce qui à notre sens est la cause réelle de la honte, à savoir la mise en cause de notre responsabilité.

On a d'abord honte, nous dit Aristote, d'actions qui relèvent du *vice* (ἀπὸ κακίας, 1383b19). Sont énumérés en 1383b20-1384a9 les vices suivants : la lâcheté (δειλία), l'injustice (ἀδικία, au sens restreint de non-respect d'un contrat de dépôt), l'intempérance (ἀκολασία), la cupidité et l'avarice (αἰσχροκερδεία et ἀνελευθερία), la flatterie (κολακεία), la mollesse (μαλακία), la petitesse d'esprit et la mesquinerie (μικροψυχία et ταπεινότης), la vantardise (ἀλαζονεία). Une deuxième catégorie d'objets (1384a9-13) consiste en un défaut de participation (μετέχειν) aux choses « belles » (τῶν καλῶν), auxquelles nos pairs ont part. Les vertus correspondantes à tous les vices énumérés ne sont pas mentionnées ; la honte est en effet une passion qui signale sinon un vice, du moins un manque ou une privation de vertu. Il y a à cela une raison inhérente à la nature de la honte, qu'Aristote explicite en 1384a14-22 et qui éclaire rétrospectivement le choix de ces exemples.

Imputation de responsabilité

La honte engage directement une représentation de la responsabilité de l'agent face à ses propres actions :

> Et tout ceci plus encore s'il apparaît que c'est à cause de nous : en effet, cela paraît d'autant plus être le fait du vice si nous sommes responsables de ces situations passées, présentes ou futures. (*Rh.* II.6, 1384a14-16)

Que la responsabilité soit réelle ou non n'est pas la question ; qu'elle soit au moins *apparente* en revanche est la cause de la honte[18]. En d'autres termes, on a honte dans la mesure où tout ou partie de notre responsabilité est imputable par autrui à la situation dont nous avons honte : honte d'être ou de paraître vicieux, honte de n'être ou de ne pas paraître suffisamment vertueux.

Si l'on peut avoir peur du mal qui nous arrive, c'est donc un mal de second ordre qui est l'objet de la honte : le déshonneur et le blâme. Or le déshonneur et le blâme sont *toujours* liés à la vertu et au vice – que ce déshonneur ou ce blâme soit justifié ou non[19]. C'est le sens de l'explication donnée par Aristote qui réaffirme la responsabilité de l'agent dans l'action :

> On a honte aussi de subir, d'avoir subi ou de subir prochainement tout ce qui apporte le déshonneur et le blâme ; ce sont tous les actes qui impliquent les services de son corps ou des pratiques honteuses, parmi lesquelles le fait d'être outragé (certains actes ont trait à l'intempérance et sont commis de plein gré ou contre son gré, alors que les actes impliquant la violence sont commis contre son gré) ; en effet, le fait de pouvoir l'endurer et de ne pas s'en défendre vient du manque de courage ou de la lâcheté. (*Rh.* II.6, 1384a16-22)

Aristote prend l'exemple de « pratiques honteuses », euphémisées dans le verbe ὑβρίζεσθαι, et dans laquelle il faut reconnaître plutôt la prostitution que le viol. Aristote relaie ici une opinion populaire qui associe le « débauché » à la prostitution sexuelle[20]. Quand bien même, semble vouloir dire ici Aristote, l'action a été commise malgré soi ou par

---

18 Nielsen (2007), en comparant *EN* III.1, 1110a19-26 avec notre chapitre (où la proximité du vocabulaire est effectivement flagrante) pense que la question est de savoir si l'agent *devrait* ressentir de la honte ou non, en fonction de sa responsabilité *réelle*. En réalité dans la *Rhétorique*, la responsabilité réelle n'est pas l'enjeu, il suffit qu'elle soit apparente ou notoire ; ce qui fait en revanche varier l'intensité ou la qualité de la honte est la nature des personnes devant qui on ressent de la honte.

19 *EN* IV.15, 1128b28 : la honte concerne les actes volontaires : ἐπὶ τοῖς ἑκουσίοις. Dans notre chapitre, la honte peut tout à fait concerner des situations involontaires, qui sont rapportées à la capacité de l'agent à l'endurer : on rapporte donc toujours la honte à un présupposé de responsabilité (voir Nielsen (2007, p. 288) avec qui je m'accorde ici). C'est d'ailleurs en ce sens que la honte chez Aristote peut, comme le rappelle avec raison Konstan (2006, p. 101), couvrir la signification de notre « culpabilité ».

20 La ressemblance avec le *Contre Timarque* d'Eschine est manifeste (*cf.* en particulier Aeschin. *Contre Timarque* 185).

violence, la responsabilité de l'agent est mise en cause et sa réputation est alors potentiellement discréditée[21].

Engagement de l'agent dans des valeurs communes

La honte étant attachée à la réputation, elle est particulièrement sensible au *semblant*. C'est l'une des fonctions de l'exemple quelque peu subtil de 13843b28-31 où l'on suspecte chez l'agent une intention de dissimulation et d'avarice honteuse lorsqu'il demande un prêt ou il réclame un remboursement : par deux fois Aristote utilise le verbe δοκέω (δόξει 1384a29, δόξῃ 1384a30) pour décrire le comportement du demandeur dont il est honteux qu'il puisse dissimuler sous une apparence fausse un désir cupide[22]. C'est également la raison pour laquelle les « signes » sont particulièrement importants dans ce chapitre sur la honte (1383a31, a35, 1384a2, a5, a8, 1384b18, b19) puisqu'ils sont ce par quoi on peut dénoncer sous une apparence respectable une tendance ou un acte vicieux.

Néanmoins, il serait erroné de réduire la honte à ce simple souci conformiste du paraître. La honte est déterminée par des valeurs qui mettent en cause le vice et la vertu, et ce faisant est le pendant négatif d'une exigence sociale qui est celle d'un *engagement* personnel et entier dans des valeurs qui sont celles du beau, du bon et du juste. En d'autres termes, il ne suffit pas d'être tenu pour responsable d'une action pour susciter la honte, il faut qu'on pense soi-même, en un certain sens, que cela est vrai. La honte est un véritable véhicule normatif, bien qu'elle ne soit pas une vertu, au moins au sens où elle empêche l'agent de paraître

21 Fussi (2015b, p. 125) propose une interprétation quelque peu différente de ce passage, en soutenant que la mise en cause de la responsabilité de l'agent est une clause aggravante, mais non nécessaire à la honte. Fussi prend l'exemple de situations « honteuses » qui seraient dues à la fortune : maladie, pauvreté, viols de femmes ou d'enfants (αἰσχύνη désigne en effet ces derniers outrages : Lys. *Sur le meurtre d'Ératosthène* 32.2 ; Iso. *Panégyrique* 114.3, *Sur l'échange* 251.7, *Panathénaïque* 259.3-4). Il s'agirait donc là d'humiliation où l'agent n'est pas en cause. Cette interprétation me semble contredite du fait qu'Aristote précise qu'une telle situation semble être le fait du « manque de courage et même de lâcheté ». Aristote ne prend pas d'exemples de situations honteuses qui sont le fait du hasard sauf en 1384b36-37 cité plus haut ; lorsqu'il précise que les situations qui arrivent par force (βίᾳ) sont involontaires (ἀκών), c'est pour mieux pointer celles qui sont le fait du vice.

22 Voir par exemple *Il.* 1.149, où Achille insulte Agamemnon en employant une curieuse tournure : ἀναιδείην ἐπιειμένε « en te drapant d'impudence » (le voile étant plutôt le signe qu'on a honte), dénonçant par là sa cupidité (κερδαλεόφρον).

se comporter de manière vicieuse. C'est le sens que l'on doit donner à une exigence de « participation » aux biens consacrés de la cité :

> Et en outre, il est honteux de ne pas prendre part aux belles choses auxquelles participe tout le monde (πάντες), ou bien tous nos semblables (οἱ ὅμοιοι πάντες), ou la plupart d'entre eux (οἱ πλεῖστοι). Par « semblables », j'entends ceux qui sont du même groupe, de la même cité, du même âge, de la même famille et d'une manière générale ceux qui nous sont égaux. (*Rh.* II.6, 1384a9-12)

La formulation est importante : on passe de πάντες à πλεῖστοι en passant par ὅμοιοι πάντες, la notion de « semblable » étant elle-même déclinée selon plusieurs variables, dont la dernière est l'égalité (ἐξ ἴσου). Aristote désigne ici un ensemble de personnes qu'on suppose dépositaire des normes et exigences sociales. On a honte relativement à des valeurs qu'il faut bien rattacher à une communauté à laquelle on souhaite appartenir, et dont les personnes particulières qui seront énumérées sont, en un sens, des échantillons[23]. La « participation » (μετέχειν) à ces biens de valeur est donc interprétée à travers l'effort de l'agent à mettre en œuvre les moyens pour les acquérir. En ce sens, la honte est le corollaire de l'envie, comme le souligne Aristote plus loin en précisant que « lorsque nous arrive un malheur, nous ne souhaitons pas être vus de ceux qui nous ont un jour enviés » (διὸ καὶ ὁρᾶσθαι ἀτυχοῦντες ὑπὸ τῶν ζηλούντων ποτὲ οὐ βούλονται, 1384b36-37).

Une telle description de la honte bat en brèche, comme le souligne avec force D. Konstan, nos présupposés d'une distinction naturelle entre honte et culpabilité, la première se rapportant uniquement au regard d'autrui, la seconde renvoyant à la conscience morale d'un moi qui serait juge (et partie) de ses propres fautes (2006, p. 101-102). La honte telle qu'elle est définie dans ce chapitre insiste sur la responsabilité de l'agent dans la construction de l'image de lui-même, que cette image soit prospective ou rétrospective.

---

23 Pour comparaison, voir Plat. *Prot.* 323d6-324a3, et 327b1-4 où pour Protagoras, tout un chacun est un acteur particulier d'une communauté de valeurs et de normes, celles de la cité, que le mythe a ramassées dans l'hendiadyin αἰδώς τε καὶ δικῄ. C'est donc bien relativement aux valeurs de la cité qu'on a honte, mais on a honte devant des personnes particulières comme les parents, les amis, les pairs, etc. Sur cette diffusion de la norme chez Platon, *cf.* Renaut (2014, p. 59-66).

LA HONTE ET LE REGARD D'AUTRUI

Vouloir cerner la honte par ses objets pose de réels problèmes pour la définir ; il faut en effet résoudre deux difficultés qui sont liées, comme l'a bien vu C. Rapp (2002b, p. 630) : 1) La première est l'impossibilité de désigner des objets de la honte indépendamment des relations interpersonnelles qui les font exister, 2) la seconde est la nature même de ces relations interpersonnelles qui suscitent la honte, puisqu'Aristote semble rapporter la honte tantôt à une communauté abstraite de semblables, tantôt à des personnes avec qui l'agent entretient des relations affectives déterminées ou préférentielles. L'ontologie de la honte, si l'on peut dire, se dissout dans le jeu du regard d'autrui. De fait, dans la longue énumération des cibles et des dispositions de la honte, il devient impossible de faire la différence entre une honte qui serait justifiée et une mauvaise honte dont on serait frappée par le qu'en dira-t-on ou la calomnie. Pourtant – et c'est là la force de l'argument d'Aristote – il y a bien des différences entre des motifs de la honte, dont le mécanisme est lui toujours identique.

COMMENT SE CONSTITUE LA RÉPUTATION

L'objet de la honte est la réputation (δόξα) et sa perte, ou l'infamie (ἀδοξία). La réputation est associée à la τιμή (ἀτιμία est utilisé comme synonyme de ἀδοξία en 1384a18) ; la réputation se fonde sur un statut (rang, fonction sociale ou politique) ou des biens, ou encore des marques qui en sont les signes (richesse, apparence, ἀγαθὸν τῶν τιμίων, 1384a31). L'estime elle-même est le produit d'une relation réciproque de honte et de respect[24] qui repose sur un ordre de convenance. J.-C. Riedinger définit la τιμή ainsi : « Il ne faut pas se la représenter comme un fait d'ordre psychologique, un sentiment d'honneur, mais pas davantage comme un objet, une sorte de capital qui comprendrait les possessions d'un individu, le rang qu'elles lui assurent et le courage qui les défend. Τιμή est en fait conféré par les autres, elle désigne une relation » (Riedinger,

24 Le sens de « respecter » pour αἰδεόμαι est tout à fait attesté, et le passif αἰσχύνομαι suivi d'un complément à l'accusatif peut avoir la même signification. *Cf.* Cairns (1993, p. 2-4, 138-139, 372 n. 84).

1976, p. 252). Si la τιμή est une relation, elle se trouve alors être le présupposé *et* le résultat d'une réputation dont la honte est garante[25].

On peut expliquer ainsi ce qui pour un regard moderne passe pour un cercle définitionnel : la honte est la rencontre de l'estime de soi et de l'estime accordée par autrui, d'où également l'estime ou le respect que l'on porte soi-même à autrui.

1) La réputation est en effet ce qui met toujours la τιμή de la personne en jeu ; aussi est-il nécessaire de présupposer dans le sentiment de honte, comme l'a pertinemment remarqué Grimaldi, une forme d'« estime de soi » (*self-respect*), dont l'objet est la τιμή que l'on exige de soi, ou qu'on exige des autres pour soi[26]. Sans cette estime de soi, l'agent ne porte intérêt à la réputation que pour ses conséquences, et est de fait inaccessible à la honte (1384a24-25).

2) Mais corrélativement, la δόξα est naturellement rapportée à *ceux qui font la réputation* (διὰ τοὺς δοξάζοντας, 1384a25-26). Or il faut ici prendre garde à ne pas confondre les garants abstraits de la norme sociale, qui sont aussi les destinataires imaginés de la réputation (1384a10-12, et en particulier ceux qui sont appelés « semblables » (ὅμοιοι)), et les cibles préférentielles qui *produisent* cette même réputation. La première catégorie désigne les personnes par qui l'agent peut mesurer les exigences à la vertu ; la seconde est nécessairement plus restreinte puisque c'est à travers des personnes pour lesquelles on a de la considération (λόγον ἔχει, 1384a26) que la honte devient un moteur effectif d'action ou d'inhibition de l'action. J.-C. Riedinger (1980, p. 62-63, 66) a proposé de distinguer deux sens de l'αἰδώς chez Homère, selon les personnes auxquelles elle est adressée : une première catégorie s'attache à des personnes particulières (rois, étrangers, prêtres, hôtes, aèdes), une seconde se rapporte à la société tout entière. La force de l'analyse aristotélicienne, qui reprend partiellement cette distinction entre d'une part des personnes choisies et la communauté des semblables d'autre part, est d'expliquer psychologiquement l'importance du premier groupe dans l'élaboration de la norme dont le second groupe est le garant.

---

25 Sur la relation d'αἰδώς à τιμή, voir Riedinger (1980, p. 66) : « Il y a pour conclure, complémentarité entre les deux systèmes d'*aidôs* et de *timè* : [...] on peut même dire qu'elles ne sont que deux aspects différents d'une même attitude sociale ».

26 « *For in this sense the* ἀδοξία *spoken about (83b14) in connection with this emotion of shame can readily refer to the* δόξα *of a person has of himself, his view of his own honor, his self-respect* » (Grimaldi, 1988, p. 108).

La particularité des personnes mentionnées à partir de 1384a26 réside dans le fait que nous entretenons un rapport affectif supplémentaire avec elles : admiration (θαυμάζω, 1384a27, a28, a29, a30, 1384b12, b30), rivalité (φιλοτιμέομαι), envie (ζηλόω, 1384b37-1385a1), amitié (φίλοι, 1384b15) voire attachement érotique (οἱ ἐρῶντες). Les cibles, par conséquent, peuvent s'attacher à des rivaux, des sages (1384a33), des parents (1385a2), des éducateurs et des conseillers (1385a5), des amis, des éromènes. L'un des traits communs à ces relations affectives est qu'elles requièrent une forme d'émulation réciproque (comme le montre surtout le polyptote fondé sur θαυμάζω), comme un cercle où l'exigence de vertu qu'on se donne à soi-même est fondée sur la vertu que l'on projette ou qu'on exige d'autrui.

DU TÉMOIN OCULAIRE À LA RUMEUR

Le mécanisme de la honte repose sur la constitution d'une image de soi. Aristote donne ainsi au témoin oculaire une importance particulière dans sa description, en partant de l'association traditionnelle de l'αἰδώς avec le regard. L'intérêt de la description aristotélicienne tient dans l'articulation qui est faite entre le témoin oculaire (direct ou indirect) et la constitution d'une réputation (δόξα), d'une rumeur, d'un discours sur soi.

Le témoin direct

La honte est déclenchée par l'exposition de soi au regard d'autrui. C'est le sens que l'on doit donner à la reprise du proverbe « la honte est dans les yeux » (1384a36). L'interprétation qu'en donne Aristote porte en effet moins sur le regard de l'agent (qui se traduit par l'évitement d'une confrontation oculaire directe en baissant les yeux ou en se voilant le visage[27]) qu'elle n'insiste sur l'exposition de soi au regard d'autrui (ἐν

27 Une manifestation traditionnelle de l'αἰδώς est l'évitement du regard, le regard baissé, le fait de se voiler le visage pour éviter le regard. Voir von Erffa (1937, p. 25-27), Gauthier et Jolif (2002, p. 323), mais surtout Cairns (1993, en part. p. 98-99 n. 151, p. 216-217 sur l'aveuglement d'Œdipe, et p. 291-293 sur Héraclès dans la pièce éponyme d'Euripide). Voir également Cairns (1996b, p. 153) et Cairns (1996c) sur la signification du voile. Le voile n'est pas nécessairement lié à l'αἰδώς mais peut également être une réaction liée à la colère (Cairns, 2001) – ce qui confirme que la notion de δόξα ou de τιμή est l'élément commun entre honte et colère.

ὀφθαλμοῖς καὶ τὰ ἐν φανερῷ, « sous les yeux des gens, c'est-à-dire au grand jour », 1384a35 ; Aristote le rappelle avec l'anecdote d'Antiphon le poète, 1385a11-12)[28]. Le témoin direct peut par ailleurs se montrer ambivalent (ἀμφότερα) : il peut s'agir soit d'un proche (parent, ami, amant) soit d'un « observateur » dont on verra qu'il peut tout à fait être hostile.

Le témoin indirect

L'expression ἐν ὀφθαλμοῖς a pourtant beaucoup plus d'extension que le témoin oculaire direct : se sentir exposé au regard d'autrui relève de la représentation qu'on se fait de ce regard[29]. Aussi le témoin peut-il être fictionnel, imaginé, intériorisé, comme le montre l'exemple de Cydias :

> [...] comme Cydias qui s'adressa au peuple à propos de la clérouquie de Samos : il demanda aux Athéniens de supposer que les Grecs se tenaient là, en cercle autour d'eux, constatant de leurs yeux (ὡς ὁρῶντας) et pas seulement par ouï-dire, ce qu'ils allaient voter. (*Rh.* II.6, 1384b32-35)

La représentation d'un témoin oculaire fictif expose à un regard intériorisé la délibération et l'action de l'agent. Le témoin indirect se voit même conférer une forme d'ubiquité (le cercle) ou d'omniprésence.

Naissance de la rumeur

L'important n'est pas d'être vu, mais de se sentir vu ou d'imaginer qu'on puisse être vu. Si l'exemple de Cydias ci-dessus oppose le discours rapporté (μὴ μόνον ἀκουσομένους) à une supposition (ὑπολαβεῖν, 1384b33) qui produit une représentation, c'est pour mieux insister sur le pouvoir du discours à susciter *in fine* la représentation d'un témoin. Aussi les cibles de la honte s'étendent-elles à toute personne qui, par leur

28 « ἐν ὀφθαλμοῖς » est répétée trois fois 1384a35, a36, 1384b1. On trouve un parallèle chez Lycurgue, *Contre Léocrate* 142.8-11 qui emploie le verbe αἰδέομαι et l'adverbe ἀναιδῶς : « Loin de rougir (οὐδὲ...ᾐδέσθη), quand de retour ici, il a vu les épitaphes gravées sur le tombeaux de ces braves, avec quelle impudence (ἀναιδῶς) il s'arroge le droit de circuler parmi vous, sous les yeux de ceux (ἐν τοῖς ὀφθαλμοῖς) qui ont porté leur deuil ! » (trad. F. Durrbach).

29 Si l'expression ἐν ὀφθαλμοῖς renvoie à une perception directe et réelle en *Rh.* I.12, 1372a24, elle est utilisée comme synonyme de πρὸ ὀμμάτων, dans la représentation du pitoyable en II.8, 1386b7. *Cf. infra* p. 276 *sq.*

discours, pourrait susciter un regard réprobateur. C'est pourquoi Aristote précise que nous avons honte non seulement des actions elles-mêmes, mais aussi de leur signe, et d'ajouter : « non seulement de commettre une action honteuse, mais aussi d'en parler (ἀλλὰ καὶ λέγοντες) » (1384b20). Cette catégorie, particulièrement large, concerne aussi bien des témoins directs que l'on méprise, mais qui ont la capacité de révéler les faits (les serviteurs ou leurs amis, 1384b22), que les dénonciateurs eux-mêmes, et jusqu'aux satiristes et auteurs de comédie (1384b5-10)[30]. Le qu'en-dira-t-on se fait le relai du témoin, et fabrique d'autres témoins potentiels.

DES VALEURS PARTAGÉES

De ces deux précédents points, la constitution de la réputation et la place du témoin, on peut inférer deux conclusions sur le statut de la honte chez Aristote.

Premièrement, la manière dont le témoin intervient révèle une articulation fine entre la représentation (φαντασία) qui suscite la honte (la perte de réputation, la présence du témoin) et l'opinion (δόξα) qui discrimine les différents motifs de honte (signes, qualité des témoins, responsabilité). En premier lieu, l'évaluation morale de ses propres pairs conditionne le type de représentation du témoin devant qui on a honte (ce sont les cibles préférentielles de la honte) ; le discours ensuite peut susciter une représentation du témoin – c'est le cas de l'exemple de Cydias ; enfin, l'attention à sa propre réputation suscite une représentation continue d'un témoin potentiel, qu'il s'agisse de la communauté ou de personnes particulières. Il faut donc bien qu'une opinion préside toujours déjà à cette passion pour qu'une représentation du témoin puisse advenir. Autrement dit, et en dépit du caractère évident de cette affirmation, il faut qu'il y ait un partage minimal de valeurs et d'évaluations morales et politiques pour que la honte soit possible, comme le précise Aristote en disant que « personne n'a honte devant les enfants ou les animaux »

30 Que la satire et la comédie soient mentionnées dans ce contexte rhétorique n'est pas anodin. Elles sont ici présentées comme des lieux politiques puissants suscitant la calomnie (comme l'en accuse Platon notamment dans le *Philèbe* (*cf. infra* p. 312) ou dans les *Lois* 935a1-d3). *Cf. EN* IV.14, 1128a16-b9 ; *Pol.* VII.17, 1336b3-17. Sur l'αἰσχρολογία et sa relation avec l'art oratoire et l'Ancienne comédie, voir Halliwell (2008, chap. 5, en part. p. 215-237). Aristote me semble ici avertir sur un usage possible de la rhétorique « aischrologique » qui utilise les moyens du théâtre comique, exactement comme il le fait au sujet de la pitié en II.8 (*infra* p. 290 *sq.*).

(1384b24). La communauté politique, cimentée à partir des valeurs que seul le λόγος peut forger et exprimer (*Pol.* I.1, 1253a9-18), est fondée sur des perceptions et des représentations que l'opinion informe, raffine, discrimine. Si la représentation d'un témoin capable de ternir la réputation de l'agent semble dans ce chapitre être toujours à l'horizon de cette passion, elle est toujours produite par une évaluation complexe qui mesure l'estime de soi à des valeurs partagées.

Une seconde conclusion, qui a une portée plus contemporaine, consiste à affirmer que la honte est une passion qui procède d'une véritable interaction entre l'agent et l'ensemble des relations qu'il tisse avec la communauté (témoins préférentiels, communauté des semblables, rumeur publique). Autrement dit, la honte ne procède pas – chez Aristote du moins – d'une pulsion naturelle narcissique d'amour de soi, qui viendrait se heurter au qu'en dira-t-on, donnant lieu à une lutte pour l'estime, consacrant ainsi le règne de l'hétéronomie kantienne[31]. La honte repose bien sur une représentation d'une image idéale du moi, mais qui se constitue à travers les relations et la fréquentation de personnes *choisies* avec lesquelles nous entretenons un rapport affectif préférentiel ; cette estime de soi est alors mesurée à l'aune d'une société attachée aux valeurs du beau et du bien. Aristote ne dit certes rien sur la valeur *réelle* de ce beau et de ce bien : ce n'est pas parce qu'on a honte que nous sommes véritablement responsables (nous pouvons être victimes de rumeurs infondées) et que la valeur à laquelle nous sommes sensibles est nécessairement bonne. Néanmoins, il reconnaît à la honte une fonction cohésive et politique certaine, en dépit de son ambivalence et de son caractère potentiellement stigmatisant.

31 C'est étonnamment la piste qu'a suivie Nussbaum (2004, p. 192), en contestant la réhabilitation par Williams de l'émotion de honte dans l'expérience éthique et politique. Pour Nussbaum en effet, l'émotion de honte procède toujours d'un moi narcissique devenu « inauthentique » et agissant selon le bon vouloir des exigences sociales et politiques qu'il perçoit.

L'USAGE RHÉTORIQUE DE LA HONTE

Quel usage l'orateur fait-il de la honte ? Et quel en serait un usage raisonné ? Pour répondre à ces deux questions, il est inévitable de reposer la question du lien entre honte (ou sens de la honte) et vertu. Aristote dévoue un chapitre de *l'Éthique à Nicomaque* (*EN* IV.15) à montrer que l'αἰδώς ne saurait être une vertu, bien que la question demeure ouverte de savoir jusqu'à quel point elle constitue une disposition durable, prospective, permettant au moins d'inhiber les actions réputées honteuses[32]. Parce que la *Rhétorique* n'est pas un traité de morale, Aristote peut, de manière très fine, décrire le mécanisme de la honte dans toute son ambivalence et sa puissance ; *Rh.* II.6 apporte en cela un éclairage important sur la possibilité de faire un usage de la honte qui puisse se révéler utile, voire bon.

PASSION OU DISPOSITION ?

En *Rh.* II.6, 1385a6-8, Aristote indique à propos de notre rapport avec nos semblables « qu'il y a de nombreuses choses que par honte … nous faisons ou ne faisons pas (καὶ ποιοῦσι καὶ οὐ ποιοῦσιν) ». Contrairement à une acception trop répandue, la honte n'est pas seulement un sentiment inhibant ; Aristote nous indique au contraire que ce qui nous empêche d'agir de telle ou telle manière nous pousse, par négation, à agir de telle autre manière. En ce sens, la honte n'apparaît pas seulement comme une « passion », mais aussi comme un état plus durable, ce qu'on aimerait nommer proprement *état* (ἕξις) si Aristote n'avait pas clairement rejeté cette hypothèse à propos de l'αἰδώς en *EN* IV.15 pour la disqualifier du rang des vertus. Le chapitre II.6 apporte au problème de la honte comme quasi-vertu une réponse nette : la honte n'est assurément pas une vertu, elle n'est pas non plus un état au sens de l'*EN*, elle est bien

32 Cairns (1993) consacre presque exclusivement son chapitre sur Aristote à cette question de savoir en quel sens l'αἰδώς constitue ou non une vertu, ou une quasi-vertu, dans l'*EN*, *cf.* 393-431, et en part. 411 *sq.* Je renvoie à son analyse détaillée, dont j'accepte complètement la conclusion, à savoir qu'Aristote est arrivé au point de déterminer l'αἰδώς comme une quasi-disposition, préparatoire à la vertu. Dans ce qui suit, je souhaite étayer cette conclusion en prenant appui sur la *Rhétorique* pour montrer qu'on parvient au même résultat en définissant l'αἰσχύνη exclusivement comme une passion (πάθος).

un πάθος dont c'est l'usage, notamment en rhétorique, qui peut avoir des effets vertueux.

Il est utile de revenir aux termes utilisés par Aristote pour signifier la honte. En II.6, c'est αἰσχύνη qui est utilisé, tandis qu'αἰδώς apparaît une seule fois en 1384a36 dans le proverbe « la honte est dans les yeux », renvoyant au fr. 137 de Sapphô, déjà cité en *Rh.* I.9, 1367a10-15. On est parfois tenté d'attribuer à l'αἰδώς une valeur morale supplémentaire (respect, sens de la dignité, réserve), faisant d'elle une disposition prospective, par rapport à la mauvaise honte, αἰσχύνη, ressentie pour des méfaits déjà commis. Or Aristote utilise les deux termes comme synonymes, αἰδώς étant la forme archaïque qu'αἰσχύνη remplace progressivement. Il résulte de cette synonymie, dans la *Rhétorique*, qu'Aristote ne considère pas qu'il y ait une différence à faire entre le πάθος de honte et un état prospectif qui serait plus digne d'être considéré dans le cadre de la morale. La honte éprouvée ne résulte pas d'une disposition durable vertueuse, mais, comme le montre l'énumération des exemples de cibles et de dispositions, elle est déclenchée à l'occasion de situations particulières, révélant davantage des « qualités affectives » chez l'agent[33]. De fait, Aristote précise à propos des caractères que les jeunes sont portés à la honte (αἰσχυντηλοί, *Rh.* II.12, 1389a29), tandis que les vieux sont plus insensibles à la honte que portés à la honte (ἀναίσχυντοι μᾶλλον ἢ αἰσχυντηλοί, *Rh.* II.13, 1390a2) – les adultes quant à eux font preuve de modération (σωφροσύνη, *Rh.* II.14, 1390b4), et Aristote se garde de les situer par rapport à la passion de honte[34]. Dans les ch. 12 à 14, la honte est bien une passion qui apparaît en fonction d'un caractère, mais elle ne constitue pas en elle-même un état. En d'autres termes, Aristote ne semble pas, dans la *Rhétorique*, déduire que la honte est autre chose qu'un πάθος du fait qu'elle peut être prospective et ressembler à une disposition vertueuse. En cela, la *Rhétorique* apporte une réponse congruente avec l'*EN* IV.15.

Que la honte soit un πάθος n'empêche pas, pourtant qu'Aristote décrive cette passion à des fins utiles et bénéfiques en rhétorique. Rappelons que l'usage d'un πάθος en rhétorique vise à guider et à modifier le jugement de l'auditoire. Peu d'éléments sont donnés en II.6 concernant l'usage

33 Voir sur ce point Viano (2012, p. 245-246).

34 Il aurait pu le faire en définissant la honte comme μεσότης παθητική comme en *EN* II.7, 1108a30-35.

de la honte en situation rhétorique, sauf l'exemple de Cydias qui en appelle à se représenter un témoin imaginaire (rien moins que la cité tout entière) pour un vote en assemblée[35]. Ce seul exemple d'usage est pourtant révélateur : en appeler à un témoin imaginaire, dans des cas de délibération ou de jugement, c'est utiliser la honte *pour mieux pondérer son jugement au regard des valeurs qu'on croit être justes et bonnes.* En d'autres termes, la passion de honte a ce pouvoir tout à fait particulier de révéler à l'agent quelles sont les valeurs auxquelles il est sensible et auxquelles il tient. Reste à savoir en quel sens la honte est en elle-même capable, lorsqu'elle est suscitée, de discriminer entre des valeurs qu'on croit justifiées et celles qui ressortissent simplement à une norme sociale. Il faut qu'on se sente vu, concerné, et commis à des jugements de valeurs qu'on pense « vrais ».

VRAI, PARAÎTRE VRAI, CONVENTION

Dans les chapitres 4 et 6, Aristote emploie une distinction apparemment cruciale : la honte *au regard de l'opinion* (πρὸς δόξαν) ou *au regard de la convention* (πρὸς τὸν νόμον), et la honte *au regard de la vérité* (πρὸς ἀλήθειαν)[36]. L'enjeu interprétatif est important : s'agit-il de deux types de honte, l'une ayant une valeur potentiellement morale, l'autre étant purement conformiste ? La honte au regard de la vérité serait-elle alors un tremplin vers la vertu tandis qu'on pourrait mépriser l'autre ?

---

35 Comme le remarque pertinemment Chiron (2007, p. 304, n. 32). Cependant, à travers l'énumération des cibles et des dispositions qui mènent à la honte, on peut facilement imaginer d'autres usages très communs : faire honte à son adversaire qu'on souhaiterait voir puni sévèrement ; rappeler un jury à la honte lorsqu'il est sur le point de juger – comme dans les exemples cités *supra* n. 6 p. 232.

36 On peut tenter de rapporter cette distinction à la différence entre honte sociale et honte « intime », qui est traditionnelle ; on la trouve notamment mise en scène dans l'*Hippolyte* d'Euripide v. 380-387 dans le grand discours de Phèdre, qui distingue une bonne et une mauvaise αἰδώς (sur ce passage débattu, voir Cairns (1993, p. 322-340)). Cette distinction peut recouper la distinction privée/publique, comme chez Dem. *Contre Aristogiton 1* 35.2-6 qui apparie la honte (αἰδώς) qu'on a dans l'âme et par nature (ἐν αὐτῇ τῇ ψυχῇ ἑκάστου καὶ τῇ φύσει), et celle qui se matérialise en autels publics (κοινῇ). Cependant, opposer honte conventionnelle et honte à l'égard du vrai est un geste platonicien qu'on trouve esquissé en *Apo.* 17b1-5 et 29d7-e3. L'idée d'avoir honte (ou non) de dire la vérité est quant à elle plus répandue (par exemple Iso. *Sur l'échange* 272.5-6, Aesch. *Contre Timarque* 50.2-7, 98.4-5, Pl. *Apo.* 22b5-6, Dem. *Sur la couronne* 33.8-34.1). De manière intéressante, Isée oppose dans son *Contre Ciron* 13 l'impudence de son adversaire à produire des faux témoignages à une procédure rhétorique vraiment crédible, reposant sur la mise à l'épreuve des faux-témoins et la démonstration.

Ou bien cette distinction est-elle encore relative à un jugement dont on pourrait différencier la qualité en fonction de la proximité que nous avons avec la personne devant qui on a honte, mais en aucun cas en fonction d'une « vérité » objective ?

Un regard attentif à la formulation qu'Aristote choisit dans les chapitres 4 et 6 conduit à réfuter la valeur morale qu'on aurait pu vouloir attacher à cette distinction : Aristote considère que la honte n'obéit qu'à un régime de vérité relatif et subjectif, ce qui confirme l'idée que la honte n'est pas une vertu. Pourtant, c'est en affirmant une forme de continuité entre ces deux expériences de honte qu'Aristote peut donner des éléments d'un usage raisonné de la honte en rhétorique.

Honte authentique, mépris des conventions

Au chapitre 4 sur le sentiment d'amitié, Aristote décrit une honte différenciée selon la proximité affective que nous avons avec l'ami.

> [Nous sommes amis avec] ceux devant qui on se comporte de telle manière qu'on n'a pas honte de nos actions au regard de l'opinion (μὴ αἰσχύνεσθαι τὰ πρὸς δόξαν), du moment qu'on ne les méprise pas, et ceux devant qui nous avons honte de nos actions au regard de la vérité (αἰσχύνονται τὰ πρὸς ἀλήθειαν) (*Rh.* II.4, 1381b19-21).

Aristote décrit ici une expérience d'un même πάθος de honte, mais dont l'objet diffère du fait qu'il est éprouvé devant une personne qualitativement distincte. La honte est un signe révélateur d'une préférence affective et d'estime. Devant l'ami, l'agent opère une distinction entre une action commise qui paraît honteuse au regard de l'opinion, et une action commise que lui et son ami considèrent comme vraiment honteuse. À cet égard, l'opposition πρὸς δόξαν / πρὸς ἀλήθειαν recoupe bien l'opposition platonicienne entre ce qui paraît et ce qui est. Dans le *Gorgias*, Socrate fait un usage particulier de la honte dans les réfutations successives de Gorgias, de Polos et de Calliclès, au point que la honte constitue un ressort dramatique et philosophique important de ce dialogue. Or dans le cours de l'argument, Platon fait une distinction entre deux hontes : 1) une honte conformiste à laquelle Polos et Gorgias succombent (ils préfèrent subir l'ἔλεγχος socratique plutôt que d'apparaître accepter et promouvoir des valeurs qui sont manifestement vicieuses aux yeux de l'auditoire) et 2) une honte envers soi-même, à laquelle Calliclès est acculé, lorsqu'il est confondu jusque dans ses croyances qu'il a pourtant ouvertement défendues sans honte des conventions. Nous avons là un exemple d'usage de la honte qui fait s'opposer convention et une forme de vérité envers soi-même[37].

Sauf qu'en *Rh.* II.4, cette opposition n'a rien d'objectif, mais dépend d'une relation subjective entre l'agent et l'ami[38]. Rien dans le texte en effet ne permet d'affirmer qu'il existe ici un critère de vérité qui permettrait de discriminer ce qui *paraît vrai* aux amis et ce qui est vrai *objectivement*, indépendamment de cette relation amicale. Ce qui est πρὸς δόξαν peut donc être méprisé par l'agent sans pour autant que ce mépris des conventions entame sa relation amicale[39]. Ce mépris possible des conventions sociales s'assortit d'une considération du jugement de l'ami qui devient une règle de conduite. Dès lors, on peut dire que ce qui est « honteux au regard de la vérité » désigne les valeurs partagées entre les amis, celles dont le déni mettrait en péril la relation amicale, valeurs qui ne sont pas nécessairement adossées à une exigence d'objectivité. De cette mention de la honte en II.4, on peut donc déduire qu'Aristote élabore une distinction entre une honte conventionnelle et une honte en fonction de valeurs qui touchent directement l'agent, *sans pour autant qu'Aristote ne fasse de la honte une disposition vertueuse.* Cela est confirmé par l'*EN* IV.15, 1128b23-25 qui reprend la même distinction entre opinion et vérité, en confrontant l'honnête homme (ἐπιεικοῦς) à la honte :

> S'il existe <des actions> qui sont honteuses au regard de la vérité, et d'autres au regard de l'opinion (τὰ μὲν κατ' ἀλήθειαν αἰσχρὰ τὰ δὲ κατὰ δόξαν), cela

37 Sur le rôle et le sens de αἰσχύνη dans le *Gorgias*, voir Candiotto (2012 ; 2014) ; Kahn (1983) ; McKim (1988) et Moss (2005) ; je reprends ici les conclusions de Renaut (2014, p. 102-115). On ne trouve pas de formulation proche de celle d'Aristote entre une honte « au regard de la convention » et « au regard de la vérité » dans le *Gorgias*, mais voir 487e3-7, où Socrate feint de voir en Calliclès un « ami », dont la « honte » ne doit donc pas gêner la recherche de la vérité, contrairement à Polos et Gorgias qui éprouvent trop de honte (487b1-2 : καὶ αἰσχυντηροτέρω μᾶλλον τοῦ δέοντος). Ce passage me paraît être un écho de la définition par Socrate de deux formes de réfutation, l'une au tribunal, l'autre philosophique, qu'il pratique (472c1-8).

38 *Cf.* Grimaldi (1988, p. 76-77) qui renvoie à *Top.* 105b30-34. Je m'écarte donc de l'interprétation de Fussi (2015b, p. 122-123) qui distingue les sages de personnes superficielles. Dans notre texte, rien ne permet d'identifier l'ami au sage, et si cette identification est impossible, c'est la distinction entre « bonne » et « mauvaise » honte qu'il faut abandonner.

39 Riedinger (1976, p. 247-8) remarque que chez Homère, les φίλοι s'attribuent de l'estime du fait *de cette amitié même*, et que « ni la fonction, ni le rang social, ni la valeur n'interviennent ici ».

> ne fait aucune différence : car aucune des deux ne doit être commise, si bien qu'il n'éprouvera pas de honte. (*EN* IV.15, 1128b23-25).

Le vertueux ne saurait avoir honte, tout simplement parce que la détermination de ce qui est honteux, par convention ou vraiment honteux, ne saurait dépendre d'une relation qui instaurerait des degrés d'infamie[40].

Honte devant les proches, honte devant les inconnus

Au chapitre 6, l'opposition réapparaît dans une formulation proche, mais dont la fonction est différente :

> D'une manière générale, on n'a honte ni devant ceux dont on méprise complètement la réputation qu'ils disent la vérité (personne n'a honte devant les enfants et les bêtes), ni des mêmes choses devant ceux qu'on connait et ceux qu'on ne connaît pas : devant ceux qu'on connaît, on a honte des choses qui semblent telles au regard de la vérité (ἀλλὰ τοὺς μὲν γνωρίμους τὰ πρὸς ἀλήθειαν δοκοῦντα), alors que devant les inconnus, de celles qui semblent telles au regard de la convention (τοὺς δ' ἄπωθεν τὰ πρὸς τὸν νόμον). (*Rh.* II.6, 1384b22-27).

Contrairement à II.4, ce passage n'étudie pas la honte à la faveur d'une opposition entre une relation préférentielle amicale et d'autres relations sociales et publiques : nous sommes d'emblée dans la sphère publique et politique, et même rhétorique.

Aristote évoque deux oppositions déjà mentionnées en I.11, 1371a8-17, la première entre ceux dont on croit (οἴεται) qu'ils ont davantage de crédit et ceux auxquels on n'accorde aucun crédit[41], et la seconde

40 Cairns (1993, p. 423) déduirait plutôt la conclusion inverse, à savoir qu'Aristote reconnait la possibilité pour la honte de référer à des choses « vraiment honteuses » ; mais je m'accorde avec Cairns pour dire que cette réalité n'a pas plus d'importance pour l'honnête homme.

41 Il est vrai, comme le remarque Grimaldi (1988, p. 121), que la mention des « enfants et des bêtes » étonne ; on aurait pu s'attendre davantage à une opposition entre l'homme « vérace » et le menteur ou le sycophante par exemple. C'est pourquoi Grimaldi interprète θηρίον de façon métaphorique, pour désigner un rustre (Grimaldi, 1980a, p. 258). Comme Chiron (2007, p. 216, n. 22), je m'écarte de cette proposition pourtant séduisante. L'important en effet est qu'on puisse « parler » au sens de prétendre dire vrai et avoir du crédit pour cette parole : personne n'appelle à la barre un enfant ou un animal. Si Aristote avait opposé l'homme vérace et le menteur par exemple, on n'aurait pas plus compris comment on pourrait avoir honte devant un menteur « notoire »… Il faut donc

entre nos connaissances (τοὺς γνωρίμους)[42] et les inconnus. Dans les deux cas, la notion de « vérité » est ici, si l'on me permet l'expression, toute « relative ». En effet il s'agit moins ici de distinguer une action « vraiment » honteuse (au regard de quel critère ?) par opposition à une action qui « paraît » simplement honteuse et qui ne le serait pas en vérité, comme dans le cas de l'ami, que d'insister sur la possible « révélation » de cette action dans le discours, dont le crédit est soumis au jugement des pairs et des inconnus[43].

Si cette interprétation est juste, on comprend mieux que ce qui semble être une opposition entre τὰ πρὸς ἀλήθειαν δοκοῦντα et τὰ πρὸς τὸν νόμον est, elle aussi relative. L'expression « ce qui semble tel au regard de la vérité » (τὰ πρὸς ἀλήθειαν δοκοῦντα), qui conjoint en un quasi oxymore la vérité et l'opinion, renvoie non pas à un régime *objectif* de vérité, mais bien à ce qui *semble* vrai ou plus vraisemblable. La honte ressentie à l'égard de nos « connaissances » recoupe donc la honte que nous pouvons ressentir à l'égard de l'ami, mais en un sens plus lâche : il ne s'agit pas de savoir si cela est « vrai » ou non, mais si cela *semble* tel et est véhiculé comme tel[44]. Ce qui est πρὸς τὸν νόμον renvoie aux coutumes, aux lois, à l'usage, faisant de la honte qui lui est attachée un moyen de contrôle social certes puissant, mais beaucoup moins que la honte ressentie à l'égard de nos connaissances. Cette expression ne couvre donc pas des cas identiques à ce qui est πρὸς δόξαν en II.4[45]. Aristote ne nous dit pas ici qu'il faudrait mépriser l'opinion conventionnelle de ceux que nous ne connaissons pas personnellement, mais précise que ce n'est pas la même expérience psychologique d'une part, et pas selon les

---

en passer par des figures, l'enfant et la bête, auxquelles on est certain de n'apporter aucun crédit.

42 Ce terme réapparait en II.8 à propos de la pitié, et désigne une catégorie large qui inclut : les parents, les amis, mais aussi les semblables (ὅμοιοι).

43 On trouve en I.11, 1371a13-14 une expression comparable, εἰκὸς ἀληθεύειν…, qui dit bien qu'il est question du crédit relatif qu'on peut attribuer à telle ou telle personne.

44 Je m'écarte ici de Grimaldi (1988, p. 121) qui décrit les actions qui font honte au regard de la vérité ainsi : « *Actions which are* τὰ πρὸς ἀλήθειαν δοκοῦντα *are those which are* rightly *viewed as wrong, i.e., in accord with what they really are* ». Le texte ne donne aucune raison de minorer l'importance de ce qu'il reconnaît lui-même comme une curieuse « collocation » entre ἀλήθειαν et δοκοῦντα (*ibid.*, p. 77) : la honte ne porte pas sur ce qui est objectivement vrai, mais simplement jugé comme tel.

45 Comme Grimaldi (1988, p. 121) et Rapp (2002b, p. 641-642) le soutiennent, et je m'accorde avec eux sur ce point, contre Cope (1877, p. 84) qui renvoie à son commentaire sur II.4.

mêmes critères d'autre part : à défaut de relation affective forte comme l'amitié, où les amis déterminent mutuellement ce dont il faut avoir honte, on peut se reposer sur la honte ressentie face aux « connaissances » qui constituent un intermédiaire entre l'ami et les inconnus. C'est par les « connaissances » que la loi et la coutume acquièrent une force supplémentaire de motivation à l'action, et s'inscrivent dans le cœur des citoyens comme un code de conduite intériorisé.

En d'autres termes, la frontière entre τὰ πρὸς ἀλήθειαν δοκοῦντα et τὰ πρὸς τὸν νόμον est mince, et ne tient qu'à la faveur de l'opposition entre οἱ γνωρίμοι et οἱ ἀγνῶτες – pas plus. Aristote ne distingue pas entre une honte conventionnelle et une honte authentique, il rend au contraire ces deux expériences de honte continues.

CONCLUSIONS

La honte, pour Aristote est un πάθος *toujours* relationnel, dont la cause dépend de la rencontre entre le jugement que l'agent a de lui-même et celui qu'il reçoit d'autrui. Nulle part dans la *Rhétorique* Aristote ne semble accréditer l'idée qu'il y aurait une honte dont la valeur morale reposerait sur une valeur objective.

Il existe bien, en revanche des « niveaux de honte » : la honte envers l'ami n'a pas la même intensité au regard de ce qui semble vrai aux amis, que celle qu'on ressent à l'égard de nos « connaissances » ou à l'égard des inconnus ; la première engage probablement l'agent dans une quête d'honnêteté plus importante que celle envers les « connaissances », ou qu'envers les inconnus. Mais au lieu d'opposer une honte véritable à une honte conformiste, Aristote nous donne les moyens d'articuler ces sphères, la honte ressentie à l'égard des « connaissances » constituant un intermédiaire entre la honte devant les amis ou les proches et la honte selon la convention.

Enfin, que la honte soit hétéronome ne signifie pas qu'elle n'ait pas d'usage moral ou politique. Il devient en effet clair que faire honte à quelqu'un ou en appeler au sens de la honte commande cet agent à faire dépendre son action d'un critère qui, s'il n'est pas nécessairement et authentiquement vertueux, s'insère dans un horizon de vérité et d'honnêteté. Cela ne fait pas de la honte une vertu, mais au mieux – mais cela est déjà bien – un véhicule de la vertu. Sans faire des concitoyens de véritables φίλοι intimes, on pourrait tout à fait penser que l'appel à la honte, afin de rendre l'auditoire plus sensible aux valeurs auxquels il tient, s'appuie sur un appel à une plus grande proximité entre citoyens : une communauté de personnes qui se connaissent, et qui veillent à ce que chacun respecte les lois de la cité.

C'est ainsi que Démosthène, dans son *Contre Aristogiton 1*, fait de la honte, au double sens de réserve de la part des spectateurs et de scrupule de la part de l'agent, un pilier de la concorde civile :

> De la même façon, vous, Athéniens, vous vivez dans votre cité, en bons parents, en gens pleins d'humanité, les uns regardant les actes des victimes de la malchance de telle sorte que, comme dit le proverbe, en voyant ils ne voient pas, en entendant ils n'entendent pas, et les autres faisant ce qu'ils font de telle manière qu'on voit bien qu'ils prennent des précautions et ont de la honte (αἰσχυνόμενοι). C'est ce qui fait durer et subsister solidement la cause commune de tout le bonheur de la cité, la concorde. (Dem. *Contre Aristogiton 1* 89, trad. G. Mathieu).

LA GRATITUDE ET L'INGRATITUDE (*RH.* II.7)

Le chapitre II.7 porte sur la « gratitude », qui rend le grec χάριν ἔχειν. Ce chapitre est le plus court de l'ensemble des descriptions de II.2-11. La gratitude n'est pourtant pas une passion « mineure », et cela pour une raison qu'Aristote indique d'emblée : une juste description de cette passion repose sur un sens bien défini de χάρις, qui peut signifier à la fois la faveur donnée (et ainsi le sentiment d'obligeance) ou la faveur reçue (et partant le sentiment de gratitude). Tout l'enjeu de ce chapitre consiste à révéler les fondements psychologiques à partir desquels on doit reconnaître une vraie « faveur » d'un service intéressé ou d'un bien donné sans grâce. Ce qui frappe dans ce chapitre est la manière dont Aristote fait varier le sens de χάρις, à la fois dans sa cause, pensée à partir des besoins, et dans sa modalité : plutôt que d'envisager un auditoire prêt à « accorder une faveur » à un accusé qu'il s'agirait de gracier par exemple (ce qui est courant dans la rhétorique judiciaire de l'époque), Aristote semble en effet s'arrêter à la « gratitude » qu'il doit ressentir en fonction de services précédemment rendus. L'hypothèse poursuivie dans ce chapitre consiste à montrer qu'Aristote est conscient d'un conflit potentiel entre l'usage de la χάρις comme « faveur » rendue, et la justice, ce qui explique qu'Aristote se penche plus précisément sur la « gratitude ». La fonction de la rhétorique des passions s'en trouve éclairée : il s'agit de montrer comment la gratitude peut renforcer un lien social qui n'est pas utilitaire ou corrompu. En un mot, provoquer, démontrer, ou au contraire affaiblir la passion de gratitude dans l'auditoire, c'est donner à la rhétorique une fonction de cohésion politique qui excède la simple observance de la loi des échanges en-deçà des lois.

LA FAVEUR –
AU FONDEMENT DE LA GRATITUDE

Rh. II.7 pose un problème d'objet : quelle passion s'agit-il exactement de définir ? Deux interprétations ont été avancées : la première faisant de II.7 un chapitre sur l'obligeance, la seconde sur le sentiment de gratitude.

L'OBLIGEANCE

Selon l'interprétation la plus répandue, l'objet du chapitre serait non pas χάριν ἔχειν, mais la χάρις au sens d'un sentiment gracieux de bienfaisance[1]. En effet, χάρις peut tout aussi bien désigner la faveur elle-même, provoquant dès lors un certain plaisir, mais aussi une intention subjective qui peut être celle du bienfaiteur (la bienfaisance, l'obligeance)[2]. Χάρις peut en effet renvoyer au processus d'accorder, de fournir, ou de rendre une faveur – ce dernier usage employant couramment χάρις à l'accusatif avec les verbes δίδοναι, τίθεσθαί, φέρειν, ἀποδιδόναι ou ἀντιδιδόναι, κομίζειν ; le verbe χαρίζεσθαι au moyen ou au passif couvre ces différents sens en ajoutant le sens de « faire plaisir », « gratifier ». On notera que le sens de « rendre une faveur » (ἀποδιδόναι χάριν) peut parfois s'approcher de « ressentir de la gratitude » (χάριν ἔχειν). L'interprétation selon laquelle l'objet du chapitre est l'obligeance repose surtout sur l'objet de la définition aristotélicienne en 1385a17. En effet, dans tous les autres chapitres de II.2-11, on définit la passion en question ; or ici, c'est χάρις, et non χάριν ἔχειν que l'on définit :

> Disons que la faveur (χάρις), prise au sens où l'on dit que son possesseur éprouve de la gratitude (καθ' ἣν ὁ ἔχων λέγεται χάριν ἔχειν), est un service donné à qui en a besoin, ni en échange de quelque chose, ni dans l'intérêt de celui qui accorde la faveur, mais dans l'intérêt de celui qui la reçoit. (*Rh.* II.7, 1385a17-19)

1 Ce sont les interprétations de Grimaldi (1988, p. 128) et de Kennedy (2007, p. 137) ; ce dernier ne mentionne même pas l'idée de gratitude. Cope (1877, p. 87) a dans son commentaire une position mesurée sur le sens de ce chapitre, puisqu'il inclut la dimension de gratitude, ce que le grec χάρις permet en effet.

2 Outre Chantraine (1968, p. 1247-1248), on se reportera sur le sens de χάρις et χαρίζεσθαι à Benveniste (1969, p. 199-203), mais surtout désormais à Azoulay (2004) dont l'étude sur χάρις chez Xénophon éclaire particulièrement bien le sens de *Rh.* II.7.

Si nous faisons abstraction de l'incise καθ' ἣν…ἀντί τινος pour le moment, la définition porte semble-t-il sur la χάρις en tant qu'elle est donnée comme un service rendu (ὑπουργία). C'est d'ailleurs encore χάρις qui est le sujet de la reprise de la définition en 1385a31 (sujet de γίγνεται) et en 1381a35 (complément de ἀφαιρεῖσθαι). L'ensemble du chapitre, pour certains commentateurs, se focaliserait ainsi sur la manière dont les bienfaiteurs, et également l'auditoire, envisagent de produire un don ou de rendre un service ou encore d'accorder leur grâce. On doit en effet concéder qu'Aristote insiste à plusieurs reprises dans le chapitre sur l'activité du *bienfaiteur* et non du *destinataire* de la faveur dans sa définition. Le chapitre II.7 décrirait donc non une passion à strictement parler, mais plutôt une disposition vertueuse, proche de ce qu'Aristote décrit comme libéralité (ἐλευθηρία) dans l'*EN* IV.1 1120a15-17. Cela ne constitue d'ailleurs pas un problème particulier, dans la mesure où, on l'a vu, Aristote compte des « quasi-passions » dans son inventaire, comme le calme (ou retour au calme) ou encore l'amitié.

LA GRATITUDE

Contre cette interprétation, D. Konstan et C. Rapp comprennent que le chapitre porte sur le *destinataire* d'une faveur, qui de fait est l'agent susceptible de ressentir de la gratitude[3]. Χάρις en grec peut tout aussi bien signifier la faveur conçue du point de vue du destinataire, autrement dit la gratitude[4]. La difficulté, notamment dans la traduction de II.7, consiste à bien distinguer la χάρις de la part du bienfaiteur et la χάρις ressentie de la part du destinataire.

Les arguments sont les suivants.

1) D. Konstan affirme que χάριν ἔχειν ne signifie jamais dans la littérature classique « être bienveillant », mais se rapporte toujours à l'état du destinataire d'un service, d'une faveur (2007, p. 242). À partir de cette affirmation, il est dès lors crucial de comprendre que dans la clause καθ' ἣν ὁ ἔχων λέγεται χάριν ἔχειν de la définition précitée, le participe ἔχων

3 Konstan (2007) et Rapp (2002b, p. 645-6) s'inspirent des remarques de Striker (1996, p. 301, n. 15), contre Cooper (1996, p. 242-244). Ils sont désormais suivis dans les traductions récentes de Reeve (2018) et Waterfield et Yunis (2018). Je renvoie dans ce chapitre à Konstan (2007), parfois plus détaillé dans certaines sections que Konstan (2006, chap. 7), dans lequel on trouvera en revanche une synthèse sur la gratitude en dehors du corpus aristotélicien ; voir plus récemment Konstan (2018, chap. 3).

4 *Cf.* LSJ *ad. loc.* II.2.

signifie non pas « accorder » une faveur, mais bien la « posséder » après l'avoir reçue[5]. Il s'agit probablement ici pour Aristote de jouer sur les termes χάρις et ἔχειν : à propos de celui qui possède (ἔχων) une faveur (ἥν [i.e. χάριν]), on dit qu'il ressent de la gratitude (χάριν ἔχειν). C'est du point de vue du destinataire du service qu'est mesurée la χάρις et non du point de vue de celui qui accorde ce service. Dans la définition il s'agit donc de spécifier le sens de χάρις qui convient pour mieux rendre compte de χάριν ἔχειν. Aussi en 1385a31 lorsqu'Aristote déclare avoir montré comment la χάρις, au sens de faveur, advient (γίγνεται), Aristote a en vue la manière dont le destinataire de cette χάρις la reçoit et l'interprète. De même en 1381a35, χάρις désigne la « faveur » pour autant qu'il s'agit de rendre l'auditoire, principal bénéficiaire de la faveur, ingrat (ἀχαρίστους[6], 1385b1-2), en dénonçant les motifs intéressés de cette faveur. Qu'Aristote définisse avec précision la χάρις en un sens neutre de « faveur » pour mieux rendre de compte de χάριν ἔχειν ne doit pas nous étonner, puisque c'est justement en présentant la χάρις d'une certaine façon (dans quelle condition a-t-elle été accordée, de quelle qualité est-elle ?, etc.) dans le discours qu'on pourra susciter la gratitude, l'amoindrir, ou même la supprimer, en fonction du jugement poursuivi par l'orateur, comme le montre en détail la seconde partie du chapitre (1385a34-b12).

2) Dans la première partie du chapitre (1385a20-34), Aristote décrit celui qui accorde la faveur et qui sait déterminer la nature du besoin, son urgence, le moment opportun pour accorder cette faveur, celui qui porte assistance (οἱ…παριστάμενοι, 1385a26), qui rend service (ὑπηρετήσωσιν, 1385a26-7), qui donne (ὁ…δούς, 1385a28), plutôt que celui qui reçoit ces services parce qu'il en a besoin (δεόμενῳ, 1385a20). Cela ferait argument pour dire que ce qui intéresse Aristote est bien le fait d'être bienveillant en accordant des faveurs, ce que corroborerait 1385a27-28 lorsque ces bienfaiteurs sont dits « κεχαρισμένοι » dans des situations où autrui est dans le besoin. Le participe a été traduit pour montrer que cet évergète faisait preuve de χάρις, c'est-à-dire d'obligeance et de bienveillance. Une solution alternative a été proposée par D. Konstan, qui note que le participe parfait κεχαρισμένοι ne signifie pas « ressentir

5 C'est à cette solution que se range Viano (2021, p. 182).

6 L'adjectif ἀχάριστος contient la même ambiguïté de χάρις et peut renvoyer aussi bien à celui qui rechigne à accorder une faveur qu'à celui qui ne montre aucune reconnaissance après en avoir reçu. *Cf. infra* p. 268.

de l'obligeance », que pourrait traduire par exemple χαρισάμενοι comme en *EN* V.8, 1133a4, mais par « faire plaisir », en comprenant qu'il s'agit d'un participe lié au sens passif de χαρίζομαι (Konstan, 2007, p. 245)[7]. Là encore, c'est l'effet sur le destinataire de la faveur qui intéresserait Aristote : ce n'est pas la capacité du bienfaiteur à ressentir de la bienveillance qui serait soulignée, mais sa capacité à supprimer la douleur de ceux qui sont dans le besoin. Sans souscrire complètement à la solution de D. Konstan sur la traduction à donner à ce participe, que je continue à traduire par « accorder une faveur » (plutôt que par « faire plaisir, être plaisant »), l'argument selon lequel la faveur est elle-même dépendante de la considération du destinataire me paraît tout à fait étayé.

3) Le présupposé philosophique qui a conduit presque tous les interprètes à exclure le sentiment de « gratitude » du chapitre II.7 est une conception étroite de ce dernier sentiment, lequel ne devrait jamais s'inscrire dans le cadre d'un échange. De même en effet que le bienfait devrait s'effectuer « gracieusement » sans aucun espoir d'un bien ou d'une faveur en retour, de même, la gratitude ne saurait ni procéder d'une demande initiale, ni conduire à un sentiment d'obligation. Ainsi, Grimaldi a perçu dans l'expression μὴ ἀντί τινος en 1385a18-19, l'impossibilité, voire l'exclusion consciente de la gratitude comme sens possible de χάρις (Grimaldi, 1988, p. 129). Pourtant, ce présupposé d'un « don pur » (et d'une gratitude apparentée) n'est pas applicable dans la définition aristotélicienne de la gratitude, ni même dans la manière dont les Grecs envisageaient la χάρις (Konstan, 2018, chap. 3, p. 99). Aristote non seulement n'est pas dupe de la rareté d'une intention complètement gratuite, mais il ne souscrit probablement pas à cette image d'un don pur. La gratitude est considérée, dans ce chapitre, comme une forme de relation réciproque qui appelle un don situé, qui a une importance éthique et politique, et une réponse affective qui n'est pas moins importante du point de vue de la cohésion sociale. Qui dit relation réciproque ne dit pas

7 *Cf.* LSJ, *ad loc.* III. À ma connaissance, il s'agit de la seule traduction en ce sens, à part Cope (1877, p. 90) qui admet que κεχαρισμένοι peut aussi bien signifier faire preuve d'obligeance que faire plaisir ou être plaisant. On trouve un bel écho de cet emploi chez Eur., *Hec.* 254-7 où Hécube accuse Ulysse d'ingratitude (ἀχάριστον) pour ses amis, tant qu'il peut « plaire » au peuple (ἣν τοῖσι πολλοῖς πρὸς χάριν λέγητέ τι). Voir surtout les emplois xénophontiens de κεχαρισμένος qui signifient « agréables » pour le destinataire, mais qui recèlent l'intention du bienfaiteur (*cf. Mem.* I.2.10, II.1.24, II.1.24, II.2.5) et les commentaires de Azoulay (2004, p. 139-148).

nécessairement échange intéressé[8]. Comme l'a bien souligné Cope, il faut distinguer le fait de ressentir de la gratitude d'une part, et l'obligation de « rendre » grâce au sens d'un échange, d'une compensation (μισθός[9]), ou d'une dette d'autre part (Cope, 1877, p. 89). La gratitude n'est pas nécessairement, même si elle peut y mener, le sentiment d'obligation et n'est pas en elle-même un contre-don sous forme de service rendu en retour ; elle est une réaction à la mesure de la valeur du service rendu.

Les interprétations de D. Konstan et C. Rapp me semblent devoir être retenues : l'objet de ce chapitre est bien la gratitude. Se restreindre à la gratitude implique a) de déterminer exactement les conditions d'une authentique χάρις, et b) d'en déduire l'usage que l'auditoire peut en faire, notamment dans les procès. L'intuition qui guide cette analyse aristotélicienne est de montrer comment la gratitude est une passion qui peut ne pas déroger à la justice et aux lois, contrairement à des sens proches de la χάρις qui impliquent de se soustraire aux règles de la communauté politique.

LES CONDITIONS DE LA *CHARIS*

La définition que propose Aristote de la gratitude passe par l'énoncé de trois conditions, clairement restrictives par rapport à l'usage de χάρις chez les orateurs classiques, qui sont autant de paramètres sur lesquels l'orateur pourra jouer pour susciter la passion de gratitude.

> Disons que la faveur, prise au sens où l'on dit que celui qui la possède éprouve de la gratitude, est (1) un service donné à qui en a besoin, (2) ni en échange de quelque chose, (3) ni dans l'intérêt de celui qui accorde la faveur, mais dans l'intérêt de celui qui la reçoit. (*Rh.* II.7, 1385a17-19)

---

8 Je pense ici à Mauss, ([1923-1924] 2007) dont le paradigme du don – contre-don englobe, dans la conclusion de l'article non pas seulement des objets mais aussi des attitudes, des rituels, dont la gratitude, les insérant de facto dans une économie particulière. À l'opposé, l'idée de « *generalized reciprocity* » élaborée par Sahlins ([1972] 2017, p. 175-176) permet l'existence d'un don pur sans espoir de retour. Peut-être plus utile pour comprendre Aristote est la typologie adoptée par V. Azoulay qui distingue une réciprocité équilibrée et, aussi paradoxal que cela puisse paraître à première vue, et une « réciprocité asymétrique » qui est décrite par Xénophon concernant les liens de φιλία (2004, p. 281-326).

9 Voir par exemple *EN* IX.1, 1164a27 où Aristote reprend Hes. *Op.* 370.

LE BESOIN À L'ORIGINE DE LA FAVEUR

La première condition manifeste une relation du service rendu au besoin (δέησις, 1385a22), et est explicitée en 1385a20-30. Aristote cherche à isoler dans le mécanisme de la gratitude la raison de son intensité ; or la gratitude dépend de la manière dont la faveur répond à un besoin particulier et relatif à la situation du destinataire. La gratitude naît lorsqu'un besoin précis est satisfait, au moins partiellement : le plaisir issu de la cessation de la douleur est à la mesure de la gratitude qu'on témoigne à celui qui a procuré ce bien. En un mot, pour qu'il y ait gratitude, il faut désirer le bien dont on manque réellement, et qu'on ne soit pas soi-même en mesure de se le procurer. En toute rigueur, la gratitude pourrait concerner tout type de bien à partir du moment où il est l'objet d'un désir (ὄρεξις). Mais Aristote trouve dans un certain type d'ὄρεξις, les appétits corporels que sont les ἐπιθυμίαι, un modèle, voire un critère, permettant de révéler clairement la naissance de la gratitude. Trois exemples de situation de besoin sont donnés par Aristote : ἔρως[10], les souffrances physiques, et les dangers. Ces trois situations révèlent a) une conception du plaisir comme relatif à la douleur et comme réplétion d'un manque : le plaisir dans ce cas est un soulagement, et b) une forme d'impuissance de l'agent à l'égard de sa survie et de son bonheur, qui dépendent alors de l'intervention d'autrui. Le mécanisme de la gratitude se révèle plus facilement à travers des situations extrêmes, comme la pauvreté, l'exil ou la maladie[11].

Cette condition de la gratitude peut paraître étonnante, puisqu'elle met celui qui doit témoigner de sa gratitude dans une position de vulnérabilité qui tranche avec l'image de celui qui dispose justement de la χάρις comme puissance, pouvoir, et libéralité, comme pourrait l'être un jury d'Athéniens garants de la reconnaissance dont l'État devrait témoigner auprès de ses citoyens. Pourtant, si Aristote insiste sur le modèle du besoin corporel et de situations de dénuement, c'est sans doute pour

10 L'exemple d'ἔρως se comprend fort bien dans un chapitre sur la χάρις étant donné la connotation du verbe χαρίζεσθαι qui signifie gratifier de ses faveurs sexuelles, et dont Platon fait souvent usage de manière ambiguë, notamment dans le discours de Pausanias dans le *Banquet* (*Symp.* 183d7, 184a2-3, b3, b6, d1-4, e4, 185a1, a6) ou encore dans le discours de Lysias dans le *Phèdre*. Voir également Xen. *Mem.* III.11 à propos de la courtisane Théodote (*cf.* Azoulay (2004, chap. 8, en part. p. 372-379).

11 Voir Iso. *Éginétique* 11.7-9 où Thrasylochos malade témoigne de sa gratitude (χάριν ἀποδοῦναι) en adoptant comme fils celui qui lui a prodigué des soins (ἐθεράπευσα)…et qui revendique donc son héritage. Voir également Iso. *Trapézitique* 44.2.

mieux mesurer analogiquement les « besoins » d'une cité en termes de prélèvements, de liturgies, et d'aide militaire[12]. La χάρις répond à un besoin spécifique lequel est déterminé par une certaine proportion entre ce qui est demandé et ce qui est donné (Gallagher, 2013, p. 146) ; le besoin corporel fonctionne donc ici comme un cadre analytique idoine.

L'ABSENCE DE CONTREPARTIE

La seconde condition pour qu'il y ait gratitude est l'exclusion d'une contrepartie (μὴ ἀντί τινος) attendue pour le service donné. Il faut entendre cette condition en un double sens : il ne doit s'agir ni d'un contrat, ni même d'une relation qui implique rétribution de quelque sorte d'une part[13] ; d'autre part, le service en question ne doit pas être *rendu* (en échange d'une précédente faveur), mais donné, comme en atteste l'opposition entre ἀπέδωκαν (rendu) et ἔδωκαν (donné) en 1385b3[14].

Cette condition peut paraître très restrictive. Un très grand nombre de passages de discours d'orateurs mentionnent en effet la possibilité de « réclamer » les faveurs de la cité au regard des services précédemment rendus[15], ce qui est sans doute un *topos* rhétorique. En réalité, il n'est pas nécessaire d'entendre ce μὴ ἀντί τινος en un sens trop étroit. De fait, cette condition n'exclut nullement les cas de gratitude en réponse à un service donné, lequel répond à une *demande* de la part de celui qui est dans le besoin[16]. En ce sens, la relation de χάρις implique une

12 On retrouve ainsi la même dépendance de la gratitude et du besoin chez Dem. *Contre la loi de Leptine* 46.1-3 : πάντες μὲν γάρ εἰσιν ἴσως ἄξιοι χάριν ἀνταπολαμβάνειν οἱ προϋπάρχοντες τῷ ποιεῖν εὖ, μάλιστα δ' οἱ παρὰ τὰς χρείας. « Tous ceux qui prennent l'initiative d'un bienfait méritent sans doute qu'on leur rende leurs faveurs, mais surtout ceux qui ont répondu à des besoins ».

13 *Cf. EN* IX.7 1167b17-33 sur le fait que le bienfaiteur qui « aime » son débiteur, s'il n'est pas un véritable ami, ne l'aime que dans l'espoir d'un retour de son prêt.

14 La χάρις accordée à un accusé, sous la forme de pitié ou de pardon par exemple, apparaît comme une « monnaie d'échange » qui, selon les sources, ne peut être invoqué par l'accusé qu'une seule fois (Rubinstein, 2000, p. 214-215).

15 On réclame (ἀπαιτέω) les faveurs nationales pour des services précédemment rendus, notamment des liturgies, voir entre autres Lyc. *Contre Leocrate* 139 ; Is. *Sur la succession d'Apollodore* 41.2 ; Iso. *Sur l'attelage* 35.5 ; Lys. *Défense d'un anonyme accusé de corruption* 25.2 ; Aesch. *Sur l'ambassade infidèle* 171.3, *Contre Ctésiphon* 189.11-12.

16 Il est vrai qu'Aristote ne précise pas ce point dans le chapitre. En revanche, être en position de demande peut être un motif de honte (*supra* p. 239) ; en outre, *demander* une faveur ne paraît pas compatible avec une relation d'amitié (*cf. Rh.* II.4, 1381b35 : μὴ δεηθέντος). Comme Lysias, dans le *Phèdre* de Platon, le souligne, la « gratitude » des amants envers leurs aimés est confrontée à un problème de mesure : « Autre chose. S'il faut accorder ses

réciprocité particulière qui est distincte d'une obligation contractuelle ou qui répondrait à une forme d'appât du gain (que traduit également le μὴ ἀντί τινος). Ce que cette condition en somme permet d'exclure, ce sont toutes les actions commises par volonté d'enfermer son bénéficiaire dans une relation de dépendance. On ne comprendrait pas, en effet, la fonction de cette passion de gratitude en rhétorique s'il ne s'agissait pas d'une certaine manière de retourner à terme une faveur par le pardon, par l'assistance militaire, ou encore en accordant de la τιμή au demandeur par exemple. S'il n'est pas possible de « rendre » à la mesure du don reçu, au moins la gratitude est-elle le signe qu'on se souviendra qu'on est en dette[17]. La dimension « gratuite » de la χάρις n'est donc pas du tout exclusive d'une certaine relation utilitaire et politique[18].

Cette seconde condition de la gratitude place donc les partis en présence dans une relation de réciprocité potentielle pourrait-on dire, où tout l'enjeu est de déterminer jusqu'à quel point la faveur reçue oblige à davantage que la gratitude exprimée.

UN SERVICE DÉSINTÉRESSÉ

La troisième condition énoncée est que le service qui suscite la gratitude ne doit pas servir l'intérêt personnel du donateur, mais doit être effectué en vue de l'intérêt du bénéficiaire seulement[19]. Cette restriction, proche de la précédente, vise à écarter de la sphère de la gratitude toute

faveurs (χαρίζεσθαι) à ceux qui en font la requête avec le plus d'insistance (τοῖς δεομένοις μάλιστα), il convient alors, en toute autre circonstance, de faire du bien non pas aux plus dignes, mais aux plus démunis (ἀπορωτάτους) ; leur gratitude sera d'autant plus grande (πλείστην χάριν) que seront importants les maux dont ils sont affligés. Un autre point encore. Aux festins privés, ce ne sont pas vos amis qui méritent d'être invités, mais les mendiants (τοὺς προσαιτοῦντας) et ceux qui ont besoin de s'emplir le ventre ; car ce sont eux qui vous chériront, qui vous feront escorte, qui viendront frapper à votre porte, qui montreront le plus de joie, qui auront la gratitude la plus vive (οὐκ ἐλαχίστην χάριν) et qui souhaiteront pour vous le plus de bien. » (Plat. *Phdr.* 233d5-e5).

17 Gallagher (2013, p. 146-7) a raison de souligner que la relation de χάρις peut être asymétrique dans certains cas, et que la gratitude peut servir de signe de réciprocité. Il ajoute que la véritable solution pour rendre proportionnelle une relation asymétrique consiste pour le destinataire d'une faveur à accorder de la τιμή à son bienfaiteur, en se fondant sur *EE* VII.10, 1242b16-21 (*ibid.* p. 155), à quoi il faudrait ajouter *EN* VIII.15, 1163b12-18.

18 *Cf. EN* V.8, 1133a3-5 sur les symboles des Grâces dans la cité, à propos de l'exigence de justice réciproque et proportionnelle : il faut donner, recevoir et rendre, puisque c'est l'échange qui constitue un lien social qui fonde la κοινωνία.

19 Cooper (1977, p. 621-622 n. 7) fait une mise au point salutaire du terme « désintéressé » en insistant sur la volonté délibérée du bienfaiteur à agir *pour le destinataire*, en l'occurrence

action commise par un bienfaiteur cherchant à en tirer profit pour lui-même. Par exemple, le service liturgique auquel s'astreint un citoyen peut paraître coûteux pour lui-même (chorégie, triérarchie, etc.), mais il s'agit de mesurer la dépense à l'aune de la fortune du bienfaiteur, et de dénoncer toute entreprise où l'on pourrait profiter d'un prétendu bienfait pour la cité[20].

Ces deux conditions réunies font de la χάρις un don particulièrement précieux, qui fait potentiellement naître la φιλία en II.4 :

> Est productrice d'amitié la faveur, et le fait qu'une personne agisse sans que nous l'ayons demandé, et ne montre pas le bien qu'elle nous a fait ; en agissant ainsi, on apparaît en effet le faire en vue de l'ami, et non pour une autre raison. (*Rh.* II.4, 1381b35-37).

En effet, la φιλία exige, souligne Aristote, qu'on souhaite pour son ami ce qu'on considère être un bien, « pour lui et non pour soi » (1380b35-36). Entre donc dans l'analyse de la gratitude la dimension délibérée de la décision d'accorder une faveur, qu'Aristote traduit dans en II.7 par l'alternative εἴτ' εἰδὼς εἴτε μὴ εἰδώς, sciemment ou non (1385b3-4, puis 1385b9)[21]. Pourtant, notre chapitre II.7 n'est pas une continuation du chapitre II.4 sur les sentiments d'amitié[22], ou son pendant du point de vue du destinataire d'une faveur ; on ne comprendrait plus, le cas échéant, pourquoi il faudrait encore convoquer la gratitude s'il suffisait de faire apparaître amie telle ou telle personne. Il s'agit plutôt d'analyser une passion qui est la réaction adéquate face aux personnes libérales, dans la mesure où elles nous portent assistance (*Rh.* II.4, 1381a20-21). La gratitude *peut* créer des liens d'amitié (et l'amitié requiert sans doute une gratitude réciproque lorsqu'elle se produit entre égaux) – mais

---

pour l'ami. Il faut donc plutôt comprendre la dimension « désintéressée » comme une forme d'action « *unself-interested* ».

20 Voir par exemple Dem. *Contre Midias* 160-171, où Midias assume la triérarchie, qu'il présente comme un bienfait (ἐν χάριτος μέρει, 165 à propos d'autres bienfaiteurs ; ἐν εὐεργεσίας ἀριθμήσει μέρει, 166 à propos de Midias) pour en réalité échapper au danger de l'expédition militaire et en profite pour faire commerce (χρηματισμός, 167). À la question initiale, faut-il témoigner à Midias de la gratitude (ἔχειν χάριν, 160.4), la réponse est qu'il a reçu déjà les faveurs (κεκόμισται χάριν, 171.1) à la hauteur de son engagement minime pour la cité.

21 Voir également *Rh.* I.13, 1374b13-14, où Aristote appelle le juge à ne pas regarder l'action, mais la décision qui y a présidé : καὶ μὴ πρὸς τὴν πρᾶξιν ἀλλὰ πρὸς τὴν προαίρεσιν.

22 *Cf.* Cooper (1996, p. 242-244) qui lie, à mon sens de manière erronée, les deux chapitres.

l'amitié n'est pas une condition nécessaire à la gratitude : la gratitude n'a pas nécessairement besoin d'être adressée à un ami – il suffit pour ainsi dire que le bienfaiteur ne soit pas ennemi (ἐχθροῖς, 1385b8)[23].

Retenons de cet entrecroisement avec la φιλία que la gratitude ne naît qu'à l'égard d'une personne qui souhaite, délibérément, rendre un service dans l'intérêt du destinataire. Mais la décision « désintéressée » du bienfaiteur doit, et c'est important, aussi répondre à un véritable « intérêt » du destinataire de la faveur. En *EN* VIII.15, Aristote envisage en effet des situations ambiguës où une amitié naissante peut céder la place à une amitié fondée sur l'utile : alors que dans le premier cas la mesure du bienfait prend en considération la décision (προαίρεσις) gracieuse du bienfaiteur, dans le second cas, c'est l'importance du bienfait par le destinataire qui fonctionne comme critère pour rendre ce bienfait[24]. Il revient donc au libéral, en *EN* IV.2, de percevoir exactement les besoins en jeu : « en donnant à ceux qu'il doit, tout ce qu'il doit, lorsqu'il le doit et selon toutes les autres exigences qui accompagnent le don correct » (οἷς γὰρ δεῖ καὶ ὅσα καὶ ὅτε, καὶ τἆλλα ὅσα ἕπεται τῇ ὀρθῇ δόσει, *EN* IV.2, 1120a25-26). Il en va d'un intérêt bien compris dans la relation de χάρις, bien que cette relation diffère d'un échange commercial ou contractuel.

23 À moins d'entendre par amitié en un sens large de la concitoyenneté, comme le confirme au demeurant Aristote en *EN* IV.1, 1120a15-16, 21-23. « De plus, la gratitude revient à celui qui donne (ἡ χάρις τῷ διδόντι) et non à celui qui ne prend pas, et l'éloge encore plus. [...] Ce sont sans doute les hommes libéraux qu'on aime le plus parmi ceux qui sont vertueux ; car ils sont utiles en ceci qu'ils donnent. » C'est sans doute ainsi qu'on doit entendre la définition de φιλία εὐεργετική comme χάρις chez Arius Didyme, *ap.* Stobaeus, *Anth.* II.7.22 2-11. Cette ambiguïté entre amitié politique et amitié véritable est aussi l'enjeu de *EN* VIII.15-16. Par ailleurs, en *EN* IX.2, 1164b25-27, Aristote soulève la question de savoir à qui, l'ami ou le vertueux, on devrait davantage témoigner sa gratitude si on ne pouvait en choisir qu'un ; sur ce point voir Cooper (1977, p. 637 n. 18) qui suggère que les anciens amis (de plaisir ou d'utilité) peuvent continuer à être bienveillants ou bienfaisants réciproquement par gratitude des faits passés.

24 *EN* VIII.15, 1162b34-1163a23.

L'USAGE RHÉTORIQUE DE LA GRATITUDE

La gratitude est une passion dont l'objet est infra-légal. Elle constitue dans le discours oratoire et le système pénal grec de l'époque classique un motif très important pour les partis en présence, lors d'un procès notamment, lorsqu'est mis en balance la nécessité d'un châtiment conforme à la loi et l'intérêt passé, présent ou futur qu'a présenté la personne en cause pour l'ensemble de la communauté[25].

Pour comprendre quel usage rhétorique Aristote entend donner à la gratitude, il faut rappeler que l'appel à la χάρις de l'auditoire (en l'occurrence d'un tribunal) est déjà perçu chez les orateurs comme un potentiel dévoiement des lois ou des serments[26]. La faveur ne doit jamais intervenir pour mesurer la conformité d'une action à la loi : ce serait placer l'intérêt personnel avant l'intérêt commun. Nous retrouvons là les critiques émises par Aristote en I.1 à l'endroit de l'usage des passions personnelles là où la loi devrait régner en maître. Aristote pourrait sans doute acquiescer au conseil qu'Isocrate donne à Nicoclès :

> Dans les litiges qui dressent les gens les uns contre les autres, ne cède pas à la faveur (μὴ πρὸς χάριν) et que tes jugements ne soient pas contradictoires ; mais sur des affaires identiques, porte des jugements identiques. (Iso. *A Nicolès* 18)

Aristote est sans aucun doute nourri de ces appels des orateurs à ne pas faire intervenir la χάρις au sens d'une faveur donnée, ou plus souvent

25 Sur l'argument de la χάρις dans le système pénal classique, voir l'étude très complète de Rubinstein (2000, p. 212-231).

26 Voir par exemple Iso. *Contre Callimachos* 34 : « Aussi, votre vote sur cette question ne doit-il venir ni de la faveur ni de l'amabilité (οὔτε κατὰ χάριν οὔτε κατ' ἐπιείκειαν) ni d'aucune autre raison que du respect des serments » (trad. G. Mathieu et E. Bremond); Dem. *Sur les forfaitures de l'ambassade* 1.5 : « Je vais vous demander à tous, ce que la justice doit faire accorder même à qui ne le demande pas : de n'attribuer à rien, soit faveur (μήτε χάριν), soit individu, plus d'importance qu'à la justice et au serment que chacun de vous a prêté avant de pénétrer ici. » (puis 228.1-3 où on trouve une liste de passions); ou encore Aesch. *Contre Timarque* 178.1-4, « C'est que vous établissez vos lois en tenant compte de toutes les règles de l'équité, sans rechercher un gain déshonnête ni vous inspirer de la faveur ou de la haine (οὔτε κέρδους ἕνεκ' ἀδίκου, οὔτε χάριτος οὔτ' ἔχθρας), mais en considérant seulement la justice et l'utilité » ; ou enfin Lys. *Contre Alcibiade* 1, 40.2-5 : « Il n'est pas de pitié, pas de pardon, pas de faveur (μήτε χάριν) qui tiennent contre les lois existantes et les serments que vous avez prêtés. »

rendue, dans la décision de justice. C'est la raison pour laquelle Aristote se concentre dans ce chapitre non pas sur une χάρις qui risquerait d'être une violation de la loi pour un intérêt particulier, mais sur la gratitude dont la cité doit néanmoins s'acquitter auprès de ses évergètes. La nuance peut paraître mince, mais elle est réelle. On peut la décliner en trois points concernant les usages qu'Aristote évoque de la gratitude : 1) il existe d'abord un usage manipulatoire évident, où l'on procède à une analyse de la faveur donnée afin, le cas échéant, de susciter, d'amoindrir ou de renverser le sentiment de gratitude ; 2) ce que révèle en creux cet usage manipulatoire, axiologiquement neutre, est aussi l'importance éthique et politique de la gratitude, nécessaire à la justice, si elle est correctement mesurée ; 3) enfin, Aristote prépare dans ce court chapitre une analyse dialectique fine de l'usage de la pitié et des passions corrélées au tribunal.

MANIPULATION DE LA *CHARIS*

Un premier usage de la gratitude relève à première vue d'une manipulation des objets de cette passion, et confirme le caractère axiologiquement neutre de la technique oratoire. Comme dans tous les autres chapitres, la définition et l'analyse des cibles, motifs et dispositions de la gratitude sert à l'orateur pour isoler les lieux et les catégories sur lesquels son discours peut porter pour modifier le jugement qu'on a à l'égard d'une action. Tel est l'objet des lignes 1385a34-b10, où l'intérêt de l'orateur se porte sur l'ingratitude (ἀχαριστεῖν), contraire de χάριν ἔχειν. La stratégie de l'orateur consiste en une modification voire la suppression (ἀφαιρεῖσθαι, 1385a35) de l'objet de la représentation qui suscite la gratitude.

Il suffit donc de nier que telle ou telle action remplit les conditions précitées : a) l'action a été commise en vue d'un intérêt personnel ; b) elle est accidentelle ; c) elle est un service rendu et non donné, sciemment ou non (le bienfaiteur ne serait donc en réalité pas à l'initiative de cette action au sens de *EN* V.8, 1133a5 : καὶ πάλιν αὐτὸν ἄρξαι χαριζόμενον) ; d) elle est hors de propos en termes d'essence, de quantité, de temps et de lieu ; e) elle ne répond à aucun besoin en vue de notre propre intérêt puisqu'elle a été effectuée aussi bien envers des inférieurs, des ennemis, etc. ; f) la mesure de la χάρις est médiocre, sciemment ou non.

L'exemple du matelas offert au Lycée, en dépit de sa brièveté, semble bien pouvoir être lu en deux sens : il s'agit peut-être d'une véritable faveur à l'endroit d'une situation de dénuement, mais puisque la perception de la « mesure » du bienfait est surdéterminée par la situation de pénurie du bénéficiaire de cette faveur, ce don pourrait bien apparaître objectivement dérisoire, ou même éventuellement étayer une situation politique inégalitaire où la χάρις ne peut avoir lieu qu'entre inégaux. En effet, c'est *à cause de l'importance du besoin* qu'une petite faveur pourra apparaître immense à son bénéficiaire, et cela « aussi minime soit [l']assistance du bienfaiteur » (κἂν μικρὰ ὑπηρετήσωσιν, 1385a26-27). L'apparente immensité d'un don de riches mécènes est peut-être encore médiocre relativement à l'étendue de leur fortune réelle.

Dans tous les cas, la stratégie est la même : amoindrir l'apparence de χάρις du service rendu, et jeter la suspicion sur le caractère réellement gracieux de l'action. Cette fin de chapitre montre assez que nous ne sommes décidément pas dans le cadre d'une relation amicale qui aurait en vue la vertu : le critère est bien celui de l'utilité, et la détermination de la valeur du bienfait revient au bénéficiaire[27].

UNE EXIGENCE D'ÉQUITÉ

Aristote a certainement en vue un autre usage de la gratitude, que l'auditoire ou le juge doivent ressentir de manière juste et équitable. Donner, et rendre une faveur relèvent en effet de la loi non écrite (ἄγραφα), comme le rappelle *Rh.* I.13 :

> Dès lors il y a deux espèces d'actions justes et injustes (celles qui sont codifiées par écrit et celles qui ne le sont pas) ; celles sur lesquelles les lois se prononcent, on en a parlé, mais pour celles qui ne sont pas codifiées par écrit, il y a deux espèces. Il y a celles qui s'entendent relativement à un degré supérieur de vertu ou de vice, qui sont l'objet de reproche ou d'éloges, des marques de déshonneur ou d'honneur ainsi que des dons, par exemple avoir de la gratitude envers notre bienfaiteur, accorder ses bienfaits en retour à votre bienfaiteur (οἷον τὸ χάριν ἔχειν τῷ ποιήσαντι εὖ καὶ ἀντευποιεῖν τὸν εὖ ποιήσαντα), porter assistance à ses amis et tous les autres cas de ce genre. (*Rh.* I.13, 1374a18-25)

La gratitude relève du sens de l'équité du juge qui fait l'objet de la fin du chapitre I.13. Pour déterminer s'il y a une brèche de justice, en

27 *Cf. EN* VIII.15, 1163a9-23. Prendre le bénéficiaire comme juge de l'action gracieuse ne signifie pas pour autant que ce dernier n'est pas obligé par le don qu'il reçoit. Au contraire : « Le secours procuré était à la mesure de l'utilité pour le bénéficiaire et, celui-ci doit alors retourner (ἀποδοτέον) autant qu'il a pu obtenir, voire davantage, parce que c'est plus beau. » (1163a19-21).

particulier dans un échange qui implique faveurs et services rendus, il faut donc se rapporter non à une règle universelle impossible à définir, mais à des cas fréquents ou à des généralités que viennent affiner certains détails. Aristote achève en enjoignant le juge à :

> [...] se rappeler davantage les bienfaits reçus que les maux, et les bienfaits reçus plutôt que ceux que l'on a accordés (*Rh.* I.13, 1374b16-18).

Il ne s'agit donc pas seulement de ne pas se montrer ingrat comme pourrait le suggérer la fin du chapitre II.7, mais bien juste et équitable en mesurant correctement les bienfaits reçus. Susciter la gratitude pour l'orateur, c'est donc rendre sensible son auditoire à autre chose qu'un ensemble de règles codifiées et contractuelles ; c'est soutenir un fondement inassignable du droit et du juste, et en appeler à l'équité.

Reste un problème qu'Aristote n'aborde pas dans ce chapitre, qui est celui de l'égalité relative ou de l'équilibre des forces dans la relation qui unit le bienfaiteur et le destinataire d'une faveur[28]. Aristote a pris des exemples de situations de dénuement ou de vulnérabilité extrême pour mieux faire surgir l'idée de gratitude, et non celle d'obligation qui pourtant s'ensuit de la première. La gratitude révèle donc une forme d'inégalité entre les agents de la relation de χάρις, une dette potentielle. Peut-elle alors être envisagée comme une passion politique utile ? Peu d'éléments montrent dans ce chapitre qu'Aristote, en dépit des exemples mentionnés en début de chapitre, a bien en vue une gratitude entre égaux, du moins entre semblables ; en revanche, on peut dire que la gratitude exigée doit être à la mesure d'un vrai don, et non de faveurs ou de services médiocres (φαῦλα, 1385b9) : il n'est donc pas impossible que la gratitude soit considérée par Aristote comme un pas en faveur d'un équilibrage des inégalités de la communauté politique.

Là encore, Isocrate livre une solution pour comprendre la manière dont Aristote voudrait promouvoir une gratitude bien mesurée :

> Or ceux qu'il faut juger amis du peuple, ce ne sont pas ceux qui du temps de sa puissance ont désiré participer aux affaires, mais ceux qui dans les

28 Sur ce point, voir Azoulay (2004, chap. 6, en part. p. 281-291) qui met en balance Aristote et Xénophon pour l'articulation entre χάρις et φιλία politique. Alors qu'Aristote promeut une forme de réciprocité équilibrée et horizontale entre les acteurs de la communauté politique, Xénophon tire de l'enseignement de Socrate la possibilité – très élitiste – d'une réciprocité asymétrique, autorisant ainsi des différences et des inégalités majeures entre bienfaiteur et destinataire des faveurs.

> malheurs de l'État ont accepté de s'exposer au danger pour vous. Celui à qui il faut être reconnaissant (χάριν ἔχειν), ce n'est pas celui qui a subi un malheur personnel, mais celui qui vous a fait du bien. Et ceux dont il faut avoir pitié quand ils sont devenus pauvres, ce ne sont pas tous ceux qui ont perdu leur fortune, mais ceux qui l'ont dépensé pour vous. (Iso. *Contre Callimachos*. 62, trad. G. Mathieu et E. Bremond).

La gratitude est ici encadrée par l'attachement à l'intérêt du peuple d'une part et la pitié d'autre part. Dans les trois cas, Isocrate recommande aux jurés de mesurer leur passion à l'aune de la qualité du service rendu et non de la situation présente du demandeur. La gratitude, dès lors, ne doit pas prendre la forme d'une éventuelle assistance réciproque qu'on pourrait interpréter comme du clientélisme, mais se contenter pour ainsi dire d'assurer au demandeur les honneurs qu'il mérite contre d'éventuels calomniateurs. La juste gratitude croise ainsi la juste pitié, lorsque la puissance publique reconnaît les bienfaits passés des particuliers pour l'intérêt commun. Gratitude légitime donc, et non faveur inique[29].

GRATITUDE ET PITIÉ

Comme la χάρις, la pitié est sujette au même soupçon de favoritisme illégal. Si Isocrate, Lysias ou Démosthène citent χάρις et ἔλεος comme de possibles obstacles à une décision juste[30], c'est Platon qui dans l'*Apologie* les relie de la manière la plus vigoureuse. L'appel à la pitié transforme la justice en faveur selon Platon, et le tribunal en scène tragi-comique :

> Voilà donc, Athéniens, ce que nous devons nous abstenir de faire en quelque domaine que ce soit pour garder notre réputation et ce que, si nous le faisons, vous devez non pas admettre, mais sanctionner clairement, en condamnant par vos votes celui qui vient à la tribune pour y jouer ces drames apitoyants (τὰ ἐλεινὰ ταῦτα δράματα) et rendre la cité ridicule, et cela avec bien plus de détermination que celui qui garde son sang-froid. Mis à part la question de la réputation, citoyens, il ne me paraît pas qu'il soit juste d'adresser au juge des prières ni davantage d'arracher par ces prières un acquittement qui doit s'obtenir

29 C'est tout l'enjeu du discours de Démosthène *Sur la couronne*, où Ctésiphon défend les marques de gratitude faites à Démosthène, contre l'accusation d'Eschine ; en particulier 119.4 à propos d'Eschine : « Il reconnait qu'il est légal d'accepter ce qu'on offre et il poursuit comme illégale la reconnaissance qu'on témoigne (τὸ χάριν τούτων ἀποδοῦναι) ! ».

30 Iso. *Contre Callimachos* 62 ; Lys. *Contre Alcibiade* 1, 40.2-5 cité *supra* n. 26 p. 268 ; et Dem. *Sur les forfaitures de l'ambassade* 228.1-3 cité *supra* n. 14 p. 64. Je remercie Anne Merker pour ses remarques sur la relation intime entre pitié et χάρις.

> par l'exposé des faits et par la persuasion. Non, ce n'est pas pour cela que siège le juge, pour faire de la justice une faveur (ἐπὶ τῷ καταχαρίζεσθαι τὰ δίκαια), mais pour décider de ce qui est juste. Et le serment qu'il a prêté, c'est celui non pas de favoriser (οὐ χαριεῖσθαι) ceux qui lui paraissent devoir l'être, mais de rendre la justice conformément aux lois. (Pl. *Apo.* 35b3-c5, trad. L. Brisson).

Platon fait de la pitié une cause immédiate de la faveur préférentielle (en l'occurrence l'acquittement de Socrate). Ce lien intime entre χάρις et pitié, qui place le demandeur en position de mendier sa propre vie, Aristote le reconnait volontiers : les exemples de personnes en situation de dénuement fait se correspondre une cause de la gratitude de l'agent face au service reçu à une disposition qui suscite la pitié chez le spectateur[31]. Il est donc naturel que le chapitre II.7 précède celui de la pitié en II.8 et des passions connexes : dans les deux cas, c'est la mesure d'une décision juste par l'intermédiaire de passions qui est en jeu.

Pourtant, si l'hypothèse qui consiste à lire II.7 comme un chapitre sur la gratitude et non sur l'obligeance est vraie, la position du jury n'est assurément pas la même dans les deux cas. En dégageant les conditions d'une faveur authentique, on comprend que les motifs de la gratitude et ceux de la pitié ne sauraient être identiques, même si leurs effets dans les procès peuvent se ressembler. Témoigner sa gratitude vise les bienfaits reçus précédemment, prendre en pitié implique de mesurer le caractère immérité d'une situation malheureuse. En un sens, Aristote défait le lien que Platon assertait, en réservant à une gratitude authentique la possibilité de reconnaître l'intention vertueuse, pour la communauté politique, de l'agent accusé.

CONCLUSIONS

Le chapitre II.7 de la *Rhétorique* porte sur la passion de gratitude en premier lieu, et non sur une disposition vertueuse comme l'obligeance ou la libéralité. Afin de définir cette passion, il faut énoncer les conditions

---

31 C'est exactement la manière dont Ps.-Ar. *Rh. Alex.* 36.47 articule le fait de demander aux juges de s'acquitter de leur dette pour services rendus (χάριτας ἡμῖν τῶν ὑπηργμένων ἀποδοῦναι), et le fait de se rendre pitoyable (ἐλεεινούς), « quand c'est possible », afin de rendre sa demande de faveur plus percutante.

pour qu'une action apparaisse comme une authentique faveur (χάρις), et intégrer la gratitude à une chaîne d'actions qu'Aristote distingue : demander, donner, recevoir et rendre une faveur. À ce titre, ce chapitre II.7 complète du point de vue du destinataire le sentiment de φιλία (qui ici correspondrait à l'état affectif du bienfaiteur), sans pour autant que ces deux affections soient réciproques. Le traitement qu'Aristote réserve à la gratitude se nourrit indéniablement d'une certaine ambiguïté, que les *Éthiques* entendent sans doute dissiper en distinguant plusieurs espèces d'amitié, ce qui n'est pas le cas dans la *Rhétorique* : l'ambiguïté tient à ce que la gratitude est comprise tantôt sur un modèle qui est celui de l'amitié véritable où la gratitude est la réponse adéquate à l'intention du bienfaiteur et ami, tantôt dans le cadre politique d'une amitié entendue plus largement, une amitié fondée sur l'utilité et qui tolère en son sein des relations asymétriques (ceux qui ont besoin d'assistance, ceux qui y pourvoient), et qui vient soutenir un système d'échanges réciproques où donner et rendre des faveurs servent de ciment social en plus des contrats réglés par la justice.

La gratitude est un sentiment censément discriminant : elle ne naît que lorsqu'on reconnait qu'il y a bien une faveur rendue, prêtant alors au bienfaiteur une intention vertueuse et juste. En cela, cette passion annonce le traitement de la pitié puisqu'il s'agira de mesurer le caractère immérité du malheur subi de celui qui pourrait être en position de recevoir nos propres bienfaits, et de témoigner à son tour de gratitude. Il ne s'agit pas, pas plus que pour les autres passions du livre II, de faire de la gratitude un sentiment naturel, universel et moral ; Aristote montre au contraire combien il est manipulable, relatif et potentiellement erroné. Mais justement, cette manipulation de la passion de gratitude, là encore comme les autres passions étudiées dans le livre II, s'avère d'autant plus cruciale pour l'orateur si l'on considère que la gratitude est intimement liée à des valeurs éthiques et politiques qu'Aristote valorise ailleurs dans le corpus : justice, réciprocité au fondement de la communauté, équité. Ce n'est pas en regardant uniquement à l'action, mais aussi à la décision qui préside à l'acte gracieux, que le sens de la communauté est assuré à travers le discours.

LA PITIÉ (*RH.* II.8)

Comme la colère, la pitié (ἔλεος) est couramment convoquée, selon *Rh.* I.1, par les orateurs dont Aristote condamne la manière d'en user (*Rh.* I.1, 1354a15-25). Dans un contexte de rhétorique judiciaire, l'appel à la pitié est fréquent et théâtral[1]. Il est essentiel, pour Aristote, d'en donner une définition et de préconiser un usage technique de cette passion[2]. Son traitement apparaît relativement court par rapport à d'autres passions, mais cette brièveté est apparente ; la notion de pitié est en effet une passion qui est appréhendée à travers ses liaisons avec d'autres émotions : la peur (φόβος) d'une part, avec laquelle elle constitue le couple (trop) bien connu des émotions tragiques dans la *Poétique*, et l'indignation (νέμεσις) et la jalousie (φθόνος) d'autre part, qui en sont les contraires dans les chapitres suivants, à quoi il faut ajouter l'envie (ζῆλος) en ce qu'elle se distingue de la jalousie. Cet entrelacs s'explique du fait que la pitié revêt un caractère moral et prend une importance politique particulière, en ce qu'elle implique un jugement sur le caractère mérité ou immérité des maux.

La difficulté principale de ce chapitre réside, comme l'a très bien vu D. Konstan (2000), dans le type de contraste et de différence qu'Aristote fait jouer entre la pitié et la peur ; se joue en effet dans cette différence une certaine conception de la relation entre le soi et autrui à travers cette émotion, dont la compréhension détermine son usage possible dans la rhétorique. Pour anticiper sur la conclusion, la pitié, selon Aristote, doit jouer un rôle dans le discours rhétorique en ce qu'elle favorise et consolide les liens sociaux entre « semblables ».

---

1 *Cf.* Konstan (2004, chap. 1) et Rubinstein (2013). Sur la théorisation de l'appel à la pitié, notamment chez Thucydide, Démosthène et Lysias, voir Gastaldi (2015, p. 213-217).

2 Konstan (2004, p. 43-45) demeure convaincu qu'il y a bien un problème de cohérence entre la condamnation de la pitié en I.1 et son traitement en II.8, et fait donc l'hypothèse que la pitié décrite en II.8 constitue une autre forme de pitié que celle qui est condamnée en I.1. Je suis réservé quant à la possibilité de distinguer plusieurs « espèces » de pitié ; en revanche, il y a bien différents « usages » de cette passion.

LA PITIÉ : UNE PEUR RAFFINÉE ?

La définition qu'Aristote donne de la pitié constituera le fil directeur de cette section.

> Disons que la pitié est (1) une certaine douleur (2) face à ce qui apparaît comme un mal qui détruit ou fait souffrir (3) quelqu'un qui ne le mérite pas, (4) un mal dont on pourrait s'attendre à ce qu'on le subisse, soi-même ou l'un des siens, (5) et cela quand il apparaît voisin. (*Rh.* II.8, 1385b13-16)[3]

La définition de la pitié reprend, de manière évidente, des éléments de définition de la peur (1382a21-22) : elle est une douleur (1), face à la représentation d'un mal destructeur ou douloureux (2), et à proximité (5). J'examinerai successivement (1) (2) et (5) pour une première différenciation d'avec la peur, puisqu'il s'agit d'éléments communs de leur définition, puis (3) et (4) qui justifient qu'il s'agit entre peur et pitié d'une différence de nature.

ÉLÉMENTS COMMUNS ENTRE PEUR ET PITIÉ

(1) La pitié est définie comme une douleur. Les symptômes que l'on trouve dans la peur (trouble, tremblement, refroidissement) ne s'appliquent pas pour la pitié dans ce chapitre. En revanche, elle se caractérise par la lamentation et les larmes, par exemple celles d'Amasis à la vue de son ami devenu mendiant (οὐκ ἐδάκρυσεν 1386a20)[4].

(2) La pitié est, comme les autres passions, un état intentionnel suscité par une représentation contenant, sans qu'on sache jusqu'à quel point cela relève de la seule opération de φαντασία, un ensemble de

---

3 Je reprends la numérotation des éléments de la définition de Konstan (2000, p. 618).

4 La pitié est dans la tradition fréquemment associée aux larmes : par ex. Hom. *Od.* 9, τὸν μὲν ἐγὼ δάκρυσα ἰδὼν ἐλέησά τε θυμῷ v. 55, 87, 395 ; Gorg. *Hel.* 9 : ἔλεος πολύδακρυς, et bien entendu Platon, *Rep.* X, 606a3-b8, qui à propos de la partie de l'âme auparavant nommée τὸ ἀγανακτητικόν, déclare à son sujet qu'elle est « assoiffée de larmes et portée à se lamenter sans retenue, jusqu'à épuisement » (καὶ πεπεινηκὸς τοῦ δακρῦσαί τε καὶ ἀποδύρασθαι ἱκανῶς καὶ ἀποπλησθῆναι). Sur la dimension physiologique des larmes chez Aristote dans les *Problèmes*, voir Baumgarten (2009, p. 99-101) qui retient *Pr.* 884b22-35, mais surtout 959b20-27 où l'auteur distingue les larmes froides et chaudes ; ces dernières, selon Baumgarten, renvoient spécifiquement à une différence psychologique qui explique que les larmes versées par tristesse sont réconfortantes.

propriétés saillantes. Contrairement à la peur où Aristote ne donnait que peu d'éléments pour caractériser la représentation qui l'éveille, le chapitre 8 donne quant à lui force détails. On doit distinguer plusieurs niveaux de représentation dans l'expérience de la pitié : sa nature représentationnelle, son objet intentionnel, et les opérations de mémoire et d'anticipation.

(2a) Un premier niveau est celui de la représentation sensible[5]. Certains éléments du discours, nous dit Aristote, sont propres à susciter la pitié : gestes, inflexions vocales, effets de scène (σχήμασι καὶ φωναῖς καὶ αἰσθήσει[6], 1386a32) ; ces trois éléments sont propres à produire une image d'un mal pitoyable « en le mettant sous nos yeux » (πρὸ ὀμμάτων ποιοῦντες, 1386a34), comme dans une mise en scène[7]. Ces éléments constituent un ensemble de perceptions (sonores et visuelles) qui accompagnent le discours pour constituer une image mentale de ce qui est pitoyable[8]. Il faut distinguer ces perceptions d'autres *signes* visuels comme le vêtement (ἐσθῆτάς, 1386b2), qui requièrent une inférence particulière à partir d'une vision réelle. L'usage « suggestif » des gestes et des inflexions vocales produit ainsi une représentation imagée interne, ce que signifie le vocable πρὸ ὀμμάτων.

(2b) Un second niveau dans la représentation pitoyable est la détermination de son objet.

5 Sur ce problème, voir l'analyse de Munteanu (2011, p. 76-103), et Cairns (2015) ; voir également Moss (2012a, p. 82-84) sur l'importance de l'élaboration d'une φαντασία de la pitié – même si je m'écarte de son analyse concernant le degré évaluatif d'une telle représentation.

6 Sur la traduction de αἰσθήσις par « effet de scène » ici, voir note à la traduction *infra* n. 50 p. 48.

7 Sur l'usage de l'ὄψις, c'est-à-dire des éléments visuels, au théâtre, tels qu'elle est condamnée en *Poet.*6, 150b16-20, voir Munteanu (2011, p. 81-90). La conclusion, très convaincante, consiste à opposer l'ὄψις directe à un moyen de produire une image πρὸ ὀμμάτων qui est avant tout de l'ordre de la représentation interne, et en particulier par les moyens du discours (*Poet.*14, 1453b1-3), comme en atteste *Rh.* III.2, 1405b11-12 sur la métaphore : « [...] car il y a des mots supérieurs aux autres, mieux autorisés par l'usage, plus ressemblants et en affinité avec la chose qu'ils mettent sous les yeux. » (ἔστιν γὰρ ἄλλο ἄλλου κυριώτερον καὶ ὡμοιωμένον μᾶλλον καὶ οἰκειότερον, τῷ ποιεῖν τὸ πρᾶγμα πρὸ ὀμμάτων) ; voir également *DA* III.3 427b14-24.

8 C'est la raison pour laquelle il me paraît préférable de conserver αἰσθήσει du mss. A, suivant Vahlen (1965, p. 270-272), plutôt que ἐσθῆτι de F. En conservant F, le vêtement apparaîtrait deux fois dans l'argument ; cela n'est pas incohérent, mais il conviendrait alors de distinguer deux usages du vêtement : un usage accessoire (συναπεργαζομένους) par rapport au discours de l'orateur mais qui ne le supplée pas, et un usage « autonome » où sa seule vue suscite la pitié par inférence.

En II.5, Aristote pouvait affirmer à propos de la peur :

> Pour le dire simplement, font peur toutes les situations qui arrivent ou sont sur le point d'arriver aux autres et qui éveillent la pitié. (*Rh.* II.5, 1382b26-27)

En II.8, Aristote précise :

> Car d'une manière générale, et en particulier ici, il faut comprendre que toutes les choses dont nous avons peur pour nous-mêmes nous font pitié lorsqu'elles arrivent aux autres. (*Rh.* II.8, 1386a26-28)

Les définitions d'objets de la peur et de la pitié paraissent réciprocables. Or ce n'est pas tout à fait le cas. Après avoir donné la liste des maux destructeurs ou douloureux à propos de la pitié (morts, tortures, mauvais traitements, vieillesse, maladies, famine, 1386a7-9), Aristote ajoute une seconde catégorie de maux dus au hasard (τύχη) :

> L'absence d'amis, la rareté des amis (c'est pourquoi il est pitoyable d'être séparé de ses amis et des gens que l'on a l'habitude de côtoyer), la laideur, la faiblesse physique, la difformité, et les choses qui auraient dû apporter un bien alors que c'est un mal qui arrive, et le fait que tout cela arrive plusieurs fois ; et également le fait qu'un bien n'arrive qu'après que le malheur soit tombé, à l'instar des dons que le Roi envoya à Diopithès après la mort de ce dernier ; et aussi le fait que jamais un bien ne nous soit arrivé, ou que s'ils arrivent nous ne puissions en jouir. (*Rh.* II.8, 1386a9-16)

Alors que la peur est suscitée par une représentation de la destruction de soi (la mort) ou par extension tout ce qui peut lui causer une douleur importante, la pitié voit son champ étendu : aux maux destructeurs succède une liste de maux qui ne sont pas compris dans la définition de la peur au ch. 5. De même que nous n'avons pas peur, nous dit Aristote, d'être idiot ou injuste, il paraît difficile d'admettre qu'on puisse avoir peur d'avoir peu d'amis.

Cette liste de maux, comme le remarque Grimaldi, renvoie en réalité à des éléments nécessaires au bonheur (εὐδαιμονία) tel qu'il a été analysé à travers des opinions communes en I.5[9]. Cette extension des maux qui suscitent la pitié, qui ne sont assurément ni destructeurs ni douloureux au sens de la peur, confirme un passage du vivre au bien-vivre, et attribue une dimension axiologique à cette passion. C'est cette

---

9 *Cf.* Grimaldi (1988, p. 143), qui renvoie à *Rh.* I.5 1360b19-27, et 1361b7-26.

dimension axiologique qui rend les définitions de la peur et de la pitié non-réciprocables : les objets de la peur pour soi-même sont bien des objets de pitié pour autrui, mais tous les objets de pitié pour autrui ne sont pas des objets de crainte pour soi.

(5) Comme pour la peur, Aristote précise que le critère de l'imminence du mal fait partie de la définition de la pitié. Cette condition nécessaire justifie les moyens rhétoriques évoqués plus haut pour « mettre sous les yeux » des auditeurs un mal passé ou à venir.

> Puisque c'est quand ils apparaissent proches que les malheurs suscitent de la pitié, et que nous n'avons pas généralement pitié, ou du moins pas de la même manière, lorsque nous attendons ou nous remémorons des événements qui se sont passés ou se produiront dans dix mille ans [...] (*Rh.* II.8, 1386a27-31)

Cette précision est tout à fait comparable à la manière dont Aristote avait rejeté la mort certaine, mais lointaine, comme objet immédiat de peur. Il revient donc à l'orateur de faire paraître un mal imminent pour autrui afin qu'on puisse le prendre en pitié en convoquant les opérations de mémoire et d'anticipation (ὥστ' ἀναμνησθῆναι τοιαῦτα συμβεβηκότα ἢ αὑτῷ ἢ τῶν αὑτοῦ, ἢ ἐλπίσαι γενέσθαι ἢ ἑαυτῷ ἢ τῶν αὑτοῦ, 1386a1-3 ; ἢ ὡς μέλλον ἢ ὡς γεγονός, 1386a34-5 ; διὰ τὸ ἐγγὺς, 1386b5).

Pourtant, l'imminence temporelle ne semble pas être tout à fait du même type que celle qui est requise pour la peur. D'une part, Aristote semble dire qu'il y a bien une forme de pitié, peut-être différente (ἢ οὐχ ὁμοίως, 1386a31) qui peut s'accommoder d'un relatif éloignement temporel (c'est le cas au théâtre bien entendu). D'autre part, le critère de la proximité temporelle est conditionné par le degré de proximité entre soi et autrui (le même terme ἐγγύς est utilisé en 1386a17 pour exprimer la familiarité, de même en 1386a23). Il faut comprendre que l'imminence temporelle n'est un critère nécessaire que dans la mesure où une proximité est établie entre l'auditeur ou le spectateur d'une part et la personne qu'on prend en pitié d'autre part. On peut en déduire que contrairement à la peur où l'imminence du danger est un critère nécessaire à cette passion, ce qui compte dans la pitié est l'effort de *présentification* d'un événement dont on pourrait très bien accepter qu'il est éloigné ou fictif, accompagné d'une autre sorte de proximité, celle, affective, qui lie l'agent et le patient.

ÉLÉMENTS DE DIFFÉRENCE ENTRE PEUR ET PITIÉ

Pour autant, la pitié n'est pas une « espèce » dont la peur serait un genre. La peur n'est pas incluse dans la définition de la pitié comme un de ses éléments (on aurait pu imaginer définir la pitié comme « une certaine forme de peur » (φόβος τις) avec des différences spécifiques, ce qui n'est pas le cas) (Konstan, 2000, p. 628).

Dans la définition de la pitié, deux différences apparaissent : l'implication d'un jugement sur le mérite d'une part, et une capacité d'anticipation d'autre part.

(3) Comme on l'a vu à propos de ses objets, cette passion implique un jugement sur le mérite, puisque c'est d'une personne subissant un mal immérité (τοῦ ἀναξίου) que nous avons pitié. Alors qu'une certaine neutralité axiologique est de mise pour l'analyse de certaines affections (la colère et le calme, la peur, l'amitié, la gratitude), Aristote n'hésite pas à faire de la pitié non seulement une émotion « morale » au sens où elle est dépendante de certaines valeurs (comme la colère ou la honte), mais aussi une passion de l'homme de bien (aux côtés de l'indignation : καὶ ἄμφω τὰ πάθη ἤθους χρηστοῦ, *Rh.* II.9, 1386b12-13). Cette caractérisation morale de l'agent qui est accessible à la pitié différencie clairement la peur de la pitié : pour la première, la seule représentation de la destruction imminente est suffisante, tandis que pour la seconde, une évaluation morale est nécessaire.

Que signifie exactement « immérité » (ἀναξίος) dans ce contexte ? Tout d'abord, Aristote reconnaît une exigence minimale d'accès au bonheur que les maux destructeurs et douloureux empêchent ou contraignent purement et simplement, comme on l'a vu (*Rh.* II.8, 1386a4-9). Morts précoces, destructions violentes, vieillesse (en ce qu'elle apporte son lot de douleurs et nous rappelle à l'imminence de la mort) sont de ce fait « immérités » en ce qu'elles sont des obstacles qui ne dépendent pas de nous relativement à l'accès au bonheur[10]. Il ne s'agit pas nécessairement d'un mérite « moral », puisque ce sont des maux qui relèvent du hasard. Pourtant, Aristote fait état d'une exigence de proportion entre la capacité d'un individu au bonheur et à la vertu et ce qui lui

---

10 Ainsi dans les discours des orateurs classiques, une partie de l'appel à la pitié concerne les veuves et les orphelins : *cf.* Rubinstein (2013). Pour Nussbaum (1994, p. 87), ce chapitre témoigne de la relation entre les émotions et la vulnérabilité naturelle des individus. Voir également Nussbaum (2001a, p. 28).

arrive par hasard (*Rh.* II.8, 1386a9-17). Relèvent alors de la pitié les cas où cette proportion n'est pas respectée[11]. Ainsi de l'absence d'amis, la laideur, la difformité, etc. Cette idée sera développée plus en détail en II.9 à propos de l'indignation. Ainsi, la vertu réelle de l'homme droit (σπουδαῖος), lorsqu'elle est confrontée à ce qui dépasse sa mesure, est ce qui suscite le plus de pitié (*Rh.* II.8, 1386b6-8).

(4) Le dernier élément qui permet de différencier peur et pitié est l'usage particulier de la mémoire et de l'anticipation. Contrairement à la peur, laquelle peut inclure, mais pas nécessairement, une forme d'anticipation (προσδοκία), la capacité d'anticipation fait partie intégrante de la définition de la pitié. Sur quoi porte la προσδοκία ici ? Elle ne porte pas seulement sur un objet de peur – sinon il serait impossible de faire la distinction entre peur et pitié autrement que par le critère (3), ce qui est bien entendu possible, mais ne reflète pas la position d'Aristote. L'anticipation, et c'est capital, est modalisée dans la définition de la pitié : l'accent est porté non sur le mal lui-même, mais sur la représentation de soi (αὐτός) ou de ses proches (ἤ τῶν αὐτοῦ τινα) comme pouvant subir un mal. Il faut en déduire a) que l'anticipation est une opération absolument indissociable de la production d'une représentation du pitoyable (en ce sens, l'émotion de pitié ne peut pas être réductible à une représentation issue des sens et elle implique nécessairement un jugement qui implique l'activité de l'agent dans sa représentation) et b) que la pitié aristotélicienne suppose bel et bien une forme d'empathie[12] au sens où l'on est capable de se mettre à la place d'autrui. Être soi-même l'objet d'une représentation est ce qui caractérise la pitié, et la différencie de la peur définitivement comme n'étant pas une de ses espèces. Dans la peur, il n'est pas question de savoir si l'on se sent concerné : on l'est – c'est en revanche tout l'objet de la pitié, où il faut pouvoir dire à tout moment : « cela pourrait m'arriver ».

11 C'est en ce sens qu'apparaît la pitié aux côtés de l'indulgence (συγγνώμη) dans l'*EN* III.1, 1109b32, III.2, 1111a1 pour les maux immérités.

12 Je comprends « empathie » ici en un sens restreint, c'est-à-dire la capacité de reconnaître les dispositions d'autrui – émotions et croyances – sans nécessairement qu'on ressente les mêmes passions. Tout en souscrivant aux réserves, justifiées, de Konstan (2004, p. 50) sur la notion d'empathie (entraînant trop souvent son corollaire « sympathique » où l'on ressent les mêmes états qu'autrui), elle est manifestement ici un bon terme pour indiquer l'activité cognitive de l'agent se représentant dans la situation d'autrui.

UNE CONDITION DE LA PITIÉ : ÊTRE CAPABLE DE RAISONNER

La définition de la pitié laisse un certain nombre de questions en suspens, et notamment la valeur cognitive qu'on doit donner à cette anticipation de pouvoir subir un mal. Sans faire partie de sa définition, un court passage du chapitre nous indique où doit se situer la pitié entre plusieurs états intermédiaires, lesquels se caractérisent par la possibilité d'exercer un raisonnement :

> Les personnes susceptibles de penser qu'elles peuvent subir un mal sont celles qui en ont déjà subi et y ont réchappé ; les personnes âgées du fait de leur sagesse et de leur expérience ; les faibles, ceux qui sont plutôt lâches, et ceux qui ont reçu une éducation, puisqu'ils sont en pleine possession de leur raison ; ceux qui possèdent parents, enfants et épouses, car ces personnes sont les leurs et elles sont susceptibles de subir ce qu'on a dit. Ceux qui ne ressentent pas une affection qui les porteraient au courage, par exemple l'état de colère ou d'assurance (car ces affections ne font pas usage de raison sur ce qui va arriver), ni ne sont dans une disposition qui les porte à l'outrage (car ceux-là non plus ne font pas usage de leur raison sur ce qui ce qui va leur arriver), mais ceux qui sont dans des dispositions intermédiaires à celles-là ; et inversement ceux qui ne sont pas pris d'une grande peur (en effet, ceux qui sont sidérés par la peur n'éprouvent pas de pitié, du fait qu'ils sont tout à leur propre affection). (*Rh.* II.8, 1385b24-34)

La conscience de sa propre vulnérabilité est présentée comme une condition de la pitié. Elle se caractérise par deux traits.

1) Le premier est la capacité à raisonner alors même que nous subissons une passion. Sagesse, expérience, capacité à mener un raisonnement (εὐλόγιστοι, 1385b27) sont des éléments qui permettent aux agents cités de mesurer rationnellement un danger, à l'évaluer, et à chercher les moyens d'y remédier. Mais Aristote ajoute aussi les lâches et les faibles[13]. Cette condition pour ressentir la pitié est, de ce fait, très proche de la fonction technique de la peur qu'on a présentée plus haut qui poussait à délibérer[14].

---

13 Grimaldi (1988, p. 139) renvoie sur ce sujet à l'analyse de la sagesse pratique dans l'*EN* VI.9, 1142a11-18 et se demande pourquoi l'adjectif εὐλόγιστοι s'applique dans notre passage aux faibles et aux lâches. La notion d'expérience et de raisonnement, ou on pourrait dire ici de calcul, est examinée ici indépendamment de sa dimension morale. Voir *EN* I.1, 1095a3-11 sur l'opposition entre l'homme d'expérience et les gens enclins à suivre leurs passions, ainsi que *EN* III.11, 1116b4-23 sur l'expérience technique de soldats qui pourtant ne sont pas courageux, qui explique pourquoi on peut être lâche et en même temps raisonner.

14 *Cf. supra* p. 221 *sq.*

2) Cette capacité à raisonner permet à Aristote de tisser des contrastes ou des contrariétés entre la pitié et certaines dispositions vertueuses ou encore des passions.

Un problème textuel intervient ici. Suite à une majorité d'éditeurs, Kassel déplace le membre de phrase « mais ceux qui sont dans des dispositions intermédiaires à celles-là » (ἀλλ'οἱ μεταξὺ τούτων) après « du fait qu'ils sont tout à leur propre affection » (διὰ τὸ εἶναι πρὸς τῷ οἰκείῳ πάθει). Cette suggestion semble rendre l'ensemble de la phrase plus clair puisque les états intermédiaires sont pensés à partir d'un couple de contraires qui seraient l'assurance excessive d'une part, dont le courage et l'outrage sont des formes, et la peur excessive d'autre part, qui tétanise et ne permet pas de raisonner. Cependant, outre l'absence d'explication de l'interpolation, cette solution n'est pas complètement satisfaisante pour deux raisons. D'abord, elle comprend que les dispositions intermédiaires se situent entre l'assurance et la peur ; or le texte indique que les dispositions dont il s'agit sont plutôt le courage d'une part (qui peut venir de la colère ou de l'assurance), et l'outrage d'autre part. En outre, un μεταξύ ne relie pas trois pôles, mais deux, qui peuvent être opposés mais ne sont pas nécessairement des contradictoires. Le critère avancé par Aristote ici est celui de la capacité de « raisonner » sur les événements futurs, et aucun autre. Il n'est peut-être pas nécessaire de déplacer ce membre de phrase si l'on reconstruit l'argument de la manière suivante.

2a) Un premier couple de contraires est constitué par le courage et l'outrage (*Rh.* II.8, 1385b30-31). La pitié est inaccessible au courageux, dans l'éventualité où le courage procède de la colère ou de l'assurance qui sont qualifiées d'ἀλόγιστα (1385b30). Ces deux dispositions, comme on l'a vu dans les chapitres précédents[15], peuvent empêcher le raisonnement et la délibération. L'outrage, tel qu'il a été défini dans le chapitre sur la colère, procède également d'une forme excessive d'assurance[16]. De

15 *Cf. supra* p. 167 *sq.* sur la colère irrationnelle, et p. 225 *sq.* sur l'assurance en excès qui empêche la délibération, et qu'un bon usage de la peur contrecarre.

16 Voici un exemple d'exclusion entre courage et pitié chez Achille par Apollon dans l'*Iliade* : *Il.*, 24.39-49 : « Vous préférez donc, dieux, prêter aide à Achille, à l'exécrable Achille, alors que celui-ci n'a ni raison (φρένες) ni esprit (νόημα) qui se laisse fléchir au fond de sa poitrine, et qu'il ne connaît que pensers féroces (ἄγρια οἶδεν) ; on dirait un lion qui, docile à l'appel de sa vigueur puissante et de son cœur superbe (μεγάλῃ τε βίῃ καὶ ἀγήνορι θυμῷ), vient se jeter sur les brebis des hommes, pour s'en faire un festin.

fait, le courage et l'outrage sont deux réponses opposées à propos du malheur d'autrui : combattre courageusement le malheur (le sien ou celui d'autrui) et s'abstenir d'agir ou mépriser le malheur qui s'abat sur autrui. Mais elles sont assurément congruentes en ce que chacune de ces dispositions se passe du raisonnement, ou empêche le raisonnement. En un certain sens, la pitié est bien intermédiaire entre ces deux opposés et laisse une place pour le raisonnement, permettant l'anticipation qu'un tel malheur puisse arriver, à soi ou aux siens, sans que cette anticipation n'appelle une réponse immédiate d'une assistance courageuse (car il ne s'agit pas d'un danger à combattre) ni d'un mépris du malheur d'autrui (au motif que ce malheur ne nous touche pas *nous*).

2b) Aristote évoque ensuite une peur intense (φοβούμενοι σφόδρα) qu'on peut associer à la terreur ou à la sidération (que rend le participe ἐκπεπληγμένοι[17]) qui chasse la pitié. La raison invoquée – « du fait qu'ils sont tout à leur propre affection » – se comprend comme un défaut d'empathie du fait de l'incapacité de l'agent à « raisonner ». On pourrait suppléer, comme opposé à cette peur panique, ou bien encore l'assurance excessive, ou bien une forme d'impassibilité froide.

La capacité à raisonner est une condition de la pitié et n'est pas réductible à une simple anticipation d'objet de crainte[18]. Comme le montre l'exemple de la peur qui rend inaccessible à la pitié, la capacité requise est bien celle d'une anticipation non pas seulement d'un danger (comme pour la peur ou l'assurance raisonnée), mais du fait qu'on puisse soi-même subir le même mal que subit autrui. Cette capacité rejoint ce que nous nommons couramment empathie, mais elle consiste très précisément en cette anticipation que l'on peut soi-même subir le même mal dont autrui est affecté, et c'est cette possibilité qui produit la douleur (Konstan, 2000, p. 628).

Achille a, comme lui quitté toute pitié (ἔλεον), et il ignore le respect (αἰδώς). Chacun est exposé à perdre un être cher, plus proche qu'un ami, un frère sorti du même sein, un fils : la part une fois faite aux pleurs et aux sanglots, il s'en tient là : les Parques ont fait aux hommes un cœur apte à pâtir ». Sur l'interdépendance, au contraire, entre colère et pitié dans l'*Iliade*, voir Most (2003a, p. 55-58).

17 Sur l'ἔκπληξις dans son rapport à l'étonnement (θαυμασιότης) voir *Top.*126b13-19.

18 La différence avec la peur en II.5 est ici ténue. La peur en II.5 *pousse* à raisonner, mais rien n'indique dans le texte que la peur est elle-même une passion qui implique un raisonnement de manière inhérente à la passion ; en II.8, il semble clair en revanche que la capacité de raisonner est non seulement intacte dans la pitié, mais que cette capacité évaluative lui est constitutive. Je remercie Christian Keime d'avoir attiré mon attention sur ce point.

L'UTILITÉ RHÉTORIQUE DE LA PITIÉ

Le commentateur contemporain est confronté à une difficulté concernant l'usage de la pitié en rhétorique. À la question : « s'agit-il d'une émotion "morale" ? », on doit répondre qu'elle l'est dans la mesure où Aristote prend soin d'indiquer qu'il s'agit, avec l'indignation, d'une passion de l'homme de bien ; mais elle n'est assurément pas « pratique » au sens où elle pousserait à l'action, comme c'est le cas de la colère (Fortenbaugh, [1975] 2002, p. 82). Et à nouveau, si l'on cherche à légitimer le caractère « moral » de cette passion, à la question de savoir s'il s'agit d'une émotion « altruiste », la réponse est dans un premier temps négative : comme l'a montré Konstan de manière convaincante, il ne s'agit pas de notre pitié chrétienne et moderne, et ne vise pas par conséquent autrui, mais concerne le soi (Konstan, 2004). Bien entendu, même si la pitié est centrée sur soi, elle favorisera des comportements altruistes – mais l'altruisme n'est pas une condition nécessaire à l'expérience de cette passion.

Cependant, il y a bien un sens où la reconnaissance d'autrui dans et à travers la pitié revêt un caractère éthique : c'est la reconnaissance des « semblables » (ὅμοιοι). C'est en comprenant à qui s'adresse exactement la pitié qu'on peut espérer saisir les prémisses de son usage technique en rhétorique et son caractère éthique. Dans ce qui suit, il s'agit de déceler ces quelques indices pour affirmer qu'un usage raisonné de la pitié consiste en une sensibilisation à des valeurs qui sont celles d'un commun politique.

UNE COMMUNAUTÉ DE SEMBLABLES

Les cibles de la pitié sont décrites à travers un effet de contraste : il s'agit des personnes que nous « connaissons » et nos « semblables ».

> On éprouve de la pitié pour ceux qu'on connaît (γνωρίμους), à condition qu'en termes de familiarité, ils ne soient pas trop proches (ἂν μὴ σφόδρα ἐγγὺς ὦσιν οἰκειότητι) ; on ressent à l'égard de ces derniers la même chose qu'on ressent pour soi-même face à ce qui va arriver. C'est pourquoi Amasis ne pleura pas, dit-on, à la vue de son fils qu'on menait à la mort, alors qu'il pleura devant le spectacle de son ami qui mendiait : ce dernier cas était pitoyable, le premier

terrifiant. Ce qui est terrifiant est différent du pitoyable, et est capable de chasser la pitié ; il est alors souvent utile à l'adversaire. En outre, on éprouve de la pitié lorsque ce qui est terrifiant est proche de nous. On éprouve de la pitié pour qui nous est semblable (τοὺς ὁμοίους) relativement à l'âge, aux caractères, aux dispositions, au rang, et à la lignée ; dans tous ces cas en effet, il apparaît davantage que les maux peuvent aussi nous arriver à nous. Car d'une manière générale, et en particulier ici, il faut comprendre que toutes les choses dont nous avons peur pour nous-mêmes nous font pitié lorsqu'elles arrivent aux autres. (*Rh.* II.8, 1386a17-28)

Le sens général du passage paraît clair en distinguant deux catégories de cibles de la pitié : nos connaissances (γνωρίμους), distingués cependant des très proches (ἐγγὺς…οἰκειότητι) et nos semblables (ὁμοίους). Or, comme l'ont remarqué plusieurs commentateurs, l'argument n'est pas si évident : pourquoi ne pourrait-on pas prendre en pitié nos proches parents, alors même que plusieurs exemples dans l'épopée ou la tragédie attestent de cette possibilité[19] ? L'argument fait intervenir un autre élément, le « terrifiant » qui semble servir de lieu de distinction entre la parenté d'une part et les « proches » ou familiers d'autre part (dont les amis). Or cette médiation a posé un problème de compréhension aboutissant à un problème textuel, que je tenterai d'expliciter. Car de fait, deux éléments se chevauchent dans l'argument : le sens à donner à la notion de « proche », et la conséquence sur la relation de la pitié à la peur.

1) Tout d'abord, la pitié n'est possible qu'à la condition qu'il y ait une certaine altérité. La frontière est immédiatement dressée par Aristote au sein des γνωρίμοι entre ce qui relève du soi et ce qui relève proprement d'autrui.

C'est à travers l'exemple d'Amasis[20] que sont exclus de la pitié les parents directs, mais pas ceux que l'on connait, dont l'ami (dont on

19 Voir sur ce point la solide étude de Munteanu (2015).

20 Aristote parle d'Amasis, alors qu'il s'agit vraisemblablement de Psamménite, son fils. La scène telle qu'elle est relatée par Hérodote III.14 est particulièrement théâtrale puisque Psamménite et sa cour doivent contempler une véritable mise en scène. Psamménite résiste à la douleur, contrairement à sa cour de dignitaires affligé du même supplice (III. 14. 14-16, et 21-22). Mais il ne se contient plus lorsque – par hasard – un ancien compagnon lui apparaît en position de mendiant. Cambyse lui faisant demander pourquoi il avait fait « honneur » (ἐτίμησας, 36) à un mendiant qui n'est rien pour lui (οὐδὲν σοὶ προσήκοντα, 36) sans avoir versé une larme pour sa fille et son fils, Psamménite répond : « Fils de Cyrus, les maux de ma maison (τὰ μὲν οἰκήια) étaient trop grands pour être déplorés ; mais l'infortune d'un compagnon tombé d'une grande richesse dans l'indigence alors qu'il est au seuil de la vieillesse mérite bien des larmes (ἄξιον ἦν δαρκύων) » (37-41).

pourrait pourtant penser qu'il est lui aussi un « proche familier »). L'ami a beau être un autre soi-même[21], il n'en demeure pas moins irréductible au soi ou à ses proches immédiats du point de vue de la parenté. Cette première exclusion des proches parents se comprend si l'usage technique de la pitié dans la rhétorique, pour Aristote, consiste à être une fonction du lien social et politique et ne vise pas à régir les liens familiaux. Il s'agit donc d'exclure de cet usage ce qui relève de l'οἶκος et de la parenté qui lui est liée (οἰκία). L'exemple d'Amasis doit alors limiter les cas de la pitié à certaines situations : il ne concerne qu'une situation présente (ni passée ni à venir) ; il exclut l'idée d'une pitié envers soi-même telle qu'on peut en trouver certains exemples dans les tragédies ; il met également de côté le sentiment de deuil, ainsi que la compassion, qu'on pourrait croire liées à la pitié[22].

Il faut noter par ailleurs qu'Aristote fait dire à cet exemple tout autre chose que l'histoire telle qu'elle est rapportée par Hérodote. Psamménite, selon Hérodote, fait preuve d'une remarquable maîtrise par rapport à ses semblables soumis au même spectacle, alors qu'il est incapable de se retenir à la vue du mendiant – sans doute par effet de surprise ; dans la version aristotélicienne, il n'est question ni de retenue ni de courage dans cet exemple d'Amasis, mais de peur. Cette distorsion de l'histoire de Psamménite permet de distinguer deux types de liens : familial (et filial en l'occurrence) et social. Cette interprétation permet également de confirmer que c'est par une forme de projection de soi dans la situation subie par autrui que la pitié advient, ce qu'empêche la terreur. La notion de δεινόν nous renseigne sur ce point.

2) La notion de δεινόν, qui semble proche de la peur dans la mesure où le paragraphe s'achève sur le verbe φοβοῦνται[23], opère une médiation entre deux arguments différents. La situation d'Amasis voyant son fils mis à mort est qualifiée de « terrifiante » ou « épouvantable », ce qui permet à Aristote de déduire deux choses : a) que lorsque le danger

21 Voir en particulier *EN* VIII.14, 1161b27-32 sur la comparaison entre parenté et φιλία, où l'expression ἕτερος αὐτός est utilisée la première fois pour désigner l'ami.

22 *Cf.* Munteanu (2015, p. 141, 147-148, 151). On peut ajouter à l'analyse de Munteanu que l'exemple d'Amasis exclut toute autre manifestation liée à la pitié, comme le sentiment de deuil (πένθος) qui est pourtant mentionné en *Rh.* I.11, 1370b25 ; la compassion (συναλγέω) est quant à elle mentionnée en 1379b22 et 1381a4

23 L'adjectif δεινόν peut s'entendre comme synonyme de φοβερόν; mais il acquiert également un sens particulier sur le style rhétorique que caractérise par exemple Démosthène. *Cf.* Chantraine (1968, p. 255-257) *ad.* δείδω.

est trop proche, – notamment du fait qu'il affecte les siens, ou encore lorsqu'il dépasse la mesure de l'imagination[24], il n'y a pas de pitié, mais de la peur pour soi-même ou de la simple terreur, et b) que l'on peut très bien utiliser un argument qui fait peur afin d'empêcher l'apparition de la pitié, la peur oblitérant la distance nécessaire à la pitié. Aussi, la peur exclut-elle la pitié, comme on l'a déjà vu, au sens où l'agent est « tout à sa propre passion » ; la peur empêche, littéralement, de voir autrui comme une médiation de soi-même : nous sommes saisis de peur pour nous.

Que la peur chasse la pitié ne veut certainement pas dire qu'elle n'a pas de rôle à jouer dans la passion de pitié ; au contraire, comme on l'a vu, le danger doit être proche, de telle manière qu'autrui puisse devenir l'intermédiaire par lequel l'agent se représente lui-même dans sa situation. Aussi, contrairement à Vahlen qui voit une contradiction dans le fait que le δεινόν soit d'abord exclusif de la pitié, puis qu'il doive lui être liée, il ne me semble pas nécessaire de faire dire à Aristote qu'on « *n'*éprouve *pas* de pitié, en outre, lorsque ce qui est terrifiant est proche de nous[25] ». S'il y a des situations terrifiantes qui bloquent la pitié, c'est

24 On peut prêter les deux sens à l'argument selon la valeur que l'on donne à δεινόν : soit il n'est pas si différent de la peur, et alors c'est la proximité du danger qui devient l'élément qui bloque la pitié, soit il représente un malheur difficilement imaginable (comme c'est le cas du supplice de Psamménite selon ses propres dires et selon la version qu'en donne Aristote) et alors de même qu'on ne peut espérer ce qui est impossible, de même on ne peut avoir pitié de ce qui est épouvantable. En ce sens, δεινόν devrait être davantage rapproché de l'horreur (τὸ τερατῶδες) dans la tragédie, et non de la crainte, *Poet.* 14, 1453b8-11.

25 Le problème textuel peut être résumé ainsi : après avoir affirmé que le δεινόν chasse la pitié, Aristote affirmerait qu'en réalité la pitié apparaît lorsque le δεινόν est proche ; ce qui apparaît comme une contradiction manifeste a poussé Vahlen (1861, p. 117-118 = *id.*, 1911, p. 73-74) à ajouter un <οὐ γὰρ> avant le ἔτι ἐλεοῦσιν. L'ajout, qui de l'aveu de son auteur n'est pas négligeable, est motivé par les raisons suivantes : a) cette phrase « En outre, on n'éprouve pas de la pitié lorsque ce qui est terrifiant est proche de nous » est la conclusion explicative du premier groupe de personnes qu'on prend en pitié : les connaissances, mais pas trop proches, car si le terrible est trop proche, nous ne pouvons pas avoir pitié ; b) le τε de ἐλεοῦσι δὲ τούς τε γνωρίμους l. 86a17 annonce donc, et doit être lié à, la phrase καὶ τοὺς ὁμοίους ἐλεοῦσι l. 86b24. L'avantage de cet ajout est manifeste : il supprime la contradiction apparente, et rétablit une séquence désormais plus visible sur les cibles de la pitié : d'abord les « connaissances », ensuite les « semblables ». À ma connaissance, tous les éditeurs et traducteurs l'ont suivi dans ce choix. Si à l'inverse on refuse d'ajouter <οὐ γὰρ>, il faut supposer que : a') cette phrase n'est pas la conclusion d'un premier groupe de personnes mais *une transition* soulignant une difficulté sur le rôle de la peur dans la pitié. Il demeure en effet une ambiguïté sur le sens à donner à ἐγγύς dont le sens quelques lignes plus haut est lié à la parenté (et non à la proximité spatio-temporelle du danger) ; b') tout en associant le τε de ἐλεοῦσι δὲ τούς τε γνωρίμους à καὶ

parce que la distance entre l'agent et autrui est résorbée au point qu'on fait sien le danger d'autrui, de manière réelle et immédiate ; mais pour qu'il y ait pitié, le « terrifiant » doit être présent, et proche sur une autre modalité que la proximité trop directe d'un père face à son fils mis à mort. Le terrifiant doit être *proche* au sens où un *semblable* en est affecté et que de ce fait l'agent se projette comme étant potentiellement le sujet de ce malheur. La peur est donc toujours potentiellement présente dans la pitié. La conclusion de l'argument « car d'une manière générale, et en particulier ici, il faut comprendre que toutes les choses que nous craignons pour nous-mêmes nous font pitié lorsqu'elles arrivent aux autres » montre comment la mise à distance, et la projection de soi dans la vision des malheurs d'autrui articulent peur et pitié, faisant de la première une condition nécessaire à l'expérience de la seconde.

3) On sait pourtant que tous les objets de la peur pour soi ne sont pas des objets de pitié pour autrui. Dans cette conclusion du paragraphe, il faut se rappeler d'une dimension supplémentaire, la dimension éthique ou politique, qui rend l'objet que l'on craint « immérité » pour autrui (et partant pour soi-même). C'est la raison pour laquelle la notion de « semblable » est capitale pour comprendre le fonctionnement de la pitié. L'exemple d'Amasis donnait déjà un cas de « semblable », à savoir l'ami. Aristote énumère donc plusieurs catégories de semblables, par des critères qui sont autant de points d'identification de soi à autrui : âge, caractère, disposition, rang, lignée. Le « semblable » représente ainsi la limite extérieure à ma propre peur, qui demeure bien présente dans l'émotion de pitié.

Cette notion de « semblable » permet de donner un premier aperçu de l'usage technique de la pitié. Comme l'a remarqué D. Konstan, Aristote s'intéresse ici à une réponse de type « émotionnelle » et non nécessairement « vertueuse » des individus face à la souffrance d'autrui, une souffrance dont on imagine qu'on pourrait en être soi-même l'objet. La solution réside donc en une utilisation de l'émotion de pitié pour créer, consolider ou rétablir des liens qui sont de l'ordre du commun. En effet, Aristote précise a) en début de chapitre que la pitié est une passion de l'homme de bien, b) qu'il faut encore croire qu'il existe des gens honnêtes ici-bas pour être susceptible de ressentir de la pitié pour

τοὺς ὁμοίους ἐλεοῦσι (il me semble effectivement impossible de faire du ἔτι la suite du τε), les exemples suivants des « semblables » vont illustrer ou spécifier le sens à donner à γνωρίμους.

autrui, et c) que nous nous identifions plus facilement à nos semblables dont les souffrances imméritées provoquent de la pitié. On peut déduire de ces trois éléments que l'usage technique de la pitié en rhétorique vise non pas à la simple manipulation de la pitié (ou inversement de la peur) – pour disculper un crime par exemple ou pour en amoindrir la peine associée – mais bien l'éveil, par le rhéteur, d'un sentiment de commune appartenance – pourrait-on dire « communauté de destin[26] » – face à des malheurs possibles. La pitié, pour Aristote, est capable de favoriser un sentiment d'appartenance, dès lors qu'il s'agit d'une expérience qui n'est pas réductible, comme le soutient Platon, à une identification menant à la corruption de l'âme.

CONTRE LA CONDAMNATION PLATONICIENNE DE LA PITIÉ

La condamnation platonicienne de la pitié est connue. À la fin de l'*Apologie*, Socrate se refuse à susciter la pitié des jurés, s'abstient de prendre à témoin sa femme, ses amis, et ses futurs orphelins (34b6-35d8) au motif que l'appel à la pitié contreviendrait non seulement à un jugement vrai, mais aussi à la réputation de vertu – le courage – dont Socrate continue de faire preuve devant l'imminence de sa condamnation. Non que la pitié elle-même soit une disposition condamnable, mais elle est au mieux redondante avec la justice et la vertu en général, et au pire, lorsqu'on la laisse s'épancher au théâtre, elle est un motif de corruption[27]. Faire pleurer son jury, c'est transformer, selon Socrate, le tribunal en scène tragi-comique qui ridiculise la cité.

---

26 Sur cette expression dans un contexte linguistique comparatiste, voir Pérennec (1998), dont les conclusions m'invitent à ne pas utiliser cette expression sans précaution.

27 La pitié est fréquemment appelée dans le contexte intellectualiste de définition de la vertu chez Platon : on doit avoir pitié pour les personnes qui agissent mal, contre leur gré, et leur infliger de ce fait un châtiment conforme à la justice. Voir par exemple la discussion de Socrate avec Polos, *Gorg.* 469a-c. Voir également *Leg.* 731c7-13 dans le même contexte intellectualiste. On trouve des exemples d'application de cette pitié au sens d'épargner ou d'alléger les peines dans les procès selon les circonstances du crime ou du meurtre au livre IX des *Lois* : par exemple 863d1 (συγγνώμη), 867e6 (αἰδώς et καταδοχή) et dans le passage 877e6-b2 où est examiné le cas de celui qui ayant l'intention de tuer, n'a fait que blesser la personne en question. Dans tous les cas, la pitié invoquée ne procède pas d'une forme de sympathie ou d'attendrissement, mais est une application de la justice fondée sur une psychologie fonctionnelle dont l'horizon est celui de la correction d'un vice. Sur l'usage possible de la pitié dans la pénologie platonicienne, voir Mackenzie (1981, p. 140-146) ; Saunders (1991, p. 178-194) ; Renaut (2014, p. 318-322). Sur le fait que la pitié ne peut pas être une vertu chez Platon, voir Kamtekar (2020).

C'est le sens du passage bien connu dans la *République*, où Socrate présente un argument psychologique dévastateur pour les poètes dans la cité, dans lequel la pitié joue un rôle de premier plan.

> Si tu réfléchis au fait que la partie de l'âme que nous cherchions tantôt à contenir par la force, dans les circonstances de nos malheurs personnels (ἐν ταῖς οἰκείαις συμφοραῖς) – cette partie qui est assoiffée de larmes et portée à se lamenter sans retenue, jusqu'à épuisement, parce qu'il est dans sa nature d'éprouver de tels désirs – est justement la partie que viennent assouvir et combler les poètes, tandis que la partie de nous-mêmes qui est par nature la meilleure, parce qu'elle n'a pas été suffisamment formée par la raison et l'habitude, relâche sa surveillance sur cette partie encline à la lamentation, à la pensée que ce sont des sentiments qui lui sont étrangers qu'elle regarde en spectatrice (ἅτε ἀλλότρια πάθη θεωροῦν), et qu'il n'y a rien de honteux pour elle à se répandre en éloges et à montrer de la compassion pour un autre homme qui pose comme un homme de bien et s'afflige de manière inopportune ; si tu réfléchis au fait qu'au contraire elle croit en tirer un profit, le plaisir, et qu'elle ne consentirait pas à s'en priver en rejetant l'ensemble de l'œuvre poétique, tu verras, je pense, que bien peu de gens sont en mesure de se rendre compte que la jouissance passe nécessairement des affections des autres à celles qui nous sont propres. Après avoir nourri et fortifié notre sentiment de pitié dans les affections des autres (ἀπὸ τῶν ἀλλοτρίων εἰς τὰ οἰκεῖα), il n'est guère facile de le contenir dans les sentiments que nous éprouvons personnellement. (*Rep.* X, 606a3-b8, trad. G. Leroux)

Ce qu'on ne tolérerait pas dans la vie publique, à savoir une lamentation sans retenue – laquelle semble tolérable en privé –, on y prend, selon Platon, un certain plaisir au théâtre[28]. Or ce plaisir pris à la pitié finit, selon Platon, par détruire toute forme de vertu qui est au fondement de l'unité de la communauté politique. Ce passage permet d'éclairer quelques éléments du traitement aristotélicien de la pitié.

1) Le contexte de ce passage ainsi que du chapitre II.8 de la *Rhétorique* sont similaires : la pitié est chez Platon étudiée au carrefour de la vie privée (ἐν ταῖς οἰκείαις συμφοραῖς), de la vie publique (où la rhétorique épidictique semble jouer un rôle, ἐπαινεῖν) et de l'expérience singulière du théâtre. Pour Platon, une juste différenciation entre ces différentes sphères est un enjeu capital pour la constitution d'une communauté de plaisir et de peine unifiée, alors que la pitié constitue pour lui un élément perturbateur et de brouillage. De la même manière, Aristote

28 Sur ce passage, je me permets de renvoyer à Renaut (2014, p. 138-142).

analyse la pitié à travers ce triple prisme privé (au sens où il concerne des proches parents), public (au sens où il concerne les semblables) et théâtral (au sens où en *Rh.* I.1 et à la fin du chapitre II.8, Aristote évoque la contamination de la rhétorique judiciaire par certains procédés dévolus à la scène). Dans les deux cas, la pitié est ce πάθος qui met en jeu une certaine manière pour soi-même de se rapporter à autrui. Mais alors que Platon considère que la pitié est ce par quoi les affections d'autrui contaminent les siennes propres (ἀπὸ τῶν ἀλλοτρίων εἰς τὰ οἰκεῖα, ἐν τοῖς αὐτοῦ πάθεσι), Aristote a défini la pitié justement comme une opération psychique d'anticipation où le soi et autrui sont, de fait, radicalement séparés. Contrairement à Platon, Aristote ne croit pas que la pitié soit un facteur de dissolution des frontières entre ce qui relève de la vie privée et ce qui relève de la vie publique, par le truchement de l'expérience théâtrale. Une première raison en est que, contre Platon, Aristote ne dit jamais dans la *Rhétorique* que la pitié puisse comporter une forme de « plaisir », coupable pour Platon de cette confusion : la pitié est bien une douleur, dirigée vers autrui. Une seconde raison est qu'Aristote, là encore contrairement à Platon, ne relie pas pitié et le sentiment de deuil (πενθεῖ) ; en neutralisant, peut-être par omission, cet élément affectif d'identification, Aristote ne risque pas, en effet, d'abolir la frontière entre le soi et autrui[29].

2) Un second point de comparaison est celui de la surdétermination morale de la pitié. Platon et Aristote s'accordent, du moins en apparence, sur le fait que la pitié est liée à la reconnaissance d'une communauté d'honnêtes hommes (ἀνὴρ ἀγαθός). Plus encore, et bien qu'il en ait, Platon véhicule l'opinion populaire selon laquelle il n'est moralement pas honteux de ressentir de la pitié envers qui le mérite, tout comme Aristote qui affirme que la pitié est le fait d'un homme de bien. Et même, ajoute Aristote, la pitié est encore plus forte lorsqu'un homme droit (σπουδαῖος) subit des malheurs (ou une condamnation, comme celle de Socrate) immérités (1386b6-8). Platon, lui, ne fait pas l'apologie de la pitié, et défend au contraire que les situations qui suscitent la pitié sont l'occasion de prouver son courage et sa retenue. Contre l'épanchement de la pitié, il s'agit au contraire de « contenir par force » (βίᾳ κατεχόμε-νον) la partie irritable de l'âme, et de garantir l'hégémonie de la partie

29 En *Rh.* II.6, 1383b33-34 est honteux le fait s'affliger à l'excès des souffrances d'autrui en sa présence : καὶ τὸ ὑπεραλγεῖν ἀλγοῦντι παρόντα.

rationnelle de l'âme. S'il est toléré que l'honnête homme se laisse aller aux pleurs lorsqu'il est seul, son éducation, ses habitudes et la loi doivent l'aider à se contenir en public (*Rep.* 604a1-8). Si Aristote ne va pas jusqu'à faire l'apologie de la pitié, il ne condamne certainement pas cette passion et n'en fait pas le contraire du courage (comme capacité à contenir sa peur) ou de la honte (comme inhibition d'un comportement que Platon qualifie d'ἀκαίρως).

3) Un dernier élément concerne le rôle de la pitié comme ciment social et politique. Pour Platon, il ne fait aucun doute que la poésie tragique détruit les liens politiques en ramenant justement chacun à son propre plaisir, car au théâtre, chacun fait sien le malheur d'autrui pour en faire un objet de plaisir. Le danger pour Platon est qu'on se comporte envers les malheurs d'autrui comme on le fait au théâtre, sans retenue et en y prenant un certain plaisir. La frontière qu'on croyait imperméable entre réalité et fiction est psychologiquement, du point de vue de la maîtrise des passions, tout à fait poreuse. La pitié, pour Platon, ne produit aucune forme de « sentiment partagé » qui soit comparable à la communauté des plaisirs et des peines décrite au livre V de la *République* ; elle est bien plutôt le signe, puisqu'il y a du plaisir pris au malheur d'autrui, que la pitié procède, comme la jalousie dans le *Philèbe*, d'une disposition à une complaisance personnelle et vicieuse[30]. Comme on le verra à propos de la jalousie, Aristote ne rejoint pas Platon dans ce diagnostic : la jalousie est doublement contraire à la pitié au sens où, comme l'indignation, elle porte sur les succès d'autrui et non ses malheurs, et où contrairement à ces deux dernières, elle fait fi du caractère mérité ou non de ces malheurs ou de ces succès. En ce sens, même s'il est vrai de dire que la pitié aristotélicienne, dans la *Rhétorique* du moins, n'est pas « altruiste » au sens où elle ne procède pas d'une forme de compassion, elle demeure chez Aristote le vecteur d'un sens moral qui consolide la communauté des honnêtes hommes.

La réponse aristotélicienne à la condamnation platonicienne de la pitié est donc triple. 1) Aristote refuse de souscrire à l'idée que l'expérience de la pitié au théâtre rend indiscernable la frontière entre fiction et réalité, qui constitue pour Platon un argument pour la mise au ban des poètes de la cité. En ce sens, la pitié demeure chez Aristote une opération

30 Platon, *Phlb.* 47e-54a. Je reviens sur ce passage déterminant à propos du φθόνος, *infra* p. 312.

complexe de mise à distance entre le soi et autrui qui sépare la pitié de la peur. 2) Aristote refuse également qu'il existe dans l'expérience de la pitié une forme de plaisir personnel, sauf peut-être, mais le texte ne le dit pas, dans l'espoir de remédier aux maux. La pitié chez Aristote consiste bien en une reconnaissance, par les pairs, de malheurs immérités, cimentant par là-même des liens sociaux et politiques autour de valeurs communes. 3) Enfin, Aristote refuse de voir dans la pitié une quelconque propension au vice. L'effort de différenciation entre pitié et jalousie, effectuée en II.10, entérine ce désaccord avec Platon.

Néanmoins, ce triple désaccord ne pourrait advenir si Aristote ne partageait pas avec Platon un *problème* commun au sujet de la pitié : dans quelle mesure doit-on faire une différence entre la pitié ressentie au théâtre et celle que la rhétorique convoque dans ses discours ? Cette question engage un large débat sur la fonction de la tragédie dans la cité[31], dans lequel je ne prendrai position que relativement à la *Rhétorique*.

RHÉTORIQUE ET *POÉTIQUE* : DEUX USAGES DIFFÉRENTS DE LA PITIÉ

L'importance de la crainte et de la pitié dans la *Poétique* comme élément de l'imitation tragique – sans mentionner le problème de leur *katharsis* au ch. 6 et cela quelle que soit l'interprétation qu'on en donne – appelle le recours à la *Rhétorique* et à la définition de ces deux

31 Je renvoie ici au débat entre Lear (1995) et Halliwell (1995) sur la manière de concevoir la fonction sociale de la tragédie comme épreuve des normes rationnelles de la cité, telles qu'elles sont élaborées respectivement chez Platon et Aristote. Pour ce qui concerne la pitié, selon J. Lear, la thèse principale d'Aristote est que c'est cette passion qui rend la tragédie « *"safe for human consumption" [...] For pity to be a possible emotional response to a drama, even the most horrific reversals must have an inherent logos.* » (p. 81). Cette conclusion ne peut assurément pas s'appliquer à la pitié *en rhétorique* chez Aristote cependant. Halliwell pour sa part présente une thèse beaucoup plus nuancée sur la pitié qui me semble applicable à la fois à la *Poétique* et à la *Rhétorique* : « [...] *when Lear characterizes tragedy's test to ethical reason as a matter of its "representations of attacks on [the] elementary bonds" (p. 76) of the* polis, *I would prefer to shift the emphasis much further towards tragedy's display of the* vulnerability *of these bonds. In that respect I think that Aristotle's theory is less of a failure than Lear suggests, since I take the* Poetics *to answer faithfully enough to the fundamental weight of tragic suffering.* » (p. 90).

passions, étant donné la rareté et la concision de leur description dans la *Poétique*, notamment aux chapitres 6, 9, et 13 à 15. La *Poétique* en appelle d'ailleurs explicitement à la *Rhétorique* au ch. 19 pour susciter ces deux émotions par le moyen du langage[32]. Réciproquement, l'usage d'un vocabulaire théâtral dans la *Rhétorique* concernant la pitié, ainsi que le constat selon lequel la scène rhétorique, qu'elle soit judiciaire, délibérative ou épidictique, emprunte aux moyens du théâtre, appellent la *Poétique* pour tenter de parfaire notre compréhension du mécanisme de ces deux passions. Les définitions de la pitié sont en partie congruentes dans la *Rhétorique* et la *Poétique.* Dans la *Poétique*, Aristote souligne l'objet de la pitié qui est un « homme malheureux sans le mériter » (περὶ τὸν ἀνάξιόν), tandis que la peur tragique complète la définition en ajoutant que cet homme est « semblable à nous » (περὶ τὸν ὅμοιον)[33]. Crainte et pitié sont distinguées d'autres passions comme la répulsion (τὸ μιαρόν, *Poet.* 13, 1452b36), le sentiment d'horreur (τὸ τερατῶδες, *Poet.* 14, 1453b9) et celui d'humanité (τὸ φιλάνθρωπον, *Poet.* 13, 1452b38).

Pourtant, ces deux traitements sont-ils si solidaires ? Doivent-ils l'être si l'on recherche un usage technique de la pitié en rhétorique ?

UNE DIFFÉRENCE DE FINALITÉ

Commençons d'abord par rappeler une évidence, à savoir la différence de finalité de l'usage de ces deux passions. Dans le cas de la *Rhétorique*, il s'agit de modifier le jugement ; dans le cas de la tragédie de la *Poétique*, si on retient la définition du ch. 13, il s'agit de susciter son effet propre (τὸ τῆς τραγῳδίας ἔργον), c'est-à-dire « imiter des faits qui suscitent la crainte et la pitié » (καὶ ταύτην φοβερῶν καὶ ἐλεεινῶν εἶναι μιμητικήν, *Poet.* 13, 1452b32-33), et surtout, au ch. 14, de procurer son plaisir propre (τὴν οἰκείαν ἡδονήν), « le plaisir issu de la pitié et de la peur au moyen de l'imitation » (τὴν ἀπὸ ἐλέου καὶ φόβου διὰ μιμήσεως ... ἡδονὴν, *Poet.* 14, 1453b12-13)[34].

32 *Poet.* 19, 1456a38 : ...καὶ τὸ πάθη παρασκευάζειν, οἷον ἔλεον ἢ φόβον ἢ ὀργὴν καὶ ὅσα τοιαῦτα.

33 *Poet.* 13, 1453a4-7.

34 La nature de ce plaisir tragique fait l'objet, comme on le sait, d'un débat important, dont les meilleures présentations, non polémiques, demeurent à mon sens celle de Halliwell (1986, chap. 6), et celle de Belfiore (1992). Je retiens pour ma part les problèmes suivants : a) s'agit-il réellement de ressentir crainte et pitié dans la tragédie ou bien simplement de contempler des représentation ou imitations d'actions susceptibles de susciter ces

Cette différence de finalité explique en partie pourquoi dans la *Poétique*, peur et pitié forment un couple idéalement solidaire, et en dépit de leur différence, doivent être suscitées simultanément dans le cas des meilleures tragédies, alors qu'elles sont bien distinguées, voire opposées dans la *Rhétorique* comme on l'a vu à propos de l'usage du δεινόν pour chasser la pitié.

En effet, au ch. 13 de la *Poétique*, Aristote énumère quatre situations de personnages (bon ou mauvais, passant du malheur au bonheur ou du bonheur au malheur) pour examiner lesquels sont propres à susciter peur et pitié, en donnant un indice sur leur différence (la pitié est focalisée sur le mérite du personnage, la peur sur le fait qu'il nous est semblable) ; au ch. 14 (*Poet.* 14, 1453b13-14), Aristote évoque la possibilité de dissocier les deux passions, comme cela semble également être le cas au ch. 11 (*Poet.* 11, 1452a38-b1) à propos de la reconnaissance. Mais d'une manière générale, ce sont bien ces deux passions qu'il s'agit de susciter simultanément afin de procurer ce « plaisir propre » à la tragédie[35].

Dans la *Rhétorique* en revanche, peur et pitié ont des fonctions bien distinctes. La peur, comme on l'a vu, doit être utilisée techniquement dans les discours pour ébranler une trop grande assurance et pousser à la délibération. Quant à la pitié, peu d'indices nous sont donnés en II.8, mais il s'agit de toute évidence de l'utiliser de manière traditionnelle dans les discours judiciaires (ou éventuellement délibératifs) pour amoindrir une peine ou disculper un coupable, comme l'attestent deux passages du livre I consacrés à l'analyse de l'injustice dans la rhétorique judiciaire :

> Si l'équité est bien ce qui a été dit, quelles choses sont équitables et quelles choses ne le sont pas est clair, et quels sont les hommes qui ne sont pas équitables. Les actes auxquels il faut pardonner (συγγνώμην ἔχειν) relèvent

---

passions ? b) s'il s'agit de ressentir des passions, doit-on considérer que crainte et pitié dans la *Poétique* sont de nature différente que dans la vie réelle, impliquant alors leur « transformation » en plaisir dans la tragédie ? c) enfin, si l'on accepte l'idée de cette « transformation », ce plaisir est-il de nature intellectuel du fait de la contemplation de ces représentations, ou bien relève-t-il d'une « purgation » ou d'une « purification » de cette crainte et de cette pitié ?

35 Sur cette solidarité, voir Veloso (2018, p. 350-358) même si je ne partage pas sa thèse selon laquelle la *Poétique* n'a jamais eu pour but de susciter crainte et pitié pour produire du plaisir (*ibid.* p. 359, sur *Poet.* 14, 1453b7-14). Je me range davantage à la position de Rashed (2016) dont je partage l'intuition selon laquelle crainte et pitié ne sont pas de simples « effets collatéraux » mais sont essentiels à la tragédie.

> de l'équité, de même que le fait de ne pas considérer comme équivalentes les erreurs et les injustices d'une part, et les erreurs et les malheurs dus à la fortune d'autre part. (*Rh.* I.13, 1374b2-6)
>
> Qu'un acte injuste soit plus bestial l'aggrave. De même pour l'acte plus longuement prémédité. Et pour l'acte qui inspire aux auditeurs plus de peur que de pitié. (*Rh.* I.14, 1375a6-8, trad. P. Chiron)

Le premier passage ne traite pas explicitement de la pitié, mais du pardon, lequel est fréquemment associé à cette dernière en contexte judiciaire pour signifier l'acquittement ou la nullité de la procédure. Le pardon relève de l'équité lorsque le code pénal ne permet pas de prononcer un jugement. L'équité est dès lors requise, et parfois sur le mode d'un jugement qui accorde la pitié, pour certains actes qui relèvent de la catégorie de l'erreur (ἁμαρτήματα). On peut supposer à partir du premier passage qu'on ne prendra donc pas en pitié l'injustice, mais l'erreur (ce qui est une condition requise dans la tragédie) ; et qu'il y a lieu d'accorder le pardon à l'erreur et de prendre en pitié les infortunes dues au hasard comme le rappelle II.8.

Le second passage est intéressant car il est congruent avec II.8 quant à l'exclusion entre crainte et pitié : les injustices graves, qu'elles relèvent d'un caractère bestial ou qu'elles soient au contraire parfaitement préméditées, comme c'est le cas des actes commis sous le coup de la haine, ne sauraient être prises en pitié et pardonnées. La pitié est donc utilisée, dans la *Rhétorique*, dans des cas classiques de détermination de la responsabilité de l'agent quant à l'injustice commise.

UNE DIFFÉRENCE DE NATURE DES PASSIONS ?

Étant donnée la différence de finalité d'usage de ces deux passions, la difficulté principale devient : s'agit-il bien des mêmes passions qui sont suscitées dans la tragédie, et dans le discours judiciaire ? Peur et pitié sont des douleurs qui doivent susciter un certain plaisir dans la *Poétique* alors qu'elles demeurent des passions douloureuses dans la *Rhétorique* ; la transformation de ces passions douloureuses en plaisir font de peur et pitié un couple dans la *Poétique*, tandis que leur usage est exclusif dans la *Rhétorique*. Faut-il donc distinguer plusieurs types de passions ? Mon hypothèse est que ce sont bien, dans les deux cas, les *mêmes* passions ; mais c'est leur usage qui en modifie le caractère douloureux ou plaisant (ou mixte). Soulevons d'abord deux objections à cette hypothèse.

Un premier argument en faveur de l'idée qu'il s'agit de passions différentes dans la tragédie et la vie ordinaire consiste à examiner les conséquences de la distance fictionnelle instaurée par le dispositif théâtral. Une telle distance, en modifiant l'*objet* de nos passions, modifierait nos passions elles-mêmes. Dans la *Poétique* la peur n'a pas le même objet que dans la *Rhétorique* : on a peur non plus pour soi-même, mais pour autrui, et plus particulièrement pour ses « semblables », une caractéristique dévolue à la pitié dans la *Rhétorique*[36]. Un second argument consiste à rappeler qu'il s'agit, dans l'expérience de la crainte et de la pitié tragique, d'un plaisir[37]. Il serait alors nécessaire de trouver un moyen de transformer les douleurs de la crainte et de la pitié en plaisir, soit en insistant sur la nature intellectuelle ou distanciée de ce plaisir pris à la représentation de choses effrayantes et pitoyables, soit en maintenant qu'il existe un plaisir propre à ressentir véritablement crainte et pitié[38].

Contre la première objection, on peut répondre que le changement d'objet d'une passion ne signifie pas pourtant qu'il s'agit d'une passion différente. Si l'objet est effrayant, c'est parce qu'il demeure toujours, par analogie ou calcul, une menace directe pour soi-même : on peut donc avoir peur *pour autrui* dans la *Poétique* au sens où l'on reconnaît un danger imminent et destructeur *pour soi*, exactement comme dans le cas de la *Rhétorique* où il s'agit de produire l'exemple de meilleurs que soi ayant subi des maux. L'effet, notamment physiologique, de la peur tragique (si on veut l'appeler ainsi) n'est par ailleurs en rien distinct de la peur réelle[39], elle est simplement ressentie par procuration[40]. Par ailleurs,

36 *Cf.* Else (1957, p. 373), qui relève la potentielle contradiction entre *Poet.* et *Rhet.* II.8, 1386a25, mais la solution qu'il propose, qui consiste à recourir à la notion de φιλάνθρωπον qui couvre toutes les formes de parenté ou de proximité n'est pas satisfaisante, pour une raison simple : ce terme ne se trouve pas dans la *Rhétorique*. La difficulté est également analysée par Belfiore (1992, p. 230-231), Nehamas (1994, p. 270-273), et Halliwell (1986, p. 176-178).

37 C'est l'objection la plus forte et l'argument le plus convaincant de Veloso (2018, p. 370-387).

38 *Cf.* Destrée (2014) qui, face au même paradoxe de cette transformation, maintient qu'on ressent véritablement crainte et pitié face à la tragédie, et non des formes intellectualisées de celles-ci. La nature du plaisir est alors à chercher du côté de la « purgation » de ces passions en un sens médical.

39 Il n'est pas anodin qu'Aristote utilise le verbe φρίσσω aux côtés de ἐλεέω, ch. 14, 1453b5 à propos de l'histoire d'Œdipe qui à sa seule écoute fait frissonner et ressentir de la pitié.

40 Veloso (2018, p. 357) semble refuser qu'on puisse ressentir des passions à l'égard de « personnages ». Je ne vois pas, dans le texte d'Aristote, d'indices permettant de refuser qu'on puisse entrer en empathie (même en un sens restreint) avec un personnage.

on remarquera que la distance fictionnelle est déjà une caractéristique de la pitié dans la *Rhétorique*, et que la pitié au théâtre est de toute évidence de même nature que la pitié dans le monde réel : la pitié est une douleur ressentie à l'idée qu'on puisse être affecté d'un mal qu'on voit arriver chez nos semblables. Le caractère fictionnel du théâtre ne modifie donc pas la nature de la passion de pitié, et c'est la raison pour laquelle Aristote rappelle au ch. 14 de la *Poétique* un impératif de familiarité des personnages et des fables utilisées dans la tragédie, afin de garantir une proximité suffisante pour susciter crainte et pitié.

Face à la seconde objection, on peut douter que la tragédie opère une « alchimie » si incompréhensible qu'elle transformerait des douleurs de la peur et de la pitié en plaisir. Sans entrer dans la controverse, on peut affirmer que la conscience selon laquelle tout danger réel est suspendu sur la scène théâtrale parvient à « intellectualiser » la peur et la pitié pour en faire alors des passions « plaisantes » de second ordre[41]. Qu'il s'agisse d'une intellectualisation, d'une purification ou encore d'une purgation, nous avons affaire dans tous les cas à une opération psychique distincte des passions de crainte et de pitié elles-mêmes.

Si ce sont bien les mêmes passions, mais dont l'usage particulier dans la tragédie en fait des objets de plaisir, on peut mieux expliquer pourquoi dans la *Rhétorique* la pitié demeure un potentiel danger sur la scène judiciaire et délibérative. L'appel à la pitié lors de procès, les effets théâtraux afférents, est comme on l'a vu rejeté comme non technique par Aristote au livre I. Si notre chapitre II.8 ne condamne pas explicitement la pitié, il apparaît néanmoins clairement que l'usage de signes extérieurs au fait qu'Aristote rapporte à l'ὑποκρίσις constitue une potentielle menace de l'usage technique de la pitié dans les discours. En cela, Aristote demeure bien platonicien : s'il refuse, comme Platon l'affirme, que « la jouissance passe nécessairement des affections des

41 C'est la solution que propose Halliwell (1986, chap. 6, en part. p. 176-177). Mais Halliwell pense que les émotions ressenties sont intrinsèquement esthétiques. La solution de Rashed (2016, en part. p. 75-76) me paraît plus convaincante puisqu'il maintient l'identité de nature des passions : c'est par la *mimèsis*, la « simulation » de la crainte et de la pitié, que nous y prenons du plaisir. On en trouve au demeurant confirmation en *Rh.* I.11, 1371b4-10 : « ces choses aussi sont nécessairement plaisantes, comme l'imitation d'un objet (τό τε μιμούμενον), par exemple par la peinture, par la sculpture, par la poésie, et tout ce qui est bien imité, et cela même si ce qui est imité n'est pas agréable ; en effet, on ne ressent pas du plaisir devant l'objet, mais il s'agit du raisonnement suivant : ceci est de telle nature qu'il arrive qu'on apprenne quelque chose ».

autres à celles qui nous sont propres » par la théâtralisation de notre vie publique, il accepte en revanche tout à fait que la mise en scène de la pitié en rhétorique risque de faire jouer le plaisir du théâtre comme motivation extérieure au fait à juger ou à évaluer.

UNE DIFFÉRENCE DE CIBLES

Une dernière différence entre *Poétique* et *Rhétorique*, à propos des cibles de la pitié, peut révéler une différence d'usage.

Au ch. 13 de la *Poétique*, Aristote établit une typologie des personnages afin de déterminer les cibles idéales de la pitié et de la crainte. Aristote utilise deux critères : selon que le personnage est bon ou mauvais, et selon qu'il passe du bonheur au malheur ou inversement[42]. Le spectacle des hommes honnêtes (ἐπιεικεῖς, *Poet.* 13, 1452b34) qui passent du bonheur au malheur ne suscitera ni crainte ni pitié, mais un sentiment de répulsion. Les personnages bons ou mauvais, qui passent du malheur au bonheur, ne suscitent ni crainte ni pitié – c'est dans la *Rhétorique* qu'il faudra se tourner pour y voir des candidats, selon les cas, à l'indignation, à la jalousie et à l'envie. Reste le personnage foncièrement mauvais (σφόδρα πονηρόν, *Poet.* 13, 1453a1) à qui il échoit un malheur, qui ne suscitera non plus ni crainte ni pitié : ni crainte, car il n'est pas considéré comme un semblable (ὅμοιος), ni pitié car son malheur ne semble pas immérité (ἀνάξιον). La typologie est établie en vue de localiser des « intermédiaires » (μεταξύ, *Poet.* 13, 1453a7) qui qualifieront les personnages qui ne sont ni tout à fait bons, ni tout à fait mauvais, et dont la cause du malheur n'est ni sans cause ni du fait de leur vice, mais d'une faute (ἁμαρτία).

a) Une première différence, de taille, concerne le rôle de l'honnête homme (ἐπιεικής). En *Rh.* II.8, 1385b35, c'est parce qu'on continue à croire qu'il existe des hommes honnêtes (ἐπιεικῶν) qu'on est accessible à la pitié. Que ces mêmes cibles soient potentiellement objets de pitié est confirmé à la fin du chapitre lorsqu'Aristote prend l'exemple des sages (σπουδαίους) injustement frappés par un malheur immérité. L'exclusion de ces hommes honnêtes comme cibles de la pitié en *Poet.* 13, 1452b34-36 peut donc paraître étonnante au regard de la *Rhétorique*. Que l'honnête homme puisse être assimilé quelques lignes plus loin à

42 Sur cette typologie, voir Else (1957, p. 364-375).

celui qui l'emporte en vertu et en justice (*Poet.* 13, 1353a8) ne fait que renforcer la divergence entre les deux traités.

b) Une seconde différence concerne la cause possible du malheur sur lequel on s'apitoie. En *Rh.* II.8, 1386a6, le hasard est une cause de maux possibles ; au ch. 13 de la *Poétique*, le hasard n'est pas mentionné, ou plus probablement est inclus dans le cas de l'honnête homme (ἐπιεικής) touché par la τύχη, qui est exclu de la pitié tragique. Il est en effet nécessaire qu'il y ait une faute commise dans la tragédie, qui relève d'un mauvais choix ou d'une mauvaise délibération, ou encore d'une l'ignorance fautive.

Il faut déduire de ces deux différences que ce qu'on appelle « semblables » (ὅμοιοι) dans la *Rhétorique* et dans la *Poétique* ne sont pas tout à fait identiques, et révèlent une différence d'effets éthiques et politiques de la rhétorique et la tragédie. *Dans le cas de la tragédie*, les ὅμοιοι sont celles et ceux qui sont « comme nous[43] », intermédiaires entre vice et vertu, commettant des fautes qui sont responsables de leurs malheurs ; *dans le cas de la rhétorique*, les ὅμοιοι sont certes reconnus à travers des éléments d'identification (âge, caractères, dispositions, rang et lignée), mais dont la dimension positive seule importe[44]. C'est pourquoi les honnêtes hommes et les hommes droits – ceux à qui nous souhaitons devenir semblables – sont pitoyables en rhétorique s'il leur arrive un malheur. En d'autres termes, l'exigence éthique n'est pas la même dans la *Rhétorique* ; et de la même manière que la passion de colère et de honte implique nécessairement une image idéalisée du soi, la pitié en rhétorique dépend de la manière dont on considère la vertu de celui qu'on doit en juger digne. Dans la *Rhétorique*, c'est bien le caractère immérité du malheur qui prime sur l'identification au personnage, alors qu'une éventuelle fonction pédagogique de la tragédie insiste sur le caractère faillible de notre condition.

Il ne s'agit pas pour autant de faire du traitement rhétorique de la pitié un pur exercice éthique. Encore une fois, la *Rhétorique* se présente comme neutre axiologiquement. Ainsi, contrairement à la *Poétique*, la *Rhétorique* ne fait nullement mention de la φιλανθρωπία, sentiment d'humanité[45],

43 *Cf.* Else (1957, p. 460-461), et Veloso (2018, p. 357).

44 Sur l'extension de ce terme, voir II.6 1384a10-11, et II.9 1386b20, et *infra* p. 327 *sq.*

45 Sur cette notion, voir Else (1957, p. 368-371), qui me semble aboutir à une conclusion juste en définissant la φιλανθρωπία comme un sentiment de sympathie universelle, non discriminant, pour le genre humain, et qui est « *a diffuse disposition to sympathize with others, which when refined by judgment can become real pity* » (*ibid.*, p. 370).

qui apparaît comme un jugement non dépendant de la valeur morale de l'agent que l'on doit prendre en pitié. Que la *Poétique* se propose ou non d'éduquer ou de favoriser cette disposition de φιλανθρωπία dans le cadre de la tragédie reste une question ouverte[46] ; mais son absence dans la *Rhétorique* montre que le discours de l'orateur n'a pas vocation à éduquer son auditoire à cette passion – au contraire, en *Rh.* II.9, 1386b26-29, Aristote précise que corrélativement à la pitié, on se réjouit (ou du moins on ne souffre pas) du malheur qu'autrui a *mérité.*

La comparaison entre *Poétique* et *Rhétorique* permet de souligner la différence axiologique de l'usage de la pitié dans la tragédie et dans la vie réelle. Alors que la pitié apparaît dans la *Poétique* comme une passion potentiellement morale au sens où nous prenons plaisir à reconnaître la vulnérabilité et la faillibilité humaine, à travers des héros qui sont nos semblables en ce qu'ils commettent des erreurs, elle est, dans la *Rhétorique*, une passion morale au sens où elle pointe vers une exigence supérieure de justice, où la vertu de celui qu'on prend en pitié doit être proportionnée à son bonheur. Les deux traitements ne sont assurément pas incompatibles, mais ce n'est pas la même attention à la vulnérabilité humaine qui est requise : dans un cas, la tragédie, la pitié survient du fait de la reconnaissance d'une causalité paradoxale (παρὰ τὴν δόξαν δι' ἄλληλα, *Poet.* 9, 1452a4) qui fait intervenir la responsabilité humaine et une forme de contingence ; dans l'autre cas, la rhétorique, l'appel à la pitié ne se justifie que s'il va de pair avec une exigence d'honnêteté et d'équité. Mais de fait, ce que montre cette courte comparaison entre *Rhétorique* et *Poétique*, c'est qu'Aristote est tout à fait conscient du danger que représente la théâtralisation de la pitié dans l'espace rhétorique.

CONCLUSIONS

Le chapitre II.8 de la *Rhétorique* a trop souvent été analysé en fonction du problème des passions tragiques de la *Poétique*. Si l'on procède à rebours de ces lectures, et qu'on lit ce chapitre II.8 de façon plus

46 Sur la valeur pédagogique de la tragédie, notamment par la purification des passions de pitié et de crainte, voir surtout Nussbaum (1992).

autonome, on peut retenir trois points importants sur cette passion, à même d'éclairer son usage dans la tragédie.

Concernant la nature de la pitié, Aristote affirme qu'elle est issue d'une représentation déjà complexe qui implique une mise à distance de la peur, laquelle demeure une passion nécessaire à son émergence. En cela, la pitié est, comme l'indignation, la jalousie et l'envie, une passion de second ordre, et ce de manière intrinsèque. La pitié apparaît dès lors, dans les discours rhétoriques, liée à son usage sur la scène, en ce que le même processus de distanciation est requis pour la ressentir. Ce n'est donc pas la scène elle-même qui modifierait une passion en y introduisant une forme de distance entre le soi et l'autre : la distance est déjà, par nature, incluse dans la passion de pitié ; mais c'est son usage : la pitié en rhétorique est une douleur, dans la *Poétique*, elle vise à susciter un plaisir.

Ce chapitre II.8 nous renseigne également sur l'usage « technique » de cette passion. La connaissance de cette passion permet sa manipulation (notamment en jouant sur l'exclusivité de la peur et de la pitié). Sa connaissance permet surtout – si c'est l'intention du bon rhéteur – de lier l'auditoire à travers la notion de « semblable », selon plusieurs paramètres, dont l'honnêteté est à l'horizon de toutes les catégories.

S'agissant de son caractère « moral » enfin, si la pitié est dirigée vers autrui, elle n'est pas pour autant une passion « altruiste », dans la mesure où le « soi » demeure le point de départ et d'arrivée de la représentation qui la suscite. Néanmoins, et cela de manière concomitante avec son usage technique, l'appel à la pitié suppose de quelque manière une exhortation à une plus grande vertu, à une plus grande honnêteté, à un plus grand sens de la justice. Contrairement à la *Poétique* qui suppose un autre sens de « semblable », la rhétorique technique qu'Aristote envisage tient à distance une trop grande mise en scène de la pitié, risquant de produire une certaine forme de plaisir, pour insister sur une certaine exigence morale de l'auditoire quand il reconnaît le mérite ou le démérite de la cible.

L'INDIGNATION, LA JALOUSIE, L'ENVIE (*RH.* II.9-11)

Les chapitres 9 à 11 du livre II constituent un ensemble, respectivement sur l'indignation, la jalousie et l'envie, qu'il convient d'analyser en même temps pour trois raisons[1].

La première est définitionnelle et fonctionnelle. Ces trois chapitres composent, avec le chapitre sur la pitié, un ensemble dialectique où Aristote fait varier deux grands critères de différenciation relativement à la première passion : les heurs et malheurs d'autrui d'une part (la pitié concerne les malheurs d'autrui, tandis que indignation, jalousie et envie concernent les succès), et la prise en considération du mérite dans l'expérience de l'émotion elle-même d'autre part (la pitié et l'indignation, et l'envie d'une certaine manière concernent les actions méritées, tandis que la jalousie écarte le critère du mérite). Cette entreprise dialectique constitue une approche particulière de la définition de ces passions dont il faut rendre compte, d'un point de vue rhétorique, dans la mesure où chacune des trois autres passions constitue un point d'appui et d'usage pour contrecarrer potentiellement les effets de la pitié[2].

La seconde raison est axiologique. La définition conjointe de ces trois passions fait surgir un problème de détermination de ce qu'est une valeur

1 Les interprètes s'accordent sur la nécessité d'un traitement conjoint de certains de ces chapitres, mais pas toujours les mêmes. Ainsi Viano (2002 ; 2003) traite indignation, jalousie, envie ; Konstan (2006, chap. 5) la jalousie et l'indignation ; Ben Ze'ev (2003), traite conjointement pitié, jalousie, indignation, envie mais en vue d'une réinterprétation globale d'Aristote en termes contemporains ; enfin Castelli (2015) analyse la jalousie dans son rapport à l'indignation.

2 L'inclusion de l'envie pose un problème particulier : cette passion n'est en effet pas directement reliée à la pitié, mais son traitement découle d'une analyse de plusieurs contrariétés avec la jalousie et son affinité avec l'indignation. Ainsi Viano (2002) a-t-elle raison à la fois de présenter l'envie comme un couple avec son contraire, à savoir le mépris (*ibid.*, p. 241), distinct du « trio pitié (*eleos*) / indignation (*nemesis*) / envie (*phtonos*) », et d'inclure ce qu'elle traduit par « émulation » (ζῆλος) dans l'analyse des émotions de rivalité (*ibid.*, p. 244-245).

pour soi et pour la communauté. En effet, ces passions, aussi proches soient-elles (car il s'agit dans les trois cas d'une forme de douleur), ne sont pas des réponses identiques aux mêmes aspects de la valeur d'un objet ou d'une personne. Il en résulte l'affirmation tranchée selon laquelle la pitié et l'indignation (ainsi que l'envie) sont des passions de l'homme honnête et droit, tandis que la jalousie et le fait de se réjouir des malheurs d'autrui est le fait de personnes viles. Plus problématique encore est le statut de l'envie (ζῆλος) qui semble être une « jalousie » épurée de sa dimension malfaisante.

La troisième raison est politique et rejaillit très directement sur l'usage rhétorique technique de ces passions. À propos de l'envie, Aristote déclare en effet que le rhéteur, s'il en a le pouvoir, peut être l'artisan d'un grand bénéfice pour la communauté politique. La rhétorique apparaît dans ces chapitres décidément d'une importance politique capitale, en ce qu'elle véhicule un ensemble de valeurs sociales et politiques qui structurent les passions étudiées. Or indignation, jalousie et envie constituent un socle traditionnel important pour l'organisation juste des biens, des richesses et des pouvoirs dans la cité[3].

Une dernière raison, négative, conduit à analyser ensemble ces trois passions : pour de nombreux commentateurs, ce traitement des passions dans la *Rhétorique* ne représente pas nécessairement une analyse aboutie de ces dernières, quand on les compare non seulement à la tradition classique et oratoire, mais aussi au traitement qu'Aristote leur réserve dans ses *Éthiques* : non seulement Aristote semble donner un traitement *ad hoc* et non traditionnel de certaines passions ou de leurs différences, mais plusieurs passages de l'*Éthique à Nicomaque* et de l'*Éthique à Eudème* semblent relativiser la pertinence d'un tel traitement dans la *Rhétorique*. Il y a une spécificité rhétorique du traitement de ces passions qu'il convient de ne pas perdre de vue et qui permet d'expliquer certaines particularités par rapport à d'autres traités aristotéliciens. La thèse que je voudrais défendre dans ce chapitre est que l'examen dialectique de ces trois passions permet de rendre compte de leur usage technique dans le discours, dont la finalité est une meilleure prise en considération des critères de justice dans le

3 Pour une analyse détaillée de ces trois passions dans la tradition grecque, voir le volume collectif édité par Konstan et Rutter (2003) qui regroupe de nombreuses analyses de ces émotions dans la tradition archaïque et classique.

jugement chez l'auditoire. C'est au prix d'une certaine torsion des définitions traditionnelles de ces passions, mais exigées par l'examen des contraires, qu'Aristote peut prévenir l'orateur contre le mauvais usage de la jalousie en rhétorique, et promouvoir au contraire une forme d'émulation à la vertu par l'envie.

L'EXAMEN DIALECTIQUE DES PASSIONS CONNEXES À LA PITIÉ

Les passions sont liées : elles croisent leurs objets, leurs représentations, leurs symptômes parfois. La contrariété est néanmoins la relation qu'Aristote privilégie dans son catalogue des passions pour élaborer leur définition respective. Élaborer la définition d'une passion par les contraires permet selon les cas, comme on l'a vu dans les chapitres précédents, soit de se passer complètement d'une définition, soit d'en raccourcir considérablement l'examen. Mais en II. 9-11, les contraires sont utilisés pour élaborer des distinctions supplémentaires et parfois subtiles.

Quelle est la fin de l'usage de cette méthode par les contraires dans ces derniers chapitres ? La dialectique déployée dans ce chapitre ne correspond pas toujours au traitement de ces passions, lorsqu'il existe, dans les *Éthiques*. Doit-on voir alors, dans cet usage par les contraires, un indice de la nature technique de ce moyen de persuasion par les passions ? C'est cette piste que je tenterai d'étayer. C'est en effet en se fondant sur la capacité rhétorique à contrecarrer une passion par une autre (on l'a vu déjà au sujet de la peur et de la pitié), voire à faire passer une émotion pour une autre, que l'on peut dès lors révéler une relation de contrariété entre des éléments de définition des passions et mesurer l'effet moral et politique de chacune d'entre elles.

COMBINER LES CONTRAIRES : LES CRITÈRES DE DISTINCTION ENTRE INDIGNATION ET JALOUSIE

Les lignes *Rh.* II.9, 1386b9-1387a5 sont consacrées à la description des relations de contrariété entre la pitié, l'indignation et la jalousie principalement[4]. D'autres passions entrent néanmoins en jeu : la peur (1386b23), la joie prise aux malheurs d'autrui (ἐπιχαιρεκακία, 1386b35 et 1388a1)[5], et deux autres émotions anonymes qui consistent à se réjouir de manière juste du malheur ou du bonheur d'autrui lorsqu'il est mérité (1386b30-32). Pour comprendre l'échiquier de ces contrariétés, il faut tout d'abord rappeler la finalité du jeu :

> C'est pourquoi toutes ces passions sont des obstacles à la pitié, et qu'elles en diffèrent pour les causes que nous avons évoquées, de sorte que pour rendre les choses non pitoyables, toutes sont pareillement utiles. (*Rh.* II.9, 1387a3-5)

Contrecarrer les effets de la pitié est rendu possible en opposant à des éléments de sa définition des causes contraires. Les critères d'opposition à la pitié sont au nombre de six[6].

1) *Soi/Autrui.* L'indignation et la jalousie, ainsi que l'envie, sont des passions « spectatrices », comme la pitié, et sont dirigées vers autrui. On a vu plus haut comment la peur est capable de chasser la pitié (1386a22,

4 L'envie fait l'objet d'un traitement pour ainsi dire « dérivé » puisqu'il a vocation à remplacer la jalousie dans le discours oratoire. L'envie n'est pas mentionnée en II.9, mais elle émerge comme une solution de certaines tensions. Voir *infra* p. 333 *sq.*

5 Cette notion est souvent rapportée au terme allemand « Schadenfreude » qui, de fait, en constitue une traduction littérale. Il faut pourtant se méfier de cette équivalence. Le terme ἐπιχαιρεκακία est un terme rare qui n'apparaît qu'une seule fois dans la *Rhétorique*, et en *EN* II.6, 1107a10, et II.8, 1108b1. L'adjectif ἐπιχαιρεκακός est utilisé dans *l'EE.* III.7, 1233b19-21. Avant Aristote, l'adjectif apparaît dans un fragment incertain d'Anaxandride, représentant de la moyenne comédie (*cf.* fr. 60 (Kassel, Austin, 1991, p. 273)). Les trois lignes sont les suivantes : Ὦ πονηρὰ καρδία / ἐπιχαιρέκακον ὡς εἶ μόνον τοῦ σώματος· / ὀρχεῖ γὰρ εὐθύς, ἂν <μ'> ἴδῃς δεδοικότα : « Ô toi, cœur odieux ! toi seule partie de mon corps qui se réjouit de mes malheurs, car tu te mets à danser sur le champ dès que tu me vois apeuré » ; *cf.* Millis (2015, p. 291-293) qui propose l'interprétation d'un jeune homme s'adressant à son cœur dans un contexte de rencontre de la personne aimée. Anaxandride est par ailleurs cité par Aristote trois fois au livre III de la *Rh.* (III.10, 1411a19 ; III.11, 1412b17 ; III.12, 1413b25 ; voir également *EN* VII.12, 1152a22-23). Il est probable que ce terme soit une manière dialectique de différencier cette passion de son corollaire, φθόνος, qui par exemple chez Platon désigne bien un plaisir mêlé de douleur (Fussi, 2017, p. 78 n. 7). Sur la *Schadenfreude* comme catégorie psychologique contemporaine, qu'il paraît dès lors difficile d'appliquer à l'Antiquité, voir Sanders (2014, p. 21-22).

6 Il me paraît important de distinguer les critères d'opposition à la pitié qui servent un impératif fonctionnel et des critères d'opposition ou de distinction entre indignation, pitié et envie. C'est en effet à la faveur de cette première grande opposition que certaines autres distinctions sont avancées, alors que la différence n'est pas toujours évidente, notamment entre indignation et jalousie, comme l'indique Aristote (*Rh.* II.9, 1386b17-18). Certaines difficultés d'interprétation concernant la jalousie qui sont clairement présentées par Castelli (2015, p. 243-245), et j'y reviens ci-après.

ἐκκρουστικὸν τοῦ ἐλέου), puisqu'elle en est son contraire au sens où la peur abolit la frontière entre le soi et autrui. Indignation et jalousie sont, en II.9, également distinguées de la peur :

> Et le fait que ce ne soit pas parce qu'il nous arrivera quelque chose d'autre, mais à cause de notre prochain lui-même, il faut que cela s'applique de la même manière à tous les cas. En effet, il ne s'agira encore ni de jalousie ni d'indignation, mais de peur, si la douleur et le trouble surgissent parce qu'il nous arrive à nous quelque chose de mauvais du fait du succès d'autrui (*Rh.* II.9, 1386b20-25).

Comme pour la pitié, la peur est capable de chasser ou du moins de prévaloir sur l'indignation et la jalousie, si le soi devient le centre de la représentation qui suscite la passion. Mais contrairement à la pitié, la peur n'est incluse dans la définition ni de l'indignation ni de la jalousie, pour la bonne raison que c'est un succès, et non un malheur, qui est envisagé chez autrui : une trop grande identification à autrui (par exemple s'il s'agit des siens, de ses amis ou encore de ses alliés) produirait certainement plutôt de l'assurance. Nous avons donc ici un usage possible de la peur pour dissoudre l'indignation ou la jalousie de l'auditoire comparable à celui du début de *Rh.* II.5 où sont énumérées des cibles de la peur, par exemple les hommes puissants et/ou injustes (1384a34-35, 1384b2-4, 1382b8) parce qu'ils ont le pouvoir d'agir sur le champ.

2) *Succès/Revers.* Le second critère d'opposition avec la pitié est l'objet même de ce qui échoit à autrui : la pitié est une souffrance face aux *échecs* et à *la mauvaise fortune* d'autrui, tandis que l'indignation, la jalousie et l'envie concernent des biens (ἀγαθά), des succès (εὐπραγία est le terme le plus fréquemment utilisé) et même le bonheur en général (1387b31).

3) *Prise en considération du mérite.* Un troisième critère d'opposition est le caractère mérité ou non du bien envisagé. Ce critère est présenté par Aristote comme étant le plus distinctif, puisqu'il permet d'apparier la pitié et l'indignation, passions attentives au mérite, contrairement à la jalousie et la joie prise aux malheurs d'autrui, où le mérite ne joue aucun rôle dans la représentation douloureuse ou plaisante[7]. Le cas de

7 L'effet de symétrie est patent dans la *Rhétorique*, mais il faut probablement s'en méfier : l'indignation s'oppose à la jalousie, tandis que la pitié semble s'opposer à la joie prise aux malheurs d'autrui – sauf que pitié et joie prise aux malheurs d'autrui ne sont pas toutes deux des douleurs. On aurait pu imaginer un symétrique inverse à la pitié qui soit une douleur, mais semblablement indifférente au mérite, par exemple le sentiment

l'envie présente une nuance supplémentaire : cette passion survient « non pas parce qu'autrui possède [ces biens], mais parce qu'on ne les possède pas soi-même » (οὐχ ὅτι ἄλλῳ ἀλλ' ὅτι οὐχὶ καὶ αὑτῷ ἔστιν, *Rh.* II.11, 1388a32-33). Le critère de la considération du mérite n'apparaît pas immédiatement dans la définition ; mais il apparaît de manière évidente que cette passion est une passion honnête (ἐπιεικές, 1388b33) du fait qu'elle est attentive au mérite et à la valeur du bien qu'on perçoit chez autrui, puisqu'on l'espère pour soi-même.

4) *Plaisir/Douleur.* Le quatrième critère d'opposition est celui de la nature de la passion, plaisante ou douloureuse. L'opposition logique permet en effet de déduire, en dépit de l'absence de noms, une série de passions connexes à la pitié, à l'indignation, à la jalousie. Combiné avec le critère 3, ce dernier critère permet d'obtenir une série de nuances pour lesquels les noms manquent[8]. Tandis que le plaisir « justifié » devant le malheur mérité d'autrui (un châtiment, une infortune échue au méchant) ou ses succès sont anonymes et relèvent du caractère juste, semblable à celui qui est accessible à la pitié et à l'indignation, la joie prise aux malheurs d'autrui (ἐπιχαιρεκακία) constitue le contraire de la pitié (s'opposant dès lors indirectement à l'indignation), et le pendant de la jalousie. Ce critère, qui peut sembler évident, ne l'est pas tant que cela si l'on se souvient que chez Platon, le φθόνος constitue certes une peine, mais *mêlée* de plaisir.

5) *Degré d'estime ou de désir du bien.* Un cinquième critère d'opposition ne nous est pleinement révélé qu'à travers la description du mécanisme de la jalousie en II.10 et de l'envie en II.11 : l'intensité de la pitié, de l'indignation, de la jalousie et de l'envie à l'égard de quelqu'un dépend de l'estime et du désir que l'on a pour le bien que cette personne possède (ou dont elle est privée dans le cas de la pitié)[9]. Il s'agit moins d'un critère d'opposition entre les passions qu'un outil de neutralisation ou de privation : une relative impassibilité (du fait de l'absence de douleur : ἄλυπος, 1386b27 ; ἀλύπως, 1387b16), voire le mépris (qui constitue la

d'humanité (φιλανθρωπία) tel qu'il est décrit dans la *Poétique* et absent de la *Rhétorique*. Voir critère 4.

8 Sur ce point, voir Rapp (2002b, p. 660) pour la *Rhétorique*, et Coker (1992) pour l'ensemble des contraires anonymes dans les *Éthiques*.

9 Sanders (2014, p. 61) en fait un critère essentiel pour différencier l'indignation et jalousie d'une part, où c'est le fait qu'autrui possède un bien qui cause la douleur, de l'envie d'autre part où c'est le fait de ne pas le posséder soi-même qui en est la cause.

fin du chapitre II.11 comme un contraire de l'envie 1388b22-28), peut prévaloir si le malheur ou le succès considéré est soit justifié, soit minime.

6) *Caractère.* Un dernier critère peut être utilisé, et qui consiste à opposer les passions du caractère bon et juste à celles du caractère injuste et méchant. On peut hésiter à en faire un critère intrinsèque aux passions elles-mêmes, compte tenu de la neutralité axiologique de la rhétorique ; on doit cependant au moins en faire un critère faisant intervenir la représentation et l'apparence de dispositions éthiques des partis en présence : apparaître honnête rend moins vraisemblable le fait de ressentir de la jalousie ou de l'ἐπιχαιρεκακία par exemple. Cet argument normatif, qui part donc de l'opposition des caractères pour faire s'opposer des passions, est utilisé en II.9 (1386b11-14, 1386b29-1387a3), puis en II.11 (1388a33-34) où Aristote oppose le caractère de l'homme honnête (ἐπιεικής) au caractère vil (φαῦλος). Il rappelle ainsi l'importance des dispositions dans lesquelles le rhéteur doit apparaître devant son auditoire (*Rh.* II.1, 1377b24) et annonce les chapitres (12-14) suivants sur la typologie des ἤθη.

Ces six critères donnent à l'orateur de nombreux moyens pour contrecarrer la pitié[10]. On peut en déduire trois propositions, qui ne sont pas explicites, mais raisonnablement vraisemblables pour contrecarrer la pitié. L'usage des passions consiste ainsi à présenter la personne réclamant la pitié de l'auditoire comme ne la méritant pas a) en insistant sur le caractère « mérité » de son malheur (*Rh.* II.9, 1387b16-20) ; ou b) en montrant qu'elle n'est pas si malheureuse (*Rh.* II.10, 1388a24-28) ou encore c) en présentant le bien dont elle est privée comme non estimable ou enviable pour soi, nous invitant plutôt au mépris (*Rh.* II.11, 1388b24-28)[11]. Si la dialectique des contraires permet à Aristote d'atteindre son but quant à l'usage de passions contraires ou connexes à la pitié afin d'en minorer l'effet chez l'auditoire, elle pose incontestablement un problème d'interprétation concernant la nature de ces passions elles-mêmes. Les interprètes n'ont pas manqué de souligner qui la singularité, qui l'inutile

10 Pour une visualisation de ces contrariétés en diagrammes, voir Coker (1992, p. 80) (mais à partir non pas des contrariétés brutes, mais médiées par un juste milieu – ce qui n'est sans doute pas pertinent ici). Néanmoins, il me semble contestable de présenter un « système » de contraires : l'intérêt du nombre de ces critères, plus ou moins explicite, n'est pas de figer l'usage de ces passions, mais comme on le verra de passer subrepticement de l'une à l'autre.

11 Cette dernière raison est déduite des deux précédentes, mais l'envie n'est pas explicitement reliée à la pitié qu'il faut contrecarrer. *Cf. supra* n. 2 p. 305.

complexité, qui l'extrême finesse, de ce traitement des passions[12]. La finalité de ce traitement, on l'a vu, est simple : contrecarrer la pitié ; reste à comprendre pourquoi c'est de cette manière qu'Aristote entend le mener. Deux éléments de comparaison permettent de mieux situer l'objet de ces chapitres de la *Rhétorique* : le précédent platonicien dont l'analyse de φθόνος dans le *Philèbe* aboutit à interroger les frontières entre justice et injustice par le truchement du plaisir ; et l'analyse proprement aristotélicienne de ces passions dans les *Éthiques*, dont la finalité n'est pas identique à celle de la *Rhétorique*[13].

UNE RÉPONSE À *PHILÈBE* 47E-50E : CLARIFIER LE MÉLANGE DU *PHTONOS*

Dans le *Philèbe*, Socrate entend montrer à Protarque comment il peut exister dans l'âme des plaisirs mélangés à des douleurs, et choisit le cas particulier du φθόνος[14]. Cette passion, plutôt que d'autres, est choisie pour deux raisons : cette passion est dite « très obscure » et son examen dialectique permettra de montrer plus facilement que les passions énumérées (la colère, la peur, le regret, le deuil, l'amour, l'envie) consistent elles aussi en des mélanges de plaisir et de douleur, et non

12 On pourrait partir de la conclusion de Sanders (2014, p. 99) à propos de *Rh.* II.9-11 : « *However Aristotle has created problems for himself by separating off moral* phthonos, phthonos *when it would be considered appropriate by their fellow-citizens (i.e., when it would be 'good* phthonos'*), under the separate label of* to nemesan*–a separation that I have shown to be unjustified by contemporary texts* ». Il faut en effet distinguer dans ce traitement particulier de la *Rhétorique* : a) le rapport d'Aristote avec la tradition oratoire qui lui est contemporaine, et pour laquelle l'analyse de Sanders demeure la plus détaillée ; b) le rapport d'Aristote à Platon qui dans le *Philèbe* présente un traitement très différent de φθόνος (ci-après), et enfin c) le rapport d'Aristote à lui-même dans les *Éthiques* qui poursuit un autre but. Voir à titre de comparaison Rapp (2002b, p. 660) qui, s'appuyant sur von Arnim (1927, p. 78-88), semble souscrire à sa position qui fait de la *Rhétorique* un prologue inabouti des *Éthiques* ; Coker (1992) utilise la *Rh.* II.9-10 pour rétablir une description corrigée de quatre relations excès-moyen-défaut dont l'indignation doit le moyen terme dans les *Éthiques.* L'approche de Castelli (2015, p. 222-223), qui affirme qu'Aristote ne présuppose pas de doctrine éthique dans la *Rhétorique* me paraît être le meilleur point de départ, bien que nos conclusions diffèrent quelque peu (*infra* p. 331).

13 Ces rapprochements ont déjà été faits par Mills (1985) qui ajoute à l'examen *Top.* 109b35-110a3. Mills entend montrer que la question de la νέμεσις comme juste milieu s'enracine dans une réflexion présente dans l'Académie, que la *Rhétorique* reprend et modifie avant d'être supplantée par l'explication éthique de *EN* II.6-8. Cet examen, plus analytique que philosophique au demeurant, manque encore toute la spécificité de l'analyse de ces passions dans la *Rhétorique* en faisant des *Éthiques* le *terminus ad quem* de la *Rhétorique.*

14 Sur cette notion en général chez Platon, voir Brisson (2000b ; 2020).

pas simplement en des douleurs ; cette passion est également étudiée dans un contexte particulier, celui de la comédie, afin de montrer avec plus d'acuité comment une passion apparemment exclusivement douloureuse est à la racine d'un plaisir, celui du « ridicule » (τὸ γελοῖον), et qui consiste à prendre injustement plaisir aux maux et aux défauts de ses voisins, prochains, et même amis, dès lors qu'ils sont faibles et inoffensifs[15]. Rappelons les éléments de l'argument du *Philèbe* qui révèlent l'importance de ce passage pour Aristote dans la *Rhétorique*.

Pour Socrate, la jalousie et le fait de prendre plaisir aux malheurs d'autrui semblent procéder du même caractère :

> SOCRATE : Ce terme de « jalousie » dont nous parlions à l'instant, diras-tu qu'il désigne une douleur de l'âme, ou quoi d'autre ? PROTARQUE : Je le dirai. – Mais le jaloux ne prend-il pas manifestement du plaisir aux malheurs de son entourage (ἐπὶ κακοῖς τοῖς τῶν πέλας ἡδόμενος) ? – Et comment ! (*Phlb.* 48b8-c1, trad. J.-F. Pradeau)

Cette passion « double » est au demeurant injuste si elle s'applique à des « amis » :

> SOCRATE : Il existe bien une douleur et un plaisir qui sont en quelque sorte injustes ? PROTARQUE : C'est nécessaire. – Et se réjouir des maux de ses ennemis, ce n'est ni de l'injustice ni de la jalousie ? – Bien sûr que non. – Mais apercevoir les maux de ses amis et s'en réjouir plutôt que d'en souffrir, n'est-ce pas alors de l'injustice ? – Comment pourrait-il en être autrement ? (*Phlb.* 49d1-8, trad. J.-F. Pradeau)

Le passage de οἱ πέλας à οἱ φίλοι dans ces citations constitue le fondement de l'argument selon lequel le φθόνος est injuste[16]. Le φθόνος

15 Ce passage a bénéficié de plusieurs interprétations détaillées. La jalousie dans ces pages du *Philèbe* sert à montrer *in fine* que la méconnaissance de soi est au principe du ridicule, aussi bien chez le spectateur que chez celui qui est victime du ridicule, aussi bien sur la scène que dans la vie ordinaire. *Cf.* Wersinger (1999) ; Delcomminette (2006, p. 440-448) ; Gavray (2010) et récemment Destrée (2019). Bossi (2020) pense cependant qu'il existe une fonction pédagogique de ce ridicule, qui peut aboutir à la prise de conscience, inoffensive, de ce dont le spectateur manque en riant du malheur de ses amis.

16 On peut effectivement donner à φίλοι un sens plutôt vague, comme le fait Delcomminette (2006, p. 445) qui rappelle justement qu'il suffit de considérer comme « ami » les proches qui nous sont inoffensifs. Je suis d'accord avec cette interprétation, mais ce passage devient incontestablement plus intéressant en le rapprochant de la *République* X sur la pitié (*cf. infra* p. 290), dont il me paraît constituer le pendant. « Ami » signifierait alors plus exactement ceux avec qui j'entretiens une relation particulière dans la communauté civile.

est analysé dans le cadre des comédies : le ridicule apparaît comme le symétrique inverse de la pitié (*Rep.* X, 606a3-b8) où l'on prenait un certain plaisir à compatir aux malheurs d'autrui. Pour qu'il y ait ridicule, il est nécessaire de supposer en effet davantage qu'une proximité de voisinage : il faut en outre qu'il y ait des motifs de reconnaissance de ses propres faiblesses dans la faiblesse et l'innocuité des défauts des autres ; c'est pourquoi seuls des φίλοι potentiels peuvent réellement susciter le ridicule, par le truchement de la jalousie. La similitude du φθόνος et de la pitié au théâtre est confirmée par Socrate quelques lignes plus loin :

> SOCRATE : Alors, le raisonnement nous enseigne que, lorsque nous nous moquons de ce qui est ridicule chez nos amis, nous mélangeons de la jalousie au plaisir, et mélangeons ainsi de la douleur à du plaisir. Car cela fait longtemps que nous sommes convenus que la jalousie est une douleur de l'âme quand le rire en est un plaisir, et tous deux naissent ici en même temps. PROTARQUE : C'est vrai. – Le raisonnement nous révèle donc que, dans les chants de deuil et les tragédies, non seulement dans les pièces de théâtre, mais dans l'ensemble de la tragédie et de la comédie de la vie, comme en une multitude d'autres circonstances, les douleurs et les plaisirs sont mélangés. – Il est impossible de ne pas en convenir, Socrate, si ardent que l'on soit à défendre le contraire. (*Phlb.* 50a5-b6, trad. J.-F. Pradeau).

En un mot, pour Platon, le φθόνος du spectateur révèle dans l'âme humaine une propension au vice et à l'injustice, de la même manière que la pitié (ἔλεος) au livre X de la *République*, au sens où l'on prend nécessairement plaisir du fait d'une croyance, fausse au demeurant, en sa propre supériorité (dans le cas de la jalousie), en son invulnérabilité (dans le cas de la pitié). Certes Platon n'affirme pas que jalousie et pitié sont similaires, mais elles ne sont probablement pas opposées au sens où les deux passions alimentent chez le spectateur le vice même que l'on plaint ou dont on se moque chez autrui : l'ignorance de soi.

Ce passage du *Philèbe* est important pour saisir l'enjeu de la dialectique des contraires des chapitres 9-11 de la *Rhétorique*. Là où la dialectique platonicienne établit des liens psychologiques entre des passions qui relèvent de domaines opposés (la tragédie et la comédie), et en leur cherchant une origine commune qui est, *in fine*, l'ignorance de soi face aux défauts d'autrui, la dialectique des contraires en *Rh.* II.9 puis dans les chapitres suivants explorent des oppositions sur la base de l'effet performatif recherché : désamorcer la pitié. Aristote apparaît être en dialogue avec le *Philèbe* sur les problèmes suivants.

1) Aristote partage le constat platonicien, au demeurant traditionnel, selon lequel la jalousie et le fait de se réjouir du malheur d'autrui sont des passions « injustes ». Ces deux passions, en minorant la dimension du mérite selon Aristote, témoignent en outre d'une croyance de l'agent en sa propre supériorité, menaçant par là-même une forme d'équité dans la distribution des biens.

2) Ce qui est mis à mal par Platon est la possibilité même de reconnaître, à travers ces passions, un critère suffisamment solide pour distinguer, parmi les amis et les ennemis, ceux devant qui il est juste ou injuste d'éprouver du plaisir à leurs malheurs. Or Aristote souhaite distinguer clairement l'indignation et la pitié d'une part, de la jalousie et de l'ἐπιχαιρεκακία d'autre part. Le problème est donc le suivant pour Aristote : si le contraire le plus opposé à la pitié n'est pas l'indignation, mais bien le plaisir pris au malheur d'autrui qu'il distingue contrairement à Platon de la jalousie, alors se pose un problème technique normatif propre à la rhétorique, qui est celui de l'usage d'une passion vicieuse qui détruit la communauté des semblables plutôt qu'elle ne la soude autour d'un jugement commun.

3) L'approche platonicienne de la jalousie est fortement normative, et suspend le jugement que l'on a sur autrui à une vertu intellectuelle, la connaissance de soi. Aristote réaffirme pour sa part la neutralité axiologique de la technique rhétorique en analysant la pitié et la joie prise au malheur d'autrui. On peut, bien entendu, faire intervenir ces deux passions pour bloquer la pitié ; mais il est possible d'interpréter cette dialectique des contraires de sorte que l'usage ou bien de l'indignation ou bien de l'envie (ou encore leur usage combiné), apparaisse préférable, plus technique, pour bloquer le cas échéant la pitié. Cela ne veut pas dire que ce faisant, on « moralise » la rhétorique, comme on moraliserait l'usage des tragédies et des comédies chez Platon : on répond simplement au plus près du fait en faisant intervenir la notion de mérite.

Le détour par le *Philèbe* montre à la fois l'accord et la divergence d'Aristote avec Platon : les passions comiques et tragiques sont proches, mais il faut les distinguer ; or, le critère pertinent pour leur bon usage dans la *Rhétorique* n'est assurément pas moral, il est technique. Cette technicité, si elle appelle la moralité des juges et de l'auditoire, ne la requiert pas pour autant. C'est ce que montre la comparaison entre *Rhétorique* et les *Éthiques* à propos de l'indignation, de la jalousie, du fait de se réjouir des malheurs d'autrui.

INDIGNATION ET JALOUSIE DANS LES *ÉTHIQUES*

Si les passions dans les *Éthiques* sont un élément du caractère vertueux et vicieux, elles ne sont pas directement, comme on le sait, la source de ces vertus et vices (*EN* II.4, 1105b28-1106a6). Certaines passions en revanche sont susceptibles, parce qu'elles entrent dans la définition du caractère qui est l'objet du blâme et de l'éloge, de qualifications morales[17]. Il n'y a, sur ce point, nul désaccord entre les *Éthiques* et la *Rhétorique* : pitié, indignation, jalousie, et envie sont le fait de « caractères » et sont appelées honnêtes ou viles du fait de ces caractères (*Rh.* II.11, 1388a34-35). En revanche, les *Éthiques* envisagent ces passions dans le cadre d'un caractère potentiellement vertueux, et c'est à ce titre que l'indignation, la jalousie et le fait de prendre plaisir au malheur d'autrui sont considérées, même succinctement, comme susceptibles d'être décrits comme des médiétés, des excès ou des défauts. Dans ce traitement par l'idée de juste milieu, ces passions n'entretiennent pas, dans les *Éthiques*, les mêmes relations de contrariété[18].

Dans l'*Éthique à Nicomaque*, l'indignation est présentée comme une médiété entre la jalousie et l'ἐπιχαιρεκακία :

> L'indignation est la médiété de la jalousie et de la joie prise au malheur d'autrui ; elles portent sur le plaisir et la peine relativement aux événements qui arrivent à nos prochains. Celui qui est indigné souffre en effet devant ceux qui réussissent de manière imméritée, tandis que celui qui ressent de

17 Il n'est pas anodin de trouver la jalousie et l'indignation dans le parallèle de *EN* II.4 dans l'*EE* : « On loue toutes ces médiétés, mais ce ne sont pas des vertus, et leurs contraires ne sont pas non plus des vices ; en effet, elles existent sans décision. Mais elles relèvent toutes de la division des affects, car chacune d'elles est une sorte de passion, et du fait qu'elles sont naturelles, on les rapporte aux vertus naturelles. Car, comme on le dira plus loin, chaque vertu est en quelque sorte à la fois par nature et accompagnée de sagesse. La jalousie est ainsi rapportée à l'injustice (car les actions qui en découlent se rapportent à autrui), l'indignation est rapportée à la justice et la réserve à la modération, et c'est pourquoi aussi on définit la modération en la plaçant dans ce genre. » (*EE* III.7, 1234a24-33).

18 Pour une analyse très précise des relations entre indignation et jalousie dans les *Éthiques*, je renvoie à Coker (1992), même si je ne partage pas le présupposé selon lequel il y aurait un quelconque puzzle à reconstituer.

> la jalousie l'excède en ce qu'il souffre de tous les succès, et quant à celui qui se réjouit du malheur d'autrui, il souffre si peu qu'à la fin il se réjouit aussi. Mais nous aurons ailleurs l'occasion d'en parler. (*EN* II.8, 1108a35-b7)

En toute rigueur, l'explication donnée ici par Aristote est incomplète : si jalousie et ἐπιχαιρεκακία s'opposent bien à l'indignation, ce n'est pas selon le même critère, et l'un et l'autre ne sont pas l'excès et le défaut réciproque[19]. Si l'on se rapporte aux critères utilisés dans la *Rhétorique*, l'indignation est contraire à la jalousie selon le critère 3 (la prise en considération du mérite), alors qu'indignation et ἐπιχαιρεκακία s'opposent selon le critère 4 (plaisir et douleur) ; on remarquera néanmoins qu'Aristote fait passer, au risque d'une certaine tautologie, l'ἐπιχαιρεκακία pour un défaut de douleur (τοσοῦτον ἐλλείπει) qui justifie qu'on la considère comme le contraire de la jalousie.

Dans l'*Éthique à Eudème*, III.7, l'indignation occupe également une position médiane entre celui qui se réjouit des malheurs d'autrui et la jalousie :

> Presque tous les autres éléments qui concernent le caractère qui sont objets de louange et de blâme sont les excès ou les défauts ou encore les médiétés d'une passion. Prenons l'exemple de celui qui est jaloux et celui se réjouit du malheur d'autrui ; on les appelle ainsi selon leurs états : la jalousie est le fait de souffrir face à ceux qui réussissent de manière méritée, et la passion de celui qui se réjouit du malheur d'autrui dans le même cas est anonyme, mais celui qui la possède existe clairement du fait qu'il se réjouit des revers immérités. Celui qui ressent de l'indignation tient le milieu entre les deux, et ce que les anciens appelaient *nemesis* est le fait de souffrir des revers et des succès immérités, et de se réjouir de ceux qui sont mérités ; c'est pourquoi on croit que *Nemesis* est une déesse. (*EE* III.7, 1233b18-26)

Ce passage semble expliciter le type de contrariété en jeu dans le passage de l'*EN*, en présentant l'indignation selon les critères 3 et 4, mais en donnant un sens plus extensif de νέμεσις, comme l'atteste Aristote lorsqu'il précise qu'elle concerne « les revers *et* les succès immérités ». En effet, la νέμεσις est aussi un *plaisir* modéré face aux souffrances justifiées, entre l'ἐπιχαιρεκακία (plaisir face aux revers immérités), et ce qu'on suppose être l'absence de plaisir pris à des châtiments justifiés. Elle est également une *douleur* justifiée, entre le φθόνος (souffrance face

19 *Cf.* Gauthier et Jolif (2002, p. 160) qui insistent sur cette difficulté, et renvoient à *EE* II.3, et à *Rh.* II.9.

aux succès mérités) et ce qu'on suppose être l'absence de souffrance face à ces succès. La difficulté de ce passage tient à ce qu'on peut confondre une absence de souffrance, excessive donc, avec une forme de plaisir, si bien que φθόνος et ἐπιχαιρεκακία sont présentés comme potentiellement solidaires : elles sont issues du même caractère.

La comparaison de ces deux passages pose un problème de cohérence à propos du rapport de la jalousie à la perception du « mérite ». En effet, en *EN* II.6-8, la jalousie est en excès par rapport à l'indignation en ce qu'elle étend sa souffrance au-delà du mérite ; en *EE* III.7, elle est au contraire rapportée à une certaine perception du mérite (on souffre même lorsque les succès sont mérités, voire d'autant plus). Un dernier passage de l'*EE*, expliquant la présentation du tableau des excès, défauts et médiétés (II.3, 1221a3 où l'indignation est la médiété entre la jalousie (défaut) et un excès anonyme) confirme l'ambiguïté de cette passion jalouse :

> On dit qu'on est jaloux du fait de souffrir face aux succès d'autrui plus souvent qu'il ne faut (en effet même ceux qui méritent de réussir font souffrir les jaloux lorsqu'ils ont du succès) ; le contraire du jaloux n'a pas encore de nom : il l'excède en ce qu'il ne souffre pas non plus devant ceux qui ne méritent pas de réussir : il est satisfait comme les goinfres devant la nourriture, alors que l'autre fait le difficile par jalousie. (*EE* II.3, 1221a38-b3).

Dans ce passage, le φθονερός n'est pas complètement insensible au mérite : le mérite peut bien être perçu et aggrave de ce fait la souffrance ; pourtant, cette perception est pour ainsi dire extrinsèque à la définition de cette passion. C'est la raison pour laquelle l'excès de l'indignation et le contraire de la jalousie traduisent ici une forme d'indifférence (τῷ μὴ λυπεῖσθαι) au mérite en général[20].

Récapitulons. L'indignation est traitée dans les *Éthiques* comme un affect médian d'une disposition qui concerne à la fois le plaisir et la douleur, relativement aux succès et revers, mérités ou non, d'autrui[21]. Si les relations de contrariété minorent le fait qu'il s'agit d'un plaisir ou d'une douleur (critère 4 de la *Rhétorique*), ou d'un malheur ou d'un

20 Le contraire de la jalousie et l'excès d'indignation semble difficilement identifiable comme ἐπιχαιρεκακία dans ce passage, même si la comparaison avec le glouton laisse penser qu'à la place d'indifférence, il y a plutôt du plaisir. Sur cette difficulté, voir Dirlmeier (1962, p. 254).

21 C'est incontestablement la force de l'analyse de Coker (1992, p. 67) qui a raison de dire que davantage qu'une ambiguïté, Aristote joue sur plusieurs sens de νέμεσις pour rendre compte de plusieurs manières d'être bon et mauvais.

succès d'autrui (critère 2), elles insistent en revanche unanimement sur le critère du mérite (critère 3) ; c'est ce que le traitement de la jalousie rend clair : soit qu'on accuse la jalousie de ne pas considérer le mérite (moins qu'il ne faut), soit que la considération de ce critère aggrave la douleur face aux succès mérités. Il y a donc bien, dans les *Éthiques*, une prise en considération du mérite comme critère essentiel pour faire de l'indignation et de la jalousie des passions qui sont, sans être des vertus ou des vices, appelées « vertueuses » ou « vicieuses ».

La confrontation de ce traitement avec celui de la *Rhétorique* permet d'affirmer les points suivants :

1) Comme dans les *Éthiques*, la *Rhétorique* admet une différence axiologique forte, du point de vue du caractère, entre le caractère enclin à l'indignation (et de celui qui a pitié) d'une part et celui qui est jaloux et enclin à la joie prise aux malheurs d'autrui d'autre part. Certes la *Rhétorique* n'a pas besoin d'affirmer qu'il s'agit de vertus et de vices réels, mais requiert cependant qu'indignation et jalousie tombent respectivement dans le domaine du louable et du blâmable. Autrement dit, il vaut mieux au moins paraître se soucier de justice dans un discours oratoire que de ne pas s'en soucier : cette préférence axiologique est constitutive d'un commun rhétorique.

2) Il est dès lors tout à fait compréhensible que dans la *Rhétorique*, le traitement de l'indignation et des passions corrélées soit radicalisé à partir de ce critère du mérite, et non celui de la vertu médiane. Que la doctrine des médiétés soit absente de la *Rhétorique* n'est pas la difficulté ; en revanche, Aristote *doit*, dans la *Rhétorique*, restreindre la définition de chacune de ces passions à travers des contrariétés qui suivent l'ordre du louable et du blâmable. Ainsi l'indignation est-elle toujours présentée comme cette passion sensible au mérite, et potentiellement juste ; de même la jalousie est toujours présentée comme indifférente au mérite *afin* qu'elle puisse être considérée comme blâmable.

3) On remarque que l'envie (ζῆλος) est absente des *Éthiques*[22]. Elle constitue, comme on va le voir, une solution essentielle pour Aristote afin d'établir un usage positif possible de φθόνος.

La *Rhétorique* repose sur une axiologie qui n'est pas morale par elle-même, mais emprunte des lieux communs de la morale populaire pour

---

22 Ζῆλος n'apparaît qu'une seule fois en *EN* II.3 1005b23 dans la liste des passions déjà citée, et la *Rhétorique* est le seul lieu où l'on en trouve une définition.

asseoir son efficacité performative : il vaut mieux influencer le jugement de son auditoire en pointant le mérite ou le démérite d'autrui, plutôt que sur l'effet plaisant ou douloureux procurés par les succès et les revers d'autrui ; il vaut mieux, et c'est le sens technique de l'usage de l'indignation que l'on peut déduire de ce chapitre, faire entrer le critère de la justice dans un discours judiciaire (mais pourquoi pas délibératif ou épidictique, puisque blâme et éloge sont de la partie dans la détermination d'un caractère), plutôt que de manipuler – ce qui reste évidemment possible – la jalousie ou la joie prise aux malheurs d'autrui pour contrecarrer les effets de la pitié.

Toutes les passions du livre II sont, on l'a vu, dépendantes de relations sociales construites. Mais la spécificité de l'indignation, de la jalousie et de l'envie est qu'elles concernent très directement les relations sociales à partir d'objets qui relèvent d'une organisation politique de répartition des biens et des richesses, des fonctions et des honneurs, du statut social ; en un mot la représentation de la justice. La nature même de ces passions est, en ce sens, politique, et leur usage encore plus. Chacune d'entre elles est le miroir d'une représentation de l'ordre social de répartition de ces biens : en ce sens, ces trois passions, lorsqu'elles sont utilisées par l'orateur, sont à la fois des révélateurs et des leviers d'une justice politique.

L'INDIGNATION ET L'ORDRE « NATUREL » DES RELATIONS SOCIALES

UN ORDRE HIÉRARCHIQUE INCONTESTABLE

Commençons par rappeler qu'Aristote recoure sciemment à un terme à connotation archaïque. Tò νεμεσσᾶν n'est pas utilisé dans le corpus oratoire, et ce sont le substantif ἀγανάκτησις et le verbe ἀγανακτέω qui sont en revanche fréquemment utilisés[23]. Si Aristote utilise un tel terme, c'est très probablement pour distinguer plus nettement que chez les orateurs la colère et ce qu'il appelle indignation.

---

23 À deux exceptions près chez Dem. *Contre la loi de Leptine* 161.4, et *Contre Stéphanos* 1 71.2. Aristote lui-même utilise ἀγανακτέω en II.2, 1379a6 et II.3, 1380b19, ce qui me pousse à considérer qu'Aristote conçoit l'ἀγανάκτησις comme un synonyme de « colère ».

L'indignation désigne, depuis la période archaïque, un sens de la justice lorsqu'elle est bafouée, invitant au ressentiment ou à la réparation. Elle dépend de lois générales, qu'on pourrait appeler universelles, qui sont naturelles et divines. Dans le passage *EE* III.7, 1233b18-26 précédemment cité, Aristote évoque ainsi les « anciens » qui font de Nemesis une divinité. En *Rh.* II.9, 1386b15-16, Aristote commence son traitement de l'indignation en la prêtant également aux dieux (διὸ καὶ τοῖς θεοῖς ἀποδίδομεν τὸ νεμεσᾶν). En 1387a34-35, la citation de l'*Iliade* 9.542[24] qui évoque Zeus indigné contre Hector renforce la dignité de cette passion. L'indignation revêt un caractère grave par rapport à des ressentiments qui, on le verra, concerneront davantage les « potiers contre potiers » ; l'indignation porte sur des crimes ou des succès importants qui menacent directement l'ordre social hiérarchique[25]. Aristote assume ainsi pleinement le caractère archaïque de cette référence à la justice divine comme s'il en allait des fondements même de la cité et de son organisation[26]. En d'autres termes, l'appel à l'indignation n'est pas anodin, et sa justification en appelle directement à des motifs, des normes et des lois qui excèdent l'intérêt personnel. L'indignation garantit donc un ordre social et politique, une hiérarchie (certains valent mieux que

---

24 Mayhew (2019, p. 86-88) commente cette citation dans la *Rhétorique* comme s'il s'agissait pour Aristote d'une forme de sagesse populaire.

25 Voir par exemple *Il.* 23.492-494, où Achille rappelle à Ajax et Idoménée qu'ils ressentiraient eux-mêmes de la νέμεσις à l'idée qu'ils voient de telles querelles (à propos de l'ordre des chars) se produire entre deux héros, car une telle querelle ne sied pas à leur rang et à leur τιμή (Cairns, 1993, p. 98). Sur la νέμεσις chez Homère, voir Dickie (1978, p. 94), Scott (1980) et également Cairns (1990) sur *Od.* 7.286-288, et Cairns (2003a, p. 34-38). Dans les *Lois*, Platon emploie de la même manière ce terme archaïque en en faisant une divinité « messagère de justice » (Δίκης Νέμεσις ἄγγελος) à propos du respect des enfants dû à leurs parents (*Leg.* IV, 717c6-d6).

26 Traditionnellement c'est à l'αἰδώς qu'il revient de faire respecter les relations hiérarchiques et de philoxénie, et à la νέμεσις de réparer les torts et outrages commis à l'endroit de ces relations (Riedinger, 1980, p. 66). Ces deux termes sont en outre associés chez Hésiode (Hes. *Op.* 190-200) lorsque Αἰδώς et Νέμεσις fuient la compagnie des hommes de la race de fer. En *EN* II.8, 1108a31-b7 ce sont ces deux passions qui sont appelées « vertueuses » sans être néanmoins des vertus. Mais manifestement elles n'ont pas la même connotation archaïque que dans la *Rhétorique*. Sanders (2014, p. 76) repère la dimension archaïsante du traitement aristotélicien de νέμεσις, mais ne s'explique pas un tel traitement. Il est pourtant volontaire, comme en atteste un usage non archaïsant de ζῆλος pour lui faire pendant. Konstan (2006, p. 115, 127-128), qui souligne également le caractère archaïsant du traitement aristotélicien en associant cette reprise de νέμεσις au culte de Nemesis à Rhamnonte, propose de comprendre qu'Aristote y recourt pour son caractère aristocratique anti-démocratique.

d'autres) et des différences (certaines activités valent mieux que d'autres), que la contestation entre inférieurs et supérieurs fragilise (1387a32-b2)[27]. « La justice est meilleure que la musique » (1387b2) – par quoi il faut entendre, de manière très platonicienne, que le principe d'organisation d'une cité repose sur une différenciation de valeurs et de fonctions avant son harmonisation[28].

NATURE ET VERTU

Quels sont donc exactement les objets de l'indignation ? Aristote opère par restriction : l'indignation ne saurait concerner ni les vertus, ni les biens possédés naturellement : on ne saurait s'indigner contre ce qui est juste, ni contre ce qui relève d'un ordre naturel. Cette double restriction a son importance, en ce qu'elle semble constituer un lien intime entre la vertu et des biens naturels comme la beauté et la bonne naissance. Ce qui relève ainsi de la φύσις ou de la vertu *censée la prolonger* est exclu des objets de l'indignation (1387a15). Certains interprètes, pour qui beauté et lignée relèvent décidément de la chance plutôt que d'une « nature », ont été étonnés que ce lien soit asserté par Aristote sans être explicité[29]. Qu'on ne s'y méprenne pas : il est très probable

27 Voir par ex. *Od.* 21.285, où Ulysse, encore déguisé en mendiant et qui prétend entrer en compétition avec les prétendants pour l'épreuve de l'arc, les irrite ; Antinoos l'insulte en lui demandant de rester à sa place de mendiant…à boire du vin.

28 Déjà en *Rep.* 333d6-8, Socrate s'amuse avec Polémarque en disant : « – Et s'il s'agit de garder un bouclier ou une lyre, sans les utiliser, la justice alors sera utile ; mais s'il faut les utiliser, alors ce sera l'art de l'hoplite ou l'art du musicien ? ». Le paradigme d'arrangement musical pour l'organisation de la cité et des relations nécessairement tendues entre les différentes classes dans la *République* est utilisé au livre IV à travers la métaphore de l'harmonisation d'une lyre, afin de créer un accord ; mais c'est bien la justice qui prévaut pour la fondation de la cité. Je me permets de renvoyer sur ce point à Renaut (2017, p. 144-150).

29 On peut dès lors expliquer à mon sens une erreur d'interprétation qui a conduit à des propositions textuelles alternatives. 1) Cope (1877, p. 113-114) s'étonne qu'on puisse considérer que les biens naturels comme la beauté ou la lignée puissent constituer une prétention valable pour posséder en sus richesse et pouvoir. Il suppose qu'Aristote refuserait une telle thèse, en ce que les biens « naturels » relèvent décidément de la chance. Aussi on ne peut inférer de la possession des biens naturels une prétention aux biens acquis. Roemer (1884, p. 504) partage le même avis, et imagine une lacune dans le texte, avant de proposer – sans l'éditer néanmoins – l'ajout de la négation devant la leçon de Q : <οὐδ'> εἰ τὰ φύσει ἔχουσιν ἀγαθά (Roemer, 1885, p. 113). Dufour ([1973] 1991) édite la conjecture de Roemer, sans explication particulière. 2) Grimaldi, (1988, p. 157-9) suggère avec raison contre cette interprétation qu'Aristote associe les hommes bons et les hommes naturellement bien dotés en recourant à une opinion commune selon laquelle les deux

qu'Aristote joue sur des lieux rhétoriques qui conviennent à tel ou tel régime politique (*cf. Rh.* I.8). En l'occurrence, cette description du lien entre biens naturels et vertu semble convenir à un régime d'une aristocratie de naissance, qui serait contradictoire avec le principe de la constitution juste (*Pol.* III.12)[30]. Mais de fait, c'est comme si Aristote exposait ici les moyens de légitimation d'un pouvoir ou de biens à l'aide de notions aristocratiques : a) Aristote utilise bien φύσει et non τύχῃ : autant on peut mépriser ce qui arrive par hasard (*Rh.* II.11, 1388b27-28), autant ce qui échoit par nature à l'individu inspire le respect ; b) les lignes 1388b16-27 explicitent le sens de ce qui est « naturel » : il ne s'agit certainement pas d'une « nature » biologique, mais d'une « nature » construite dans un temps long, celui d'une tradition, où les individus se définissent par les attentes sociales et politiques associées à leur naissance, leur rang, leur richesse et leur pouvoir héréditaire. Le temps œuvre à façonner ce qu'on finit par reconnaître des richesses et des pouvoirs comme des propriétés inhérentes aux individus.

UNE EXIGENCE DE CONFORMITÉ À SA PROPRE VALEUR

Aristote n'est certainement pas un défenseur d'une aristocratie naturaliste à la Pindare[31] ; en revanche, il manifeste bien un intérêt porté à l'indignation comme révélant une brèche entre une « nature » (comprise en un sens large) et ce qu'elle mérite au sens de ce qu'on en « attend » :

> Et puisque ce n'est pas par hasard que l'on est digne de chacun de ces biens, mais qu'il existe un certain rapport et accord, par exemple de belles armes ne s'accordent pas avec l'homme juste, mais avec l'homme courageux, les grands mariages ne s'accordent pas avec les nouveaux riches, mais avec les gens bien

types de biens (acquis et naturels) doivent s'accorder (en renvoyant à 1386b28). Le texte des mss. peut donc être conservé sans problème. Il est suivi par Chiron (2007, p. 316-317), Gastaldi (2014, p. 480) et Viano (2021, p. 191). Rapp (2002b, p. 661-662) ajoute pour sauver Aristote qu'il n'y a aucune bonne raison pour exclure biens naturels des objets *jalousés*. 3) Tout en suivant Grimaldi, je pense qu'on peut aller plus loin dans l'interprétation et prêter à Aristote un réel intérêt à cette « opinion commune » : l'enjeu est moins pour Aristote de considérer la « nature » comme fondement incontestable des biens qui lui sont associés que le « rapport et l'accord » qu'on peut établir entre une nature et sa fonction, ses vertus, ses biens.

30 Je remercie Annick Jaulin d'avoir attiré mon attention sur ce point.

31 *Cf.* Le Meur-Weissman (2015, § 22) sur l'analyse de l'emploi de φυᾷ chez Pindare pour associer ce qui est par nature aux succès d'un individu. Il n'est donc pas étonnant dès lors que φθόνος soit chez Pindare l'objet d'une *bonne* émulation (Most, 2003b, p. 138-141).

nés, si donc quelqu'un, même si c'est un homme de bien, obtient quelque chose qui ne s'accorde pas avec lui, on peut s'en indigner. (*Rh.* II.9, 1387a27-32)

L'indignation est une réaction à la représentation d'un accord entre ce qui est *exigé* d'une personne qui se définit par sa « nature », l'ancienneté de sa lignée, en un mot ses prérogatives sociales et politiques et les succès échus[32]. Elle pourra donc être suscitée aussi bien envers les hommes vertueux que pour les non vertueux (comme les nouveaux riches (οἱ νεόπλουτοι)). L'exemple des belles armes qui conviennent au courageux plutôt qu'au juste, ainsi que la conclusion de ce paragraphe, invite à considérer l'indignation comme la représentation d'un rapport de convenance qui permet d'envisager des rapports autrement plus complexes (et donc utiles d'un point de vue rhétorique) entre la nature de l'individu et ses biens. Si l'on peut s'indigner d'un homme bon (ἀγαθός), et pas seulement d'hommes moins bons, on comprend mieux comment l'orateur peut susciter l'indignation à l'endroit d'un citoyen important qui réclamerait la pitié en cas de malheur, alors qu'on attend de lui davantage pour la communauté : ressentir de la νέμεσις envers quelqu'un, c'est déjà contester sa valeur, sa τιμή, son pouvoir, ses richesses indues, c'est donc aussi potentiellement le priver de notre pitié[33].

---

32 La notion de τιμή est, on le sait, intimement associée à la νέμεσις dans l'épopée, et donc à une notion de « convenance » (Riedinger, 1976, p. 262), ce qui apparaît également chez Platon (Renaut, 2014, p. 182-198). Voir par exemple *Il.* 2.223 où les Achéens ressentent de la νέμεσις à l'égard de leur roi Agamemnon qui les conduit selon eux à leur perte. L'épisode sans doute le plus intéressant pour notre propos est le « monologue délibératif » de Ménélas (*Il.* 17.90-106), où la νέμεσις des Danaens à son égard est mentionnée deux fois (v. 93 et v. 100), selon qu'il combat ou fuit devant Hector. La νέμεσις est suscitée en fonction de l'honneur (τιμή) associé à son statut – mais comme il est lâche, il produit pour lui-même un argument qui l'enjoint à fuir et, espère-t-il, à se protéger de la νέμεσις de son peuple en arguant qu'Hector est protégé par Zeus. Sur ce problème, voir avant tout Gill (1995, p. 69-93). Gill voit dans les monologues homériques des situations typiques de ce qu'est délibérer sur une « valeur » dans l'éthique aristotélicienne.

33 Voir par exemple l'exhortation de Poséidon à l'égard des Achéens en *Il.* 13.95-124 ; alors que les Achéens sont saisis par la peur à la vue des Troyens qui s'approchent et s'apitoient sur leur mort certaine, le discours de Poséidon s'achève sur deux appels à la νέμεσις v. 117-122 : « Je n'irai pas quereller un poltron, parce qu'il s'esquive du combat. Mais à vous, en revanche, je vous en veux (νεμεσσῶμαι) du fond du cœur. Allons, lâches ! dans un moment vous aurez, par votre abandon, encore aggravé le mal. Mettez-vous donc au cœur le sens de l'honneur et de la justice (αἰδῶ καὶ νέμεσιν) ! Un conflit terrible se lève à cette heure. » (trad. P. Mazon modifiée).

LA COLÈRE DU JUSTE ?

Concluons sur l'indignation en posant une question suscitée surtout par l'usage contemporain de ce terme[34]. La description qu'Aristote donne de cette passion n'est-elle pas, en un certain sens, celle d'une « juste colère », une colère qui, sans être dépersonnalisée, se fonde non pas sur la douleur personnelle d'être dépréciée, mais sur un sens de la justice qui s'étend à l'ensemble des citoyens[35] ? Contrairement à d'autres chapitres où les passions s'entrecroisent et superposent parfois leurs causes ou leurs effets, Aristote ne mentionne pas l'ὀργή en II.9. On peut dresser les points de comparaison suivants afin de clarifier leur usage rhétorique respectif.

Colère et indignation sont tout d'abord deux passions de justice. La première, comme on l'a vu, comporte de manière inhérente une certaine représentation de la justice comme rétablissement d'un tort commis, en fonction du mérite que l'on croit méprisé ; de même la seconde véhicule une représentation de la justice fondée sur le mérite de chacun et sa valeur dans la communauté des citoyens. On pourrait croire l'indignation plus « juste » au sens où elle se réfère explicitement à un ordre de valeurs supérieur, tandis que la colère n'a pas nécessairement besoin de s'en référer à la justice divine pour être suscitée. Cette raison n'est pas suffisante cependant, puisqu'Aristote n'affirme rien quant à la valeur des normes qui sont appelées par l'indignation : elle n'est pas, en ce sens, plus « justifiée » que la colère. Les deux passions demeurent axiologiquement ambivalentes, et ce n'est pas au rhéteur de décider du contenu normatif de ces deux passions. En revanche, l'indignation est plus « juste » dans la mesure où elle présuppose, selon Aristote, qu'on se présente soi-même comme « honnête » (qu'on le soit vraiment ou non) et dépositaire d'un bon jugement (qu'on juge bien ou non) concernant la communauté :

> Deuxièmement, lorsqu'on se trouve être des hommes de bien et droits, car notre jugement est bon et on déteste les injustices. (*Rh.* II.9, 1387b7-8)

---

34 L'indignation est souvent présentée comme une colère juste, et comme une faculté des personnes à pouvoir encore être émues par les inégalités de richesses ou les catastrophes humaines contemporaines. L'écho de l'opuscule *Indignez-vous* de Stéphane Hessel (2010) n'est évidemment pas pour rien dans l'usage politique de ce terme. Nussbaum (2016, p. 35-40) entend pourtant fermement lutter contre ce qu'elle considère comme un travestissement de la colère, dont les effets toujours violents dans les sociétés démocratiques lui semblent toujours favoriser le pouvoir en place.

35 Ce point est bien identifié par Coker (1992, p. 72)

La colère, quant à elle, ne suppose pas cette exigence d'apparence d'honnêteté[36].

Un second point de comparaison est la place de l'agent dans la représentation de l'indignation et de la colère. Dans le cas de l'indignation, l'agent n'est pas nécessairement, ou du moins pas directement, concerné par ce qui est reconnu comme étant une atteinte au mérite. D'une part, l'indigné n'est pas la cible des conséquences des succès immérités d'autrui[37] ; comme pour la colère (1378b20-21), si la capacité personnelle de nuire de celui dont on s'indigne était attestée, il n'y aurait pas d'indignation, mais de la peur (1387b23). D'autre part le rétablissement d'une échelle de valeurs (par exemple en prononçant un juste châtiment) ne répare pas un tort personnel, mais une atteinte à la communauté.

Enfin, l'indignation peut apparaître comme une variation de ce qu'on appelle passions compétitives[38]. Parmi les dispositions qui inclinent à l'indignation, Aristote mentionne en effet ce qui peut ressembler à de la colère en 1387b6-7 où la motivation exprimée est que « il n'est pas juste que ceux qui ne nous sont pas semblables soient jugés dignes de biens semblables ». Mais alors que la colère relève bien d'une privation de ou d'une atteinte à ces biens, l'indignation présuppose qu'on les possède ou qu'on est censé les posséder (1387b5-6). De ce point de vue, l'indignation pointe davantage vers une forme d'envie plutôt que de colère, si jamais l'agent indigné ne possède pas encore ces biens (1387b8-12).

L'indignation peut être décrite comme la colère du juste (plutôt qu'une juste colère) au sens où l'agent indigné, mais qui n'est pas atteint personnellement et ne formule pas un désir de vengeance, prend en charge la défense des valeurs d'une communauté hiérarchisée selon le mérite.

---

36 C'est le sens qu'il faut donner en outre à τὸ νεμεσᾶν en II.6, 1384b4-5 : dans ce passage, l'accent est mis non sur les objets de l'indignation ni sur le mérite, mais sur l'apparence d'honnêteté de l'agent qui juge ses prochains : on ne s'indigne pas pour ses prochains des actions que l'on commet soi-même.

37 Aristote le rappelle clairement en *Rh.* II.9, 1386b20-22 : « Par ailleurs, il faut qu'à tous les cas s'applique semblablement ceci : que ce ne soit pas parce qu'il nous arrive quelque chose d'autre à nous, mais à cause de notre prochain lui-même ». *Cf.* Cairns (2003a, p. 33).

38 *Cf.* Viano (2002) qui sous cette étiquette cherche à unifier diverses passions compétitives (colère, indignation, émulation, *philotimia*) autour du θυμός qui en serait le centre. Si cela est exact, et notamment en vertu de II.12 1389a9-18 sur le caractère des jeunes, il faut rendre à Platon cet effort de conceptualisation du θυμός comme centre ou siège ou fonction de l'âme responsable des passions compétitives (Renaut, 2014, p. 182-198, 300-23), plutôt qu'à Aristote qui semble en hériter sans vouloir nécessairement le systématiser.

LA JALOUSIE ENTRE SEMBLABLES

LA CONTESTATION ENTRE SEMBLABLES

Contrairement à l'indignation qui suppose structurellement des relations sociales fondées sur la supériorité et l'infériorité naturelle ou vertueuse, la jalousie suppose à première vue des relations entre pairs et semblables (1386b20 : ἀλλὰ τοῦ ἴσου καὶ ὁμοίου). L'indignation appréhende les relations sociales d'une manière hiérarchique et verticale en fondant ces différences sur la « nature », tandis qu'au principe de jalousie se trouve la possibilité d'une comparaison horizontale, et cela de manière d'autant plus nette qu'il y aura reconnaissance d'une similitude selon plusieurs catégories : proximité, âge, caractère, lignée, réputation, parenté, dispositions, biens possédés (1387b25-27). La jalousie est donc désir de différence sur fond d'égalité ou de parité supposée.

Paradoxalement, la jalousie suppose une relation d'égalité qu'elle s'emploie à miner. Quel sens donner alors aux « semblables » dans ce chapitre si la jalousie semble rendre ces relations impossibles ? En *Pol.* IV.11, la jalousie est clairement présentée comme une cause de *stasis*, rendant impossible les relations d'amitié entre citoyens. La cause de la jalousie est la trop grande inégalité entre les citoyens qui composent la cité ; elle n'est jamais créatrice d'autres liens sociaux et politiques que ceux des factions et des groupes qui accusent encore les différences excessives entre eux :

> Outre cela, ceux qui ont un excès de bonne fortune – force, richesse, amis et autres biens de ce genre –, ne veulent ni ne savent obéir (et cela leur vient, dans leur famille, dès l'enfance, car du fait de leur relâchement, même à l'école, ils ne prennent pas l'habitude d'obéir), tandis que ceux qui sont excessivement privés de ces biens sont par trop abjects. De sorte que ceux-ci ne savent pas commander, mais seulement obéir comme des esclaves, et ceux-là ne savent obéir à aucun pouvoir, mais seulement exercer un pouvoir despotique. Il se constitue donc une cité d'esclaves et de maîtres, et non d'hommes libres, les uns envieux, les autres méprisants, ce qui est très éloigné de l'amitié et de la communauté politiques ; en effet, la communauté politique suppose l'amitié, car on ne veut pas faire de chemin en commun avec ses ennemis. Mais la cité, assurément, se veut composée avant tout de gens égaux et semblables, ce qui est avant tout le propre des gens moyens. (*Pol.* IV.11, 1295b13-27 trad. P. Pellegrin)

Ce chapitre des *Politiques*, qui concerne une constitution idéale, invite à rapprocher les semblables (ὅμοιοι), les égaux (ἴσοι), les amis (φίλοι), et la possibilité d'une classe moyenne (μέσοι) qui tient à l'écart le désir despotique et l'absence de liberté[39]. En *Rh.* II.10, la situation est tout autre : le contexte n'est pas celui d'une bonne cité, mais d'une cité ordinaire, où la jalousie est décrite à travers ses menus effets et ses histoires de « potiers[40] ». En d'autres termes, il n'y a pas besoin d'un excès d'inégalités pour susciter la jalousie : elle opère jusque dans la communauté des semblables. Les semblables en *Rh.* II.10 sont ceux avec qui je peux me comparer : sont-ils alors vraiment « égaux » au sens de *Pol.* IV.11 ? on peut en douter : l'égalité est certes présupposée, mais aussi bien rendue impossible par la jalousie. La subtilité de la description de la jalousie consiste justement à constater ce divorce entre ceux qui sont réputés « semblables » d'une part, et ceux dont on *ne veut* ni être les égaux, ni les amis. On comprend mieux, dès lors, pourquoi la jalousie dans la *Rhétorique* peut tout à fait s'accommoder de *petites différences*, pour peu qu'elles soient notoires :

> [...] ils sont à peu près tous objets de jalousie, et surtout ceux auxquels on aspire ou qu'on croit devoir posséder, ou dont l'acquisition donne une légère supériorité ou nous laisse avec une légère infériorité. (*Rh.* II.10, 1388a2-5)

En toute rigueur dans les *Politiques*, une cité en proie à la jalousie est une cité de maîtres et d'esclaves et exclut ainsi les ὅμοιοι qui sont aussi, idéalement, des égaux et des amis. Dans la *Rhétorique* au contraire, et telle est la force politique et rhétorique du φθόνος, cette jalousie persiste jusque dans la cité des « semblables », instillant la médiocrité de petites

39 Sur ce chapitre des *Politiques*, voir Rogan (2018b, p. 255-276).

40 L'expression « potier contre potier » provient d'Hes. *Op.* 25. On notera pour rappel que : a) dans ces premiers vers, Hésiode distingue deux Ἔρις, l'une mauvaise qui conduit aux guerres et aux destructions, l'autre bonne qui mène au travail. On trouve bien le verbe φθονέω au v. 26 : καὶ κεραμεὺς κεραμεῖ κοτέει καὶ τέκτονι τέκτων / καὶ πτωχὸς πτωχῷ φθονέει καὶ ἀοιδὸς ἀοιδῷ ; b) mais contrairement à ce qu'Aristote fait dire à ce vers, cette jalousie provient d'une bonne Ἔρις : v. 24 : ἀγαθὴ δ' Ἔρις ἥδε βροτοῖσιν ; c) enfin, v. 23, c'est le verbe ζηλόω qu'Hésiode utilise : ζηλοῖ δέ τε γείτονα γείτων. *cf.* également *infra* p. 333 n. 47. Aristote utilise cette expression plusieurs fois, et toujours en mauvaise part pour indiquer les projets contradictoires des individus ou des groupes. *Cf. Pol.* V.10, 1312b5 (entre démocratie et tyrannie), *EE* VII.1, 1235a18 où ce qui est semblable est dit ennemi du semblable, et enfin en *Rh.* II.4 sur les amis en 1381b16. Cette interprétation négative semble venir de Plat. *Lys.* 215c8 où Socrate cite également ce vers en précisant que de tels semblables sont les plus « en guerre les uns contre les autres » (πολεμιώτατοι, 215c6).

différences entre eux, annonciatrices de plus grandes divisions ; c'est le sens que je donne à cette discrète incise au début du chapitre 10 : « En effet, éprouvent de la jalousie les personnes suivantes : celles qui ont des semblables *ou apparaissent en avoir* » (1387b25) : la jalousie petite ou grande, passagère ou non, a vocation à détruire les relations entre pairs et les fondements de la communauté politique[41].

La jalousie sape les fondements hiérarchiques que la νέμεσις archaïque garantissait, remet à plat les différences de vertu et de nature pour en contester le bien-fondé, tout en rendant impossible l'égalité[42]. La frontière entre les deux passions est donc immense du point de vue politique (en lieu et place de justice, c'est un désir de biens, d'honneurs, de richesses, de pouvoir qui prend le pas), et très mince d'un point de vue psychologique (car tous les biens, même ceux qui étaient exclus de l'indignation, sont objets potentiels de la jalousie, 1388a2-5).

UN DÉSIR DE DIFFÉRENCE

Qui éprouve de la jalousie ? On comprend ordinairement qu'il s'agit de ceux qui *manquent* de ces biens. Or, dans une étude éclairante sur la jalousie dans le discours politique, D. Cairns en appelle à l'analyse aristotélicienne de la jalousie, qui éviterait un écueil typiquement contemporain selon lequel l'inégalité réelle des biens et des richesses est justifiée par les puissants au motif que la jalousie des masses révèle leur faiblesse. Cairns montre que la jalousie dont font preuve les forts, chez

41 Je m'écarte quelque peu ici du présupposé de lecture de Castelli (2015) qui, en distinguant la passion de jalousie du caractère jaloux souhaite indiquer comment et pourquoi l'orateur peut susciter chez son auditoire un « moment » de jalousie sans corrompre par là-même son caractère. Si on peut accorder en effet que la jalousie est un moyen possible d'influencer le jugement, il faut rappeler : a) que son usage est relativement restreint en ce qu'il doit contrecarrer la pitié ; b) qu'en lisant la description d'une passion si malhonnête, il y a fort à parier que d'autres usages rhétoriques concernent plutôt l'accusation par l'orateur qu'un tel soit jaloux, accusation fréquente pour susciter la colère de l'auditoire (ou son indignation). À mon sens Aristote demeure très platonicien en reconnaissant la puissance de la jalousie au sein de la cité comme susceptible de faire *naître* des divisions politiques (outre que la jalousie outrageante est explicitement décrite comme une cause psychologique de la *stasis* en V.4, 1304a33-36, Aristote rappelle que de « petits changements » comptent parmi ses causes en V.2, 1302b2-5). Sur la présentation des problèmes afférents à une typologie des causes de la *stasis*, voir Rogan (2018b, p. 63-79).

42 C'est en cela que la jalousie est corrélative de la joie prise au malheur d'autrui : en privant autrui de l'objet de sa supériorité (ἐπὶ τῇ στερήσει καὶ τῇ φθορᾷ τῇ τούτου χαίρειν (1387a2-3)).

Aristote, en conservant leurs propres motifs de supériorité, est le miroir (et peut-être même la cause) de la jalousie des pauvres et des faibles[43]. Je souhaite apporter une preuve supplémentaire de cette analyse en II.10 en précisant que sans être une « passion de l'égalité », la jalousie est partagée de part et d'autre des inférieurs et des supérieurs jusque dans le détail de la vie ordinaire.

Un point de départ de l'analyse aristotélicienne est la reconnaissance d'une jalousie de part et d'autre : celle des riches et des puissants, qui tend à vouloir conserver les raisons de leur supériorité refusant par là-même la mise en commun, et celle des pauvres et des masses, qui leur conteste leur supériorité tout en voulant cela même que possède les puissants :

> D'une manière générale, donc, on ne doit pas perdre de vue que ceux qui ont été à l'origine de la puissance d'une cité (simples particuliers, magistrats, tribus et d'une manière générale une partie de la cité ou un ensemble de gens quel qu'il soit), sont le moteur de la sédition. Car, soit ce sont ceux qui les jalousent à cause des honneurs qu'ils reçoivent qui sont à l'origine de la sédition, soit eux-mêmes, du fait de leur supériorité, ne veulent pas se contenter de rester à égalité avec les autres citoyens. (*Pol.* V.4, 1304a33-36 trad. P. Pellegrin)

On retrouve exactement cette distinction en *Rh.* II.10. La première catégorie de personnes enclines à la jalousie, parmi la communauté de quasi-semblables, correspond à ceux qui possèdent les biens jalousés au plus haut point (1387b27-32) : plus on possède, plus on est jaloux de ses propres possessions, plus on cherche la distinction et à maintenir cette différence par rapport à autrui ; une seconde catégorie, évoquée en une phrase (1387b33), est celle des esprits mesquins (μικρόψυχοι) pour qui, du fait de leur faiblesse, tout bien qui distingue son possesseur est à jalouser. La jalousie s'alimente ainsi elle-même dans la cité du fait que les deux partis relativement à un même bien (1388a13), ceux qui en ont plus et ceux qui en ont moins, partagent une même passion dont l'objet comme on l'a vu est une passion de différence.

Néanmoins, la *Rhétorique* se distingue des *Politiques* en deux sens.

Premièrement, en II.10, les objets de la jalousie ne concernent pas exclusivement le pouvoir et la richesse ; au contraire même, on pourrait

---

43 *Cf.* Cairns (2003b, p. 241-243) ; Sanders (2014, p. 79-82) en tire de justes conséquences pour notre chapitre de la *Rhétorique* dont je m'inspire.

dire que, conformément à un héritage qui est sans doute celui du *Philèbe*, Aristote étend cette passion à des objets aussi divers que le bonheur et le savoir (1387b31), les honneurs (1387b31), la compétition (sportive, 1388a13-14), l'amour (1388a14), la jeunesse, la vie facile, l'aisance à la tâche (1388a20-24). Ce sont assurément des biens de la vie ordinaire, dont Aristote ne minore pas l'importance lorsqu'il s'agit d'examiner les effets qu'ils ont dans la vie entre semblables.

Deuxièmement, et c'est là le point le plus important, Aristote maintient – davantage que dans les *Politiques* – que la jalousie n'est possible que lorsqu'une certaine *proximité* associe les rivaux (dans le temps, du point de vue de la familiarité). Autrement dit, une trop grande différence rend la jalousie impossible. On peut donc étayer l'hypothèse de Cairns en la précisant : ce n'est pas que la jalousie vise l'égalité idéale ; mais elle a pour effet, surtout du côté des inférieurs, de ramener les supérieurs à une mesure qui rend la comparaison possible. Au mieux, la jalousie nivelle les trop grandes différences pour permettre la compétition. Au pire, elle souhaite simplement priver de sa cible les biens qui le distinguent trop fortement.

LA RECONNAISSANCE DU MÉRITE DANS LA JALOUSIE

La jalousie, en II.10, ne prend pas en considération le mérite pour Aristote, contrairement à ce que la tradition lui attribue volontiers (Konstan, 2006, p. 120-122). C'est ce qui la distingue de l'indignation et en fait une passion injuste, ou au moins non juste. Cependant, plusieurs interprètes ont souligné l'ambiguïté de la jalousie par rapport à cette notion d'ἀξίον, rendant parfois difficile sa différence avec la juste indignation[44]. L'argument est en effet le suivant : pour qu'une compétition soit possible avec mes semblables, il est nécessaire que je puisse au moins m'estimer moi-même digne des biens que l'autre possède ; de cette estime dépend en outre le degré d'estime et de désir que je porte aux objets que je jalouse. De fait nous ne trouvons aucune mention de l'adjectif ἄξιος en II.10 pour décrire les objets jalousés, sauf en 1388a27 pour décrire justement la demande de pitié de la part de celui qui est jugé. En revanche nous trouvons bien les ressorts psychologiques des passions compétitives : le fait d'estimer (1387b30),

44 Voir Sanders (2014, p. 69), ainsi que Castelli (2015, p. 237, 243-4).

la φιλοτιμία (1387b31-32, 1388a1, a8, a15), la φιλοδοξία (1387b33, b35-1388a1), et le désir de réputation (1388a1, a3). On devrait donc accorder que la frontière est mince entre le fait de s'estimer digne d'un bien (ce que présuppose l'indignation, et également l'envie), et le fait de désirer la τιμή ou la δόξα associée à ces biens (ce qui est un des caractères de la jalousie) ; autrement dit, Aristote ne réussirait pas à distinguer correctement jalousie et indignation. À cet argument, qui finalement accuse Aristote de relative inconséquence, il faut opposer deux réponses.

La première est d'ordre psychologique et est, là encore, héritée probablement de Platon dans la *République*. Il y a en effet une différence – ténue, mais réelle – entre le fait d'estimer quelque chose parce que c'est un bien (ou parce qu'on croit que c'est un bien), et le fait de désirer cette chose parce qu'elle est estimée et qu'on « aspire » à l'estime ou à la réputation (καὶ ὀρέγονται δόξης 1388a1-2)[45]. Aristote n'est donc pas inconséquent en faisant jouer la φιλοτιμία et la φιλοδοξία dans la jalousie alors qu'il a précisé que cette passion ne se souciait pas du mérite : *l'objet du désir est différent.* Ce qui est ἄξιον l'est en vertu d'une croyance selon laquelle l'objet désiré est désiré parce que c'est un bien, et c'est pour cette raison qu'il est estimé ; ainsi on peut rechercher la puissance et la richesse en considérant que ce sont là des biens. En revanche la gloire, l'honneur, la réputation, peuvent bien être considérés comme des biens, mais ils ne le sont que parce qu'ils entrent dans un rapport de compétition avec autrui – c'est la raison pour laquelle le philotime, pour Platon comme pour Aristote en II.10, désire l'estime afférente à un bien, peu importe lequel, plus qu'un bien en lui-même (1388a2-5). C'est sans doute pour cette raison qu'Aristote commence la description des jaloux par des exemples étonnants à première vue : des héros fortunés en quête de toujours plus d'estime de leurs pairs (1387b28-29), des doxosophes (1387b32)[46] dont l'intérêt pour le savoir est secondaire par rapport à l'estime qu'il rapporte. Il pourrait s'agir là de biens réels : la bonne fortune et le savoir comptent parmi les objets qui sont traditionnellement estimés pour eux-mêmes dans la recherche du bonheur ;

---

45 Sur cette différence opérée par Platon, en particulier en *Rep.* VIII, 548a-549b, voir Renaut (2014, p. 184-191).

46 Là encore, l'héritage platonicien semble évident, comme Grimaldi (1988, p. 167) le remarque en renvoyant à *Phdr.* 275b2 ; à quoi il faut surtout ajouter *Phlb.* 49a2 et 49d11 (ce qui au passage montre que les pages du *Philèbe* 47d-50e sont bien à l'horizon de la discussion aristotélicienne, *pace* Grimaldi (1988, p. 166).

mais la manière dont le fortuné jaloux et le faux-savant sont présentés montrent qu'ils entretiennent avec le bien qu'ils possèdent un rapport entièrement dépendant du regard qu'autrui leur porte.

La seconde raison est que l'envie (ζῆλος) telle qu'elle est définie par Aristote en II.11 répond exactement au réquisit d'une passion qui, tout en étant attentive au mérite, produit le désir de posséder ce bien. C'est l'objet de la section suivante.

On devra en conclure que la jalousie n'est décidément pas attentive au mérite, dans le sens restreint que lui attribue Aristote en II.9.

UNE EXHORTATION À L'ENVIE

UNE JUSTE JALOUSIE

Tout concourt, dans le court chapitre 11, à faire de ζῆλος une « juste jalousie », une jalousie maîtrisée et purifiée de son caractère vil, en la rendant sensible au mérite et à l'estime de soi. Ζῆλος apparaît traditionnellement comme un pendant positif de φθόνος[47], et Aristote systématise ce lien dans la dialectique des contraires étudiée plus haut : l'envie est une douleur face aux succès mérités d'autrui, non parce qu'*il* les a, mais parce que *je* ne les ai pas. Mais ce chapitre 11 n'est pas seulement la

47 Ζῆλος a pu avoir des connotations négatives dans la période archaïque, notamment chez Hes. *Op.* 195-196 et 312-313. Mais à la période classique, ce terme semble avoir perdu ces connotations pour désigner une passion positive (Sanders, 2014, p. 47-49), ce qui a conduit à l'éviction du terme « envie » par les traducteurs, au profit de « émulation ». On voit déjà chez Bacchylide les effets de cette transformation (*Ep.* 1.184, 5.52, 7.10, 9.45, 10.49, 11.63), où ζῆλος est une envie admirative qui pousse à l'imitation. C'est en tout cas en un sens positif que Platon utilise ce terme : a) on envie en effet certains modèles de vie ou d'organisation : les rhapsodes (*Ion* 530b5 (pour Ion)), les poètes ou leurs pensées (*Ion* 530c6 (selon Socrate) et *Symp.* 209d2), le tyran ((pour Polos) en *Gorg.* 468e8, 469a4), les hommes couverts d'honneurs (pour le philosophe, en un sens négatif, *Rep.* 516d3), les rivaux dans la cité timocratique (550e1), les guerriers (selon le désir éphémère du démocrate : *Rep.* 561d4), le mode de vie démocratique (*Rep.* 561e6) ; une occurrence particulièrement intéressante est *Menex.* 242a4, à propos de la cité d'Athènes qui suscite d'abord l'envie, puis à la suite de l'envie la jalousie (πρῶτον μὲν ζῆλος, ἀπὸ ζήλου δὲ φθόνος) ; b) l'envie pousse ainsi à l'imitation : *Prot.* 326a3, *Gorg.* 486c8, *Rep.* 553a9 ; c) sans être des modèles, on éprouve un désir admiratif pour les aimés dans le discours de Lysias *Phdr.* 232a2 (où l'on envie les aimés) et 233b6 (par opposition à la pitié). On trouve un usage congruent dans le corpus oratoire, et en particulier chez Isocrate.

présentation du contraire de la jalousie, puisque ζῆλος s'ajoute au duo pitié et indignation (contre celui de jalousie et ἐπιχαιρεκακία) au rang des passions de l'homme honnête et droit (1388a33-34) : elle englobe, dans un élan positif, la justesse de ces dernières[48]. Voyons comment.

1) L'envie, comme la jalousie, suppose des relations entre semblables, mais Aristote ajoute « par nature » (τῇ φύσει, 1388a32), rappelant manifestement II.9 1387a15-32. Cette précision montre qu'au sein même d'une structure sociale hiérarchisée, naturalisée, et garantie par la νέμεσις, il n'est pas exclu qu'il y ait compétition entre semblables, du moment qu'elle concerne des personnes comparables (ou auxquelles il est permis de se comparer). L'envie ne menace donc pas la structure sociale telle qu'elle est impliquée dans la νέμεσις ; c'est même cette structure sociale qui compose un continuum éducatif qui la soutient en désignant les biens estimables et à poursuivre (ἔντιμοι, 1388b8-9)[49]. C'est à ce titre que cette passion, contrairement à la jalousie, peut être dite ἐπιεικής en 1388a33 : elle respecte assurément la justice et vise juste dans la détermination des biens à estimer et à poursuivre.

2) Comme l'envie est sensible au mérite, à ce qui est ἄξιον, les biens enviés ne désigneront plus tous les succès (comme c'est le cas pour la jalousie), mais les biens les plus dignes : richesse, pouvoir, abondance d'amis – qui conviennent à l'homme de bien tel qu'il est décrit en II.9. Aristote ajoute à ces biens la vertu elle-même (1388b10-12).

3) Contrairement à la jalousie, l'envie peut être décrite comme une passion dont la finalité n'est pas la possession d'un bien pour l'estime qu'on lui accorde (car on serait soupçonnable de jalousie), mais pour l'utilité que ce bien peut apporter à autrui (1388b10-14). Cela ne fait pas de l'envie une passion « altruiste », mais elle apparaît au moins sensible aux types d'actions effectuées pour le bien d'autrui ou pour la communauté.

4) L'envie est donc présentée comme une douleur vertueuse, devient le moteur d'une saine émulation qui, à partir de ce que nous nous estimons

48 C'est la raison pour laquelle il me semble nécessaire de ne pas séparer l'étude de l'indignation, de la jalousie et de l'envie. En amputant l'analyse de ce dernier chapitre, on se prive par là-même d'une juste compréhension de la dialectique des contraires en II.9, comme le rappelle justement Rapp (2002b, p. 675-676), qui insiste sur le caractère systématique de ce chapitre, à la limite de l'artificialité logique.

49 Cette série n'est pas sans rappeler le fonctionnement éducatif tel qu'il est décrit par Protagoras dans le dialogue platonicien éponyme en 325c5-326e5 dont un des ressorts est précisément l'envie et l'imitation des modèles de vertus.

nous-mêmes (et les autres) dignes de posséder (1388b5-8), nous pousse à nous procurer les biens dont nous manquons. La honte, comme on l'a vu, peut être considérée comme le versant négatif de cette émulation en inhibant la poursuite de biens qui ne sont pas estimables[50]. Telle est la fonction des modèles de vertu.

On serait tenté de considérer la description de l'envie par Aristote comme artificielle, dans la mesure où elle semble obéir à une déduction systématique effets positifs des autres passions afférentes (pitié, indignation, jalousie). Cette présentation obéit, très certainement, à une nécessité interne de la description des passions contraires à la pitié, dans la mesure où Aristote ne semble pas plus intéressé par cette passion vertueuse notamment dans les *Éthiques* et dans les *Politiques*, alors qu'elle semble être le véhicule idéal de l'éducation à la vertu. Mais il y a sans doute plus : cette passion sert en effet à Aristote de justification du pouvoir bénéfique de la rhétorique des passions elle-même, et c'est peut-être aussi pourquoi elle clôt la série des chapitres 2-11.

L'ORATEUR : UN STRATÈGE DES PASSIONS

Quelle meilleure manière de terminer (à quelques lignes près) une étude des passions rhétoriques que de faire, de façon discrète, mais explicite, l'apologie de la rhétorique et de son utilité pour la cité ? En quelques lignes, Aristote cite en effet quatre techniques : le commandement stratégique, la rhétorique, la poésie, la logographie (1388b18-22). Les deux premières sont louées pour leur utilité à la communauté et à ce titre, stratèges et rhéteurs sont des personnes enviables. La stratégie est utile à la cité pour sa protection et sa puissance militaire, la rhétorique quant à elle est utile dans la mesure où elle permet de guider les jugements des auditeurs pour le bien de la cité. La rhétorique apparaît comme une « stratégie » des passions.

Pourquoi cette apologie se produit-elle dans un chapitre consacré à l'envie (plutôt qu'à la pitié ou à la colère) ? Deux raisons peuvent être avancées.

Une première raison est apologétique et consiste à défendre la rhétorique contre ceux qui la « jalousent ». Comme l'a montré S. Saïd à propos

50 La honte est dès lors corrélative de l'envie, comme en atteste II.6, 1384b37-1385a1 : nous ne souhaitons pas être vus de ceux qui nous envient dans la mesure où nous nous présentons comme des modèles de vertus.

d'Isocrate, le rhéteur voit son art jalousé ce qui constitue potentiellement un motif de discrédit pour son propos[51]. En renversant l'accusation de jalousie dont il est victime en un appel à l'envie, ou en dissolvant ces motifs d'accusation, Isocrate accomplit dans son discours exactement le même mouvement qu'Aristote en purifiant la jalousie de sa dimension vicieuse. Il n'est donc pas étonnant que la rhétorique se retrouve dans ce chapitre consacré à l'envie, comme une réponse ferme à des accusations classiques contre les orateurs[52].

Mais cette raison apologétique fonctionne également pour la philosophie. L'accusation de jalousie ne concerne pas seulement la rhétorique : elle constitue par exemple le cœur de la présentation par Protagoras de son propre art (316c5-317c5) dans le dialogue platonicien éponyme[53], la sophistique. Protagoras s'inscrit dans une longue tradition d'éducateur dont il est le seul à reconnaître que sa fonction est effectivement d'éduquer les hommes, notamment au « bon conseil » (εὐβουλία)[54]. Conformément à cette présentation, le mécanisme d'éducation à la vertu que Protagoras décrit est précisément celui où ne règne aucune « jalousie » (*Prot.* 327a4-327b5). C'est également contre la jalousie que Socrate entend défendre cette fois les philosophes au livre VII de la *République* (*Rep.* 499d10-500e5) dont une des fonctions est de devenir « l'artisan de la modération, et de la justice, et de toute vertu populaire » (δημιουργὸν αὐτὸν οἴει γενήσεσθαι σωφροσύνης τε καὶ δικαιοσύνης καὶ συμπάσης τῆς δημοτικῆς ἀρετῆς, *Rep.* 500d6-8). Telle est indéniablement une des fonctions qu'Aristote assigne à la rhétorique. En reprenant un thème platonicien prégnant, Aristote semble vouloir affirmer qu'une rhétorique technique telle qu'il l'a définie jusque dans l'usage des passions peut remplir le programme platonicien d'une rhétorique philosophique dont la fonction est le bien de la cité.

---

51 Saïd (2003) qui concentre son analyse sur le discours *Sur l'échange* (en part. 15.30-31, et 141) et *Sur la Paix*. On trouvera en outre dans Sanders (2014, p. 45) des exemples d'usage de φθόνος comme motif d'accusation, s'apparentant à la διαβολή dans la rhétorique classique.

52 En s'appuyant sur un sens péjoratif de « logographe », Grimaldi (1988, p. 179) nie la dimension apologétique de ce passage. Il n'y a pourtant aucune raison de ne pas inclure cet exercice de logographie dans la rhétorique épidictique, à côté des poètes : *cf.* Cope (1877, p. 136-137) sur ce point avec qui je m'accorde.

53 La jalousie est mentionnée en 316d2, 316e4. Contrairement à ses prédécesseurs se cachant sous les masques de la poésie, de la politique, de la gymnastique, de la musique, Protagoras prétend se montrer au grand jour (ἀλλὰ καταφανῆ εἶναι, 317a7) et se dispose gracieusement (317c4) à partager son savoir dans la discussion.

54 *Prot.* 318e6-319a3. Sur ce point, je me permets de renvoyer à Renaut (2013).

CONCLUSIONS

Les chapitres 9 à 11 constituent, en relation avec la pitié, une triade dialectiquement indissociable : commençant par l'examen d'une passion noble, l'indignation, pour finir sur l'apologie de la rhétorique qui est capable de dissoudre les effets néfastes de la jalousie et de la joie prise au plaisir d'autrui, Aristote explore de manière subtile les effets possibles d'une rhétorique qui joue sur les contraires. Mais il y a davantage dans ces trois chapitres qu'une simple maîtrise de la manipulation des passions, et davantage encore qu'un stock de prémisses dans lesquelles il conviendrait de piocher pour tenter de décrire une action en la mettant au compte d'une de ces passions. L'usage technique de ces passions consiste en deux points.

1) Tout d'abord, rappelons une dernière fois que ces chapitres sont composés à partir d'une nécessité pragmatique : celle de contrecarrer les appels à la pitié, dont on a vu qu'ils étaient déterminants dans la rhétorique judiciaire. Ce faisant, Aristote a également étendu l'utilité de ces passions dans les deux autres genres rhétoriques : délibératif (notamment à travers la notion de jalousie) et épidictique (notamment à travers l'envie).

2) En second lieu, il est difficile de ne pas voir dans la description positive des trois passions que sont la pitié, l'indignation et l'envie, une normativité inhérente à leur usage en rhétorique. Sans préjuger de la moralité réelle de telle ou telle passion authentiquement éprouvée chez l'auditeur, Aristote montre qu'en faisant signe vers le mérite, le discours rhétorique contribue à un effort politique de justice. Un rhéteur habile pourra bien, s'il le souhaite, manipuler le φθόνος de son auditoire, mais il échouera d'un point de vue technique à amener à son attention ce sur quoi le discours judiciaire, délibératif et épidictique doit porter, à savoir la justice dans une communauté de semblables.

CONCLUSION GÉNÉRALE

L'OBJET DE *RH.* II.2-11

Rh. II.2-11 n'est pas un « traité des passions » au sens où Aristote aurait voulu élaborer un système des émotions humaines. Retraçons le chemin, à rebours, de notre introduction.

Cette section de la *Rhétorique* répond d'abord et avant tout à une exigence pragmatique, celle de proposer à l'orateur un panorama suffisamment technique pour savoir comment reconnaître une passion, l'influencer par un jugement ou en vue d'un jugement, la susciter ou en contrecarrer les effets. En ce sens, *Rh.* II.2-11 est le lieu où sont regroupés, par tête de chapitre, les prérequis pour élaborer une persuasion *technique* par les passions : une topique des passions – plus utile dans la rhétorique judiciaire pour reconnaître un motif de crime ; une technique de manipulation – commune à tous les genres ; des indications d'un meilleur usage – en vue d'une technique politique qui nécessairement se heurte aux passions humaines plus qu'à de saines délibérations[1].

Que *Rh.* II.2-11 ne soit pas un « traité des passions » n'empêche pas d'y trouver des efforts de systématisation du fonctionnement des passions en général. Les besoins techniques d'une rhétorique des passions en appellent à une psychologie des passions qu'on ne peut pas réduire à une psychologie populaire. Cette psychologie traduit, malgré certaines limites qui sont inhérentes à la technique rhétorique, un effort de systématisation du fonctionnement de ces émotions particulières en

1 Cette conclusion s'accorde avec une partie des arguments de McCabe (1994) concernant la place et le rôle des émotions et du caractère dans la *Rhétorique*. M.-M. McCabe montre de manière convaincante comment la *Rhétorique* d'Aristote répond doublement à la condamnation de la rhétorique par Platon d'une part, et à l'idéal philosophique éducatif d'Isocrate d'autre part, en traçant progressivement de I.1 à I.4 le domaine de la rhétorique comme unité organique.

découvrant le rôle respectif de facultés ou opérations psychiques (à défaut de physiologie qui n'est qu'évoquée) que sont le plaisir et la douleur, le désir, la représentation, et enfin les opinions et croyances.

Pour susciter les passions de manière technique, et non pas en dehors du fait, il faut procéder par méthode, et *Rh.* II.2-11 en porte les traces : définir, décrire, examiner les relations entre les passions. La définition, qu'elle soit populaire ou non, porte indiscutablement la marque aristotélicienne d'une détermination formelle à partir d'un genre, détermination qui repose le plus souvent sur l'énoncé du *motif* de l'émotion. La définition est suivie d'un examen étiologique (cibles, motifs, dispositions). Et à défaut de typologie, Aristote propose un examen parfois subtil des relations de contrariétés et d'affinités entre les émotions qu'il décrit.

Il semble donc impossible d'affirmer qu'Aristote a en vue la « classe des émotions » comme notion, ou comme problème. Tout au plus Aristote se donne un « domaine » d'investigation en fonction d'un problème particulier, la technique rhétorique, ces émotions constituant une sélection de certains πάθη humains, qui véhiculent des valeurs éthiques et politiques – plutôt que de reconnaître nos émotions, *Rh.* II.2-11 semble davantage exposer ce qu'on pourrait appeler des « émotions morales ».

LA VERTU DES PASSIONS

Le commentaire suivi des chapitres 2 à 11 a montré qu'un « système » des émotions est décidément impossible à délimiter avec certitude, tant Aristote est attentif à la complexité des fonctionnements et des motifs de chacune d'entre elles. Si cela peut occasionner une forme de déception philosophique quant à l'approche d'une « classe des émotions », l'analyse aristotélicienne des πάθη constitue néanmoins un point de repère essentiel pour comprendre le poids de telle ou telle émotion dans la société grecque du IVe s. Aristote dialogue, avec une tradition littéraire longue, avec Platon, mais aussi avec les maîtres de rhétorique de son temps.

On peut malgré tenter de résumer la position d'Aristote sur les passions qu'il analyse.

Les passions constituent, c'est un truisme, une donnée anthropologique et culturelle dont ni l'orateur, ni le politique, ni bien entendu le philosophe, ne peut se passer. Les πάθη relèvent d'une nécessité matérielle humaine, que le naturaliste pourra envisager dans toute sa spécificité. Il revient en revanche à l'orateur de signifier la *raison* pour laquelle telle action a supposé telle émotion comme moteur. Or ces raisons se donnent à travers des scénarios, des lieux, des énumérations de situations particulières, des exemples. Y a-t-il une raison intrinsèque à faire suivre une définition générale par une description minutieuse de « cas » parfois redondants ? Il ne s'agit en effet pas seulement d'une spécificité à destination du rhéteur qui aurait besoin d'un stock de lieux tout prêt. Une définition générique ne saurait suffire à rendre compte de certaines caractéristiques des émotions : les liaisons qu'elles ont les unes avec les autres (exclusion et contrariété, implications, modalités du passage d'un contraire à l'autre), leur lien, parfois contournés, avec certaines valeurs éthiques, sociales et politiques (la manière différenciée de se rapporter au plaisir et à la douleur, à ce qu'on juge bon et beau, à mes semblables et mes égaux). Une telle exposition ne pourrait pas relever d'une analytique des liaisons entre passions sans se référer à des cas précis et sensibles.

Une fois déplorée cette donnée qui oblige celui qui façonne un discours à s'adresser *aussi* aux πάθη de son public, sans quoi l'exercice de la politique et de l'éducation resteraient vains, il faut considérer que les émotions sont des leviers, au moins autant que des impasses, pour la persuasion, et d'une bonne persuasion. *Rh.* II.2-11 constitue bien, par moments, un manuel à l'usage de l'orateur, indépendamment de son intention bonne ou mauvaise, pour employer les émotions de manière technique, c'est-à-dire en analysant ses motifs et ses raisons, ce qui les rend pertinentes pour le jugement au tribunal ou pour la délibération. « Pertinentes » ne veut dire ni « nécessaires » au jugement ou à la délibération, ni *a fortiori* « meilleures » que le raisonnement qui pourrait conduire au même jugement. Elles sont pertinentes lorsqu'elles concernent le fait à juger ou l'action sur laquelle délibérer, et cela suffit à rendre cet usage rhétorique « technique ». De fait, *Rh.* II.2-11 constitue de ce point de vue un premier aperçu méthodique des motifs des passions, que Platon n'a pas réalisé de manière aussi claire.

Aristote va plus loin que ses prédécesseurs ou contemporains, qu'il accuse de s'être contentés de manipuler les émotions. Il va plus loin

– même si ce n'est pas systématique pour toutes les passions – en indiquant la possibilité d'usages des passions qui pourraient ne pas occulter le jugement ou la délibération, et même en constituer des moteurs suffisants : tel est le cas de l'indignation qui pointe vers un défaut de justice sans être une colère personnelle ; tel est le cas de la peur qui nous rend parfois plus apte à délibérer ; tel est le cas encore de la honte qui, tout en étant ambivalente, contient en elle-même l'intuition d'une différence entre ce qui relève de la convention et ce qui relève de la vérité. Aristote, à la suite de Platon qui pourtant se méfie de ces « intuitions obscures du bien[2] », commence à éclaircir la relation entre émotion et tension vers le bien, en exhibant les jugements intrinsèques aux émotions qu'il analyse.

Enfin, quand bien même Aristote ne franchit pas, en *Rh.* II.2-11, la frontière entre rhétorique d'une part et éthique et politique d'autre part, les qualificatifs éthiques de certaines émotions pouvant tout à fait relever de la morale populaire, il nous donne les moyens de comprendre comment les émotions peuvent signaler des dispositions vertueuses. Bien entendu, il ne faudrait pas commettre le paralogisme qui consiste à affirmer la présence de la vertu à partir d'une émotion perçue chez un agent. Pour reprendre *EN* II.5, ressentir une émotion « quand on doit, pour les motifs, envers les personnes, dans le but et de la façon qu'on doit, constitue un milieu et une perfection ; ce qui précisément relève de la vertu » est toujours la conséquence d'une vertu possédée, jamais son principe. Pourtant, parce que ressentir l'émotion qu'il faut au moment où il faut est un signe qui est l'objet d'éloge, et parce que son contraire est l'objet de blâme, il n'est à tout le moins pas exclu que les émotions constituent aussi une matière éducable. Cela, *Rh.* II.2-11 le montre avec finesse, lorsqu'Aristote dissèque l'ambivalence de la colère, de la honte, de l'assurance, de la jalousie ou encore de l'envie. La vertu ne s'acquiert pas en faisant bon usage des émotions, mais elle est assurément soutenue par des tendances comme le goût des honneurs (φιλοτιμία), l'admiration, ou l'étonnement.

2 Je reprends ici l'expression à Kahn (1996, p. 138) à propos de la honte dans le *Gorgias*.

BIBLIOGRAPHIE GÉNÉRALE

ÉDITIONS ET TRADUCTIONS DES TEXTES ANCIENS CITÉS

ARISTOTE

Bekker Immanuel [1831] 1960 (éd.), *Aristotelis opera*, vol. 2. Berlin, De Gruyter.

Brunschwig Jacques (éd.), 1967, *Aristote. Topiques. Livres I – VIII*, Brunschwig Jacques (trad.), Paris, Les Belles Lettres.

Chiron Pierre (trad.), 2007, *Aristote. Rhétorique*, Paris, Flammarion.

Cope Edward Meredith (trad.), 1877, *The Rhetoric of Aristotle*, Cambridge, Cambridge University Press.

Dirlmeier Franz (trad.), 1962, *Aristoteles, Eudemische Ethik*, Berlin, Akademie-Verlag.

Dufour Médéric (éd.), [1973] 1991, *Aristote. Rhétorique : Livre II*, Paris, Les Belles Lettres.

Gastaldi Silvia (trad.), 2014, *Aristotele : Retorica. Introduzione, traduzione e commento di Silvia Gastaldi*, Roma, Carocci editore.

Halliwell Stephen (trad.), 1986, *Aristotle's Poetics*, London, Duckworth.

Hicks Robert D. (trad.), 1907, *Aristoteles. De anima*, Cambridge, Cambridge University Press.

Kassel Rudolf (éd.), 1976, *Aristotelis Ars rhetorica*, Berlin, De Gruyter.

Kennedy Georges A. (trad.), 2007, *Aristotle : On rhetoric. A theory of civic discourse*, 2d ed., New York, Oxford University Press.

Lucas Donald W. (éd.), 1968, *Aristotle.* Poetics, Oxford, Clarendon Press.

Morel Pierre-Marie (trad.), 2000, *Aristote. Petits traités d'histoire naturelle*, Paris, Flammarion.

Morel Pierre-Marie (trad.), 2013, *Aristote. Le mouvement des animaux, suivi de La locomotion des animaux*, Paris, Flammarion.

Rapp Christof, 2002 (trad.), *Aristoteles*, Rhetorik*, Übersetzung und Kommentar*, Berlin, Akademie Verlag (2 vols).

Reeve Charles D. C. (trad.), 2018, *Aristotle. Rhetoric*, Indianapolis, Hackett Publishing Company.
Roemer Adolph (éd.), 1885, *Aristotelis. Ars rhetorica. Cum nova codicis A' et vetustae translationis collatione*, Leipzig, Teubner.
Ross William David (éd.), 1959, *Aristotelis. Ars rhetorica*, Oxford, Clarendon Press.
Ross William David (éd.), 1961, *Aristotelis. De anima*, Oxford, Clarendon Press.
Spengel Leonard S. (éd.), 1867, *Aristotelis Ars rhetorica cum adnotatione Leonardi Spengel*, Leipzig, Teubner.
Theiler Willy (trad.), 1959, *Aristoteles. Über die Seele*, Berlin, Akademie Verlag.
Viano Cristina (trad.), 2021, *Aristotele. Retorica*. Bari, Laterza.
Waterfield Robin et Yunis Harvey (trad.), 2018, *Aristotle. The art of rhetoric*, Oxford, Oxford University Press.

Les autres traductions françaises d'Aristote sont issues de :

Aristote, 2014, *Œuvres Complètes*, sous la direction de P. Pellegrin. Paris, Flammarion.

AUTRES TEXTES

Démosthène, 1925, *Harangues*, Croiset Maurice (éd. et trad.), Paris, Les Belles Lettres, 2 vols.
Démosthène, 1946-1959, *Plaidoyers politiques*, Mathieu Georges, Gernet Louis, Navarre Olivier, Orsini Pierre (éd. et trad.), 4 vols.
Démosthène, 1954-1960, *Plaidoyers civils*, Gernet Louis (éd. et trad.), 4 vols.
Eschine, 1927-1928, *Discours*, Budé Guillaume et Martin Victor (éd. et trad.), Paris, Les Belles Lettres, 2 vols.
Hippocrate, *Airs, eaux, lieux*, Jouanna Jacques (éd. et trad.), Paris, Les Belles Lettres.
Homère, 1924, *Odyssée*, Bérard Victor (éd. et trad.), Paris, Les Belles Lettres, 3 vols.
Homère, 1937-1938, *Iliade*, Mazon Paul *et al.* (éd. et trad.), Paris, Les Belles Lettres, 4 vols.
Isée, 1926, *Discours*, Roussel Pierre (éd. et trad.), Paris, Les Belles Lettres.
Isocrate, 1952-1956, *Discours*, Brémond Emile (éd.) et Mathieu Georges (trad.), Paris, Les Belles Lettres, 4 vols.
Lycurgue, 1932, *Contre Léocrate, Fragments*, Dürrbach Félix (éd. et trad.), Paris, Les Belles Lettres.
Lysias, 1924-1926, *Discours*, Bizos Michel et Gernet Louis (éd. et trad.), Paris, Les Belles Lettres, 2 vols.
Platon, 2016, *Gorgias, suivi de* Gorgias, *Éloge d'Hélène*, Marchand Stéphane et Ponchon Pierre (trad.), Paris, Les Belles lettres.

Platon, 2008, *Œuvres Complètes*, sous la direction de Brisson Luc. Paris, Flammarion.

Poetae comici Graeci (PCG). vol. II, Agathenor-Aristonymus, 1991, Kassel Rudolf et Austin Colin (éd.), Berlin, De Gruyter.

Pseudo-Aristote, 2002, *Rhétorique à Alexandre*, Chiron Pierre (éd. et trad.), Paris, Belles Lettres.

Thucydide, *La guerre du Péloponnèse*, de Romilly Jacqueline et Weil Raymond (éd. et trad.), Paris, Les Belles Lettres, 5 vols.

COMMENTAIRES ET ÉTUDES

Adkins Arthur W. H., 1960, *Merit and Responsibility : A Study in Greek Values*, Oxford, Clarendon Press.

Allen Danielle S., 2003, « Angry bees, wasps, and jurors », dans Braund Susanna Morton et Most Glenn W. (éd.), *Ancient Anger : Perspectives from Homer to Galen*, Cambridge, Cambridge University Press, p. 76-98.

Annas Julia, 1990, « Comments on J. Cooper », dans Patzig Günther (éd.), *Aristoteles'* Politik *: Akten des XI. Symposium Aristotelicum*, Göttingen, Vandenhoeck & Ruprecht, p. 242-248.

Arnim Hans von, 1927, *Das Ethische in Aristoteles' Topik*, Wien, Hölder-Pichler-Tempsky.

Aubenque Pierre, 1957, « Sur la définition aristotélicienne de la colère », *Revue Philosophique de la France et de l'Étranger*, 147, p. 300-317.

Azoulay Vincent, 2004, *Xénophon et les grâces du pouvoir : de la charis au charisme*, Paris, Publications de la Sorbonne.

Balmond Pierre, 2017, *Le* pathos *rhétorique aristotélicien, de la production de l'émotion à la communauté des passions*, Mémoire de Master II Mondes Anciens, sous la direction de P. Chiron, ENS Lettres et Sciences Humaines de Lyon, Lyon.

Balmond Pierre, 2018, « Le pathos rhétorique aristotélicien : dans et hors de la cause ? », présentation inédite au séminaire « Passions rhétoriques, passions politiques », Université Paris 7 – Denis Diderot, 28 septembre. https://webtv.parisnanterre.fr/videos/passions-rhetoriques-passions-politiques/, consulté le 10/11/2021.

Baumgarten Roland, 2009, « Dangerous Tears ? Platonic Provocations and Aristotelic Answers », dans Thorsten Fögen (éd.), *Tears in the Graeco-Roman World*, Berlin, Boston, De Gruyter, p. 85-104.

Belfiore Elizabeth S., 1992, *Tragic Pleasures, Aristotle on Plot and Emotion*, Princeton, Princeton University Press.

Benveniste Émile, 1969, *Le vocabulaire des institutions indo-européennes*, Paris, Ed. de Minuit.

Ben-Ze'ev Aaron, 2003, « Aristotle on emotions towards the fortune of others », dans Konstan David et Rutter N. Keith (éd.), *Envy, Spite and Jealousy : the Rivalrous Emotions in Ancient Greece*, Edinburgh, Edinburgh University Press, p. 99-121.

Besnier Bernard, 2003, « Aristote et les passions », dans Besnier Bernard, Moreau Pierre-François, et Renault Laurence (éd.), *Les passions antiques et médiévales*, Paris, Presses Universitaires de France, p. 29-94.

Bossi Beatriz, 2020, « On Mild Envy as Self-Deceit », dans Candiotto Laura et Renaut Olivier (éd.), *Emotions in Plato*, Leiden, Brill, p. 220-237.

Braund Susanna Morton et Most Glenn W. (éd.), 2003, *Ancient Anger : Perspectives from Homer to Galen*, Cambridge, Cambridge University Press.

Brisson Luc, 1997, « Perception sensible et raison dans le *Timée* », dans Calvo Tomás et Brisson Luc (éd.), *Interpreting the* Timaeus-Critias. *Proceedings of the IV Symposium Platonicum*, Sankt Augustin, Academia Verlag, p. 307-316.

Brisson Luc, 2000a, « Les préambules dans les Lois », dans *Lectures de Platon*, Paris, J. Vrin, p. 234-265.

Brisson Luc, 2000b, « La notion de *phthónos* chez Platon », dans *Lectures de Platon*, Paris, J. Vrin, p. 219-234.

Brisson Luc, 2020, « The Notion of φθόνος in Plato », dans Candiotto Laura et Renaut Olivier (éd.), *Emotions in Plato*, Leiden, Brill, p. 201-219.

Brunschwig Jacques, 1994, « Rhétorique et Dialectique, *Rhétorique* et *Topiques* », dans Furley David J. et Nehamas Alexander (éd.), *Aristotle's* Rhetoric *: Philosophical Essays*, Princeton, Princeton University Press, p. 57-96.

Burnyeat Myles, 1992, « Is an Aristotelian philosophy of mind still credible ? (A draft) », dans Nussbaum Martha Craven et Rorty Amélie (éd.), *Essays on Aristotle's* De Anima, Oxford, Clarendon Press, p. 15-26.

Burnyeat Myles, 2006, « The Truth of Tripartition », *Proceedings of the Aristotelian Society*, 106, p. 1-23.

Cairns Douglas L., 1990, « Mixing with Men and Nausicaa's Nemesis », *The Classical Quarterly*, 40, 1, p. 263-266.

Cairns Douglas L., 1993, Aidōs *: The Psychology and Ethics of Honour and Shame in Ancient Greek Literature*, Oxford, Clarendon Press.

Cairns Douglas L., 1996a, « Hybris, Dishonour, and Thinking Big », *The Journal of Hellenic Studies*, 116, p. 1-32.

Cairns Douglas L., 1996b, « Veiling, αἰδώς, and a Red-Figure Amphora by Phintias », *The Journal of Hellenic Studies*, 116, p. 152-158.

Cairns Douglas L., 1996c, « "Off with Her ΑΙΔΩΣ" : Herodotus 1.8.3-4 », *The Classical Quarterly*, 46, 1, p. 78-83.
Cairns Douglas L., 2001, « Anger and the Veil in Ancient Greek Culture », *Greece & Rome*, 48, 1, p. 18-32.
Cairns Douglas L., 2003a, « Ethics, ethology, terminology : Iliadic anger and the cross-cultural study of emotion », dans Braund Susanna Morton et Most Glenn W. (éd.), *Ancient Anger : Perspectives from Homer to Galen*, Cambridge, Cambridge University Press, p. 11-49.
Cairns Douglas L., 2003b, « The politics of envy : envy and equality in Ancient Greece », dans Konstan David et Rutter N. Keith (éd.), *Envy, Spite and Jealousy : the Rivalrous Emotions in Ancient Greece*, Edinburgh, Edinburgh University Press, p. 235-252.
Cairns Douglas L., 2008, « Look both ways : studying emotion in ancient Greek », *Critical Quarterly*, 50, 4, p. 43-62.
Cairns Douglas L., 2011, « Honour and shame : modern controversies and ancient values », *Critical Quarterly*, 53, 1, p. 23-41.
Cairns Douglas L., 2015, « The Horror and the Pity : *Phrikē* as a Tragic Emotion », *Psychoanalytic Inquiry*, 35, 1, p. 75-94.
Cairns Douglas L., 2019, « Thymos », *Oxford Research Encyclopedia of Classics*.
Candiotto Laura, 2012, *Le vie della confutazione : i dialoghi socratici di Platone*, Milano, Mimesis.
Candiotto Laura, 2014, « *Elenchos* public et honte dans la troisième partie du *Gorgias* de Platon », Χώρα. *Revue d'études anciennes et médiévales*, 12, p. 191-212.
Carey Christopher, 2004, « Offence and Procedure in Athenian Law », dans Rubinstein Lene et Harris William Vernon (éd.), *Law and the Courts in Ancient Greece*, London, Duckworth, p. 111-136.
Castelli Laura M., 2015, « Φθόνος : πάθος, ἦθος, Perception of Desert and the Place of Envy in *Rhet.* II », dans Centrone Bruno (éd.), *La* Retorica *di Aristotele e la dottrina delle passioni*, Pisa, Pisa University Press, p. 221-248.
Caston Victor, 2009, « Commentary on Charles », *Proceedings of the Boston Area Colloquium in Ancient Philosophy*, 24, 1, p. 30-49.
Caston Victor, [1966] 1997, « Pourquoi Aristote a besoin de l'imagination », *Les Études philosophiques*, Labarrière Jean-Louis (trad.), 1, p. 3-39.
Centrone Bruno, 2015, « Φόβος nella *Retorica* di Aristotele : tra emozione istintiva e cognizione complessa », dans Centrone Bruno (éd.), *La* Retorica *di Aristotele e la dottrina delle passioni*, Pisa, Pisa University Press, p. 143-170.
Chantraine Pierre, 1968, *Dictionnaire étymologique de la langue grecque : histoire des mots*, Paris, Klincksieck.
Charles David, 2009, « Aristotle's Psychological Theory », *Proceedings of the Boston Area Colloquium in Ancient Philosophy*, 24, 1, p. 1-29.

Cheyns André, 1983, « Le *thumos* et la conception de l'homme dans l'épopée homérique », *Revue belge de philologie et d'histoire*, 61, p. 20-86.

Chiron Pierre, 1998, « À propos d'une série de *pisteis* dans la *Rhétorique à Alexandre* (Ps.-Aristote, *Rh. Al.*, chap. 7-14) », *Rhetorica : A Journal of the History of Rhetoric*, 16, 4, p. 349-391.

Chiron Pierre, 2018, « L'Amitié dans la rhétorique du IVe siècle av. J.-C. », dans Crubellier Michel, Jaulin Annick, et Pellegrin Pierre (éd.), *Philia et dikè : aspects du lien social et politique en Grèce ancienne*, Paris, Classiques Garnier, p. 143-165.

Christ Matthew Robert, 1998, *The Litigious Athenian*, Baltimore, Johns Hopkins University Press.

Coker John C., 1992, « On Being *Nemesētikos* as a Mean », *Journal of Philosophical Research*, 17, p. 61-92.

Conley Thomas M., 1982, « Πάθη and πίστεις : Aristotle *Rhet.* II 2-11 », *Hermes*, 110, 3, p. 300-315.

Conley Thomas M., 2007, « Topics of Vituperation : Some Commonplaces of 4th-Century Oratory », dans Mirhady David C. (éd.), *Influences on Peripatetic Rhetoric*, Leiden, Brill, p. 231-238.

Cooper John M., 1977, « Aristotle on the Forms of Friendship », *The Review of Metaphysics*, 30, 4, p. 619-648.

Cooper John M., 1990, « Political Animals and Civic Friendship », dans Patzig Günther (éd.), *Aristoteles'* Politik *: Akten des XI. Symposium Aristotelicum*, Göttingen, Vandenhoeck & Ruprecht, p. 220-241.

Cooper John M., 1991, « La théorie platonicienne de la motivation humaine », *Revue philosophique de la France et de l'étranger*, 4, p. 517-543.

Cooper John M., 1993, « La rhétorique, la dialectique, et les passions », *Revue Philosophique de la France et de l'Étranger*, Farag Pascale (trad.), 183, 2, p. 413-440.

Cooper John M., 1994, « Ethical-Political Theory in Aristotle's *Rhetoric* », dans Furley David J. et Nehamas Alexander (éd.), *Aristotle's* Rhetoric *: Philosophical Essays*, Princeton, Princeton University Press, p. 193-210.

Cooper John M., 1996, « An Aristotelian Theory of the Emotions », dans Rorty Amélie (éd.), *Essays on Aristotle's* Rhetoric, Berkeley, Los Angeles, University of California Press, p. 238-257.

Delcomminette Sylvain, 2006, *Le* Philèbe *de Platon : Introduction à l'agathologie platonicienne*, Leiden, Brill.

Deslauriers Marguerite, 2019, « *Thumos* in Aristotle's *Politics* VII.7 », *Polis : The Journal for Ancient Greek and Roman Political Thought*, 36, 1, p. 57-76.

De Sousa Ronald, 1990, *The Rationality of Emotion*, Cambridge, Cambridge University Press.

Destrée Pierre, 2014, « Aristotle on the Paradox of Tragic Pleasure », dans Levinson Jerrold (éd.), *Suffering Art Gladly : The Paradox of Negative Emotion in Art*, London, Palgrave Macmillan, p. 3-27.

Destrée Pierre, 2019, « Plato on Pleasures from Comedy : *Philebus* 47d-50e », dans Dimas Panos, Jones Russell E., Lear Gabriel Richardson (éd.), *Plato's Philebus, A philosophical discussion*, Oxford, Oxford University Press, p. 163-183.

Dickie Matthew W., 1978, « *Dike* as a Moral Term in Homer and Hesiod », *Classical Philology*, 73, 2, p. 91-101.

Dodds Eric Robertson, 1973, *The Greeks and the irrational*, Berkeley, University of California Press.

Dow Jamie, 2009, « Feeling Fantastic : Emotions and Appearances in Aristotle », *Oxford Studies in Ancient Philosophy*, 37, p. 143-175.

Dow Jamie, 2013, « Advertising, Ethics of », dans Lafollette Hugh (éd.), *International Encyclopedia of Ethics*, Oxford, Blackwell.

Dow Jamie, 2014, « Feeling Fantastic Again–Passions, Appearances and Belief in Aristotle », *Oxford Studies in Ancient Philosophy*, 46, p. 213.

Dow Jamie, 2015, *Passions and Persuasion in Aristotle's* Rhetoric, Oxford, Oxford University Press.

Ekman Paul (éd.), 1982, *Emotion in the human face*, Cambridge, Cambridge University press.

Ekman Paul, 1992, « Are there basic emotions ? », *Psychological Review*, 99, 3, p. 550-553.

Else Gerald Frank, 1957, *Aristotle's* Poetics *: the argument*, Cambridge, Harvard University Press.

Erffa (von) Carl Eduard, 1937, Αἰδώς *und verwandte Begriffe in ihrer Entwicklung von Homer bis Demokrit.*

Fillion-Lahille Janine, 1970, « La colère chez Aristote », *Revue des Études Anciennes*, 72, 1, p. 46-79.

Fisher Nick R. E., 1992, *Hybris : a study in the values of honour and shame in Ancient Greece*, Warminster, England, Aris & Phillips.

Fisher Philip, 2009, *The Vehement Passions*, Princeton, Princeton University Press.

Fortenbaugh William W., 2006, *Aristotle's practical side : on his psychology, ethics, politics and rhetoric*, Leiden, Brill.

Fortenbaugh William W., [1975] 2002, *Aristotle on Emotion. A Contribution to Philosophical Psychology, Rhetoric, Poetics, Politics and Ethics*, 2d. ed., London, Duckworth.

Frede Dorothea, 1996, « Mixed Feelings in Aristotle's *Rhetoric* », dans Rorty Amélie (éd.), *Essays on Aristotle's* Rhetoric, Berkeley, Los Angeles, University of California Press, p. 258-285.

Fussi Alessandra, 2015a, « Agire, patire, temporalità : modi e funzioni della vergogna », dans Centrone Bruno (éd.), *La* Retorica *di Aristotele e la dottrina delle passioni*, Pisa, Pisa University Press, p. 171-199.

Fussi Alessandra, 2015b, « Aristotle on Shame », *Ancient Philosophy*, 35, 1, p. 113-135.

Fussi Alessandra, 2017, « *Schadenfreude*, envy and jealousy in Plato's *Philebus* and *Phaedrus* », *Philosophical Inquiry*, 5, 1, p. 73-90.

Gallagher Robert L., 2013, « The Role of Grace in Aristotle's Theory of Exchange », *Methexis*, 26, 1, p. 143-162.

Garver Eugene, 1994, *Aristotle's* Rhetoric *: an art of character*, Chicago, University of Chicago Press.

Gastaldi Silvia, 1990, *Aristotele e la politica delle passioni : retorica, psicologia ed etic dei comportamenti emozionali*, Turin, Tirrenia stampatori.

Gastaldi Silvia, 2015, « L'analisi aristotelica dell'ἔλεος nel cap.8 del libro II », dans Centrone Bruno (éd.), *La* Retorica *di Aristotele e la dottrina delle passioni*, Pisa, Pisa University Press, p. 201-219.

Gauthier René Antoine et Jolif Jean Yves, 2002, *Aristote. L'Ethique à Nicomaque. Tome II – Première partie – Commentaire Livres I-V*, 2e éd., Leuven, Peeters, Nauwelaerts.

Gavray Marc-Antoine, 2010, « Pourquoi Rire ? *Philèbe*, 47d-50e », dans Dillon John M. et Brisson Luc (éd.), *Plato's* Philebus *: Selected Papers From the Eighth Symposium Platonicum*, Sankt Augustin, Academia Verlag, p. 158-162.

Gill Christopher, 1995, *Personality in Greek Epic, Tragedy, and Philosophy : The Self in Dialogue*, Oxford, Clarendon Press.

Gill Christopher, 2003, « Is rivalry a virtue or a vice ? », dans Konstan David et Rutter N. Keith (éd.), *Envy, Spite and Jealousy : the Rivalrous Emotions in Ancient Greece*, Edinburgh, Edinburgh University Press, p. 29-51.

Griffiths Paul, 1997, *What emotions really are : the problem of psychological categories*, Chicago, University of Chicago Press.

Grimaldi William M. A., 1972, *Studies in the philosophy of Aristotle's Rhetoric*, Wiesbaden, F. Steiner.

Grimaldi William M. A., 1980a, *Aristotle's* Rhetoric *I : A Commentary*, New York, Fordham University Press.

Grimaldi William M. A., 1980b, « Semeion, Tekmerion, Eikos in Aristotle's Rhetoric », *The American Journal of Philology*, 101, 4, p. 383-398.

Grimaldi William M. A., 1988, *Aristotle's* Rhetoric *II : A Commentary*, New York, Fordham University Press.

Hadreas Peter, 1995, « Εὔνοια : Aristotle on the Beginning of Friendship », *Ancient Philosophy*, 15, 2, p. 393-402.

Halliwell Stephen, 1994, « Popular Morality, Philosophical Ethics and the *Rhetoric* », dans Furley David J. et Nehamas Alexander (éd.), *Aristotle's*

Rhetoric : *Philosophical Essays*, Princeton, Princeton University Press, p. 211-230.

Halliwell Stephen, 1995, « Tragedy, reason and pity : a reply to Jonathan Lear », dans Heinaman Robert (éd.), *Aristotle and moral realism*, London, University College London, p. 85-95.

Halliwell Stephen, 1996, « The Challenge of Rhetoric to Political and Ethical Theory in Aristotle », dans Rorty Amélie (éd.), *Essays on Aristotle's* Rhetoric, Berkeley, Los Angeles, University of California Press, p. 175-190.

Halliwell Stephen, 2008, *Greek laughter : a study of cultural psychology from Homer to early Christianity*, Cambridge, Cambridge University Press.

Halliwell Stephen, [2011] 2015, *Between ecstasy and truth : interpretations of Greek poetics from Homer to Longinus*, Oxford, Oxford University Press.

Harris Edward N., 2013, « How to address the Athenian Assembly : Rhetoric and Political Tactics in the Debate about Mytilene (Thuc. 3.37-50) », *The Classical Quarterly*, 63, 1, p. 94-109.

Harris William Vernon, 1997, « Saving the φαινόμενα : A Note on Aristotle's Definition of Anger », *The Classical Quarterly*, 47, 2, p. 452-454.

Harris William Vernon, 2001, *Restraining Rage : the Ideology of Anger Control in Classical Antiquity*, Cambridge, Harvard University Press.

Harte Verity, 2004, « The *Philebus* on Pleasure : The Good, the Bad and the False », *Proceedings of the Aristotelian Society*, 104, p. 113-130.

Harvey David, 1990, « The sykophant and sykophancy : vexatious redefinition ? », dans Cartledge Paul, Millett Paul, et Todd Stephen (éd.), *Nomos. Essays in Athenian Politics and Society*, Cambridge, Cambridge University Press, p. 103-121.

Hessel Stéphane, 2010, *Indignez-vous !*, Montpellier, Indigène.

Hicks Robert Drew (éd.), 1907, *Aristoteles.* De anima, Cambridge, University Press.

Huart Pierre, 1968, *Le vocabulaire de l'analyse psychologique dans l'œuvre de Thucydide*, Paris, Klincksieck.

Hulme Emily, 2019, « The Good-Directedness of Τέχνη and the Status of Rhetoric in the Platonic Dialogues », *Apeiron*, 52, 3, p. 223-244.

Irwin Terence, 1996, « Ethics in the *Rhetoric* and in the *Ethics* », dans Rorty Amélie (éd.), *Essays on Aristotle's* Rhetoric, Berkeley, Los Angeles, University of California Press, p. 142-174.

Ismard Paulin, 2013, *L'évènement Socrate*, Paris, Flammarion.

James William, 1884, « What is an Emotion ? », *Mind*, 9, 34, p. 188-205.

Jaulin Annick, 2018, « Une persuasion sans passion (ou presque) », Présentation inédite au séminaire « Passions rhétoriques, passions politiques », Université Paris 7 – Denis Diderot, 28 septembre. https://webtv.parisnanterre.fr/

videos/passions-rhetoriques-passions-politiques-1-annick-jaulin-une-persuasion-sans-passion-ou-presque/, consulté le 10/11/2021.

Johansen Thomas Kjeller, 2004, *Plato's natural philosophy : a study of the* Timaeus-Critias, Cambridge, Cambridge University Press.

Johansen Thomas Kjeller, 2012, *The Powers of Aristotle's Soul*, Oxford, New York, Oxford University Press.

Kahn Charles H., 1983, « Drama and Dialectic in Plato's *Gorgias* », *Oxford Studies in Ancient Philosophy*, 1, p. 75-121.

Kahn Charles H., 1996, *Plato and the Socratic Dialogue : the Philosophical Use of a Literary Form*, Cambridge, Cambridge University Press.

Kalimtzis Kostas, 2000, *Aristotle on Political Enmity and Disease : an Inquiry into Stasis*, Albany, State University of New York Press.

Kamtekar Rachana, 2020, « Platonic Pity », dans Candiotto Laura et Renaut Olivier (éd.), *Emotions in Plato*, Leiden, Brill, p. 308-329.

Kassel Rudolf, 1971, *Der Text der aristotelischen Rhetorik : Prolegomena zu einer kritischen Ausgabe*, Berlin, Boston, De Gruyter.

Kassel Rudolf (éd.), 1976, *Aristotelis Ars rhetorica*, Berolini, De Gruyter.

Knuuttila Simo, 2004, *Emotions in ancient and medieval philosophy*, Oxford, Clarendon Press.

Konstan David, 1997, *Friendship in the Classical World*, Cambridge, Cambridge University Press.

Konstan David, 2000, « La pitié comme émotion chez Aristote », *Revue des Études Grecques*, 113, 2, p. 616-630.

Konstan David, 2003, « Shame in Ancient Greece », *Social Research : An International Quarterly*, 70, 4, p. 1031-1060.

Konstan David, 2004, *Pity transformed*, London, Duckworth.

Konstan David, 2006, *The Emotions of Ancient Greeks : Studies in Aristotle and Classical Literature*, Toronto, University of Toronto Press.

Konstan David, 2007, « The Emotion In Aristotle *Rhetoric* 2.7 : Gratitude, Not Kindness », dans Mirhady David C. (éd.), *Influences on Peripatetic Rhetoric*, Leiden, Brill, p. 239-250.

Konstan David, 2015, « Emotions and Morality : The View from Classical Antiquity », *Topoi*, 34, 2, p. 401-407.

Konstan David, 2018, *In the Orbit of Love*, Oxford, Oxford University Press.

Konstan David et Rutter N. (éd.), 2003, *Envy, Spite and Jealousy : the Rivalrous Emotions in Ancient Greece*, Edinburgh, Edinburgh University Press.

Koziak Barbara, 2000, *Retrieving Political Emotion : Thumos, Aristotle, and Gender*, University Park, Pennsylvania State University Press.

Labarrière Jean-Louis, 1984, « Imagination humaine et imagination animale chez Aristote », *Phronesis*, 29, 1, p. 17-49.

Labarrière Jean-Louis, 1994, « L'orateur politique face à ses contraintes », dans Nehamas Alexander et Furley David J. (éd.), *Aristotle's* Rhetoric *: Philosophical Essays*, Princeton, Princeton University Press, p. 231-254.

Laks André, 2005, *Médiation et coercition : pour une lecture des* Lois *de Platon*, Villeneuve d'Ascq, Presses universitaires du Septentrion.

Lear Jonathan, 1995, « Testing the limits : the place of tragedy in Aristotle's ethics », dans Heinaman Robert (éd.), *Aristotle and moral realism*, London, University College London, p. 61-84.

Lefebvre David, 2011, « La puissance du *thumos* en *Politiques* VII, 7 », dans Bermon Emmanuel, Laurand Valéry, et Terrel Jean (éd.), *Politique d'Aristote : famille, régimes, éducation*, Pessac, Presses Universitaires de Bordeaux, p. 105-138.

Leighton Stephen R., 1996, « Aristotle and the Emotions », dans Rorty Amélie (éd.), *Essays on Aristotle's* Rhetoric, Berkeley, Los Angeles, University of California Press, p. 206-237.

Leighton Stephen R., 2009, « Passions and Persuasion », dans *A Companion to Aristotle*, John Wiley & Sons, Ltd, p. 597-611.

Leighton Stephen R., 2019, « Aristotle on Fear's Expression : », *Philosophical Inquiry*, 43, 1, p. 225-239.

Le Meur-Weissman Nadine, 2015, « Sens et emplois des termes φύσις et φυά chez Pindare », *Études platoniciennes*, 12.

Lorenz Hendrik, 2006, *The Brute Within : Appetitive Desire in Plato and Aristotle*, Oxford, Clarendon Press.

Lorenz Hendrik, 2012, « The cognition of appetite in Plato's *Timaeus* », dans Barney Rachel, Brennan Tad, et Brittain Charles (éd.), *Plato and the Divided Self*, Cambridge, Cambridge University Press, p. 238-258.

Macé Arnaud, 2006, *Platon, philosophie de l'agir et du pâtir*, Sankt Augustin, Academia Verlag.

Macé Arnaud, 2019, « La communauté divisible. Pour une réappropriation contemporaine de la notion ancienne du commun (*koinon*) », dans Alexandre Sandrine, Guéguen Haud, et Renaut Olivier (éd.), *Vie bonne, vulnérabilité, commun(s). Schèmes anciens et usages contemporains*, Nanterre, Presses Universitaires de Paris Nanterre, p. 113-139.

Mackenzie Mary Margaret, 1981, *Plato : on punishment*, Berkeley, University of California press.

Marmo Costantino, 2018, « Le commentaire littéral de la *Rhétorique* d'Aristote par Gilles de Rome (1272-1273) », dans Woerther Frédérique (éd.), *Commenting on Aristotle's* Rhetoric *from Antiquity to the Present / Commenter la* Rhétorique *d'Aristote, de l'Antiquité à la période contemporaine*, p. 132-152.

Maroney Terry A., 2012, « Angry Judges », *Vanderbilt Law Review*, 65, 5, p. 1207-1286.

Maroney Terry A., 2018, « Judicial Emotion as Vice or Virtue : Perspectives Both Ancient and New », dans Huppes-Cluysenaer Liesbeth et Coelho Nuno M. M. S. (éd.), *Aristotle on Emotions in Law and Politics*, Cham, Springer International Publishing, p. 11-26.

Mauss Marcel, [1923-1924] 2007, *Essai sur le don : forme et raison de l'échange dans les sociétés archaïques*, Paris, Presses universitaires de France.

Mayhew Robert, 2019, *Aristotle's lost homeric problems : textual studies*, New York, Oxford University Press.

McCabe Mary Margaret, 1994, « Arguments in Context : Aristotle's Defense of Rhetoric », dans Furley David J. et Nehamas Alexander (éd.), *Aristotle's* Rhetoric *: Philosophical Essays*, Princeton, Princeton University Press, p. 129-166.

McKim Richard, 1988, « Shame and truth in Plato's *Gorgias* », dans Griswold Charles L. (éd.), *Platonic Writings, Platonic Readings*, University Park, Pennsylvania State University Press, p. 34-48.

Merker Anne, 2011, *Une morale pour les mortels : l'éthique de Platon et d'Aristote*, Paris, Les Belles lettres.

Merker Anne, 2016, *Le principe de l'action humaine selon Démosthène et Aristote : hairesis, prohairesis*, Paris, Les Belles Lettres.

Millis Benjamin W., 2015, *Anaxandrides : introduction, translation, commentary*, Heidelberg, Verlag Antike.

Mills Michael J., 1985, « ΦΘΟΝΟΣ and its related ΠΑΘΗ in Plato and Aristotle », *Phronesis*, 30, 1, p. 1-12.

Moebus Freia, 2020, « Why do Itches Itch ? Bodily Pain in the Socratic Theory of Motivation », dans Candiotto Laura et Renaut Olivier (éd.), *Emotions in Plato*, Leiden, Brill, p. 61-82.

Monteils-Laeng Laetitia, 2013, « Aristote et l'invention du désir », *Archives de Philosophie*, 76, 3, p. 441-457.

Moraux Paul, 1951, *Les listes anciennes des ouvrages d'Aristote*, Louvain, Éditions Universitaires de Louvain.

Morel Pierre-Marie, 2007, *De la matière à l'action : Aristote et le problème du vivant*, Paris, J. Vrin.

Morel Pierre-Marie, 2016, « La physiologie des passions dans le *De motu animalium* d'Aristote », dans Boehm I., Ferrary J. L., et d'Espèrey S. Franchet (éd.), *L'Homme et ses Passions. Actes du XVIIe Congrès International de l'Association Guillaume Budé*, Les Belles Lettres, p. 291-301.

Morel Pierre-Marie, 2018, « La peur, passion radicale », *Elenchos*, 39, 2, p. 281-299.

Morel Pierre-Marie, 2020, « Voluntary or Not ? The Physiological Perspective : *De Motu Animalium* 11 », dans Rapp, C. et Primavesi, O. (ed.), *Aristotle's De Motu Animalium : Symposium Aristotelicum*, p. 445-471.

Moss Jessica, 2005, « Shame, Pleasure, and the Divided Soul », *Oxford Studies in Ancient Philosophy*, 29, p. 137-170.

Moss Jessica, 2012a, *Aristotle on the apparent good : perception, phantasia, thought, and desire*, Oxford, Oxford University Press.

Moss Jessica, 2012b, « Pictures and Passions in the *Timaeus* and *Philebus* », dans Barney Rachel, Brennan Tad, et Brittain Charles (éd.), *Plato and the Divided Self*, Cambridge, Cambridge University Press, p. 259-80.

Most Glenn W., 2003a, « Anger and pity in Homer's Iliad », dans Braund Susanna Morton et Most Glenn W. (éd.), *Ancient Anger : Perspectives from Homer to Galen*, p. 50-75.

Most Glenn W., 2003b, « Epinician envies », dans Konstan David et Rutter N. Keith (éd.), *Envy, Spite and Jealousy : the Rivalrous Emotions in Ancient Greece*, Edinburgh, Edinburgh University Press, p. 123-142.

Munteanu Dana LaCourse, 2011, *Tragic Pathos : Pity and Fear in Greek Philosophy and Tragedy*, Cambridge, Cambridge University Press.

Munteanu Dana LaCourse, 2015, « Does Aristotle Overlook Pity for the Kin ? », *Ancient Philosophy*, 35, 1, p. 137-154.

Nails Debra, 2002, *The people of Plato : a prosopography of Plato and other Socratics*, Indianapolis, Hackett Publishing.

Nehamas Alexander, 1994, « Pity and Fear in the *Rhetoric* and the *Poetics* », dans Furley David J. et Nehamas Alexander (éd.), *Aristotle's* Rhetoric *: Philosophical Essays*, Princeton, Princeton University Press, p. 257-282.

Nielsen Karen M., 2007, « Dirtying Aristotle's Hands ? Aristotle's Analysis of "Mixed Acts" in the *Nicomachean Ethics* III, 1 », *Phronesis*, 52, 3, p. 270-300.

Nieuwenburg Paul, 2002, « Emotion and Perception in Aristotle's *Rhetoric* », *Australasian Journal of Philosophy*, 80, 1, p. 86-100.

Nikolaidis Anastasios G., 1982, « Aristotle's Treatment of the Concept of *praotēs* », *Hermes : Zeitschrift für klassische Philologie*, 110, Heft 4, p. 414-422.

Noël Marie-Pierre, 1989, « La persuasion et le sacré chez Gorgias », *Bulletin de l'Association Guillaume Budé*, 1, 2, p. 139-151.

Noël Marie-Pierre, 2012, « Isocrate », dans Macé Arnaud (éd.), *Choses privées et chose publique en Grèce ancienne : genèse et structure d'un système de classification*, Grenoble, J. Millon, p. 381-400.

Nussbaum Martha Craven, 1992, « Tragedy And Self-Sufficiency : Plato and Aristotle on Fear and Pity », *Oxford Studies in Ancient Philosophy*, 10, p. 107-159.

Nussbaum Martha Craven, 1994, *The Therapy of Desire : Theory and Practice in Hellenistic Ethics*, Princeton, Princeton University Press.

Nussbaum Martha Craven, 2001a, *Upheavals of Thought : The Intelligence of Emotions*, Cambridge, Cambridge University Press.

Nussbaum Martha Craven, 2001b, *The Fragility of Goodness : Luck and Ethics in Greek Tragedy and Philosophy*, 2[d]. ed., Cambridge, Cambridge University Press.

Nussbaum Martha Craven, 2004, *Hiding from Humanity : Disgust, Shame, and the Law*, Princeton, Princeton University Press.

Nussbaum Martha Craven, 2010, *Not for Profit : Why Democracy Needs the Humanities*, Princeton, Princeton University Press.

Nussbaum Martha Craven, 2016, *Anger and Forgiveness : Resentment, Generosity, Justice*, New York, Oxford University Press.

Nussbaum Martha Craven et Putnam Hilary, 1992, « Changing Aristotle's Mind », dans Nussbaum Martha Craven et Rorty Amélie (éd.), *Essays on Aristotle's De Anima*, Oxford, Clarendon Press, p. 27-56.

Ober Josiah, 1989, *Mass and elite in democratic Athens : rhetoric, ideology, and the power of the people*, Princeton, Princeton University Press.

O'Brien Denis, 1984, *Plato Weight and Sensation : The Two Theories of the « Timaeus »*, Paris, Les Belles Lettres.

Onians Richard Broxton, 1951, *The origins of European thought about the body, the mind, the soul, the world, time, and fate : New interpretations of Greek, Roman and kindred evidence, also of some basic Jewish and Christian beliefs*, Cambridge, Cambridge University Press.

Osborne Robin, 1990, « Vexatious litigation in classical Athens : sykophancy and the sykophant », dans Cartledge Paul, Millett Paul, et Todd Stephen (éd.), *Nomos. Essays in Athenian Politics and Society*, Cambridge, Cambridge University Press, p. 83-102.

Pakaluk Michael, 1998, *Aristotle :* Nicomachean ethics *: books VIII and IX*, Oxford, Oxford University Press.

Pearson Giles, 2012, *Aristotle on desire*, Cambridge, Cambridge University Press.

Pearson Giles, 2014, « Aristotle and the cognitive component of emotions », *Oxford Studies in Ancient Philosophy*, 46, p. 165-211.

Pellegrin Pierre, 2018, « De la *philia* politique chez Aristote Malaise dans la cité ? », dans Crubellier Michel, Jaulin Annick, et Pellegrin Pierre (éd.), *Philia et dikè : aspects du lien social et politique en Grèce ancienne*, Paris, Classiques Garnier, p. 297-319.

Penner Terry, 1971, « Thought and desire in Plato », dans Vlastos Gregory (éd.), *Plato*, New York, Anchor Books, p. 96-118.

Pérennec René, 1998, « Philologie, histoire culturelle et lexicologie bilingue. Deux études de cas : "ausländische Mitbürger", "Schicksalsgemeinschaft" / "communauté de destin" », *Revue germanique internationale*, 10, p. 51-71.

Pernot Laurent, 2000, *La rhétorique dans l'Antiquité*, Paris, Librairie générale française.

Pfefferkorn Julia, 2020, « Shame and Virtue in Plato's *Laws* : Two Kinds of Fear and the Drunken Puppet », dans Candiotto Laura et Renaut Olivier (éd.), *Emotions in Plato*, Leiden, Brill, p. 252-269.

Polansky Ronald M., 2007, *Aristotle's De Anima*, New York, Cambridge University Press.

Pontier Pierre, 2006, *Trouble et ordre chez Platon et Xénophon*, Paris, J. Vrin.

Poulakos John, 1983, « Gorgias' Encomium to Helen and the Defense of Rhetoric », *Rhetorica : A Journal of the History of Rhetoric*, 1, 2, p. 1-16.

Rambourg Camille, 2014, *Topos : les premières méthodes d'argumentation dans la rhétorique grecque des* V^e^-IVe *siècles*, Paris, J. Vrin.

Rapp Christof, 2008, « Aristoteles : Bausteine für eine Theorie der Emotionen », dans Landweer Hilge et Renz Ursula (éd.), *Handbuch Klassische EmotionstheorienVon Platon bis Wittgenstein*, Berlin, Boston, De Gruyter, p. 45-68.

Rapp Christof, 2012, « Aristotle on the Moral Psychology of Persuasion », dans Shields Christopher (éd.), *The Oxford Handbook of Aristotle*, Oxford, Oxford University Press, p. 589-611.

Rapp Christof, 2018, « Dispassionate Judges Encountering Hotheaded Aristotelians », dans Huppes-Cluysenaer Liesbeth et Coelho Nuno M. M. S. (éd.), *Aristotle on Emotions in Law and Politics*, Cham, Springer International Publishing, p. 27-49.

Rashed Marwan, 2016, « *Katharsis* versus *mimèsis* : simulation des émotions et définition aristotélicienne de la tragédie », *Littérature*, 182, 2, p. 60-77.

Reeve Charles D. C., 1996, « Philosophy, Politics, and Rhetoric in Aristotle », dans Rorty Amélie (éd.), *Essays on Aristotle's* Rhetoric, Berkeley, Los Angeles, University of California Press, p. 191-205.

Renaut Olivier, 2013, « L'εὐβουλία chez Platon », dans Macé Arnaud (éd.), *Le savoir public : la vocation politique du savoir en Grèce ancienne*, Besançon, Presses universitaires de Franche-Comté, p. 345-364.

Renaut Olivier, 2014, *Platon, la médiation des émotions. L'éducation du* thymos *dans les dialogues*, Paris, J. Vrin.

Renaut Olivier, 2017, « Political Images of the Soul », dans Edmonds III Radcliffe et Destrée Pierre (éd.), *Plato and the Power of Images*, Leiden, Brill, p. 138-157.

Renaut Olivier, 2020, « Emotions and Rationality in the *Timaeus* (*Ti.* 42a-b, 69c-72e) », dans Renaut Olivier et Candiotto Laura (éd.), *Emotions in Plato*, Leiden, Brill, p. 103-122.

Renehan Robert, 1963, « Aristotle's definition of anger », *Philologus*, 107, 1-2, p. 61-74.

Ricœur Paul, 2002, « Aristote : de la colère à la justice et à l'amitié politique », *Esprit*, 289, 11, p. 19-31.

Riedinger Jean-Claude, 1976, « Remarques sur la *time* chez Homère », *Revue des études grecques*, 89, p. 244-264.

Riedinger Jean-Claude, 1980, « Les Deux *Aidos* chez Homère », *Revue des Philologie*, 54, p. 62-79.

Roemer Adolph, 1884, « Zur Kritik der Rhetorik des Aristoteles », *Rheinisches Museum für Philologie*, 39, p. 491-510.

Rogan Esther, 2018a, « Unité et tensions de la justice et de l'amitié chez Aristote », dans Crubellier Michel, Jaulin Annick, et Pellegrin Pierre (éd.), *Philia et dikè : aspects du lien social et politique en Grèce ancienne*, Paris, Classiques Garnier, p. 321-344.

Rogan Esther, 2018b, *La stásis dans la politique d'Aristote : la cité sous tension*, Paris, Classiques Garnier.

Rubinstein Lene, 2000, *Litigation and Cooperation : Supporting Speakers in the Courts of Classical Athens*, Stuttgart, F. Steiner.

Rubinstein Lene, 2005, « Differentiated Rhetorical Strategies in the Athenian Courts », dans Gagarin Michael et Cohen David (éd.), *The Cambridge Companion to Ancient Greek Law*, Cambridge, Cambridge University Press, p. 129-145.

Rubinstein Lene, 2013, « Evoking Anger through Pity in Attic Oratory », dans Chaniótis Ángelos et Ducrey Pierre (éd.), *Unveiling emotions II : Texts, Images, Material Culture*, Stuttgart, F. Steiner, p. 135-165.

Russell James A., 1991, « Culture and the categorization of emotions », *Psychological Bulletin*, 110, 3, p. 426-450.

Saenz Victor, 2018, « Shame and Honor : Aristotle's *Thumos* as a Basic Desire », *Apeiron*, 51, 1, p. 73-95.

Sahlins Marshall, [1972] 2017, *Stone age economics*, London ; New York, Routledge Classics.

Saïd Suzanne, 2003, « Envy and emulation in Isocrates », dans Konstan David et Rutter N. Keith (éd.), *Envy, Spite and Jealousy : the Rivalrous Emotions in Ancient Greece*, Edinburgh, Edinburgh University Press, p. 217-234.

Sanders Ed, 2014, *Envy and Jealousy in Classical Athens : A Socio-Psychological Approach*, Oxford, Oxford University Press.

Sanders Ed, 2016, « Persuasion through emotions in Athenian deliberative oratory », dans Sanders Ed et Johncock Matthew (éd.), *Emotion and Persuasion in Classical Antiquity*, Stuttgart, Franz Steiner Verlag, p. 57-73.

Saunders Trevor J., 1991, *Plato's Penal Code : Tradition, Controversy, and Reform in Greek Penology*, Oxford, Clarendon Press.

Schöpsdau Klaus, 1986, « Tapferkeit, Aidos und Sophrosyne im ersten Buch der platonischen Nomoi », *Rheinisches Museum für Philologie*, 129, 2, p. 97-123.

Schöpsdau Klaus (éd.), 1994, *Platon*, Nomoi (Gesetze), *Buch I–III*, Schöpsdau Klaus (trad.), Göttingen, Vandenhoeck & Ruprecht.

Scott Mary, 1980, « AIDOS AND NEMESIS : in the works of Homer, and their relevance to Social or Co-operative Values », *Acta Classica*, 23, p. 13-35.

Sihvola Juha, 1996, « Emotional Animals : Do Aristotelian Emotions Require Beliefs ? », *Apeiron*, 29, 2, p. 105-144.

Skultety Steven C., 2009, « Delimiting Aristotle's Conception of Stasis in the *Politics* », *Phronesis*, 54, 4/5, p. 346-370.

Sokolon Marlene K., 2006, *Political emotions : Aristotle and the symphony of reason and emotion*, DeKalb, Northern Illinois University Press.

Solmsen Friedrich, 1929, *Die Entwicklung der aristotelischen Logik und Rhetorik*, Berlin, Weidmann.

Solmsen Friedrich, 1941, « The Aristotelian Tradition in Ancient Rhetoric – 1 », *The American Journal of Philology*, 62, 1, p. 35-50.

Solomon Robert C., 1993, *The passions : emotions and the meaning of life*, Indianapolis, Hackett.

Striker Gisela, 1996, « Emotions in Context : Aristotle's Treatment of the Passions in the *Rhetoric* and his Moral Psychology », dans Rorty Amélie (éd.), *Essays on Aristotle's* Rhetoric, Berkeley, Los Angeles, University of California Press, p. 286-302.

Tarnopolsky Christina H., 2010, *Prudes, Perverts, and Tyrants : Plato's* Gorgias *and the Politics of Shame*, Princeton, Princeton University press.

Taylor C. C. W., 2006, *Aristotle :* Nicomachean ethics. *Books II-IV*, Oxford, Oxford University Press.

Vahlen Johannes, 1861, « Zur Kritik Aristotelischer Schriften (Poetik und Rhetorik) », *Sitzungsberichten der Wiener Akademie Phil.-Hist.*, 38, p. 59-148.

Vahlen Johannes, 1911, *Gesammelte philologische Schriften*, Leipzig, Berlin, Teubner.

Vahlen Johannes, 1965, *Beiträge zu Aristoteles' Poetik*, Hildesheim, Georg Olms Verlag.

Veloso Cláudio William, 2018, *Pourquoi la* Poétique *d'Aristote ?* Diagogè, Paris, J. Vrin.

Viano Cristina, 2002, « Passions, désirs et plaisirs de rivalité chez Aristote », dans Romeyer-Dherbey Gilbert et Aubry Gwenaëlle (éd.), *L'excellence de la vie : sur l'*Éthique à Nicomaque *et l'*Éthique à Eudème *d'Aristote*, Paris, J. Vrin, p. 237-252.

Viano Cristina, 2003, « Competitive emotions and *thumos* in Aristotle's *Rhetoric* », dans Konstan David et Rutter N. Keith (éd.), *Envy, Spite and Jealousy : the Rivalrous Emotions in Ancient Greece*, Edinburgh, Edinburgh University Press, p. 85-97.

Viano Cristina, 2010a, « Les passions comme causes dans la Rhétorique d'Aristote : mobiles de l'action et instruments de la persuasion », *Journal of Ancient Philosophy*, 4, 1, p. 1-31.

Viano Cristina, 2010b, « Amitié et émotions de rivalité chez Aristote : une origine commune ? », *Philosophia : Yearbook of the Research Center for Greek Philosophy at the Academy of Athens*, 40, p. 316-330.

Viano Cristina, 2012, « États du corps, états de l'âme, "matière" du caractère : Aristote et la doctrine des qualités affectives », dans Bonelli Maddalena (éd.), *Physique et métaphysique chez Aristote*, Paris, Vrin, p. 239-257.

Viano Cristina, 2014, « Le paradigme des passions : Aristote et les définitions non physiques de la colère », *Journal of Ancient Philosophy*, 8, 1, p. 1-19.

Viano Cristina, 2016, « Chaînes causales et fictions dans la Poétique et dans la Rhétorique d'Aristote », *Philosophie antique. Problèmes, Renaissances, Usages*, 16, p. 131-149.

Viano Cristina, 2017, « Les émotions au tribunal : théorie et mode d'emploi (Aristote, *Rhet. III*) », *Antiquorum philosophia*, 11, p. 77-92.

Webb Ruth, 1997, « Imagination and the arousal of the emotions in Greco-Roman rhetoric », dans Braund Susanna Morton et Gill Christopher (éd.), *The Passions in Roman Thought and Literature*, Cambridge, Cambridge University Press, p. 112-127.

Wedin Michael V., 1988, *Mind and imagination in Aristotle*, New Haven, Yale University Press.

Wedin Michael V., 1996, « Keeping the Matter in Mind : Aristotle on the Passions and the Soul », dans Lewis Frank A. et Bolton Robert (éd.), *Form, matter, and mixture in Aristotle*, Oxford, Blackwell Publishers, p. 1-38.

Weidemann Hermann, 1989, « Aristotle on Inferences from Signs (*Rhetoric* I 2, 1357 b 1-25) », *Phronesis*, 34, 3, p. 343-351.

Wersinger Anne-Gabrièle, 1999, « Comment dire l'envie jalouse ? Φθόνος et ἄπειρον (*Philèbe*, 48a8-50b4) », dans Dixsaut Monique et Teisserenc Fulcran (éd.), *La Fêlure du plaisir : études sur le Philèbe de Platon. Vol 1 : Commentaires*, Paris, J. Vrin, p. 315-335.

Wersinger Anne-Gabrièle, 2015, « Aidôs. Ce qu'Homère apprend au philosophe contemporain », *GAIA. Revue interdisciplinaire sur la Grèce ancienne*, 18, 1, p. 387-403.

Williams Bernard Arthur Owen, 1993, *Shame and Necessity*, Berkeley, University of California Press.

Wisse Jakob, 1989, *Ethos and pathos from Aristotle to Cicero*, Amsterdam, A. M. Hakkert.

Woerther Frédérique, 2007a, *L'éthos aristotélicien : genèse d'une notion rhétorique*, Paris, J. Vrin.

Woerther Frédérique, 2007b, « Les passions rhétoriques chez Aristote et al-Fārābī », *Organon*, 36, p. 55-74.

Woerther Frédérique, 2008, « L'interprétation de l'ēthos aristotélicien par al-Fārābī », *Rhetorica : A Journal of the History of Rhetoric*, 26, 4, p. 392-416.

Yunis Harvey, 2005, « The Rhetoric of Law in Fourth-Century Athens », dans Gagarin Michael et Cohen David (éd.), *The Cambridge Companion to Ancient Greek Law*, Cambridge, Cambridge University Press, p. 191-208.

INDEX LOCORUM

Figurent en gras dans cet index les passages cités dans le commentaire ou qui font l'objet d'une analyse particulière, notamment pour *Rh.* II.2-11. Ne figurent pas dans cet index les listes d'occurrences d'un terme.

INDEX NOMINUM

INDEX RERUM

TABLE DES MATIÈRES

PREMIÈRE PARTIE

PSYCHOLOGIE, TOPIQUE ET TECHNIQUE DES PASSIONS DANS LA *RHÉTORIQUE*

DEUXIÈME PARTIE

LES PASSIONS PARTICULIÈRES

IMPRIM'VERT®

Achevé d'imprimer par Corlet,
Condé-en-Normandie (Calvados), en décembre 2021
N° d'impression : 174294 - dépôt légal : décembre 2021
Imprimé en France